| 优 | 势 | 丛 | 书 |

宅兹中国

住宅权理论的历史发展和当代实践

HOUSING IN CHINA:

A Study on Housing Rights

包振宇 / 著

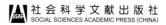

社会科学文献出版社
SOCIAL SCIENCES ACADEMIC PRESS (CHINA)

本书为江苏省优势学科二期项目（PAPD）和江苏高校区域法治发展协同创新中心项目的成果

总　序

2014 年 5 月，扬州大学的"文化传承与区域社会发展"学科被江苏省人民政府批准为"江苏高校优势学科建设工程"二期项目。本优势学科以中国语言文学、中国史、法学三个一级学科为依托，由经典诠释与传承研究、文艺理论前沿与区域雅俗文化研究、传统学术与江苏地域文化创新研究、淮扬历史文化遗产研究、法律文化与区域法治发展研究五个主要学科方向组成。

本优势学科的宗旨，是紧紧围绕国家文化发展战略和江苏文化强省战略，追踪学科前沿，造就领军人才，面向国家和江苏经济社会发展，大力推进优势学科的建设。首先，是促进相关学科的交叉融合，开辟学科新方向与科研增长点。凸显本学科原有特色，强化质量意识和品牌意识，通过协同合作、跨越发展，显著提升学科的核心竞争力和国际影响力。其次，是充分发挥学科整体优势，产生具有显著效应的高水平学术成果。交叉整合学科现有资源，加强与国内科研院所和地方文化部门的协作，集中力量，协作攻关，纵贯古今学术，会通中西文化，深入把握雅俗文学嬗变与地域文化发展的规律和特点。再次，是强化学术研究的理论意义和应用价值，建构基础研究与应用研究相结合的研究体系。通过对传统文化的传承创新，把握区域社会发展的面貌、特质、形态、规律，进一步开拓区域社会发展的研究路径和研究领域。最后，是探索服务区域社会的运行机制，发挥服务区域社会的实际功能。积极发挥高校人才高地优势，多元探索社会服务途径，提高科研成果转化效应，多方位、多维度、多层次地为区域社会、文化和法治发展服务。

在上述诸多工作中，本优势学科建设的一项重要任务就是出版一套系列丛书。拟以两年为一期，每期 15 种；四年两期共 30 种。考虑到与"江苏高校优势学科建设工程"相一致，取名为"优势丛书"。

回顾以往，扬州大学文科的重点学科建设经历了曲折而璀璨的道路：2006 年文艺学学科获批"十一五"江苏省重点学科；2011 年中国语言文学学科获批"十二五"江苏省级重点学科；2012 年中国史学科获批"十二五"江苏省级重点学科。而 2014 年"文化传承与区域社会发展"获批江苏高校优势学科，则是在以往省级重点学科建设基础上更上一层楼。其间，扬州大学承担了参照"211"工程二期项目"扬泰文化与'两个率先'"和参照"211"工程三期项目"人文传承与区域社会发展"的建设，在这两期项目中均有大型丛书的建设任务，前者为"扬泰文库"，共四个系列，计 90 种图书；后者为"半塘文库"和"淮扬文化研究文库"两个系列，计 50 种图书。这两套大型丛书的出版，有力助推了扬州大学文科各学科科研质态的优化和学术水平的提高，对主涉学科后来获批江苏高校优势学科功不可没。

如今作为优势学科建设的重头戏，又面临着新的大型丛书"优势丛书"的建设工作。任务艰巨、使命光荣，我们不敢稍有懈怠，矢志全力以赴，将团结学科团队全体成员，像以往一样，出色地完成"优势丛书"的出版工作。

最近，"江苏省'十三五'教育发展规划"指出：到 2020 年，在创建世界一流大学和高水平大学的总目标下，将继续大力支持江苏高校优势学科的建设，以提高江苏省高等教育的综合实力。我们将不遗余力，乘势而上，借助以往学科建设的经验和实践，取得更加辉煌的业绩和卓著的成果，为新一轮优势学科的建设奠定扎实的基础。

"优势丛书"的问世，汇聚着教育部、江苏省教育厅，以及中国社会科学院各位审稿专家的大量心血，凝聚着社会科学文献出版社领导和编辑的辛勤劳动，在此一并表示诚挚的感谢！

扬州大学"优势丛书"编辑委员会

2016 年 8 月

目　录

余其宅兹中国，自之乂民。

——西周《何尊铭》

安得广厦千万间，大庇天下寒士俱欢颜，风雨不动安如山！呜呼！何时眼前突兀见此屋，吾庐独破受冻死亦足！

——唐·杜甫《茅屋为秋风所破歌》

实际上资产阶级以他们的方式解决住宅问题只有一个办法，这就是问题解决了，但又层出不穷。

——恩格斯《论住宅问题》

本公约缔约各国承认人人有权为他自己和家庭获得相当的生活水准，包括足够的食物、衣着和住房，并能不断改进生活条件。各缔约国将采取适当的步骤保证实现这一权利，并承认为此而实行基于自愿同意的国际合作的重要性。

——《经济、社会、文化权利国际公约》第十一条

绪　论

一　选题背景与意义

回顾人类发展的历史，当代中国社会正在经历着一次前所未有的有关居住的革命。住宅制度的改革不仅改变了人们的社会生活观念，而且还影响着中国社会政治经济发展的进程。[①] 改革开放以来不到 40 年的时间，特别是在 1998 年市场化住房制度改革后，绝大多数的中国人经历了数千年来从未有过的居住条件的全面改善。1978 年我国城镇人均住房面积为6.7 平方米，2000 年提高到 20.7 平方米，2015 年达到 30.56 平方米。江苏省城镇人均住宅面积 2010 年就已经达到 35.0 平方米，在全国范围率先达到"人均住宅面积超过 35 平方米"的全面小康标准。近十年来，商品房竣工面积以每年 10 亿平方米的规模持续增加，2015 年城镇住房总存量达到 234.7 亿平方米，存量面积十年间几乎翻了一番。2005 年我国城镇住房的存量套数为 1.62 亿套，同一时期我国城镇常住人口的家庭户数为1.9 亿户，户均住房套数为 0.85 套。2015 年我国城镇住房的存量套数为2.55 亿套，同一时期我国城镇常住人口的家庭户数为 2.7 亿户，户均住房套数为 0.94 套。如果保持这样的增长速度，那么预计到 2020 年，我国将实现城镇居民户均 1 套房的目标。[②] 这表明，我国社会已经告别了住宅

[①] 金俭：《中国住宅私有化进程及其社会影响》，《南京大学学报》（哲学·人文科学·社会科学）2004 年第 3 期，第 107~111 页。

[②] 高聚辉：《当前住房市场现状分析与前景展望》，《中国发展观察》2015 年第 2 期，第48~54 页。

全面短缺的时代，具备了实现确保一户一宅，住有所居的物质基础。[①] 城镇范围内开发企业建设住宅占比从 2000 年的 37.5% 上升到 2011 年的 78.3%，而江苏、北京、上海、天津等省市的住宅市场化程度均超过 90%。这表明市场在推动住宅增量方面起到了巨大的作用。

然而，市场并非解决住宅问题的灵丹妙药。在市场经济充分释放了城市空间生产的资本力量，创造了巨大的住宅开发和建设能力的同时，由于市场在分配机制上存在固有的缺陷，没有支付能力的中低收入群体无法通过购买或租赁商品化的住房来满足自身的居住需求，那些在居住方面有特殊需求的群体也成为被住宅市场忽略的边缘化群体。

2007 年党的十七大明确提出了"住有所居"的民生目标，再次确认了住宅保障是国家和政府的责任。从 2009 年开始，我国政府加大了住房保障的投入和建设力度。2009~2015 年，总计开工建设的保障性住房套数为 4610 万套，占同期商品房开工总套数的 52.5%，其中 2010 年一年新开工建设的保障性住房就达到 1000 万套。

受惠于技术变革和社会经济发展带来的巨大生产力，对现代中国社会来说，建造千万间的广厦早已不是难事。我国诗圣杜甫在悲愤中提出的千古追问："安得广厦千万间，大庇天下寒士俱欢颜"的前半部分的问题已经得到解决，在当代中国，住宅问题的成因已经不是生产能力不足导致的住房绝对缺乏。但社会发展没有能够像人们预想的那样实现社会治理水平的同比例提升。日益富裕的社会在创造惊人财富的同时，却仍然无法让"天下寒士俱欢颜"。时至今日，住宅问题仍然在困扰着中国社会。过度市场化的住宅供应机制让人们似乎又看到了资本主义经济危机中曾经常见

[①] 伯恩斯和格里布勒用住宅数量和家庭数量的不均衡来定义住宅问题。这种不均衡有四种表现形态：（1）静态不均衡，在一国范围内住宅数量和家庭总量之间的不匹配，它可以大致反映一国住宅问题的严重程度；（2）动态不均衡，即家庭数量和住宅数量之间的不匹配状态的发展趋势，如果呈现缩小则说明住宅问题得到缓解，如果扩大则说明住宅问题有恶化的趋势；（3）空间不均衡，在一国范围内不同区域之间住宅数量和家庭数量之间的不均衡；（4）质量不均衡，指有不少家庭居住在低于社会可接受的最低标准的住房内。实现户均一套住房表明我国已经不存在静态不均衡和动态不均衡带来的住宅问题，但空间不均衡和质量不均衡的结构短缺问题仍将长期存在。Leland S. Burns, Leo Grebler, *The Housing of Nations: Analysis and Policy in a Comparative Framework* (London: Macmillan Press, 1977).

的"过剩"与"匮乏"伴生的吊诡现象。巨大的住宅生产能力并没有充分回应和满足人们日益增长的居住需求。一方面，我国商品住宅逐渐步入买方市场，大批存量住宅成为所谓库存无人问津。截至 2015 年 11 月底，50 个典型城市新建商品房待售面积为 3.73 亿平方米，全国整体商品房待售面积则达 6.95 亿平方米，如果算上在建未售面积和待开工面积，房地产库存就更高了。① "化解房地产库存"已经成为 2016 年中国经济工作的五大任务之一。另一方面，面对飞速上涨的房价，数以千万的个人和家庭无法实现所谓的住宅刚需，更多的个人和家庭为了购买一套住房，不得不压缩家庭的其他开支，成为"蜗居"的房奴。杜甫之问仍然以另一种形式存在："安使广厦千万间，大庇天下寒士俱欢颜？"显然我们已经不能再把问题简单地归咎于生产力的落后和社会产出的不足。住宅问题已经不再是住宅数量的绝对短缺，而是住宅资源分配的正义和公平的缺失。而这恰恰是法律应当保障的问题。面对高房价下"蜗居"的现实和无助，作为研究社会治理主要手段的法律学者们，心中怎能无愧。在一千多年前，杜甫以其悲天悯人的诗人胸怀提出了问题。通过法律回应不断变化的社会现实，为这一问题的解决贡献自己全部的良知和微薄的智慧，应是我们当代法律学者的不可推卸的责任。

因此，许多长期从事住宅立法和政策研究的学者逐渐开始关注住宅权。这并不是偶然。住宅立法和政策最终追求的目标是"住有所居"，其所着力保障的国民的权利就是住宅权。张文显先生曾经指出，权利是现代法哲学的基石范畴，它构成了整个法学范畴体系的逻辑起点和基石，并进而构成了整个法学理论体系的基石。② 住宅权就是构成住宅立法和住宅政策的基石和灵魂。住宅权的概念以一种权利现象学所特有的明晰性向我们展现了住宅法的一个基本命题。这一命题对任何一个具有人文关怀的研究者都具有致命的诱惑力。

在肩负巨大责任的同时，当代学者也面临着契机。经历了一次又一次的"问题解决了，但又层出不穷"③ 之后，住宅权，这一命题的提出为解

---

① 莫开伟：《供给侧改革是房地产去库存有效药方》，《证券时报》2016 年 1 月 11 日 A11 版。
② 张文显：《法哲学范畴研究》（修订版），中国政法大学出版社，2001，第 14~15 页。
③ 恩格斯：《论住宅问题》，载《马克思恩格斯文集》第 3 卷，人民出版社，2009，第 302 页。

决诗圣杜甫的千古追问带来了新的曙光。《经济、社会、文化权利国际公约》在人类历史上第一次将住宅权确立为一项国际性的基本人权，并明确了各国政府有义务保证住宅权的实现。可以说解决杜甫命题的政治障碍已经消除。通过缔结和批准《经济、社会、文化权利国际公约》，各国政府将解决住宅问题的政治意愿用条约的法律形式固定了下来。而越来越多的国家在国内宪法和法律的层面明确规定了对国内公民住宅权的制度保障。对于法律学者来说，要解决的问题是如何通过具体的法律制度来实现住宅权。这一问题的解决同样充满着困难，但同解决问题的政治意愿相比，设计具体的解决方案显然更属于学者专业研究的能力范围。对我国来说，2001 年正式批准《经济、社会、文化权利国际公约》后，在国内促进住宅权的实现已经成为我国政府的法律责任。然而由于经济层面帕累托改善空间的不断缩小，在经历了 1998 年城镇住房市场化改革之初国民住宅权的普遍改善之后，《经济、社会、文化权利国际公约》在我国实施的十六年，恰恰是我国住房市场价格高涨，新的住宅问题不断涌现的十六年。我国至今还没有一部《住宅法》，相关政策和法律也没有经受住宅权理念的考查。近年来，我国政府先后数次将《住宅法》列入立法规划，但最终都无果而终。房地产领域的政策、法规也经历着不断的调整，甚至是震荡。政策和法律制度的缺失，制约了我国政府保障和实现国民住宅权的制度能力。但也正因为如此，对国民的住宅权进行深入细致的研究，成为法律人为中国社会贡献心智的宝贵机遇。

二 文献综述与研究现状

在国际层面，联合国发起的对住宅权问题的系统研究显然最具影响。其成果体现在《世界人权宣言》及其后一系列国际法律文件中。包括 1948 年 10 月 10 日《世界人权宣言》、1966 年 12 月 16 日《经济、社会、文化权利国际公约》、1991 年 12 月 12 日《第四号一般性意见——适足住房权》、1994 年 8 月 2 日《住房权国际公约（草案）》、1995 年 2 月 16 日《迈向住房权利的战略计划》、1995 年 8 月适足住房权特别报告员 Leckie 最终报告、1997 年 2 月《住房人权：联合国事实清单第 21 号》、1997 年 5 月 16 日《第七号一般性意见：关于适足住房权（强迫驱逐）》

的通过、1999 年 5 月的联合国住房权计划等。其中，1991 年被任命为联合国住宅权特别报告员的 Leckie 先生的学术工作值得关注，他提交的阶段性报告以及最终报告是研究国际人权法上住宅权观点的权威参考文献。由他编撰的 *National Perspectives on Housing Right* 一书为研究各国在制度层面实现住宅权的努力提供了指南。

一些非政府组织在住宅权研究中也发挥着重要的作用。据"住宅权和反驱逐中心"（COHRE）在 2006 年 4 月发布的住宅权研究书目，从 20 世纪 80 年代到 21 世纪初，有近十部以住宅权为主题的研究专著，超过 200 篇相关研究的论文。该中心已经成为一个住宅权问题的学术平台，成果颇为丰富。

然而，除了联合国法律文件的官方中文版本外，众多住宅权的外文文献少见中文译本。南京大学住宅政策与不动产法研究中心曾经在金俭老师的组织下翻译了一批国际人权法上的住宅权文献，包括联合国住宅权特别报告员提交的工作报告 "From Housing Needs to Housing Rights: An Analysis of the Right to Adequate Housing under International Human Rights Law"，但最终没有公开出版。目前，笔者所见公开出版的译著中涉及住宅权的仅有黄列翻译的挪威学者艾德等所著论文集《经济、社会和文化的权利》，其中第九章的标题是住宅权，其他章节论文也有涉及住宅权的问题。论文中涉及住宅权问题主要是早期我国学者译介的苏联学者对苏联宪法中住宅权的研究成果。如许源远摘译的苏联学者利托夫金的论文《苏联公民的住房权》、[①] 王德福翻译的苏联学者 B. 日布克夫的论文《苏联新的住宅法》。[②]

从上述国外文献和译著来看，国外研究领域广泛，国外在住宅权的基本理论、强制驱逐与重新安置、住宅财产权、妇女住宅权、儿童住宅权、土著居民住宅权、老人住宅权、无家可归者住宅权、难民住宅权等主题领域都有深入精细的研究。从研究方法看，学者们普遍注重综合运用社会学、经济学的方法，研究具有较强的实证性和规范性。

---

① 许源远：《苏联对住房立法》，《今日苏联东欧》1983 年第 1 期；许源远摘译：《苏联公民的住房权》，《今日苏联东欧》1984 年第 2 期。

② 〔苏联〕B. 日布克夫：《苏联新的住宅法》，王德福译，《国外法学》1987 年第 6 期。

在以住宅权和住房权为关键词检索中国学术期刊全文数据库后发现，1981 年到 2015 年底发表的涉及住宅权问题的有效文献有 200 余篇。① 其中 1983 年、1984 年和 1985 年各 1 篇。2001 年 1 篇，2004 年 2 篇，2005 年 6 篇，2006 年 6 篇，2007 年 13 篇，2008 年 27 篇，2009 年 18 篇，2010 年 12 篇，2011 年 24 篇，2012 年 32 篇，2013 年 27 篇，2014 年 18 篇，2015 年 19 篇。可以说住宅权已经成为我国法学研究中的一个新兴问题（见图 1）。

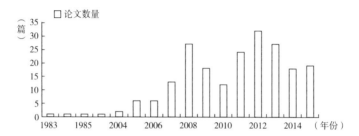

图 1　发表在 CNKI 全文数据库上的住宅权主题论文的数量

从上述文献检索的结果看，虽然 20 世纪 80 年代初期住宅权的概念随着一些学者对苏联住宅立法和公民住宅权的译介开始进入我国，但这些早期的零星研究侧重于译介，没有对住宅权展开理论研究，也并未能引起学界对住宅权问题的重视。20 世纪末到 21 世纪初，随着我国住房制度市场化改革的深入，住宅问题逐渐显露，与此同时我国分别于 1997 年和 2001 年加入和批准《经济、社会、文化权利国际公约》，学术界开始真正关注住宅权问题的研究。从知识谱系的角度来看，金俭于 2001 年发表在《物权法专题研究》上的《住宅权、住宅区分所有权及对我国不动产所有权理论的发展》，以及孙宪忠、常鹏翱同年发表在《南京大学法律评论》上的《论住宅权的制度保障》才是我国住宅权理论研究真正意义上的开拓性论著。而在此之前，金俭在 1999 年国家社科基金"中国住宅法研究"

① 所谓有效文献是指在数据库自动检索的基础上，人工排除明显无关的文献后得到的相关度较高的结果，讨论住宅保障或住宅福利问题但不以住宅权为视角的文献不计入有效文献。研究住宅自由权等住宅权权利束中的具体权利的文献计入有效文献。

的项目申报书中就已率先提出住宅权的研究主题。该项目也是最早立项的以住宅权为研究主体的国家项目。

在 2007 年以前国内鲜见关于住宅权的博士学位论文，随着住宅权研究的升温，越来越多的学者将住宅权作为自己博士阶段研究的选题。至今已经有 5 篇相关博士学位论文：浙江大学法学院凌维慈 2007 年度博士学位论文《住宅的公法保障——以日本经验为焦点的比较法考察》；中国政法大学法学院王宏哲 2007 年度博士学位论文《适足住房权研究》；中国社会科学院研究生院张群 2008 年度博士学位论文《居有其屋——中国住房权问题的历史考察》；吉林大学法学院杨英文 2009 年度博士学位论文《住宅权研究》以及湘潭大学法学院杜芳 2009 年度博士学位论文《我国公民住房权的司法保障研究》。其中王宏哲、张群、杨英文、杜芳以博士学位论文为基础的相关论著已经陆续出版。① 这也改变了此前公开出版专著中仅有金俭 2004 年出版的《中国住宅法研究》一书论述住宅权问题的局面。

从现状来看，住宅权已经成为我国法学研究中的一个新的热点和焦点。我国住宅权研究已经取得显著的进步，研究成果在数量上快速增长，研究领域和内容不断拓展。现有研究为我国社会接受住宅权理念，并进而在制度层面保障和落实国民的住宅权提供了必要的知识基础。

首先，学者们从不同角度对住宅权的定义进行了界定。如金俭认为可以从公法和私法两方面理解住宅权，在公法意义上，住宅权是指住宅人权，即公民维持其生存所需的基本权利，在私法意义上，住宅权是指公民的住宅所有权以及与之有关的其他财产权利。因此，住宅权既是公民的一项基本人权，又是一项财产权。② 这一定义得到了多数学者的赞同。王宏哲使用语义分析的方法详尽地探讨了住宅权概念的内涵，他主张用适足住房权的概念来指称住宅权利。③ 郑尚元认为住宅权是一种宽泛的权利，因而是一种抽象的权利，他提出了居住权的概念，认为居住权就是获得住房

① 王宏哲：《住房权研究》，中国法制出版社，2008；张群：《居有其屋：中国住房权历史研究》，社会科学文献出版社，2009；杜芳：《我国公民住房权的司法保障研究》，中国出版集团、世界图书出版社，2013；杨英文：《城镇化视域下公民住宅权研究》，知识产权出版社，2014。
② 金俭：《中国住宅法研究》，法律出版社，2004，第 55 页。
③ 王宏哲：《住房权研究》，中国法制出版社，2008，第 2~8 页。

保障的权利，是住房权的具体化。①

其次，相对于住宅权、居住权、住房权等不同概念及其定义的分歧，对于住宅权的性质，国内学者同样是众说纷纭。王宏哲认为住房权"属于人权，属于基本权利的范畴。由于人权性质决定了在这种法律关系中主体是固定的，权利人是中低收入者，而义务人则是国家和政府"。"作为一种人权，它是指国家和政府义务保障中低收入阶层取得其尊严住房的基本权利"，他认为住房权"属于'第二代'人权，即生存权的范畴"②。余南平、凌维慈认为住宅权的权利性质可以分为法律上的权利和宪法上的权利。前者是指由法律或者法规所确立的具体的有关住宅保障的权利。后者是由宪法加以保障的住宅权利。依其性质又可以分为作为自由权的住宅权和作为经济社会权利的住宅权。作为自由权的住宅权，首先包括作为财产权的住宅权，即个人住宅作为其私有财产不受侵犯，还包括从中延伸出的另外两项重要的权利，即不受强制驱逐的权利以及承租权的保障；其次是作为经济社会权利的住房权，即国家保障个人住宅的责任。具体法律上的权利可以是建立在宪法权利基础上的具体化的权利，也可以在宪法没有规定相关住宅权利的情况下，由立法者直接创设具体的住宅权利。③ 孙凌提出住宅权是一项基于人性尊严而产生和发展出来的基本权利，宪法对住宅权的确认为公民获得相应的住房保障提供了根本法的依据，可以通过宪法规范的解释住宅权在我国属于宪法权利。④ 杨英文从与住宅立法等有关社会保障、社会福利和社会保险方面的社会立法中寻求住宅权的法律依据，认为"住宅权是新兴的社会权，具有社会权的性质"⑤。郑尚元提出

---

① 郑尚元：《居住权保障与住房保障立法之展开——兼谈〈住房保障法〉起草过程中的诸多疑难问题》，《法治研究》2010 年第 4 期。
② 王宏哲：《住房权研究》，中国法制出版社，2008，第 30 页。
③ 余南平、凌维慈：《试论住宅权保障——从我国当前的住宅问题出发》，《社会科学战线》2008 年第 3 期，第 197~209 页。
④ 孙凌：《论住宅权在我国宪法规范上的证立——以未列举宪法权利证立的论据、规范与方法为思路》，《法制与社会发展》2009 年第 5 期，第 136~142 页。
⑤ 杨英文：《城镇化视域下公民住宅权研究》，知识产权出版社，2014，第 16~18 页。实际上该学者也已经意识到"住宅权不是单一的权利，而是综合性权利，具有复合权利的性质"。参见杨英文《城镇化视域下公民住宅权研究》，知识产权出版社，2014，第 15 页。但正如该学者自述，基于其研究的学科领域，她所理解的住宅权明显带有社会权性质。

通过住宅方面的社会性立法，居住权转化为一种具体的权利，《住宅法》或《住房保障法》中规定的当事人的权利就是居住权，属于社会法上典型的社会权利。① 黄利红在其对住宅不受侵犯权的比较宪法研究中，提出住宅不受侵犯权在宪法文本中往往与适足住房权、迁徙自由权、财产权、人身自由、隐私权等与住宅相关的权利构成不同的权利群。② 南京大学金俭教授非常明确地指出住宅权可以从两个方面理解：一是从公法意义上理解，住宅权是指住宅人权，即住宅权是每一个公民维持其生存必需的基本权利；二是从私法意义上理解，住宅权是指公民的住宅所有权以及与住宅所有权有关的其他财产权利。住宅权既是公民的一项基本人权，又是公民的一项重要的财产权。③ 孙宪忠教授和他的合作者常鹏翱在指出住宅权也是一项基本人权的基础上，进一步提出住宅权既是一种公法权利，也是一种私法权利。他们认为贫穷者在经济上的"弱者"地位使其没有能力取得适足的住宅，住宅权对于他们来说主要是一种公法上的权利，即他们以政府作为相对人而享有的权利。这一权利的基本意义是：社会的低收入者应该获得政府和社会的扶助和保障，以便能够获得住宅，从而使住宅权这个对他们来说是应然的权利转化为实然的权利。对于富有者来说，这一权利基本上是一项民事权利，因为他们完全可以凭借自己的力量通过买卖、租赁等市场机制来取得住宅，对他们来说，住宅权是实然的权利，但是这一权利也需要充分合理的民事法律制度来予以保障。④

再次，对于哪些主体可以享有住宅权，我国学者的观点也存在较大分歧。一些学者将住宅权的主体限定为特殊主体。如王宏哲认为住宅权的人权性质决定了在这种法律关系中主体是固定的，权利人是中低收入者。⑤ 曾哲认为住宅权的权利主体是国民，即一国公民。⑥ 大多数学者则从住宅权

① 郑尚元：《居住权保障与住房保障立法之展开——兼谈〈住房保障法〉起草过程中的诸多疑难问题》，《法治研究》2010 年第 4 期，第 11~20 页。
② 黄利红：《住宅不受侵犯权研究》，知识产权出版社，2014，第 54~84 页。
③ 金俭：《中国住宅法研究》，法律出版社，2004，第 54~55 页。
④ 孙宪忠、常鹏翱：《论住宅权的制度保障》，《南京大学法律评论》2001 年第 2 期，第 70 页。
⑤ 王宏哲：《住房权研究》，中国法制出版社，2008，第 32 页。
⑥ 曾哲：《论国民的适当住宅权》，《武汉大学学报》（哲学社会科学版）2013 年第 5 期，第 99~104 页。

的人权性质出发，承认住宅权主体的普遍性。如杨英文认为住宅权是一项
人权，人权是人人应该享有的权利，所以，住宅权的主体是一切人。[1] 金
俭教授则从普遍性和特殊性的统一来认识住宅权的主体，她指出住宅权的
主要主体是个人，但同时也适用于家庭。而个人主体主要是指一国的公
民，对于非公民，国家可以根据各国的经济状况决定保护程度。虽然人人
都是住宅权的主体，但在保障中应首先关注住房弱势群体。[2]

对于住宅权的义务主体问题。研究者大都认同国家对于住宅权的实现
应当负首要的责任。金俭认为中央政府和地方政府应该共同承担保障公民
居住权利的责任。政府责任的承担应该贯穿于住房用地供应、住房建设、
住房交易等各个环节，当前应该重点解决保障性住房供应和分配面临的问
题。同时中国应该加快住房立法，在法律上确认居住权，明确权利实现中
的政府责任与义务。[3] 楚道文认为在为全体社会成员住宅权利提供保障的
同时，国家应当依法通过运用公共权力对社会资源的重新分配或通过创造
条件排除妨碍等方式，给予中低收入群体以特别的物质、精神和道义保
障。[4] 也有少数研究者，如金俭关注到个人、国际社会对住宅人权实现的
义务问题。[5]

复次，住宅权的保障也是学者们关注的焦点。一些民法领域的学者探
讨了住宅权的私法保障。如孙宪忠、常鹏翱提出应同时从公法层面和私法
层面出发保障住宅权，在私法方面提出了构建住宅合作制度的设想，并在
指出我国民事法律中住宅权制度的缺陷的同时提出完善我国住宅权物权法
保障机制的建议。[6] 蒋承菘、楚道文从物权法的不足出发论述了住宅权利
社会保障立法的若干问题；[7] 公法学学者主要对住宅权的公法保障进行了
研究，肖泽晟认为住宅权作为宪法规定的一项自由权，尚未扩张到生存权

---

[1] 杨英文：《城镇化视域下公民住宅权研究》，知识产权出版社，2014，第20页。
[2] 金俭：《中国住宅法研究》，法律出版社，2004，第56，67~68页。
[3] 金俭：《中国住宅法研究》，法律出版社，2004，第62~65页；金俭：《论公民居住权的实现与政府责任》，《西北大学学报》（哲学社会科学版）2011年第3期，第143~147页。
[4] 楚道文：《论住宅权》，《前沿》2010年第11期，第58~62页。
[5] 金俭：《中国住宅法研究》，法律出版社，2004，第65~66页。
[6] 孙宪忠、常鹏翱：《论住宅权的制度保障》，《南京大学法律评论》2001年第2期。
[7] 蒋承菘、楚道文：《论住宅权利社会保障立法的若干问题——基于〈物权法〉对住宅权利保障不足的分析》，《政治与法律》2008年第2期。

意义上的公民"对住宅"的权利，对该权利的保护，目前还是行政法的盲区。即使是对自由权意义上的住宅权的保护，我国的行政法也存在很多缺陷，他分析了我国行政法对非法侵入住宅和拆迁中对住宅权保障的欠缺，指出住宅权在我国事实上仍然是一种没有救济的权利；[①] 凌维慈博士以日本法为借镜，探讨了住宅公法保障中居住利益的出现和展开、住房权的形成和构成、住房权宪法保障的可能性等诸多理论问题。[②]

此外，许多学者日益关注住宅权的救济问题。黄金荣通过对南非宪法法院住房权案例的评析，讨论了经济社会权利的可诉性。[③] 王宏哲、张群的博士学位论文中都以专章（节）讨论了住宅权的救济问题；杜芳从积极住宅权和消极住宅权两个方面，分别讨论了住宅权的司法保障问题。[④] 越来越多的学者主张住宅权不仅是一种实定的权利，同时也是一种可诉的权利。

最后，还有学者的研究注重考察中国住宅权的历史发展。张群从人权的视角，考察了中国古代、近代和当代的住房保障制度的历史变迁。他对民国时期住宅权保障法律实践的发掘性研究对于当代中国住宅权的发展具有特殊的借鉴意义。[⑤]

然而，相对于全面落实和实现住宅权的目标，现有研究所提供的理论准备仍然是不充分的。研究的不足主要体现为以下三个方面。

第一，缺少跨部门的综合研究，从而人为地割裂了住宅权。国际人权法学界公认住宅权具有不可分性和非本质性。国内许多学者虽然也承认

---

① 肖泽晟：《我国住宅权行政法保护缺失分析》，《行政法学研究》2006 年第 1 期，第 43～50 页。
② 凌维慈：《公法视野下的住房保障》，上海三联出版社，2010。
③ 黄金荣：《司法保障人权的限度——经济和社会权利可诉性问题研究》，社会科学文献出版社，2009。
④ 杜芳：《我国公民住房权的司法保障研究》，中国出版集团、世界图书出版社，2013。
⑤ 张群：《中国古代的住房权问题》，《南京大学法律评论》2007 年第 21 期；《住房制度改革 30 年：从法律史角度的考察》，《法商研究》2009 年第 1 期；《住宅权及其立法文献》，《法律文献信息与研究》2008 年第 1 期；《家宅法的起源与发展——兼论宅基地制度的出路》，《北方法学》2008 年第 1 期；《民国住宅权保障的启示》，《政治与法律》2008 年第 2 期；《民国时期房租管制立法考略——从住宅权的角度》，《政法论坛》2008 年第 2 期。

"住宅权不是单一的权利，而是综合性的权利，具有复合权利的性质"①，但在研究中囿于各自的专业背景，往往倾向于将住宅权割裂为公法权利和私法权利分别加以研究。缺乏从跨部门法的综合视角出发的全面系统的研究。现有研究成果或者从法理角度出发停留在对权利抽象范畴的讨论，或者从宪法、行政法角度出发论证住宅权的公法保障，或者从民事法律制度角度出发讨论住宅财产权的保障。研究视角大多一元化，较少见综合性的研究。这种研究视角上的缺失导致获得的结论难免偏颇，导致至今对于住宅权的权利属性仍然众说纷纭，缺乏明确的界定。

第二，理论译介多，针对国内实际问题的实证性研究较少。绝大多数研究停留在引述国际人权法和外国宪法学上的住宅权理论，缺乏对国内立法的制度性探讨，一些论述国内制度的文献又缺少深入的理论支撑，导致现有研究理论缺乏针对性，制度研究又缺乏理论指导，没有将理论建构与实证分析很好地结合在一起。对住宅权可欲性的研究较多，对住宅权可行性的研究较少。特别是对住宅权的标准化问题研究较少。

第三，缺少对住宅权权利构成的实质性探讨，现有研究中对于住宅权主体、客体和内容的讨论大都停留在对于经济、社会和文化权利委员会一般性意见等国际法律文献的援引。对于权利主体的研究，在承认住宅权主体普遍性的同时，缺少必要的类型化分析。对于义务主体的研究，大都强调国家在实现国民住宅权中的义务。对于住宅权的水平效力，即公民是否能成为住宅权的义务主体的相关的研究罕见。对于住宅权内容的范围也没有明确的界定。

三　主要观点和研究思路

反思现有研究的不足，根源于对住宅权的性质和权力构成的认识仍然存在偏差。因此本书研究从对住宅权属性的现象学透视开始。作为一种新兴的权利，理解住宅权的权利性质必须具备非本质主义的整体性视角。住宅权是一种法定化的习惯权利，兼具财产权和人格权、公权利和私权利、私益权利和公益权利的多重属性，具有防御权能、受益权能、客观秩序权

---

① 杨英文：《城镇化视域下公民住宅权研究》，知识产权出版社，2014，第15页。

能和参与权能的多重功能。住宅权的逻辑构成包括权利主体、义务主体和权利内容。住宅权的权利主体是普遍的个人，但在住宅权的实施中，家庭、社区等社会单元不仅对于个人权利的实现具有十分重要的关联，而且也存在其独立的利益，从而应当被视为住宅权的主体和类主体。住宅权的义务主体不仅仅是国家，个人也对住宅权的实现负有义务。住宅权的内容涵括了人类在住宅上的各种利益，住宅权的理论中不存在传统法定权利和利益间的二元架构，住宅权本身就是维护人的尊严所必需的住宅需要的自我展现，其权利内容的核心层是住宅保有，而与住宅权相关的住宅安全、健康、自由、隐私、发展等权利则构成了对住宅保有实体水平的限定和保障。保障和实现住宅权还有赖于公民充分获取住宅信息和参与住宅事务的决策，并在权利受到侵害时享有司法救济。

四　研究方法

本书拟采用历史考察的方法，追寻住宅权理论产生和不断发展的社会、文化背景；采用综合研究的方法，综合运用住宅法、国际人权法、宪法、行政法、民法、城市经济学、城市社会学等学科的研究方法，借鉴其研究成果；采用比较研究的方法，借鉴世界各国住宅权法律制度的经验和教训；采用案例研究的方法，剖析住宅权典型案例，探寻住宅权实现的过程。特别重要的是，本书将采用现象学的研究方法，展现住宅权不同于传统权利的非本质性特质，从而为本书从整体上探究住宅权的权利性质和逻辑构造提供理论基础。

第一章　问题的提出

第一节　住宅与住宅问题

一　住宅及其社会意义

在《现代汉语词典》中，住宅一词被解释为住房，即供人居住的房屋。然而住宅绝非一般意义上的可供居住的房产，其含义应界定为能够满足个人和家庭生存发展的居住条件和环境的总和，是决定人类基本生活福利的具体和持续的要素之一。[①]

住宅一词的英文是 housing。有学者指出 housing（住宅）一词是由house（住房）转变而来的，它的含义要比住房广泛、深刻得多。用housing（住宅）代替 house（住房），表明人们已经不再简单地把住宅视为一种固定的建筑产品，而是把它视为整个社会中一个发展的、运动的部分。在不同的社会结构、不同的文化背景和经济条件下，人们会产生不同的居住需求并形成不同的居住形态，且会随着社会的发展而变化。所有与居住有关的人类活动，如住宅政策、环境保护、规划设计、建设施工以及房屋的买卖租赁、使用维修、继承转让等，都是居住形态的具体表现，因此，住宅（housing）是一个动态的发展过程。而住房只是这一过程的部分的物质体现。在一些极端的场合中，人们的住宅需求并不表现为"住

---

① 包振宇：《直面生活世界中的居住需求——整体性权利视野中的住宅租赁权》，《云南大学学报》（法学版）2011 年第 3 期。

房"的形态。例如以船为家的渔民，以帐篷为家的游牧民等。一个最为极端的例子是美国的垃圾箱住宅案，法院认为流浪者在垃圾箱中居住的行为使得垃圾箱成为满足其住宅需求的形态。垃圾箱当然不是住房（house），但是住宅之所（housing place）。[1] "house 一词，即住房本身只具有呆板、狭隘的物质含义，仅指居住用房本身。而 housing，即住宅才生动地体现了这个动态过程，包括了人类为创造良好的居住空间和生存环境所做的一切努力和活动。"[2]

住宅在人类进化和发展的历史中具有重要地位。《韩非子》曰："上古之世，人民少而禽兽众，人民不胜禽兽虫蛇，有圣人作，构木为巢，以避群害，而民悦之，使王天下，号曰有巢氏。"[3]《庄子》亦有云："古者禽兽多而人少，于是民皆巢居以避之。昼拾橡栗，暮栖木上。"[4] 有巢氏是否确有其人尚无可考，但巢居确实是人类进化中的一个阶段。恩格斯在《劳动在从猿到人的转变中的作用》一文中指出："有些猿类用手在树上筑巢，或者如黑猩猩甚至在树枝间搭棚以避风雨。"[5] 除了巢居，穴居也是猿人的居住形式，和一些动物以地穴容身一样，这还属于动物的本能行为。但"构木为巢"和"掘地为穴"已经初步表现出人类异于禽兽的思维和劳动能力。除了独木巢，原始人类还营造多木巢，即以几棵相邻的树木作为支柱在其上搭设棚席。现在在我国南方地区一些少数民族居住的竹楼等干阑式建筑，即为多木巢的进化形式。约两万年前还出现了以草木为顶的半地穴式建筑，属于巢穴的结合。深穴逐渐变浅，屋顶逐渐升高，最终形成了原始的住宅。刘敦桢先生指出，各地区的人们利用不同的自然条件，创造了穴居、巢居等各种不同的居住方式，但经过若干时间，他们之间因交流经验逐步增多，必然产生一种新的建筑。在半坡村发现的早期木

---

① 纽约市警察局得到线索，在某公园的一个废弃的垃圾箱里藏有一些违禁物品，警察撬开垃圾箱找到了违禁品，但发现垃圾箱内居住着一个流浪汉。该流浪汉因此将纽约警察局告上法庭，原告律师认为垃圾箱对于原告来说就是他的家。法庭判决被告在没有取得搜查证的情况下侵犯了一个公民的住宅。参见顾敏康《宪法权利的深层保护——从垃圾袋的处理说起》，《法学》2006 年第 7 期，第 84~88 页。
② 唐传恕：《居住科学中的新术语、新思潮》，《城市规划》1988 年第 5 期，第 35 页。
③ 《韩非子·五蠹第四十九》。
④ 《庄子·盗跖第二十九》。
⑤ 《马克思恩格斯文集》第 9 卷，人民出版社，2009，第 551 页。

架建筑发展至今仍然是汉族建筑也是中国建筑的基本结构法。① 原始住宅的出现大大改善了人类的居住和生活条件，当人类能够有选择地定居下来，家庭就渐趋稳定，人类自身的再生产效率本质性就会提高，生产力也得到更快发展。② 《易经》中的，"上古穴居而野处，后世圣人易之以宫室，上栋下宇，以待风雨，盖取诸《大壮》"，③ 正是对这一过程的记载。

西方学者对住宅特征和意义的研究非常丰富。哈斯曼和奎格利（1991）指出住宅（housing）区别于其他商品的特征。第一，住宅是复杂的商品，在估价和开发建设上的复杂性使得供求双方的交易也变得十分复杂，以至于难以达成有效的交易。第二，住房在空间上固定，这意味着选择了住宅即同时选择了邻里环境、工作机会以及包括教育、商圈在内等周边基础设施。第三，住宅的造价昂贵。这使得租赁成为获取住宅的一种普遍模式。对于住宅所有人来说，抵押贷款而不是一次性付款成为购房的最佳选择。住宅费用占生活开支的比重很大。住宅建设在每年社会新增投资中亦占较大份额。第四，住房的使用期长，新屋只占住房服务供给量的一小部分，住房需求的小幅变动就会对建房活动产生较大的冲击。第五，住房是一种必需品。正是这些特征决定了住房的高交易成本。④

在我国，学者也注意到住宅承载的丰富社会意义。例如我国台湾学者张金鹗指出，住房的意义或内涵会随着个人对欲望满足的程度差别而呈现差异，而建筑、经济、社会和政治等不同领域对住房的诠释也不同。他指出住房具有不可移动性、不可分割性、长久性、异质性、昂贵性、投资品和消费品等特征，并将住房的意义归纳为：庇护遮蔽之场所、私密的空间、区位上的产物、建筑物与邻里设施的组合、投资的工具、财富与社会经济地位的象征。⑤

由于住宅所具有的上述特征，在决定人类基本生活福利的具体和持续

---

① 刘敦桢：《中国住宅概说》，百花文艺出版社，2004，第 14 页。

② 孙金楼：《住宅问题古今纵横谈》，《社会》1983 年第 1 期，第 31~34 页。

③ 《易经·系辞下传》。

④ Björn Hårsman, John M. Quigley, "Housing Markets and Housing Institutions in a Comparative Context," in Harsman, Quigley, eds., *Housing Markets and Housing Institutions: An International Comparison* (Netherlands: Kluwer Academic Publishers, 1991), pp. 2~3.

⑤ 张金鹗：《住宅问题与政策架构之研究（上）》，《政治大学学报》1991 年总第 62 期。

的要素中，住宅逐渐具有超越其他因素的特殊地位。通常认为构成人类基本生活水准的要素中最为重要的有三项：食物、衣着和住宅。其中住宅和其他两项要素存在显著的区别。食物为身体提供维持生命所必需的营养和行动所需的能力，衣着用以温暖身体的同时，也具有文化审美方面的功能。两者共同的特征均属于纯粹的个人消费品，在提供温饱的过程中，食物很快就被摄入和消化，衣着也在个人穿戴活动中逐渐消耗。与衣食不同，住宅不是通过直接消耗来维持人的生理需求。它在长久的时间内为人们提供日常居住生活和进行其他社会性活动的物理空间。住宅不仅保护居住者免受自然界的侵害，维持身心健康，使人类完成自身的简单再生产，还是人类组建家庭，养儿育女，安享晚年的场所。很难说衣食和住宅中哪个因素更为重要，因为三者都是人类最为基本的生理所需。① 衣食无着，人们会遭受冻馁，生命无法维持。但没有合适的庇护所，人类的生理活动也会遭受巨大的威胁。对此，明代官员陈龙正在《救荒策会》中曾有论述："荒年，贫民多死于饿，不知其更死于寒也。圣人上栋下宇，以蔽风雨，暖活之用，实与粒食并重。"② 日本住宅学者早川和男也指出对于处在饥饿线上的难民来说，确保衣食最为紧要，但他们也大都要在救援帐篷（即"住处"）抵达后，才能吃好饭、治好病、睡好觉。③

对于我国来说，20世纪末就已经基本实现了小康。一方面，虽然还存在对于食品安全的担忧，但衣食温饱已经不再是困扰个人和社会的问题。另一方面，随着社会经济水平的不断提升，人民对于住宅的需求已经不满足于遮风避雨的低层次的生理需要和安全需要。高居不下的房价成为全社会关注的焦点，实现住宅需求的困难已经成为阻碍个人和家庭实现自身发展的最重要的因素之一。可以说在当代中国仍然隐藏着巨大的住宅问题。

---

① 马斯洛列举的第一层次的生理需要包括呼吸、水、食物、睡眠、生理平衡、分泌和性，这些需要（除了性以外）任何一项得不到满足都会导致人体的生理机能无法正常运转。其中睡眠和生理平衡显然都需要一个适当的栖身之所。对于维持温饱来说，住宅也具有直接遮风避雨、保暖身体的功能，甚至比衣服还要重要。虽然住宅不能直接提供营养，但适当的住宅可以减少身体对于能量的消耗。

② 李文海、夏明方主编《中国荒政全书》（第一辑），北京古籍出版社，2003，第733页。

③ 〔日〕早川和男：《居住福利论》，李桓译，中国建筑工业出版社，2005，第2页。

二　住宅问题与权利贫困

所谓住宅问题是指因人的住宅需求无法得到满足而带来的各种社会问题。这些问题构成了对个人人格尊严以及社会和谐发展的威胁和挑战。普遍认为，住宅问题是近代工业革命和城市化的副产品。在许多人的想象中，田园牧歌式的乡村生活中是不存在住宅问题的。和这些人的想象相反，如果我们把住宅问题定义为——人的居住需求得不到（充分的）满足，那么无论在盛唐的中国，还是在中世纪的欧洲，无论在城镇还是在乡村，住宅问题都是客观存在的。如果我们不把住宅仅仅视为满足最基本居住需求的设施，而进一步地把拥有住宅和独立的公民身份、社会地位、财产权、人身自由和经济财富联系起来，那么我们会发现在中世纪欧洲乡村的庄园经济中，住宅只是封建领主所拥有的特权，依附于封建领主的农民、帮工、仆役等其他社会阶层只是借封建庄园的一隅容身，根本谈不上享有住宅，更谈不上享有住宅权。在这个意义上，拥有独立的社会经济地位、财产权、人身自由是享有住宅权的前提，而住宅则构成了独立的社会经济地位和人身自由的物质基础。

住宅问题从产生私有制和阶级的那一天开始就广泛地存在于人类社会。"朱门酒肉臭，路有冻死骨"就是对我国封建社会中下层阶级住宅状况的真实写照。这种状况也得到了一些具有人文关怀的人士的关注，包括一些统治阶级的内部成员，将之视为一个值得认真对待的问题。"安得广厦千万间，大庇天下寒士俱欢颜"的诗句就是这种问题意识的反映。然而从诗人问句中反映的悲愤之情，我们不难发现在封建社会"天地虽大，安得广厦"，蜗居于茅屋的诗人虽然提出了千古一问，但终其一生看不到任何解决这一问题的可能。事实上，在整个封建时代，国家对于住宅问题只能也只愿做出零星的回应，而无法给诗人一个制度化的答案。

如果说在田园式的封建乡村，流离失所者如杜甫还可以借茅屋以避风雨，那么，随着工业革命的序幕拉开，圈地运动强化了乡村土地产权的私有化，大量无产者涌入城市成为身无长物的产业工人，当"悠然见南山的采菊东篱"被围绕着工厂密集滋生的如同蚁穴一般的简陋出租屋所取代，当"无力及耕桑的深山隙地"也被近代民法打上了产权私有的烙印，住宅问题以一种前所未有的广度和深度呈现在人们面前。与此同时，新兴的资产阶级革命启蒙了社会的人权意识。当用权利的视角去考察城市无产阶级的住宅状况，人们对于住宅问题就有了全新的认识。人们逐渐相信现代国家有义务也有能力解决住宅问题，并开始将住宅问题的最终解决置于法律权利和义务的框架之内。住宅权的概念此时已经开始了其漫长的孕育过程。

有一种观点认为住宅问题只是更大范围内社会贫困问题的反映，因而并不是一个独立的社会问题。例如多尼森和昂格尔森认为有效需求可用客观方法来定义，但潜在需求则难以客观定义和度量，因此很难定义和度量住宅问题。他们提出"大多数住房问题实际上是失业、贫困和不平等的问题"[1]。哈耶克也认为"住房问题并不是一个能够单独加以解决的独立问题，相反它是一般贫困问题的一个部分，而且也只有通过收入的普遍提高方能逐步解决"[2]。这些学者指出住宅问题的产生根源于更加广阔的结构性的社会危机，并因此提出一种整体性的住宅问题的解决方案。

的确，住宅问题应当被视为贫困、不平等等社会问题的一部分，社会的普遍富裕会在一定程度上缓解住宅问题。但我们并不能据此否定住宅问题的独立性。特别是简单地用失业、贫困或收入不足来定义并试图替代住宅问题的思路存在很大的局限。经济学的实证研究已经表明，收入提高并不总是会带来居住水平的改善，特别是对于低收入者来说更是如此。相关研究中通常使用的分析工具是住宅支出的收入弹性，以下列公式表示：

$$住宅支出的收入弹性系数 = 住宅支出的变化率/收入的变化率 \qquad (1-1)$$

如果居民的家庭收入和住宅支出呈现等比例增长，则收入弹性系数为1。此时，虽然收入增加，但住宅支出在收入中所占的比重不发生变化。当收入弹性系数大于1时，即为有弹性，当这一系数小于1时，住宅支出处于无弹性状态。收入弹性系数提供了判断收入提高是否能够有效改善住

---

[1]　D. Donnison, C. Ungerson, *Housing Policy* (London: Penguin Books, 1982), p. 287.

[2]　〔英〕弗里德利希·冯·哈耶克：《自由秩序原理》（下册），邓正来译，生活·读书·新知三联书店，1997，第126页。

宅状态的依据。如果低收入阶层的收入弹性较小，那么即使收入得到提高，也不会导致住宅支出的明显增加，住宅状况并不会得到改善。此外，即使收入弹性较大，收入的增加确实转化为住宅支出的增长，但是如果住宅供给是非弹性的，那么住宅支出的增长会引发住宅价格的大幅提升，支出的增加有可能被住宅价格的上涨所吸收。因此，将住宅问题完全归结于收入不足的贫困问题实际上有两个条件：一是住宅供给的价格弹性较大；二是住宅支出的价格弹性较大。有关实证研究表明，住宅的供给和需求的价格弹性很小。① 对于住宅支出的收入弹性，根据相关实证研究可以归纳出三点结论：（1）住宅所有者的收入弹性大于租房者，其弹性值在 1 以上，而租房者的弹性值则呈现低于 1 的倾向；（2）低收入阶层的收入弹性较小；（3）随着家庭收入的增加，住宅需求的收入弹性呈现增大的倾向。②

　　根据上述结论，我们可以看出单纯的收入水平增加并不能有效解决住宅问题，因此在逻辑上不能将住宅问题完全归结为收入不足或贫困。事实上，世界许多国家和地区在社会和经济发展中都曾出现过类似的现象：居民收入在得到普遍的增加，生活水平迅速提高的同时，住宅问题却更加凸显出来。以 20 世纪 60 年代的法国为例，1968 年以前的十年内，法国经济保持持续高速发展，国民收入成倍增加。③ 在 1967 年前法国几乎实现了全民就业。人民生活水平得到普遍提高。然而正是在经济发展处于二战后空前繁荣期的 1968 年，发生了波及全国的"五月风暴"。在事后反思"五月风暴"社会根源的时候，戴高乐指出，在引起人民不满的社会问题中，住宅问题首当其冲。据统计，在当时 1500 万户家庭中，有 37 万户居民居住条件差，31.6% 的家庭住宅过分拥挤。有观察者指出当时的法国出现了一种奇怪的现象：一个工人阶级家庭可能拥有电视和汽车，但住在贫民窟里，或者住在一所被现代设备塞满，更显得拥挤不堪的新公寓里；一

① 〔美〕阿瑟·奥沙利文：《城市经济学》，苏晓燕等译，中信出版社，2003，第 365 页。
② 〔日〕山田造之主编《城市经济学讲座　第三讲　住宅市场和住宅问题》，廖严编译，《日本研究》1986 年第 1 期，第 88～92 页。
③ 法国 1958 年的国民收入为 2219 亿法郎，1963 年为 3705 亿法郎，1967 年为 5738 亿法郎。参见《国外经济统计资料》编辑小组《国外经济统计资料　1949 年—1976 年》，中国财政经济出版社，1979，第 34 页。

个中产阶级家庭可以奢侈地到高级餐馆就餐和去希腊度假，却不愿邀请他们的朋友上家里做客。人民甚至把住宅问题称为"最大的国耻"，戴高乐本人也不得不承认："在这个方面我们将会受到审判。"① 在《日本精神》一书中，美国记者罗伯特·克里斯托弗通过对 20 世纪七八十年代处于经济高速发展期的日本的观察也得出了类似的结论，即在国民收入实现倍增的同时，国民对高质量住宅的需求却并没有得到满足。②

可见，住宅问题并不都是因为绝对收入不足的贫困引起的。在很大程度上，住宅问题是社会不平等的产物，其实质在于社会不平等带来的剥夺感和尊严的丧失。正如阿马蒂亚·森所指出的那样，"相对的贫困会产生对可行能力的绝对剥夺"。事实证明在纯粹市场力量的支配下，在各阶层绝对收入增加的同时，贫富差距却不会必然缩小，处于最底层的人们虽然绝对收入增加，但其面对的"功能性活动"受到限制的困境没有改变。③因此，只要社会不平等存在一天，住宅问题就不会得到彻底的解决。实际上恩格斯在对住宅问题的研究中，就已经指出工人阶级的住宅问题是资本矛盾运动的产物：

　　一个老的文明国家像这样从工场手工业和小生产向大工业过渡，并且这个过渡还由于情况极其顺利而加速的时期，多半也就是"住房短缺"的时期。一方面，大批农村工人突然被吸引到发展为工业中心的大城市里来；另一方面，这些老城市的布局已经不适合新的大工业的条件和与此相应的交通；街道在加宽，新的街道在开辟，铁路穿过市内。正当工人成群涌入城市的时候，工人住房却在大批拆除。于是就突然出现了工人以及以工人为主顾的小商人和小手工业者的住房短缺。④

---

① 郑春生：《对法国"五月风暴"的再思考》，《世界历史》2003 年第 6 期，第 36~43 页。
② 〔美〕罗伯特·C. 克里斯托弗：《当前日本的住宅问题》，汪婉译，《国外社会科学》1985 年第 5 期，第 77~80 页。
③ 包振宇：《美国住宅租赁法律制度研究——以承租人住宅权保障为例》，《美国研究》2010 年第 2 期，第 56~72 页。
④ 恩格斯：《论住宅问题》，载《马克思恩格斯文集》第 3 卷，人民出版社，2009，第 252 页。

这种住宅问题是如何出现的呢？恩格斯认为资本对于剩余价值的剥削是住宅问题的实质：

> 住房短缺也是这样。现代大城市的扩展，使城内某些地区特别是市中心的地皮价值人为地、往往是大幅度地提高起来。原先建筑在这些地皮上的房屋，不但没有这样提高价值，反而降低了价值，因为这种房屋同改变了的环境已经不相称；它们被拆除，改建成别的房屋。市中心的工人住房首先就遇到这种情形，因为这些住房的房租，甚至在住户挤得极满的时候，也决不能超出或者最多也只能极缓慢地超出一定的最高额。这些住房被拆除，在原地兴建商店、货栈或公共建筑物。……结果工人从市中心被排挤到市郊；工人住房以及一般较小的住房都变得又少又贵，而且往往根本找不到，因为在这种情形下，建造昂贵住房为建筑业提供了更有利得多的投机场所，而建造工人住房只是一种例外。①

当代马克思主义城市研究学派的代表列斐伏尔将马克思、恩格斯描述的上述现象概括为"空间的生产"（production of space）的命题。他认为现代资本主义的一个重要变革是由"空间中的生产"（production in space）转化为"空间的生产"。② 空间的生产将住宅等空间要素作为生产资料，像机器一样成为资本榨取劳动者剩余价值的工具。在整个社会的分配中，资本给予劳动者更多的份额，以缓解发生在工厂中的劳资矛盾。但随着空间成为资本剥削剩余价值的新的中介和手段，资本主义的生产关系不仅在企业、生产环节中发生，还在作为一个整体的空间中发生。劳动者在工厂争取到的分配份额，又在住宅等空间消费的过程中被资本以高额房价和租金等方式重新收入囊中。列斐伏尔将这一以工业为基础逐步转变为以城市空间为基础的现代资本主义生产的过程称为"城市革命"。马克思

---

① 恩格斯：《论住宅问题》，载《马克思恩格斯文集》第3卷，人民出版社，2009，第252页。
② 〔法〕亨利·列斐伏尔：《空间：社会产物与使用价值》，转引自孙江《"空间生产"——从马克思到当代》，人民出版社，2008，第14页。

在《资本论》中揭示的资本主义生产力和生产关系之间的矛盾通过资本将住宅等空间转化为一种资本化的商品而被缓解了。但以住宅等空间为中介剥削剩余价值谋取利润的资本的要求与将住宅等空间作为满足自身需求的人的要求之间仍然存在矛盾。马克思指出的资本主义社会关系再生产的危机，虽然改头换面，但仍然存在。[1]

然而，承认住宅问题是私有制及其带来的社会不平等的一部分，同样并不意味着我们应当无视住宅问题的具体存在，而期待通过对社会不平等根源（私有制）的彻底铲除寻求一个一劳永逸的解决方案。显然，这种等待将是漫无期限的。相反，由于住宅和教育、工作机会等公共资源之间的紧密联系，本身就是阿马蒂亚·森所提出的社会可行能力的基础。获得住宅往往意味着个人和家庭可行能力和社会地位的上升。因此，优先关注和解决住宅问题可以成为我们解决社会不平等问题的一个突破口。

为此，在用具有"一般性"的贫困、不平等、失业等社会背景定义住宅问题的基础上，我们还有必要进一步描述住宅问题的具体特征。有学者对贫困（poverty）进行了新的界定，提出除了收入不足之外，贫困还有其他的表现形式。阿马蒂亚·森提出："我们认为应将贫困视为达到某种最低可接受的目标水平的能力的缺失。与这种分析相关的生活内容从基本的物质需求（比如幼有良育、足食丰衣、有屋可庇、有病能医等等）到更复杂的社会成就需求（比如参与社会活动、体面地在公众前露面等等）的各种需求层次。"换言之，"贫困并不是个体福利少，而恰恰是缺少追求个体福利的能力"[2]。"住宅贫困"（housing poverty）就是贫困在住

---

[1] 21世纪初在美国爆发的次债危机，就是一个典型的例子。联合国住宅权问题特别报告员米隆·科塔理认为次贷市场危机暴露了银行、房地产实体以及地方和国家政府的不负责任做法，它们仍在将市场化的住房所有模式作为解决世界住房危机的万灵药推销。他认为对市场驱动的住房保有形式的这种偏好是荒谬的，它侵犯了全世界穷人和中等收入群体的住房权。〔印度〕米隆·科塔理：《增进和保护所有人权、公民、政治、经济、社会和文化权利：包括发展权适足生活水准权所含适足住房权利以及在这方面不受歧视的权利问题特别报告员米隆·科塔理的报告》，A/HRC/7/16，2008。银行、房地产商和政府对于市场化住宅所有模式的偏好实际出于资本的逐利本性。金融资本设计了复杂的次级债制度，引诱消费能力不足的劳动阶层购买住宅，借此最大限度地榨取住宅消费者的剩余价值。

[2] 〔印度〕阿马蒂亚·森：《论经济不平等 不平等之再考察》，王利文、于占杰译，社会科学文献出版社，2006，第319~321页。

宅问题上的具体表现形式之一。① 根据世界银行的研究报告，21 世纪初全世界处于"收入贫困"（income poverty）境况，即日收入少于 1 美元的人口数量约有 12 亿人。而处于"住宅贫困"中的人口的数量则要远远超过前者。在广大发展中国家城镇中肆意蔓延的贫民窟和非法定居点就是住宅贫困问题的集中体现。在一些城市，超过三分之二的人口居住在没有合法地位的社区，其占有地位无法得到法律的保障，并且置身于严重威胁人类生命和健康的环境之中。此外，全球有超过 1 亿的人口无家可归，他们显然是住宅贫困群体中的最贫困者。同传统的贫困概念相比，"住宅贫困"的概念并不仅仅是指经济收入等物质资源的匮乏，而是指缺少获取和保有适足住宅的能力。阿玛蒂亚·森认为从经济收入的角度来看，贫困的相应概念是实现最起码的能力的收入不足，而不是与个体特征无关的收入低。② 据此，我们可以将住宅贫困定义为住宅负担能力的相对缺乏，而非经济收入的绝对不足。面对高昂的住宅消费价格，中等甚至以上收入的居民也会遭遇"住宅贫困"的困境。因此，很多学者将"住宅贫困"定义为一种带有综合性的"权利贫困"，而不仅仅是财产的缺乏。在全球范围内，每年有数以百万计的居民被强行驱逐出自己的住宅，而无法得到合理的安置、补偿和充分的法律救济，或者生活在随时可能被强行驱逐的恐惧的阴影之下。造成这种强制驱逐现象的原因，有时并不是缺乏财产，而是缺乏对住宅权利的法律保障。

实际上，马克思主义理论早就解释了这种"权利贫困"产生的根源：作为私有制的基础，资本对土地和房屋的所有权成为资本将住宅和城市空间转化成谋取利润的中介和工具的权利机制。面对近代财产法中所有权的优势地位，住宅消费者普遍处于无权利或权利的弱势地位。

在逻辑上，既然"住宅贫困"属于权利贫困，那就需要也可以通过授权的方式来解决。通过赋予个人权利，并以法律为其权利的行使和实现

---

① UN-HABITAT & Office of the United Nations High Commissioner for Human Rights, Monitoring Housing Rights: Developing A Set of Indicators to Monitor the Full and Progressive Realisation of the Human Right to Adequate Housing, United Nations Housing Rights Programme Working Paper No. 1, Nairobi, 2003, p. 1.

② 〔印度〕阿玛蒂亚·森：《论经济不平等 不平等之再考察》，王利文、于占杰译，社会科学文献出版社，2006，第 321 页。

提供保障，成为解决人类社会住宅问题的权利路径。列斐伏尔认为解决资本主义空间生产的办法是迈向社会主义的空间生产，即空间使用优先于空间交换，变支配空间为对空间的取用。在资本主义社会以财产权为中心的住宅关系中，法律在定义人们的利益时认为，"当人类必须适应的价值规律居于统治地位的时候，只存在货币与货币的对立"，换言之，只有财产（资本）利益得到承认和保护。而生活世界中住宅对承租人来说在生存、尊严、情感、文化等诸方面的利益，在法律中并没有受到足够的重视，无法得到应有的保障。在社会主义初级阶段仍然不具备彻底废除私有制的条件，不仅如此，在相当长的历史发展阶段，我们还需要借助私有制和市场机制来解放和发展生产力，为社会提供包括住宅在内的丰富的生活必需品。在私有制和市场经济条件下要使空间使用优先于空间交换，一条可行的路径就是对住宅等空间的所有者的财产权利加以合理限制，同时赋予住宅空间的消费者一种新的权利，从而改变近代法律中只有住宅所有者的财产利益被认可为法定权利受到全面的保护，而在住宅使用中的人的生存、人格等利益却不能得到认可或只能作为法益得到间接的保护的状况。这种建立在住宅保有（空间使用），而不是住宅所有（空间支配）基础上的新兴的权利就是住宅权。住宅权是现代人权理论和实践对住宅问题做出的制度性的回应。

第二节　何为住宅权

所谓住宅权（housing rights）是一个源自国际人权法的概念。在关于住宅权研究的英语文献中，人们习惯使用 housing rights，即住宅权，来指称广泛存在于国际人权文献、各国宪法、国内法律制度以及单纯的社会权利观念中的各种与住宅紧密相关的权利。最初关注住宅权的国内学者，如南京大学的金俭教授，采用了住宅权的名称来指称获得适足或充分住房的权利。但大部分国内学者并未意识住宅权这一概念，而非其他名称所具有的独特意义，以至于仍有学者反对用住宅权的概念，而是主张用"住房权""居住权"等概念来指称住宅权。这种概念使用上的分歧，在住宅权研究的初期无疑丰富了人们对于住宅权的认识。但随着住宅权研究的不断发展，缺乏一个统一的概念，不仅阻碍了住宅权研究之间的充分交流，还成为一些学者否定和质疑住宅权理论的根据。更重要的是，适足住房权、获得住房权、居住权等概念并不足以涵括现代住宅权理论的内涵和外延，只有住宅权的概念能够较为全面和准确地涵盖这一新兴权利日益丰富的内容。

一 住房权、居住权与住宅权

虽然在被国内外学者公认为住宅权理论的文本源头的《世界人权宣言》第 25 条第 1 款和《经济、社会、文化权利国际公约》第 11 条第 1 款中，住宅权被表述为获得适足住房的权利（the Right to Adequate Housing），因而在联合国涉及住宅权的文件的中文文本中一般将其翻译为适足住房权，但随着住宅权理论的不断发展，住宅权已经不再被局限于获得适足住房。经济、社会和文化权利委员会在关于适足住房权的第 4 号一般性评论意见中指出，"不应将把它视为仅是头上有一遮瓦的住处或把住所完全视为一商品而已，而应该把它视为安全、和平和尊严地居住某处的权利（the right to live somewhere in security，peace and dignity）"。

换言之，住宅权绝不是一种物化的权利，应当将其理解为有尊严地生存（to live in dignity）的权利。因此，用名词性的住房权来指称住宅权，会冲淡住宅权中生存的意义，导致住宅权被误解为拥有物质形态的住房的对物的权利。① 将"安全、和平和尊严地居住"替代为"占有住处"或"拥有商品"，这说明了人们在潜意识中存在一种倾向，认为充分地占有财产或其他物质性财富比满足基本的需求更为重要。或者说原本只是满足人类需要手段的对物质的占有本身已经异化为一种独立的需求。在弗洛姆

---

① 弗洛姆发现"近一百年来，西方人在其语言的运用上也显示出一种日益从生存（to be）向占有（to have）的倾向，比如说，人们越来越多地使用名词和越来越少地使用动词。名词只是表示某种物的名称。我可以说，我有一张桌子、一幢房子、一本书、一辆小汽车。为了表示某种过程，对于一种活动、动作的正确表示应该是一个动词：比如说，我是（我在）、我爱、我愿望、我恨，等等。但是，某种活动越来越多地借助于有的概念来表示，也就是说，不是用动词而是用名词来表示。为了表示某种活动而把'有'与一个名词搭配起来是对语言的错误的使用，因为人只能去经历和体验而无法占有一个过程和一种活动"。〔美〕埃里希·弗洛姆：《占有还是存在》，李穆等译，世界图书出版公司，2014，第 9 页。

看来，占有（to have）已经成为一种异化的生存方式。这一生存方式的本质根源于私有制的本质。在这种生存方式中，至关重要的是我获得财产以及保存已经获得的财产的无限权利。占有这一生存方式是排他的；就我这方面而言，它不需要我做任何进一步的努力来维护我的财产或创造性地使用它。[1] 诚然，就个人而言，保有物满足了保有人的需要，但是如果占有本身成了目的，人们只是为了占有而占有，占有就成了一种非理性的活动。住房是一个名词，它所指代的是供人们居住的房屋。住房权是指人们对住房的权利，用住房权来指称人们满足自身和家庭居住需求的权利正是这种异化的体现。

用动词性的居住权（the right to live）的概念来指称住宅权利相对于名词性的住房权显然更能体现这种权利的本质。它揭示了这种权利最终所保障的并不是对住房的占有，而是人安全、和平和有尊严地居住生活的自由和权利。前者作为外在的物，仅仅是住宅权实现的物质保障，后者是人的行为和活动，才是这种权利真正要保障的客体。一个极端的真实例子，在前文注释中所举的美国垃圾箱案件中，垃圾箱显然并不是适足的住房，但占据垃圾箱生活居住的流浪汉仍然可以主张他享有居住的权利和居所不受侵犯的自由。在另一个假想的例子中，一位在世界各地拥有豪华别墅的亿万富翁，当他或她斥巨资在太平洋上的私人岛屿建设另一个度假别墅的时候，与这一行为相关的权利首先是财产权，而不是住宅权。

在汉语中，"住房"一词完全是一个名词，而"住宅"一词虽然也做名词使用，但"住"和"宅"两个字本身都具有动词的词性，也就让住宅一词在一定意义上具备了动名词的性质。"住"字的动词词义无须赘言。"宅"，据《尔雅·释言》："居"也。如西周《何尊铭》文中有"余其宅兹中国，自之乂民"。《诗经·大雅·文王有声》，"宅是镐京"，郑笺云，"宅，居也"。李学勤认为《何尊铭》中的"宅兹中国"即居兹中国。[2] 而在古汉语中，动词往往具有使动的用法。因此，宅的用法还有使之居住的意义。如同样出自西周何尊铭文中的"惟王初迁宅于成周"，所

---

[1] 〔美〕埃里希·弗洛姆：《占有还是存在》，李穆等译，世界图书出版公司，2014，第64页。

[2] 李学勤：《何尊新释》，《中原文物》1981年第1期，第35~45页。

述乃成王迁居殷商遗民故事，有学者认为应当解释为："周王既迁居殷人于成周。"也就是使殷人居于成周的意思。① 可见，汉语中的宅同时具有动词和名词两种词义，做动词有"居住"和"使之居住"的意思，做名词则指居处。至于 housing，据学者考证，在英文中作为一个名词，其词源是 house 的动词义项，也就是"为……提供处所供其居住生活"（to provide with a place to live）的意思，是动词 house 的动名词格。② 相对于只具有名词义项的"住房"，用兼具动词和名词属性的"住宅"来对应英文中的动名词属性的"housing"，显然更为准确。

将 housing rights 翻译成住房权的学者，明显还受到了社会学中公共住房保障理论的影响。如有学者认为"现代住房主要不是由居住者自己建造的，而是市场和国家提供的，特别是二战以后公共住房的发展，使人们形成了国家作为公共住房产品提供者的观念。……形成了'housing rights'中住房提供者和被提供者关系的格式化，即国家作为公共住房的提供者，个人和家庭成为被提供者，从这样一个固定的权利义务关系中人们引申出了住房人权关系"③。不可否认，各国住房保障实践的发展，特别是公共住房的兴起为住宅权的产生提供了重要的理论和制度基础。但如果因此将住房提供者和被提供者的关系格式化、固定化，将住宅权的内容限缩在提供公共住房，将住宅权的义务主体限定为国家就是不恰当的。这种对住宅权的狭隘的理解，即便可能反映了历史上特定时期人们对住宅权的主流看法，但已经不能客观反映当代住宅权理论的发展和趋势。首先，现代住房主要是由市场和国家提供的事实，不能成为否认个人和家庭享有自行获取居住条件的自由和参与的权利的根据，更不能据此将住宅权的主

---

① "宅"首先是居住、居处的意思，因王之居处自然成为政治中心，所以又引申为定都之义。关于《何尊铭》的训释还可参见李民《何尊铭文补释——兼论何尊与〈洛诰〉》，《中州学刊》1982 年第 1 期，第 116~121 页；朱凤瀚：《〈召诰〉、〈洛诰〉、何尊与成周》，《历史研究》2006 年第 1 期，第 3~14 页。

② 该学者将 house 的动词词义直接翻译为"给……房子住，给……房子用"。笔者认为这样的翻译是不准确的。首先"to provide with a place to live"中的 place 不一定是房子，而是泛指具备居住条件的处所，而 to live 并不是居住或使用的意思，而是生活的意思。因此笔者将其翻译为"为……提供处所供其居住生活"。关于该学者对 housing rights 一词的训释，参见王宏哲《住房权研究》，中国法制出版社，2008，第 2~6 页。

③ 王宏哲：《住房权研究》，中国法制出版社，2008，第 4 页。

体限定于被动的消极的地位。实际上，过于强调通过市场和国家机制获取居住条件，忽视甚至有意限制个人和家庭自行或合作建房以满足自身居住需求的方式，反而是对住宅权主体应当享有的建筑或重建住宅的自由以及参与住宅建设的权利的剥夺。其次，在住房保障制度中，国家提供的公共住房应当限于住房的一般形态，但住宅权主体所享有的权利，并不一定体现在正式的住房（house）之上。渔民居住生活的船只、房车、罗姆人的大篷车营地，甚至流浪汉蜗居的桥洞或垃圾箱显然并不在获得公共住房保障的范围之内，但都可以成为诸多住宅权利和自由的载体。最后，从住宅权的历史发展看，从一开始人们就没有将住宅权的责任主体限制为国家和政府。在《魏玛宪法》中国家"保障所有德国家庭尤其是多子女家庭，均拥有符合需求之居住场所"的责任是和对所有权人，特别是土地和房产所有权人权利的合理限制联系在一起的。在欧洲各国为了应对一战期间和战后的住宅危机而采取的住宅保障措施中，发挥重要作用的并不是公共住房，而是普遍的租金管制措施对私有租赁住房房东权利的限制，是房东而不是国家成为住宅权的主要责任主体。①

　　那么是否直接用居住权（right to live）来表示住宅权更为合理呢？笔者认为在私有制仍然是现代社会基础的前提下，用住宅权（housing rights）的概念来概括这种新兴的权利更加确切。虽然住宅权的理念最终保障的是人的居住活动，但住宅权不仅不排斥适足的住房，相反住宅权还以之作为权利实现的物质基础。对住房的占有和居住之间存在本质的联系。在弗洛姆看来，有必要对占有做进一步的划分，占有还有一种，即功能性的占有。即为了能够生存下去，我们必须保留、维护和使用某些物品。比如身体、食品、住房、衣服和工具，这些都是为满足我们的基本需求所必需的。这种功能性占有也可以称为生存性占有，因为这是扎根于人的生存之中的。这是一个合理地加以控制的冲动，为的是能够生存下

------

① 参见包振宇《社会化与自由化的双重变奏——对英国住宅租赁法的历史考察》，载李双元主编《国际法与比较法论丛》第 21 辑，中国检察出版社，2012，第 299~304 页。对于住宅权义务主体详细讨论参见本书相关章节。

去。① 就绝大多数住宅权主体而言，在绝大多数的情况下，对基本居住需求的满足有赖于对适足住房的生存性占有，在住宅权的国际法律文献中这种对住房的生存性的占有也被称为保有权（tenure）。因此，在私有制社会中，获取适足的住房（to have adequate housing）和有尊严地居住生活在某处（to live somewhere in dignity）两个短语表达的意义往往是相通的。前者虽然不能涵括后者的全部意义，但毫无疑问构成了后者的核心要素。由于住宅（housing）的动名词属性，使用住宅权的概念可以同时兼顾名词性的住房权和动词性的居住权各自所表达的多层次的丰富内涵。

二　住宅权利束：复数形态的权利

当然将 housing rights 翻译成住宅权实际上仍然存在部分意义流失的问题。和适足住房权（the Right to Adequate Housing）、住房权（the right to housing）的概念相比，住宅权概念的另一个重要理论意义在于使用了权利的复数形式。这表明住宅权并不是一种单一的权利，而是由复数权利构成的一个权利束。正如经济、社会和文化权利委员会在关于适足住房权的第 4 号一般性意见中指出："不应把适足的住房权利与载于两项《国际公约》及其他适用的国际文件内的其他人权分隔开来。在这方面已提及人类尊严的概念和不歧视之原则。此外，要使社会各阶层的适足住房权利得以实现和维持，充分享受其他权利——诸如言论自由、结社自由（诸如租户和其他社区基础的群组）、居住自由权、参与公共决策权是必不可少的。同样，个人私生活、家庭、寓所或信件不受到专横或非法的干涉的权利是确定适足住房权利的一个非常重要的方面。"② 根据上述意见，以及关于强迫驱逐的第 7 号一般性意见，渊源于《经济、社会、文化权利国际公约》第 11 条第 1 款的适足住房权包含了多项重要的自由和权利。根据一份由联合国人权事务高级专员办事处列出的清单，这些自由和权利主要包括受到保护、以免遭受强迫驱逐以及任意破坏和拆除个人住宅的自由；个人住宅、隐私和家庭免受任意干涉的自由；选择住所、决定生活地

---

①　〔美〕埃里希·弗洛姆：《占有还是存在》，李穆等译，世界图书出版公司，2014，第 72 页。

②　CESCR，General Comment No. 4（1991）on the Right to Adequate Housing，para. 9.

区和自由行动的自由以及住宅保有权；住房、土地和财产归还权利；平等和非歧视地获得适足住房的权利及在国家和社区一级参与与住房有关决策的权利。[①] 从适足住房权到住宅权，表明人们对于这一权利的内涵的认识不断地丰富和深化。住宅权已经不是一种单一形态的权利，也不仅仅是一种社会经济和文化权利，已经发展为一种具有多重属性的复合性权利。

然而，作为回应住宅问题的新兴权利，人们对于住宅权基本理论仍然存在较大的争议，我国国内关于住宅权的研究中，对于住宅权的定义、权利属性、主体、内容以及保障方式等基本问题仍然没有形成必要的共识。本书的研究旨在从一种整体性的权利为住宅权提供一个基础性的研究框架。

---

① 联合国人权事务高级专员办事处、联合国人类住区规划署：《适足住房权》，《人权概况介绍》第 21 号（第一次修订版），日内瓦，2010。这一清单仍然忽略了同样重要的权利和自由，如获取住宅信息的权利、获得救济的权利等。在本书的相关章节，将尝试列出一个更为全面的清单。

第二章　住宅权的历史回溯

第一节　住宅权的孕育和理论准备

基于联合国对现代国际人权法律体系的重要作用，人们习惯于将联合国成立的 1945 年定义为包含住宅权的现代国际人权体系诞生的元年。[①]《联合国宪章》将促进国际人权的发展列为国际社会的一项重要议程。联合国主导了几乎每一个重要的全球性人权公约的制定过程，与此同时，联合国设立的人权机构和实施机制推动着这些公约的实施。具体到住宅权，在 1945 年之前国际法上并没有一种可以称之为住宅权的权利，关于住宅权的国际立法实践基本上都是在联合国主导下进行的。因此，本章对住宅权实践的考察也主要从联合国成立开始并制定《世界人权宣言》，从而首次明确承认获得适足的住宅是一项重要的基本人权。然而，这种以重大事件作为历史发展转折点的表述方法并不意味着对事物发展的连续性的否认。《世界人权宣言》并不完全是在一片白纸上写就的。现代国际人权体系不仅是千百年来世界各地（包括中国儒家哲学）人权观念和理论发展的产物，[②] 还从国际人权发展的早期阶段（1945 年以前）关于住宅问题

---

① 另一个对于现代国际人权体系有着重要意义的年份是 1948 年，这一年的 12 月 10 日联合国大会正式通过了《世界人权宣言》。这个日期也因此被联合国命名为"世界人权日"。

② 有关中国儒家思想对现代国际人权体系的贡献可以参见鞠成伟《儒家思想对世界新人权理论的贡献——从张彭春对〈世界人权宣言〉订立的贡献出发》，《环球法律评论》2011 年第 1 期，第 141～149 页。在《世界人权宣言》起草过程中，对于是否应当将社会权利纳入《世界人权宣言》以及将哪些社会权利纳入《世界人权宣言》　（转下页注）

的国际和国内立法和法律实践中吸取了必要的经验。为了更好地理解住宅权理论和立法的产生与发展的过程，对早期国际立法中关于住宅权的实践进行一个简要的回顾无疑是必要的同时也是有益的。

一　住宅问题在早期立法中的体现

（一）各国早期宪法和宪政文献

在构成住宅权的权利束中，居住自由和住宅不受侵犯等住宅自由权在各国早期的宪法和宪政文献中就有明确的规定。早在中世纪的英国宪政文件 1628 年《权利请愿书》中就有关于军队不得随意进驻民众住宅的规定。1791 年美国《权利法案》，即《宪法修正案》第 3 条规定："未经房主同意，士兵平时不得驻扎在任何住宅，除依法律规定的方式外，战时也不得驻扎。"第 4 条规定："人民的人身、住宅、文件和财产不受无理搜查和扣押的权利，不得侵犯。除依据可能成立的理由，以宣誓或代宣誓保证，并详细说明搜查地点和扣押的人和物，不得发出搜查和扣押状。"在现代各国宪法和宪政文献中，绝大多数都规定有居住自由和住宅不受侵犯等住宅权利。①

住宅社会权入宪则相对较迟。1919 年《魏玛宪法》被认为是最早较为全面地规定作为经济、社会权利的住宅权的国家宪政文献。在第二编"德国人民之基本权利与基本义务"中，立法者除了在第 111 条和第 115 条中分别规定了传统迁徙与居住自由和住宅不受侵犯自由外，在同一编第五章"经济生活"第 155 条第 1 款中规定了国家保障公民住房和家庭的责任：

（接上页注①）曾有过激烈的争论。在争论中，时任中国代表的张彭春基于儒家的大同理想和对国内民生艰难的体悟，积极主张将社会权利纳入《世界人权宣言》并明确国家保障国民福利的义务，对于《世界人权宣言》第 22、25 条等涉及住宅权的条款的订立实有贡献。由此可见，住宅权并不完全是西方理论的产物，中国的传统儒家思想对于住宅权的形成和发展也起到过重要的作用。因此，就我国社会而言，住宅权并不是舶来品，住宅权的理念和我国社会传统之间具有显著的亲合关系。

① 有学者研究了 157 个国家和地区的 159 部宪法典和宪政文献，发现其中 145 部直接规定了住宅不受侵犯权。参见黄利红《住宅不受侵犯权研究》，知识产权出版社，2014，第47 页。

根据国家法令监督土地分配与使用，防止相关权利被滥用，并致力于使所有德国公民人人拥有健康住房，保障所有德国尤其对子女家庭，均拥有符合需求之居住与经济场所。制定家宅地产法时须特别照顾参战人员。①

虽然和《魏玛宪法》对其他经济、社会权利的立法方式一样，该款文本中并未直接出现"权利"的表述，而是通过规定国家承担的义务和责任，间接地认可了德国公民和家庭拥有住宅的权利。但该条款规定在《魏玛宪法》第二编"德国人民之基本权利与基本义务"中的事实，已经充分表明了住宅权是一项宪法规定的基本权利。住宅权不仅是一项基本权利，在特定情况下，它还获得了相对于其他权利，如土地所有权的优越地位。根据第155条第2、3款规定：

若以保障住房、鼓励移民、农田开垦及发展农业为目的，则可以征收地产。家族内的土地财产予以废止。

开发、使用土地，是土地所有权对于社会共同体所负之义务。土地增值，而土地所有者未曾施予劳动或资本投入，该增值部分须用以公共建设。

① 书中魏玛宪法的中文文本译自1919年7月31日德国国民大会通过的初始版本，引自《世界各国宪法》编辑委员会编《世界各国宪法》（欧洲卷），中国检察出版社，2012，第209页。该条款最后一句对参战人员的特别照顾的要求表明了魏玛宪法产生的历史背景。一战之后欧洲主要参战国家均爆发了严重的住房危机，在战后社会主义思潮和经济社会危机的共同影响下，满足人民住房需求的重要性凸显，住房危机既是战后社会危机的表现，同时又加剧了社会危机，这使得住房保障成为战后魏玛政府的一项重要责任和政治目标。1918年11月12日，人民代表委员会发布公告承诺："住房危机将通过扩大住房供应来解决。"次年选出的政府总理谢德曼将"提高人民健康水平，改善住房条件"列入新政府的施政纲领。《魏玛宪法》以宪法的方式确认了上述承诺。《魏玛宪法》颁布后，德国政府出台了《抵制住房紧缺法》《国家租借法》《房客保护及房租控制法》等一系列住房立法，实施租金管制等住宅统制政策。参阅孟钟捷《德国历史上的住房危机与住房政策（1918-1924）——兼论住房统制模式的有效性与有限性》，《华东师范大学学报》（哲学社会科学版）2011年第2期，第133~138页。这说明《魏玛宪法》关于住宅权的规定并不是停留在纸面上的理想，而是通过魏玛政府的住宅政策和立法得到了落实。

根据上述条款，国家为了保障和实现公民的住宅权，可以对土地所有权进行征收，因为土地所有权对于社会共同体负有义务。《魏玛宪法》第153 条一般性地规定了财产权权利人的义务：

> 财产权负有义务，其使用须同时服务于公共福祉。

在这些条款中孕育着一个对于现代住宅权的发展非常重要的理念，即不仅是国家，而且个人对于住宅权的保障和实现也负有一定的责任，这种责任的性质不仅仅基于道义，也可以上升为一种法定的义务。

《魏玛宪法》产生的历史背景是资本主义社会从自由竞争阶段发展到垄断阶段，随着资本主义和自由竞争的作用机制逐步被垄断侵蚀，个人本位的近代法律对于公民自由的绝对观念逐渐被社会本位所取代。人们认识到由于资本在市场中越来越显示出其专断的力量，个人已经无法单纯依靠自由竞争机制保障自己的自由，形式平等并不足以保障实质的公平。为了保护和辅助社会上的弱者，国家开始干预经济和社会生活，对财产权的绝对自由进行限制。

（二）早期国际法对住宅问题的规制

马修·克莱文在总结住宅权的史前史时指出："1945 年以前的国际实践最为显著的特点，就是缺乏对'住宅权'的本质的认真严肃的思考。住宅问题在国际关系的框架中被提出，然而在大多数情况下只是作为其他重要问题中的附属因素，而住宅自身的重要性却没有得到充分的认识。"[1] 根据克莱文的总结，[2] 早期国际法的实践中涉及住宅的问题主要包括以下几个方面。

1. 住宅作为不动产受到国际法承认和保护

作为一种重要的财产，住宅在早期的许多国际法律实践中以客体的面目出现。早在 19 世纪，东道国应当给予外国人的财产权以一定程度的保

---

[1] Matthew Craven, "History, Pre-history and the Right to Housing in International Law," in S. Leckie, ed., *National Perspectives on Housing Rights* (Hague/London/New York: Martinus Nijhoff Publishers, 2003), p. 45.

[2] Ibid., pp. 45–48.

护，特别是在国家进行没收和征用时应当受到必要的限制就已经成为国际法上的一个原则。这一原则当然也适用于住宅。基于同样的理由，在发生国家继承，战争占领期间，以及作为少数人保护的一个方面，有关个人的住宅财产权同样应当受到国际法的保护。在财产权的名目下，在 19 世纪末的国际仲裁实践中住宅在多起案件中成为争议的焦点。

2. 住宅是确定个人在国际法上与特定国家法律联系的依据

个人经常居住生活的住宅，即法律上所称的惯常居所对于确定个人的国籍具有十分重要的意义。虽然各国对国籍的取得通常采取血统主义或出生主义，但在一些特定情况下惯常居所是确定个人国籍的具有决定性的依据。在发生领土变更的情况下，依据习惯国际法，所有惯常居所位于变更领土上的居民可以自动获得领土继承国的国籍，除非当事国有相反的约定。① 确定惯常居所的因素十分复杂，但无论如何住宅都是一个关键的判断因素。而当发生国籍冲突时，惯常居所也是判断个人有效国籍或真实国籍的重要标准。② 除了通过判断个人的国籍确定个人与相关国家在国际法上的权利义务关系之外，惯常居所本身也是个人与国家发生法律联系的一个纽带。在国际法实践中有些国家对那些虽然不具备本国国籍，但是在本国居住的人也提供外交保护。

3. 对住宅的保护是外交特权与豁免的重要内容

作为外交特权与豁免的一部分，习惯国际法中很早就确立了使馆馆舍以及外交官或其他受保护对象的住宅不可侵犯的原则。1928 年《哈瓦那外交官公约》第 14 条也确认了这项原则。

4. 战争与人道主义法中对战俘居住需求的保障和平民住宅的保护

1899 年海牙《陆战法规和惯例公约》第 7 条规定掌握战俘的政府负责战俘的给养，如交战各方间没有专门协议，则战俘在食、宿、衣方面应受到与俘获他们的政府的部队的同等待遇。该公约第 25 条规定禁止攻击或轰炸不设防的城镇、村庄、住所和建筑物。

---

① 〔英〕伊恩·布朗利：《国际公法原理》，曾令良、余敏友等译，法律出版社，2003，第 725~727 页。

② 〔德〕沃尔夫刚·格拉夫·魏智通：《国际法》，吴越、毛晓飞译，法律出版社，2002，第 253 页。

可见，在国际法的早期实践中，住宅与个人权利之间的联系已经得到了一定的体现，但并不存在具有独立价值的住宅权。在将住宅作为一种财产保护的实践中，法律所承认和保护的只是个人拥有的以住宅形式存在的财产权。住宅作为惯常居所的法律意义仅仅在于是个人与国家产生法律联系从而得以享受国内及国际法上权利的一个前提条件。外交关系法赋予外交住宅不可侵犯的地位旨在保障的并不是外交代表的个人利益，而是有关人员履行外交职务的能力，或者根据另一种理论，是维护外交人员所代表的国家的主权者尊严。在上述场合，法律所保护的只是住宅对人类社会的工具性价值，住宅作为私人生活的中心，满足个人及其家庭的基本需求，确保人格尊严和自由展开的核心价值并没有受到直接的承认和保护。[①] 相比之下住宅人道主义法对战俘居住待遇的保障或许已经接近了住宅权本质属性中满足人类生理和人格尊严基本需求的属性，但它的效力只局限于战争的特殊场合，并且其适用对象也不具有普遍性。

二　免于匮乏的自由与住宅权：二战中的理论准备

虽然作为国际人权法住宅权制度渊源的《世界人权宣言》的起草工作是在第二次世界大战之后开始的，但整个准备工作应追溯到战争期间同盟国的一系列立法实践。其中，最富启示意义的当属 1941 年 1 月美国总统富兰克林·罗斯福在国会演讲中提出的"四大自由"。[②] 这四大自由是：言论自由、宗教自由、免于匮乏和恐惧的自由。[③] 同年 8 月，在罗斯福与英国首相丘吉尔签署的联合宣言《大西洋宪章》中，后两项自由再次得到重申：

---

① 以对住宅的财产权保护为例，法律所关注的仅仅是以住宅为载体的抽象的财产权，个人所有的住宅与个人所有的其他财产没有区别。在发生没收或征用时，住宅是不是个人生活的中心对于结果并不会产生影响，重要的是个人是否享有所有权或其他财产权利。

② 〔瑞典〕格德门德尔·阿尔弗雷德松、〔挪威〕阿斯布佐恩·艾德编《〈世界人权宣言〉：努力实现的共同标准》，中国人权研究会组织翻译，四川人民出版社，1999，第 538 页。

③ 对"四大自由"的完整表述是："第一是在世界的一切地方，一切人都有言论与表达意见的自由；第二是在世界的一切地方，一切人都有以自己的方式信仰宗教的自由；第三是不予匮乏的自由，这种自由，就世界范围来讲，就是一种经济上的融洽关系，它将保证全世界每一个国家的居民都能享受健康和平的生活；第四是免除恐惧的自由，就世界范围来讲，就是世界性的裁减军备，要以一种彻底的方法把它裁减到这样的程度：务使世界上没有一个国家有能力向全世界任何地区的任何邻国进行武力侵略。"

在纳粹暴政被最后消灭之后，他们希望建立和平，使所有国家能够在它们境内安然自存，并保障所有地方的所有人在免于恐惧和不虞匮乏的自由中，安度他们的一生。

"四大自由"演讲及《大西洋宪章》宣示了维护人权是盟国反法西斯战略的核心政策，从而奠定了人权在战后国际社会重建中的重要地位。而"四大自由"本身也在战后联合国的人权法文献中不断得到重申，成为现代国际人权体系发展的一个重要的历史渊源。①

"四大自由"中的不虞匮乏的自由（freedom from want）被公认为是对传统的自由权理论的重要突破，成为社会权产生发展的一个里程碑。所谓匮乏（want）是指需求得不到满足的状态。因此，虽然在观念上和理论上仍然存在有待突破的障碍，但对"不虞匮乏的自由"的开创性地公开宣示，实际上已经打开了一扇通向"满足需求的权利"的大门。它毫不含糊地向世人表明人类的基本需求是一项应当得到保障的权利，并且和传统公民自由中的"表达自由""宗教自由"一样是构成现代民主社会的道德和政治基础。因为在罗斯福看来"贫困者不是自由者"，没有经济安全和独立，真正的个人自由即不会存在。匮乏往往会伴随着恐惧，居无定所与饥饿和失业一样是造成专制恐惧的重要因素。基本的需求得到满足是人类得以享受自由的一个重要基础。② 缺乏适足住宅的人不可能真正有效地参与民主政治，因而也不可能维护自己的利益。住宅权属于免除匮乏的自由，其理念可以追溯到罗斯福新政。在宣布成立经济安全委员会，负责起草《社会保障法案》的演讲中，罗斯福提出："住宅安全、生计安全和社会保障安全是我们（联邦政府）可以提供给美国人民的最低承诺。它们构成了属于每个愿意工作的个人和家庭的权利。"安全是罗斯福人权观中的核心要素。在罗斯福看来，居住安全等经济安全是实现基本权利和自

① 《世界人权宣言》的序言中提到"一个人人享有言论和信仰自由并免予恐惧和匮乏的世界的来临，已被宣布为普通人民的最高愿望"；《经济、社会、文化权利国际公约》重申"实现自由人类享有免于恐惧和匮乏的自由的理想"；《公民权利和政治权利国际公约》同样重申了"人类享有公民及政治自由和免于恐惧和匮乏的自由的理想"。
② 〔挪威〕A. 艾德：《人权对社会和经济发展的要求》，刘俊海、徐海燕译，《外国法译评》1997 年第 4 期，第 7~19 页。

由的前提。虽然有研究者指出相对于将住宅权列为一项宪法性权利，罗斯福更愿意将其界定为一项宪法承诺，但在演讲中确实包含了"权利"的字眼。[①]在 1944 年 1 月 11 日的国会国情咨文中，罗斯福呼吁通过一个包含一系列经济、社会权利的"第二权利法案"，并将之作为维护美国社会自由民主的传统价值乃至战后世界和平的基础，其中更加明确地提及"每一个家庭拥有体面住宅的权利"。[②]当包括住宅在内的基本需求处于匮乏中的人们发出"我需要（I want）住宅或食物、衣着等其他生活必需品"的呐喊时，从现代人权的同声传译器中传出的声音将是"我有权享有（I have the freedom or right to）这一切"。

在"四大自由"口号的号召之下，1942 年美国国内一个民间学会——美洲法律学会组成了一个起草"国际人权宪章"的专家委员会。委员会成员包括来自拉美、亚洲、欧洲的专家，但多数来自美国。受到当时主导美国和世界其他地区的社会权理念的影响，1944 年起草完成的"国际人权宪章"草案中包含了众多经济和社会权利。其中，草案的第 14 条规定了住宅权以及国家保障国民住宅权实现的义务：

> 人人享有相当食物和住房的权利，国家有责任采取必要的措施以确保其所有居民有机会得到这些必需品。

尽管最初并没有如此打算，但美洲法律学会草拟的"国际人权宪章"以及其他一些非官方的人权法草案对于《世界人权宣言》最终文本的形

---

① 转引自〔美〕凯斯·R. 桑坦斯《罗斯福宪法：第二权利法案的历史与未来》，毕竞悦、高瞰译，中国政法大学出版社，2016，第 68 页。

② Franklin D. Roosevelt, State of the Union Message to Congress, January 11, 1944. 原文是"The right of every family to a decent home"。中译本可参见〔美〕凯斯·R. 桑坦斯《罗斯福宪法：第二权利法案的历史与未来》，毕竞悦、高瞰译，中国政法大学出版社，2016，附录一。罗斯福个人对于住宅权被确立为一项人权和基本权利贡献甚大，他在第二权利法案中提出的住宅权最终在其夫人埃莉诺·罗斯福领导制定的《世界人权宣言》中被宣示为一项普遍的人权。罗斯福夫人认为罗斯福对住宅权等经济、社会权利的关注曾经受到年轻时的一件小事的影响。当时她在纽约市温顿街做志愿者，罗斯福在接她回家时遇到一个生病的孩子，那个孩子靠几节梯子爬上一个光线昏暗、不卫生的住所。这一幕给未来的美国总统留下了深刻的印象。第二权利法案中的住宅权是对那个时代美国住宅权利普遍匮乏的状况的回应。

成产生了十分重要的影响。①

对战后初期的住宅权国际立法具有影响的另一个重要因素是国家的社会政策。19 世纪末到 20 世纪初，随着欧美各国人口的迅速增长和城市化程度的提高，许多国家逐渐认识到住宅在社会政策中的重要性，开始利用公共卫生、规划、公共住宅等政策工具着手解决住宅问题。一战之后，作为解决住宅短缺带来的社会问题的政策手段，西欧各国的公共住宅开发达到了前所未有的高度。但几乎没有政府认为向无家可归者提供住宅应当成为一项有法律约束力的义务。二战期间住宅建设的中断以及战争对存量住宅的破坏使得住宅短缺再次成为一个世界性的问题。但各国政府仍然习惯于从社会政策的视角看待住宅问题，对于新出现的住宅权的理念心存疑虑。与人权学者们不同，各国政府更倾向于将经济、社会权利看作一个社会经济问题而不是法律问题，因为这些权利的实现在很多方面依赖于所涉国家的社会经济发展水平和现况。就欧美各国政府而言，对住宅权的接受还受制于传统的以个人为核心的自由主义意识形态："个人的住宅需求和住宅自由在任何情况下都应当通过隐私权和财产权受到保护，至于无家可归这个流行的社会痼疾，绝不是简单地通过制定法律就可以消除的问题。"② 显然，与美洲法律学会草案直接规定住宅权及其国家义务的方案相比，联合国人权委员会在起草《世界人权宣言》时参考的另一份重要文献——《美洲人权利和义务宣言》，对住宅权规定的间接模式更能被这些国家所接受。③ 该宣言第 11 条规定：

---

① 〔瑞典〕格德门德尔·阿尔弗雷德松、〔挪威〕阿斯布佐恩·艾德编《〈世界人权宣言〉：努力实现的共同标准》，中国人权研究会组织翻译，四川人民出版社，1999，第 540~542 页。

② Matthew Craven, "History, Pre-history and the Right to Housing in International Law," in S. Leckie, ed., *National Perspectives on Housing Rights* (Hague/London/New York: Martinus Nijhoff Publishers, 2003), p. 51.

③ 1948 年 5 月 2 日，美洲国家组织第 9 次国际会议通过了美洲司法委员会负责起草的《美洲人的权利和义务宣言》，该宣言是第一个区域性的人权法律文件，其公布的时间比《世界人权宣言》要早 7 个月。在该宣言中列举了大约 28 种权利，既有公民政治权利，也有经济、社会、文化权利。其中与住宅权有关的权利有：居住和迁徙自由权、住宅不受侵犯、健康与福利（well-being）权等。参见谷盛开《国际人权法：美洲区域的理论与实践》，山东人民出版社，2007，第 58、653 页。

人人享有在公共和社区财力许可的范围内，通过食物、衣着、住房、医疗等卫生及社会措施保持健康的权利。

因此，虽然战争中法西斯暴行所激起的对"免于匮乏自由"的追求以及对招致经济大萧条并最终引发战争的自由放任经济政策的反思并没有消退，但战后《世界人权宣言》的起草过程逐渐掺杂了社会政策的现实考量以及自由主义与社会主义的意识形态争论，1948年10月10日经过联合国大会第三委员会讨论通过的《世界人权宣言》最终文本显然是这些不同主张妥协和折中的结果。

第二节　住宅权的确立与发展

《世界人权宣言》对住宅权的规定是间接的，并且十分简略，但其意义不容忽视。随着住宅作为"人人有权享有维持其本人和家属的健康和福利所需的生活水准"的重要组成部分正式得到国际社会的承认，住宅权日益被看作个人人格尊严和自由生活空间的充分展开所不可或缺的基本权利，并成为个人享受其他所有人权的基础，在多个不同领域的众多国际人权法律文献中一再得到重申和进一步的明确阐述。当然，就住宅权的立法实践而言，《世界人权宣言》以及与其并列的《国际人权宪章》这两部人权公约并不是对已经成熟的住宅权实践的总结，我们更应当将其视作住宅权立法实践和理论研究的一个全新的起点。

数十年来，住宅权的立法实践在各个不同的层面展开，这些不同层次的实践构成了一个相互影响、无法割裂的整体。但联合国及其下属人权机构在推动住宅权的立法及实践发展的过程中起到主导性的作用。在区域层面，欧洲和美洲地区的多边人权公约在承认和推动住宅权方面走在了其他地区前列。虽然住宅权在国内法层面，特别是宪法层面的立法实践可以追溯到《国际人权宪章》等现代人权法公布之前，但住宅权在国际层面的发展对于在国内法中确立住宅权的推动作用是有目共睹的。在国内法层面，至少40%的国家的宪法中有关于住宅或住宅权的规定。① 在许多国家国内的财产法、家庭法、不动产租赁法、继承法、信托法、消费者保护法以及其他法律部门也为住宅权提供了日益广泛和全面的法律保障。特别是在 20 世纪 90 年代，住宅权的国内法实践取得了迅猛的发展。以南非为代表的一批国家吸收了国际人权法中住宅权理念，不仅在宪法和法律中规定了公民享有住宅权并明确了国家对于住宅权的义务，还在住宅权的司法救济方面取得了举世瞩目的进展。可以说，经过各个层面的立法实践，住宅权已经从当初孕育并脱胎于人类社会的道德直觉中的一种"背景的权利"发展成为一种具有实定法根据的"法的权利"，并逐渐从一种欠缺司法救济的"抽象权利"向具有可诉性的"具体权利"转化。② 当然，这一转变的过程远未结束，住宅权的内涵也正处于并仍将处在一个不断变化和拓展的过程之中。

一　《世界人权宣言》

1948 年 12 月 10 日，第三届联合国大会第 217A（Ⅱ）号决议通过了《世界人权宣言》。该宣言构成了二战后现代国际人权立法体系的基础。《世界人权宣言》第 25 条第 1 款被普遍认为是现代住宅权的社会性概念的一个直接的渊源。该款规定：

> 人人有权享受为维持他本人和家属（himself and his family）的健康和福利所需的生活水准，包括食物、衣着、住房、医疗和必要的社会服务；在遭到失业、疾病、残废、守寡、衰老或其他不能控制的情况下丧失谋生能力时，有权享受保障。

第 25 条的核心是维持个人和家庭生活所必需的生活水准的权利。住宅作为维持必要生活水准的一个重要的物质要素被确认为一项基本人权。

---

① UN-HABITAT, Housing Rights Legislation：Review of International and National Legal Instruments, United Nations Housing Rights Programme, Report No. 1, U. N. Doc. HS/638/01E, Nairobi, 2002, pp. 45, 60–71.

② 有关"背景的权利"和"法的权利"以及"抽象权利"和"具体权利"的概念，参见〔日〕阿部照哉等编著《宪法》（下），周宗宪译，元照出版有限公司，2001，第 38 页。

然而，《世界人权宣言》对于住宅权的宣示并不仅限于此，在宣言文本中还有其他一些条款直接规定了承载于住宅之上的人类自由和基本权利。其中，在文本中直接涉及"住宅"或"居住"权利的条文还有第12条及第13条。

《世界人权宣言》第12条规定："任何人的私生活、家庭（family）、住宅（home）和通信不得任意干涉，他的荣誉和名誉不得加以攻击。人人有权享受法律保护，以免受这种干涉或攻击。"该条规定的个人私生活应当受到尊重的权利被概括为隐私权。在该条款的英文文本中与住宅对应的词是home，法文文本的对应用词是"domicile"，在中文中都有"家"的含义。从词源来看，"domicile"一词源自罗马法中的"domicilium"，中文一般译为住所，其词根是拉丁词"domus"，意为家屋，即古罗马人祭祀祖先的场所。最初，罗马人以祭祀先人的场所为其住所，其后随着手工业和工商业的发达，改为以生活活动中心为住所。[①] 很明显，本条中"住宅"（home）是指家庭的住所，即个人家庭生活和活动的中心。其内涵不仅表现为个人拥有或支配的房屋、公寓等物质形态，还包括通过这些物质载体展开的社会关系网络。住宅因其作为私人及其家庭生活空间的中心而被确认为隐私权的重要组成部分。

《世界人权宣言》第13条第1款规定："人人在各国境内有权自由迁徙和居住（residence）"。该条规定了迁徙自由和居住自由。前者是指在某个特定国家边境内自由迁徙的权利；后者是指在某个特定国家边境内自由居住的权利。[②]

此外，《世界人权宣言》的其他一些条款虽然在表述中并没有直接出现"住宅"或"居住"的字眼，但其所宣示的人权与住宅存在不可分割的联系。这些联系十分紧密，以至于我们可以并且必须将其中的一些权利视为构成住宅权的权利束的一部分。例如《世界人权宣言》第16条规定的家庭权、第17条规定的财产权、第23条规定的工作权、第22条和第

---

① 法学教材编辑部《罗马法》编写组：《罗马法》，群众出版社，1983，第81页。

② 〔瑞典〕格德门德尔·阿尔弗雷德松、〔挪威〕阿斯布佐恩·艾德编《〈世界人权宣言〉：努力实现的共同标准》，中国人权研究会组织翻译，四川人民出版社，1999，第270~271页。

25 条规定的社会保障权等。①

对于那些否认住宅权作为一项重要的独立的基本人权存在的人们来说，似乎不能从《世界人权宣言》的文本中直接归纳出一个完整的住宅权的概念。包括第 25 条第 1 款在内，《世界人权宣言》中并没有任何一个条文明确地定义了住宅权。的确，从字面来看，有关条文并没有直接规定住宅权的概念。在第 25 条第 1 款中，住宅、食物、衣着、医疗和必要的社会服务一起并列为维持人类健康和福利所需的生活水准的必要条件。《经济、社会、文化权利国际公约》第 11 条第 1 款同样没有突破这种立法技术。时至今日，国际人权公约中缺乏一个独立的住宅权条款仍然被一些人作为否认住宅权重要性的主要论据之一。然而将住宅权和其他重要的人权放在同一条文中综合规定，恰好表明了一种综合而非割裂的权利观。"《世界人权宣言》作为一个综合的人权条款，值得人们重新加以注意。它对权利的理解是综合的而非割裂的，并在可能出现割裂的地方，要求它作为整体。作为指导发展努力以建立为实现相当的生活水准权所必需的生存条件，其解释有助于恢复对经济、社会、文化权利作为统一的、相互依赖的和不可分割的权利体系而不是依提供者的爱好施舍的一堆基本需要的理解。"②

第 25 条之外的其他相关条款并未直接提及"住宅"二字，住宅仅仅是作为人身自由权、隐私权、生命权、健康权、生活水准权、社会保障权、财产权、家庭权等众多人权的内容被提及或得到间接的体现。然而，这些在形式上相互独立的条文共同揭示了住宅对于人权的重要意义：住宅是个人及其家庭维持健康和福利的必要因素；住宅是公民保持私生活独立性和隐私的重要屏障；住宅是最主要的个人或家庭财产；住宅是家庭存在的最基本的物质基础……总而言之，住宅是众多人权得以实现的一个不可或缺的必要条件。

但住宅与人权的关系不仅限于此。《世界人权宣言》第 1 条和第 22 条为我们阐明了将住宅权视为一项独立人权的道德和哲学基础。《世界人权宣言》第 1 条规定：

---

① 有关住宅权权利束的具体构成及其与有关权利的关系将由专章加以论述。
② 〔瑞典〕格德门德尔·阿尔弗雷德松、〔挪威〕阿斯布佐恩·艾德编《〈世界人权宣言〉：努力实现的共同标准》，中国人权研究会组织翻译，四川人民出版社，1999，第 564 页。

人人生而自由，在尊严和权利上一律平等。他们赋有理性和良心，并应以兄弟关系的精神相对待。

在该条的文本中，起草者用"生而自由"和"尊严平等"的原则来论证现代人权体系产生的正当性。① 这一原则不仅成为联合国主导下的国际人权法发展的规范性基础和国际标准，而且已经成为世界各国的政治共识，被各国政府广泛接受和严肃遵行并很少引起争论。② 1986 年联合国大会通过了一项题为《在人权领域建立国际标准》的决议。该决议第 4 条规定：

请各会员国和联合国机构在发展人权领域的国际文件时，在思想上遵守下列原则；这些文件首先应当……：（2）具有重要性并源于人的固有尊严和价值。

1993 年 6 月 25 日 171 个国家的代表一致通过的《维也纳宣言和行动纲领》在其序言部分指出：

承认并肯定一切人权都源于人类固有的尊严和价值，人是人权和基本自由的中心主体，因而应是实现这些权利和自由的重要受益者……

作为经济、社会和文化权利的总括性条款，《世界人权宣言》第 22 条重申了第 1 条提出的固有尊严和自由原则：

---

① 在《世界人权宣言》草案的审议过程中，第一条的重要性得到了绝大多数代表团的认可。有代表团提出为了突出第一条对整个宣言以及各条款列举权利的基础作用应将其放到序言当中。出于保持正文结构完整的要求，以及对正文重要性高于序言的认识，第一条最终得以保留。但起草者在完成《世界人权宣言》的实质性章节后，又在序言的开始部分明确宣示这一原则："鉴于对人类家庭所有成员的固有尊严及其平等的和不移的权利的承认，乃是世界自由、正义和和平的基础。"这充分说明了"人类固有尊严"在现代人权体系中的基础性地位。

② 〔瑞典〕格德门德尔·阿尔弗雷德松、〔挪威〕阿斯布佐恩·艾德编《〈世界人权宣言〉：努力实现的共同标准》，中国人权研究会组织翻译，四川人民出版社，1999，第66~69 页。

　　　　每个人，作为社会的一员，有权享受社会保障，并有权享受他的个人尊严和人格的自由发展所必需的经济、社会和文化方面各种权利的实现，这种实现是通过国家努力和国际合作并依照各国的组织和资源情况。

　　第 22 条明确了经济、社会和文化权利和传统的公民自由具有共同的道德和政治基础，那就是保障人类社会成员的个人尊严和人格的自由发展需要。人类不仅是动物性的存在，还是精神的存在。作为社会权利的核心，第 25 条规定的维持健康和福利所必需的生活水准并不仅仅是维持生命的生理性需求，而是包含着人类以符合人性尊严的方式生活以及追求人格的自由发展的精神需要。因此，将人类在住宅上具有的利益视为一种独立的人权和仅仅将住宅视为实现权利的条件之间存在十分微妙更至关重要的区别：住宅保障本质上并不是住宅权。当住宅保障以政府可以予取予夺的恩赐而非以必须得到满足的权利的形态出现的时候，在人类遮风避雨的生理性需求得到满足的同时，其固有的人格尊严和价值并不必然得以实现。住宅不仅仅是确保"必需的生活水准"的权利的物质基础或者私生活空间自由展开的城堡，住宅的内在价值在于其本身就是人格尊严和自由发展的重要条件。

　　因此，虽然住宅在《世界人权宣言》第 25 条第 1 款的文本中只是作为"必需的生活水准"的一个组成部分加以规定，也没有出现明确的"住宅权"的表述，但从《世界人权宣言》所宣示的人类固有尊严和自由原则出发，《世界人权宣言》已经为一个综合性的复数的住宅权（housing rights）概念提供了一个基础性的框架。住宅权的内容不仅体现在住宅与宣言所规定的必需生活水准权、财产权、劳动权、社会保障权、家庭权等社会权之间相互关联的复杂关系，其组成成分还和隐私权、自由权等传统公民权利相关。以《世界人权宣言》为基础的国际人权公约的进一步发展表明住宅权在《世界人权宣言》文本中的附属地位以及隐藏在此背后的一些国家对经济和社会权利与社会发展水平关系的狭隘理解并不能否认住宅权在现代国际人权体系的独立地位。

　　最后，需要指出的是，《世界人权宣言》并不是一个对缔约国具有法律约束力的条约。最初，《世界人权宣言》的起草者只是希望为国际社会确立一个"努力实现的共同标准"①，希望并期盼各国依据这些标准采取行动。基于"共同标准"的定位，《世界人权宣言》文本的具体条款中没有对各国应当履行的具体义务做出明确的规定。但是，随着时间的推移，《世界人权宣言》已经获得了重要的法律地位。一些人认为《世界人权宣言》赋予《联合国宪章》中促进对人权的普遍尊重的宗旨以实际的内容，因此应当被视为宪章的权威解释而具有与宪章同等的普遍约束力。另一些人认为《世界人权宣言》是对人权领域的习惯国际法的发展，因此，它对一切国家都有约束力。虽然只有少数人主张《世界人权宣言》的每一个条款都为国家创设了确定的国际法义务，但"几乎所有人都赞同，某些违反《世界人权宣言》的行为是违反国际法的"②。因此，《世界人权宣言》绝不仅仅是立法史上的一个"文本化石"。③它对于当代住宅权的理论和实践的进一步发展仍然有着十分重要的现实指导意义。

二　《经济、社会、文化权利国际公约》

在将住宅权从一种道德理念中的人权转化为国际人权法中一种实定权利的过程中，《经济、社会、文化权利国际公约》显然是一座里程碑。该公约第 11 条第 1 款继承了《世界人权宣言》第 25 条第 1 款以及第 22 条的部分内容，并将它们由纲领性的"努力实现的共同标准"发展为对公约缔约国具有法律约束力的实定权利：

> 本公约缔约各国承认人人有权为他自己和家庭获得相当的生活水准，包括足够的食物、衣着和住房，并能不断改进生活条件。各缔约国将采取适当的步骤保证实现这一权利，并承认为此而实行基于自愿同意的国际合作的重要性。

---

① 《世界人权宣言》序言第 8 段。
② 〔美〕路易斯·亨金：《权利的时代》，信春鹰、吴玉章、李林译，知识出版社，1997，第 25 页。
③ 1969 年《维也纳条约法公约》第 32 条规定，历史解释是解释条约的一种重要方法。因此，即使只是作为住宅权立法的一个历史文献，《世界人权宣言》对于我们明确住宅权的内涵也仍然具有十分重要的意义。

虽然该条规定的住宅权更多地倾向于社会权的范畴，并不足以函括构成现代住宅权的权利束中的所有权利。但这一条款第一次在全球范围内以有约束力的人权公约的形式保障了人人都有权获得适足的住宅。而获得住宅是享受住宅上的各项经济、社会、文化权利及公民自由的前提，也是现代住宅权理论争议的一个焦点。该条款构成了国际人权法中关于住宅的社会权概念的第一个重要的条约法渊源，它所包含的关于住宅权的社会、经济和文化标准为一种更加广泛的整体性住宅权理论的发展提供了基础。[1]

（一） 第 11 条第 1 款的产生过程

我们可以在联合国人权委员会早期审议的草案中发现这个条款的直接渊源。1949 年联合国人权委员会在第五届会议上开始着手准备《人权公约》的起草工作，委员会最初打算在前两届会期集中只完成一个包含公民权利和政治权利的公约草案的起草，而决定将起草有关经济、社会和文化权利的公约的工作留到 1951 年的委员会第七届会期进行。1950 年联合国大会要求人权委员会在一个单独的公约中同时规定公民和政治权利以及经济、社会、文化权利。1951 年人权委员会第七届会议审议了众多不同的规定经济、社会、文化权利的条款建议稿，并最终采纳了 14 条，其中就有一个专门规定住宅权的条款。[2] 讨论中委员会内部曾经出现两种不同的意见。虽然绝大部分代表都认同住宅对于"适足生活水准权"的概念来说是不可或缺的，但一些国家的代表主张应当用一个单独的条款将住宅权单列为一项独立的权利，而另一些国家的代表则认为住宅权应当作为适足生活水准权的组成部分包含在一个条款之中。虽然在讨论中，不少代表为自己的主张辩论时提出的理由包含了许多形式上的立法技术层面的考量，但毫无疑问，是否在公约中将住宅权单列为一个独立的权利在很大程度上反映并影响着人们对住宅权重要性的认知。在协商过程中，苏联代表极力主张每一项"基本"的权利都应当由一个有约束力的单独条款加以

---

[1] UN-HABITAT, Housing Rights Legislation: Review of International and National Legal Instruments, United Nations Housing Rights Programme, Report No. 1, U. N. Doc. HS/638/01E, Nairobi, 2002, p. 4.

[2] UN Doc. E/CN. 4/SR. 222-223 （1951）. 可参见 Matthew Craven, "History, Pre-history and the Right to Housing in International Law," in S. Leckie, ed., *National Perspectives on Housing Rights* （Hague/London/New York: Martinus Nijhoff Publishers, 2003）, p. 51。

规定。但来自中国、英国、澳大利亚和印度等国的代表则认为将住宅权从适足生活水准权条款中独立出来单独规定的做法对住宅重要性的强调有些过头了，适足生活水准的其他要素——医疗、衣着、食物和交通，与住宅相比即便不是更加重要，也具有同等的重要性。[1] 最终，人权委员会在这个问题上采取了一种暧昧但不失灵活的态度：一方面，尽管有相当多的意见支持只在一个综合的生活水准权条款中概括地提及住宅权，委员会还是单独为住宅起草了一个条款，另一方面，委员会认为在审议中各国对该单独条款内容的赞同并不意味着对该条款在公约中的最终地位的认可。以美国为代表的一些国家在审议中对住宅权条款投了赞成票，但对最终是否将之单列为独立的条款则持保留的态度。[2]

在 1952 年第八届会议上，住宅权条款又一次成为争议的焦点。英国代表提出彻底将住宅权条款完全删除，理由是住宅权的内涵已经在公约草案的其他条款，例如有关工作条件、生活水准和健康标准的条款中得到充分体现，因此为住宅权单列一个条款是重复和不必要的。[3] 对此，许多国家的代表提出了反对意见。苏联和印度代表指出鉴于住宅的重要程度，仅仅在适足生活水准权条款中简单地提及是不够的。黎巴嫩代表进一步提出将住宅规定在生活水准保障条款中可能会导致人们将住宅权限缩性地解释为对那些紧迫需求的满足。法国代表指出人们住宅需求的满足受制于人口压力和可用资源数量之间的竞争，这使得住宅具有其特殊性，应当单独予以规定。[4] 受到委员会内部多数意见的支持，住宅权条款在草案中最终得以保留。同时，人权委员会采纳了将有关食物和衣着的权利增列到住宅权条款中的建议。最终，在人权委员会审议通过提交联合国大会第三委员会的经济、社会、文化权利公约草案中有两个条款规定了住宅权。其中一个是独立的住宅权条款："人人享有适足的食物、衣着和住宅的权利。"另一个条款则概括地规定了适足生活水准权："人人有权享受适足的生活水准以及生活条件的不断改善。"此外，草案中关于健康权的第 25 条将住

---

① UN Doc. E/CN. 4/SR. 222（1951）.

② UN Doc. E/CN. 4/SR. 222（1951）.

③ UN Doc. E/CN. 4/L. 83（1952）.

④ UN Doc. E/CN. 4/SR. 294（1952）.

宅列为环境卫生的一个重要方面，规定国家有义务"改善营养、住宅、卫生设施、娱乐、经济和工作条件以及其他构成环境卫生的组成因素"①。

人权委员会最终形成的草案表明委员会的许多成员已经倾向于用单独的条款规定住宅权，这表明人权委员会对住宅权在人权体系中的重要地位的充分认可。但联合国大会第三委员会在1957年接手公约草案的审议工作后，很快就做出决定将独立的住宅权条款和生活水准权条款两个条款放在一起加以审议。尽管第三委员会成立了一个工作小组负责审议条款草案并寻求一个能够被各方所接受的适当的表述。但将住宅权和生活水准权合并审议的决定几乎从一开始就揭示了住宅权条款在公约文本中的最终命运。在第三委员会的许多代表看来，住宅权和获取食物和衣着的权利一样可以被看作适足生活水准权的"具体例证"，或者是后者的"组成部分"②。因此，人权委员会草案中包含食物和衣着的单独的住宅权条款被删去，其内容被悉数合并到第三委员会草案第11条，即适足生活水准权条款之中。此后，该条款在1963年对第11条的再次审议中未做任何改动，最终形成了我们现在所看到的《经济、社会、文化权利国际公约》第11条的文本。

（二）对第11条第1款的评析

在住宅权及其现代理论产生与发展的过程中，公约第11条第1款对住宅权的确认具有不容置疑的重要意义。尽管众多国际文件从不同方面论述了适足住宅的权利，但在联合国经济、社会和文化权利委员会看来，第11条第1款是有关条款中最为全面，或许是最为重要的条款③。虽然在一些人看来没有独立条款并没有影响住宅权的实质内容，但住宅权的现代拥护者仍然有理由为人权委员会草案中独立住宅权条款的流产感到惋惜。有学者认为将住宅权归入适足生活水准权的讨论过程和最后决定所关注的并不是权利的内容，而是住宅权作为一种特殊权利的归属，同时这一决定还受到一种强烈愿望的影响，那就是尽可能在不偏离《世界人权宣言》所确立的表述

---

① Matthew Craven, "History, Pre-history and the Right to Housing in International Law," in S. Leckie, ed., *National Perspectives on Housing Rights* (Hague/London/New York: Martinus Nijhoff Publishers, 2003), pp. 51–52.

② UN Doc. A/C. 3/SR. 739, 740 (1957).

③ CESCR, General Comment No. 4 (1991) on the Right to Adequate Housing [Art. 11 (1) of the Covenant], UN Doc. E/1992/23.

框架的情况下，仅对数量严格限制在可管理范围内的权利做出明确的阐释。因此，住宅权没有单列而是被置于一个更加普遍的权利项下看起来似乎并没有对住宅权的内涵产生影响，对住宅权的保护也将保持原有水平。①

然而，事情绝非看上去那样的简单。删除单独的住宅权条款并将这一权利纳入适足生活水准权的范畴并不是单纯地从立法技术层面对公约文本的结构调整。公约草案审议过程中的争论暴露出国际社会对住宅权的意义以及内容存在实质性的争议。一些在《世界人权宣言》起草中就曾出现的分歧不仅没有得到解决，而且因为国家间意识形态对立变得更加明显。这些源自基本社会目标和治理结构差异的歧见使得《经济、社会、文化权利国际公约》和《世界人权宣言》相比在住宅权的文本上并未取得实质性的突破，其中的一些偏见直到现在还制约着人们对住宅权的整体性和重要性的认知，并因此导致住宅权保障的不足。

不同国家代表对住宅问题认知上的差异是一个重要的决定因素。从各国代表在草案审议中发表的意见来看，我们不难发现将人权看作解决那些人类社会发展中不断产生的特定社会问题的手段的主张。许多国家的代表都认为住宅问题是一个亟须解决的带有时代性的社会问题。例如，苏联代表的发言指出严重的住宅危机导致了更大范围内国际合作的需求。智利、印度和黎巴嫩等国的代表也表达了赞同的意见。智利代表在评论中指出："国家，作为人民生活的共同体在住宅领域负有特殊的责任去解决［住宅］这个影响人们生理和精神福利的问题。"②

对此，不同的意见主要来自两个层面。第一种意见对于住宅问题的历史地位产生了质疑。这种观点的前提是认为人权是具有普遍价值的，它不应当也不可能对人类历史上所有偶然或暂时出现的社会问题都一一做出回应。因此，人权公约的规定更应当注重潜在的未来趋势，而不应拘泥于当前的情况。从该前提出发，一些代表认为住宅问题只是人类社会发展中某些特定阶段产生的特殊问题，因此对住宅权的过度重视是不合时宜的。在审议过程中，联

① Matthew Craven, "History, Pre-history and the Right to Housing in International Law," in S. Leckie, ed., *National Perspectives on Housing Rights* (Hague/London/New York: Martinus Nijhoff Publishers, 2003), p.54.

② UN Doc. E/CN.4/SR.294 (1952).

合国粮农组织的代表对住宅问题的重要性将在未来逐渐式微的预测显然影响了部分国家代表对于住宅权的看法。这些代表据此提出既然战后的住宅危机只是一时性的，在可以预见的将来并不会构成对人类社会发展和人类尊严的挑战，那就没有必要对住宅权予以特别的承认和重视。[①] 而不同国家处于不同发展阶段，其所面临的社会问题不相同的观点也对将住宅权作为应对住宅危机的手段的适当性和普遍性提出了质疑。中国代表就曾指出，虽然住宅在工业化国家是一个十分重要的问题，但对一个农业经济体，特别是就那些不发达的经济体而言，对食物和衣着的需求才是第一位的。[②]

从公约颁布后的历史发展的实际轨迹来看，公约的部分起草者最初对住宅问题重要性的认识以及发展趋势的预测现在被证明是缺乏预见性的。进入新千年之后，虽然人类社会的经济发展水平比之历史的任何时期都已经得到极大的发展，但住宅问题没有得到彻底解决，仍然是世界各国共同面对的一个主要社会问题，不仅发展中国家，而且发达国家同样饱受住宅问题的困扰。情况正如恩格斯在论述资本主义社会住宅问题时指出的那样："问题解决了，但又层出不穷。"在制约人类尊严和全面发展实现的诸多因素中，适足住宅的缺乏一直位居清单的前列。特别是对于那些已经普遍解决温饱问题的国家和地区来说，住宅相较于食物和衣着，已经成为大多数公民更为关注的基本生活需求。

第二种意见是对住宅问题的不同认知，实际上体现了对缺乏必要生活资料的贫困问题的总体认识。从这种认知出发，公约的很多起草者拒绝对适足生活水准权的概念展开进一步的争论。因为在一些代表看来，适足生活水准权的概念所涉及的其实只是贫困问题。作为适足生活水准的一部分，住宅问题同样与经济状况之间具有不可分割的联系，因此这一问题的解决必须依赖政府采取经济政策消除社会中的贫困问题。[③] 换言之，在许多代表的意识中，住宅问题是贫困问题的产物，受制于经济发展的实际状

---

① UN Doc. E/CN. 4/SR. 294（1952），pp. 18-20.

② UN Doc. E/CN. 4/SR. 294（1952），p. 5.

③ Matthew Craven, "History, Pre-history and the Right to Housing in International Law," in S. Leckie, ed., *National Perspectives on Housing Rights*（Hague/London/New York：Martinus Nijhoff Publishers, 2003），p. 55.

况，并不能仅仅通过法律或权利得到解决。

显然持这种意见的人们并未充分地认识到贫困不是造成住宅问题的全部因素。造成无家可归等住宅问题的原因来自很多方面，在很多情况下甚至是国家有目的的行为，包括作为或不作为的结果。因此，我们需要一个有法律约束力的住宅权条款约束这种缺乏合理性的国家行为，防范其对人的尊严的侵犯。同时，由于将"贫困"狭隘理解为经济资源的匮乏，公约的起草者将经济发展水平和国家财政状况看作住宅问题的根本成因和解决问题的关键，而没有意识到住宅方面的贫困实质上是一种"权利贫困"，它不仅是经济贫困的结果和识别经济贫困的标准，而且在很大程度上也是造成经济贫困的原因。[1] 因此，通过对住宅的"授权"，可以增加个人实现自我价值、获取社会资源的实际能力，消除导致贫困的"社会排斥"，从而解决贫困问题。这意味着住宅问题的解决并不一定以贫困问

---

[1]　现代社会学研究提出了"权利贫困"的概念。这一概念来源于三大与贫困有关的理论。一是"社会剥夺"（deprivation）和"社会排斥"理论。该理论认为，当个人、家庭和社会集团缺乏必要的资源，不易获取食物、参加活动、拥有公认的居住和生活条件，并且被排除在一般的居住条件、社会习惯和活动之外时，即为贫困。二是"能力理论"。其提出者阿马蒂亚·森认为贫困的实质不是收入的低下，而是个人可行能力被剥夺。阿马蒂亚·森指出："识别贫困的最普通的做法是确定一个'基本'——或'最低'——生活必需品集合，把缺乏满足这些基本需要的能力作为贫困的检验标准。""能力贫困理论"的贡献在于指出解决贫困和失业的关键是提高个人的可行能力，而不是简单的救济。参见〔印度〕阿马蒂亚·森《贫困与饥荒——论权利与剥夺》，王宇、王文玉译，商务印书馆，2004。三是"社会权利贫困"理论。该理论认为，公民权利的改善是循序渐进的。首先，是公民的自由权利，包括人身、言论和行动自由；其次，是公民的政治权利，主要指政治参与和选举权利；最后，是公民的社会权利，即建立制度化的社会政策，向弱势团体提供医疗、失业、住房、教育和救济的保障。权利贫困的具体表现如下。首先，权利相对不足。与贫困相联系的权利主要涵盖社会公正和适当的资源分配权、工作权、医疗权、财产权、住房权、晋升权、迁徙权、名誉权、教育权、娱乐权、被赡养权以及平等的性别权 12 大类。其次，权利贫困是指获取社会权利的机会和渠道不足。权利存在是一回事，而能否得到获取这些权利的机会又是一回事。权利贫困的一大表现是，城市贫民无法或难以享受其他人群所能够享受的机会，包括得到工作机会、投资机会等。它表明许多穷人的贫困状况不是主观因素造成的，而主要是客观社会环境所导致的机会不公的结果。再次，权利贫困表明现有权利没有得到法律保证。最后，社会权利贫困的另一表现是权利失而复得的机会很少。许多贫民并非生来贫困，由于各种原因导致他们日益走向贫穷。但他们一旦陷入贫困就再没有机会摆脱贫穷的困境，其中的一个根本原因就是社会权利的"贫困"。而富人哪怕经营失败破产，失去财富，也能够凭借其积累的社会资源东山再起。因此一个社会如果缺乏帮助穷人变富的机制，那么在争取权利失而复得的过程中富人和穷人的机会是不可能平等的。参见洪朝辉《论中国城市社会权利的贫困》，《江苏社会科学》2003 年第 2 期。

题的总体解决为先决条件。恰恰相反，由于住宅在人类社会生活中不可取代的核心地位，住宅问题往往可以成为解决贫困问题的起点。在住宅与贫困问题的互动关系中，相对于食物、衣着等维持适足生活水准的其他必要因素，住宅的重要性得以充分的显现。①而这种独特的重要地位显然没有在公约第 11 条第 1 款的前半段文字中得到充分的体现。

　　而在草案审议中对于住宅权的内容和意义争论的另一个主要来源是对国家义务本质的不同认识。这一分歧可以看作贯穿 20 世纪的社会主义和自由主义两种政治理论在意识形态领域对立的一个相对温和的早期版本。在社会主义理论认为国家应当负有直接地通过计划性的经济政策保障每个人拥有住房的责任同时，自由主义理论认为国家的全部责任仅仅是为住宅的建设、购买以及个人主动获取住宅创造经济条件。尽管在实际政策层面，作为两种理论实施的结果的计划和市场并不像意识形态领域中所表现出得那样截然对立②，但社会主义和自由主义在本质上的不可调和性在很大程度上成为住宅权条款草案的审议过程中起草者们面对的最大的理论障碍。而第 11 条第 1 款的最终文本则体现了起草者力图调和两种理论的努力。

　　在 1951 年人权委员会第七届会议开始审议有关住宅权的定义时，作为自由主义和社会主义两种意识形态代表的美国和苏联各自提出了本国的意见。美国代表的提议规定："人人有权改善其生活水准，包括适足的住宅。"③而来自苏联的提议规定国家"应当采取一切必要的步骤，

---

①　对于满足人类最起码的基本生存需求来说，我们无法说住宅或食物和衣着究竟哪一种更为重要。但对于人们社会可行能力的提高来说，住宅的作用确实要略胜一筹。在满足日常需求之后，更多的食物和衣着并不会增加人们进一步获取社会资源的能力，而住宅往往构成了人们最主要的家庭财产，并且和就业、教育等社会机会具有十分密切的联系，获取适足的住宅往往可以成为消除贫困的有效途径。很多国家将住宅政策作为消除贫困的重要手段。参见 UN-HABITAT, As A Strategy for Poverty Reduction in Ghana, Nairobi, 2010, p. 4。

②　当代中国住宅制度和政策改革的实践表明，到目前为止，完全依赖市场或完全由国家保障的住宅政策模式基本上都已经被证明是无法取得成功的。从工具主义的立场出发，无论市场还是计划都可以成为人类解决住宅问题的手段。它们彼此间有着对方不可取代的优势，也均存在各自的弊端。

③　原文为"right to everyone to improved standards of living including adequate housing," UN Doc. E/CN. 4/SR. 222 (1951), p. 16。

特别是立法措施，以确保人人居住在堪为人所居的住处之中"①。

在审议中，各国代表对两个提议都有不同的意见。美国代表提出的意见主要在于对住宅权没有提出一个明确的标准。正如危地马拉代表所指出的"改善"一词的法语译词"meilleurs"缺乏一个比较的基点。这一问题并不只存在于法文译本中，其英文原词"improve"以及中文译词"改善"（公约正式文本中译为"改进"）同样存在缺乏明确比较基准的缺陷。美国代表后来对此做出了补充说明，将"改善"解释为"比现在的状况好"，但这并没有解决标准不明确的问题，比较的标准究竟是静态的还是处在不断的变化中仍然无法确定。苏联代表提出的意见主要集中在国家住宅权义务方面。一位法国代表提出苏联代表的提议过于强调国家在住宅供给中的角色，国家承担过多的责任。一些代表提出除了国家以外的主体也应当对住宅权的实现承担责任。另一位法国代表提出社区和私人企业也应当为提供适足的住宅承担责任，而美国代表则指出国际合作对于住宅权保障的重要意义。② 由于这些反对意见，上述提议以微弱的差距没有得到采纳，埃及代表综合美苏提议提出的修改意见同样没有被采纳。最后美国代表重新提出了一个简短的提案："本公约缔约各国承认人人享有适足住宅权。"该提案以 12 票赞成，6 票保留，0 票反对的优势被委员会接受。

1952 年的第八届人权委员会会议上，苏联代表重新提交了经过修正的提案。修正后的提案调整了规定缔约国有义务采取一切必要的措施，特别是通过立法，以确保人人享有符合人类尊严的住处（a dwelling consistent with human dignity）。③ 在审议中，苏联代表强调国家的责任不仅仅是"承认"住宅权，还应为实现住宅权采取"一切必要的措施"。

苏联的新提议得到了一些国家的支持。在讨论中，波兰代表对国家责任的表述进行了进一步的解释说明，提出国家对住宅权的责任绝不仅仅意

①　原文为 "〔the states party〕shall take all the necessary steps, especially legislative measures, to ensure everyone living accommodation worthy of man," UN Doc. E/CN. 4/AC. 14/2/Add. 3, Section VI, p. 4。

②　UN Doc. E/CN. 4/SR. 222（1951），pp. 9，19，21. 代表们的意见对于住宅权的义务主体理论的发展具有重要的参考价值，而对住宅权义务主体的认识会影响到住宅权保障的可行措施的选择。本书将在专门的章节讨论住宅权义务主体的相关问题。

③　UN Doc. E/CN. 4/L. 48（1952），p. 14。

味着政府直接建设和供应住宅，而是包括采取诸如补贴、税收减免、信贷以及其他必要物资供应方面的优惠待遇等措施。[①] 这显然是在回应美国和西欧国家维持本国自由市场经济体制的关切。而面对法国、黎巴嫩等国代表所提出的认为苏联提议只是对公约既有的普遍义务条款没有必要的重复的质疑，智利代表指出住宅问题影响着人类在生理和精神上的福利，国家和社会对于住宅问题的解决负有特殊的责任，《经济、社会、文化权利国际公约》草案第1条（《经济、社会、文化权利国际公约》正式文本的第2条第1款）对国家义务的一般性规定就住宅权而言是不充分的。[②]

但多数国家的代表仍然不愿意采纳修正后的苏联提案。反对的意见主要集中在两个大的方面。一个仍然是国家责任的问题。除了上面已经提到的一些国家认为公约草案第1条已经对国家的普遍义务做出规定，并无必要加以重复的观点外，苏联提案中对立法措施的特别强调引起了西方国家对自由市场体制受到过度干预的担忧。同时，还有代表认为仅仅强调采取立法措施并不足以保障住宅权的实现。另一个受到较多质疑的表述是"符合人类尊严的住处"的短语。在一些代表看来这一表述"有些模糊"，并且和"适足住宅"的概念相比，意义可能会受到局限。[③] 在此后的会议中，澳大利亚提出了将住宅权置于适足生活水准权之内进行界定的提案。该提案得到大多数代表们的认同，以14票赞同，0票反对，4票保留的优势获得通过。

由此可见，《经济、社会、文化权利国际公约》第11条第1款的最终文本并不是一个前后一致的理论支配下的产物，而是审议中不同国家对于住宅权的各种不同意见的整合，其中甚至包含了在意识形态上截然对立的理论。对于审议过程中出现的众多争议，公约也并没有彻底予以解决，而是更多地选择了回避。因此，有学者提出公约第11条的最终文本是中立的。这种中立性使得公约对有关住宅权的一系列问题的规定存在模糊之处。例如，公约第11条对国家责任的表述究竟是像苏联最初主张的那样要求国家对于住宅权的实现承担主要责任，还是正好相反？公约最终使用

---

① UN Doc. E/CN. 4/SR. 294（1952），pp. 7-8.
② UN Doc. E/CN. 4/SR. 294（1952），p. 8.
③ UN Doc. E/CN. 4/SR. 294（1952），pp. 9，12.

"适足"一词来限定住宅权，其内涵同"符合人类尊严"的表述相比是否更为宽泛？对于这些问题公约第 11 条文本自身并没有给出明确的答案。[①]从现代住宅权理论的角度出发，公约没有能够直接采纳那些符合现代理论的观点似乎不无令人遗憾之处。然而，我们不能忘记正是公约文本的中立性，才使得住宅权的基本理念超越了政治理论和意识形态上的争议，获得了国际社会的普遍认同，也正是公约第 11 条文本在表述上的模糊，使其拥有了较大的进一步解释的空间，从而为现代住宅权理论及法律实践的发展提供了必不可少的规范基础。

然而，《经济、社会、文化权利国际公约》对住宅权的规定方式的确存在自身的缺陷。虽然从公约的起草过程看，立法者对于获取适足的住宅是一项重要的基本人权并没有太多的争议，但联合国大会第三委员会删除单独的住宅权条款以及将住宅权规定在生活水准权之下的决定，至少在形式上割裂了人类对于住宅权利原初的整体性。从立法技术上来看，这是一个合理的也是必然的选择。正如前联合国人权高级专员玛丽·罗宾逊所言"所有人权都是普遍的、不可分割的、相互关联和互相依赖的，并根植于人类的本性"[②]。几乎每一项经济、社会和文化权利都是由若干相互关联的成分组成的复杂体，其中的许多成分还和公民和政治权利有联系。[③] 如果试图对每项人权的内容都做出完整的逐一列举，公约中的每一个条款就会变得无比拖沓和冗长。就公约第 11 条所规定的生活水准权而言，其内容涉及其他一些同样重要的独立权利。例如财产权构成了确保适足生活水准的基础，而工作权提供了确保适足生活水准的收入，社会保障权则保障了那些因财产匮乏或无力通过工作获得足够收入而生活堪虞的群体也能享受适足的生活水准。这些权利提供了满足基本需求的经济和社会条件，也

---

① Matthew Craven, "History, Pre-history and the Right to Housing in International Law," in S. Leckie, ed., *National Perspectives on Housing Rights* (Hague/London/New York: Martinus Nijhoff Publishers, 2003), p. 58.

② Mary Robinson, "Realising Human Rights: 'Take hold of it boldly and duly…'" Human Rights, A Quarterly Review of the United Nations High Commissioner for Human Rights, Vol. 1, 1997/1998, p. 8.

③ 〔瑞典〕格德门德尔·阿尔弗雷德松、〔挪威〕阿斯布佐恩·艾德编《〈世界人权宣言〉：努力实现的共同标准》，中国人权研究会组织翻译，四川人民出版社，1999，第 540 ~ 542 页。

可以视为是生活水准权的构成成分。但显然不可能也没有必要在第11条中对财产权、劳动权或其他相关权利一一加以列举。同样，住宅权也是一个由若干相互关联的权利构成的一个完整的权利束。正如英国代表在草案审议时所指出的那样，住宅权的内涵广泛地体现在公约草案有关工作条件、生活水准和健康标准等多个条款之中。虽然英国代表据此否认住宅权条款甚至住宅权本身的独立性的观点是错误的，但这一论点向我们揭示了住宅权所具有的不可分割的整体性。实际上，在《经济、社会、文化权利国际公约》中，除了第11条之外，住宅权至少还体现在第2条第2款（权利的平等享有）、第3条（男女平等权）、第6条（工作权）、第7条（享受工作条件的权利）、第9条（社会保障权）、第10条（家庭权及对妇女儿童的特别保护）、第12条（健康权）等多个相关条款之中。起草者最终选择将住宅权作为生活水准权的一个子权利加以规定，从而在现代国际人权法律体系中为住宅权开辟了一个立足之地。但生活水准权条款这一载体无法完全容纳住宅权的所有内涵。当然，和住宅权一样，生活水准权自身也具有鲜明的整体主义的特征。在对生活水准权的定义进行讨论时，法国代表提出几乎可以认为生活水准权事实上包含了《经济、社会、文化权利国际公约》中规定的所有权利，并主张将其作为一项一般性的权利置于公约列举的各项权利之首。① 英国代表也指出在适足生活水准权中隐含了对所有权利的一种带有普遍性的理解。② 正是这种普遍性的理解为之后通过对第11条第1款文本的解释、阐发住宅权的整体性意义提供了可能。③ 然而，对于住宅权的整体性的理解需要依靠一种建立在彻底的直观主义的基础上的整体性权利观。④ 从西方传统的逻各斯中心的本质主义思维出发，《经济、社会、文化权利国际公约》关于住宅权在文本上的局限让人很容易割裂其整体性，将住宅权等同于住宅的社会保障，甚至产

---

① UN Doc. E/CN. 4/SR. 222（1951），para. 23.

② UN Doc. E/CN. 4/SR. 222（1952），p. 18.

③ 有关住宅权整体性的一个重要发展可以参见联合国经济、社会和文化权利委员会发布的关于住宅权的第4号一般性意见（General Comment No. 4）。该意见的具体内容将在下文讨论。

④ 有关整体性权利观可以参见包振宇《直面生活世界中的居住需求——整体性权利视野中的住宅租赁权》，《云南大学学报》（法学版）2011年第3期，第39~44页。

生住宅权只是为穷人提供一个遮风避雨处所的狭隘理解。因此，第 11 条第 1 款对于住宅权来说固然十分重要，但它更应当被看作孕育住宅权的一个茧蜕，而要全面理解住宅权的内涵，绝不能仅仅拘泥于这一条款。

（三）经济、社会和文化权利委员会对住宅权的解释和发展

作为负责监督《经济、社会、文化权利国际公约》履行的专门机构，联合国经济、社会和文化权利委员会（以下简称经社文权利委员会）被授权对该公约的内容进行解释。经社文权利委员会由 18 名独立专家组成，委员会成立以来在促进和实现住宅权方面发挥了十分关键的引导性作用。到目前为止，委员会就公约解释发布的多个一般性意见提及了适足住宅权。其中至少有 3 个意见对于住宅权概念的发展具有十分重要的意义。它们分别是 1990 年发布的关于缔约方义务性质的第 3 号一般性意见；1991年发布的关于适足住宅权的第 4 号一般性意见以及 1997 年发布的关于强制驱逐的第 7 号一般性意见。其中第 4 号和第 7 号一般性意见具体阐发了适足住宅权的内容及其核心义务，是迄今为止对公约中有关住宅权规定的最为权威的法律解释。委员会在审查缔约方对公约条款的履行状况时，特别在判断缔约方是否违反了公约规定的对住宅权的义务时，常常援引这两个意见以作为权威的依据。第 3 号意见虽然并不是针对适足住宅权本身，但该意见提供了理解《经济、社会、文化权利国际公约》第 2 条第 1 款关于缔约方核心义务规定的权威见解。①

1. 《第 3 号一般性意见：缔约国义务的性质》

经社文权利委员会第五届会议于 1990 年通过了《第 3 号一般性意见：缔约国义务的性质》。该意见是对公约第 2 条第 1 款关于缔约国义务的解释。显然，对该条的解释与《经济、社会、文化权利国际公约》的其他所有条款，包括住宅权条款之间存在密切的关系。在该一般性意见中，经社文权利委员会指出《经济、社会、文化权利国际公约》在规定逐步实现的同时，也规定了国家承担立即生效的各种义务，其中"保障"社会权利"在无歧视的条件下行使"和"采取步骤"（to take steps）两项义务

---

① UN-HABITAT, International Instruments on Housing Rights, United Nations Housing Rights Programme, Report No. 2, HS/639/01E, Nairobi, 2003.

对于准确把握国家责任的性质特别重要。如果说"逐步实现"（progressive realization）表明公约对住宅权等经济、社会权利的实现受制于资源的有限性，那么"采取步骤"的义务本身不受资源、经济社会发展水平等其他因素的限定或限制。"因此，虽然可以逐步争取完全实现有关的权利，但是，在《经济、社会、文化权利国际公约》对有关缔约国生效之后的合理较短时间之内就必须采取这一目标的步骤。此类步骤应当周密、具体、以尽可能明确地履行《经济、社会、文化权利国际公约》义务为目标。"① 为了履行采取步骤的义务，缔约国应当采取一切适当方法，尤其是立法方法。

2.《第 4 号一般性意见：适足住房权》

作为第一个直接针对住宅权问题的一般性意见，第 4 号一般性意见在法律上明确了住宅权的内容，并确认了与住宅权有关的一些重要问题，包括提出了国家为了履行它们在国际法上承担的保障住宅权的义务所必须采取的具体法律步骤。

经社文权利委员会在该意见中对住宅权概念的整体性进行了广泛且具有包容性的阐释。委员会指出"不能从狭隘或受到局限的意义出发将住宅简单地理解为仅仅是有片瓦遮顶的容身之所，或者将住所片面地等同于商品"。在委员会看来，住宅权对于人类具有更为丰富的意义，应当从一种功能整体性的权利观出发，将住宅权视为"安全、和平和有尊严地生活（live）在某处的权利"。② 意见首先将对住宅权的整体性理解诉诸住宅权同其他人权的共同基础——"人类的固有尊严"。③ 委员会指出，从对人类尊严的保障出发，对第 11 条第 1 款中"住宅"一词的解释应当考虑其他各种因素，最为重要的是应当确保所有人，无论收入或经济来源都能享有住宅权。

委员会对人类尊严的重申构成了对住宅权的整体性理解的理念基础。

---

① CESCR, General Comment No. 3: The Nature of States Parties' Obligations (Art. 2, Para. 1, of the Covenant), UN Doc. E/1991/23, para. 2.
② CESCR, General Comment No. 4: on the Right to Adequate Housing, UN Doc. E/1992/23, para. 7.
③ Ibid. .

毫无疑问，共同源自"人类的固有尊严"的事实使得住宅权不仅和《经济、社会、文化权利国际公约》中规定的其他众多经济、社会和文化权利密不可分，还和《公民权利和政治权利国际公约》以及其他国际人权法律文件中规定的各项基本权利构成了一个不可分割的整体。① 然而，从第 11 条第 1 款的文本出发，那些体现其他权利中的人类固有尊严要求是否可以构成住宅权的内容的一部分则仍然存在疑问。特别是，如果我们回顾第 11 条第 1 款的起草过程，就会发现在部分起草者看来"符合人类尊严"和"适足"这两个概念似乎代表着不同的标准。

对此，委员会在第 4 号一般性意见中通过对第 11 条第 1 款中的"适足"（英文版本中的"adequate"）一词的重新解释拓展了住宅权的内涵，从而为更一般地考虑住宅权问题提供了一个有用的框架。② 委员会在意见中指出第 11 条第 1 款的文本应被理解为不仅是获得"住房"而且是"适足的住房"。委员会认为"适足"一词包含了公约对住宅权实现标准的要求。委员会回顾了人类住区委员会和《2000 年全球居住战略》中对适足住所的阐释："适足的住所意味着……适足的隐私权保障、适足的空间、适足的安全、适足的照明和通风、适足的基础设施和对就业及获取基本福利设备来说的适当地点——所有这一切的费用合理。"③ 在此基础上，委员会进一步指出在判定特定形式的住所是否可以构成公约所要求的"适足的住宅"（adequate housing）时，必须考虑许多重要的因素。这些因素广泛地涉及社会、经济、文化、气候、环境以及其他各个方面，构成了住宅权不可或缺的组成部分。意见列举了 7 个方面的重要因素，包括对保有（tenure）的法律保障，服务、材料、设备和基础设施的提供，可负担性，适住性，可获得性，适当的区位以及适合的文化环境。④

---

① CESCR, General Comment No. 4: on the Right to Adequate Housing, UN Doc. E/1992/23, para. 9.

② UN-HABITAT & OHCHR, Monitoring Housing Right: Developing A Set of Indicators to Monitor the Full and Progressive Realisation of the Human Right to Adequate Housing, Nairobi, 2003, p. 4.

③ Ibid. , para. 7.

④ Ibid. , para. 8.

3.《第 7 号一般性意见：关于适足住房权（强制驱逐）》

20 世纪八九十年代，国际人权机构对于强制驱逐的法律责任问题的关注不断增加。1991 年，联合国人权委员会下属的防止歧视和保护少数小组委员会通过的 1991/12 号决议为确定驱逐者的法律责任提供了一个指引。根据该决议各个层面的主体都可能为强制驱逐承担责任，包括但不限于占领当局、国家政府、地方政府、开发者、规划者、土地所有者、财产投机商、双边或国际金融机构以及援助机构，但政府无疑应当承担最终的责任。

1997 年经社文权利委员会通过了《第 7 号一般性意见：关于适足住房权（强制驱逐）》。在这个一般性意见中，委员会界定了"强制驱逐"的概念，将其定义为"个人、家庭乃至社区在违背他们意愿的情况下，被长期或临时驱逐出他们所居住的房屋和土地，而没有得到或不能援引适当的法律或其他形式的保护"。① 委员会认为对于《经济、社会、文化权利国际公约》第 2 条第 1 款规定的国家义务来说，保障人免受强迫迁离的立法是必不可少的基础。② 委员会在意见中重申了强制驱逐是对住宅权的"表面证据"（prima facie）的侵犯，即一旦发生强制驱逐，除非责任方能够举证证明驱逐具有正当理由，否则即可认为是对住宅权的侵犯。意见还提出如果明知驱逐后果将导致个人、家庭或社区无家可归，那么任何国家在任何情况下都不得实施哪怕是合法的驱逐行为。对于在迫不得已的情况下必须实施的有正当理由的驱逐，一般性意见同样提出了一整套程序性要求，以保障被驱逐人的权益。

三　《公民权利和政治权利国际公约》

《世界人权宣言》以来的基本上所有国际人权文献都极力宣扬人权标准的普遍性和人权体系不可分割的整体性，并将其诉诸人类的固有尊严。1950 年在国际人权公约起草之初，联合国大会就曾通过决议强调人权的相互依存性，呼吁人权委员会起草一个统一的人权公约。但在西方国家的

---

① CESCR, General Comment No. 7 (1997) on the Right to Adequate Housing［Art. 11（1）of the Covenant］: Forced Evictions, UN Doc. E/1998/22, annex Ⅳ, para. 3.

② Ibid., para. 9.

要求下，《世界人权宣言》中所载的人权最终被人为地分别规定在《公民权利和政治权利国际公约》和《经济、社会、文化权利国际公约》两个在形式上相互独立的国际公约中。住宅权被视为生活水准权的组成部分而规定在《经济、社会、文化权利国际公约》的事实割裂了住宅权与公民权利和政治权利之间的关联，固化了一部分人对住宅权属于社会权的狭隘认识。与缺乏一个独立的住宅权条款相比，两个公约的区分对关于住宅权的一种整体性概念的发展构成了更大的障碍。特别是考虑到经济、社会和文化权利受到的保护在程度上要弱于对公民权利和政治权利的保护，对住宅权属性的限缩性理解不可避免地将制约人们对国家保障住宅权的义务、住宅权可诉性等一系列问题的认识。

住宅权当然具有社会权的属性，[①] 但对于"安全、和平和有尊严地生活（live）在某处的权利"来说，仅仅在经济、社会层面上获得保障无法达到"适足"的标准，特别是承载于住宅之上或借由适足住宅得以实现的人类尊严，离不开对于与住宅有关的公民自由和政治权利的保障。在上述经社文权利委员会关于住宅权的第 4 号一般性意见中，列举了多项《公民权利和政治权利国际公约》中规定的权利，包括人类尊严的概念（序言部分）和不歧视原则（第 2 条）；表达自由（第 19 条）；租户或其他社区团体的结社自由（第 22 条）；迁徙和居住自由（第 12 条）；参与公共事务决策的自由（第 25 条）；隐私、家庭、住宅或通信不受任意或非法干涉的权利（第 17 条）等。意见指出这些权利对于社会上的所有群体实现和维持适足住宅权来说是"不可或缺"的，构成了"定义适足住宅权的非常重要的方面"。[②] 但经社文权利委员会列出的这个清单并不详尽，从现代住宅权理论和实践的发展来看，生命权（第 6 条），人格权

---

① 实际上，与其说住宅权具有社会权的属性，不如说住宅权承载了社会权所具有的请求国家履行其积极作为义务的功能，后者在德国宪法学基本权利理论中被称为"受益权能"，而权利所具有的请求免于国家或其他主体干涉的功能，又被称为基本权利的"防御权能"。实际上被认为属于社会权的获取适足住宅的权利同样具有被认为属于自由权的住宅财产权、住宅不受侵犯等权利所具有的受益权的功能，因而也可以被视为一种社会权。由此被分别规定在两个公约中的关于住宅的各项基本人权并不是不同性质的权利，而是作为整体的住宅权不同权能的具体形态的表现。关于住宅权的属性的详细探讨请参见本书相关章节。

② CESCR, General Comment No. 4 (1991) on the Right to Adequate Housing, para. 9.

（第 16 条），家庭权（第 23 条）以及与妇女、儿童及少数人权利相关的条款对于住宅权的保障和实现来说同样具有重要的意义。①

（一）第 17 条与住宅不受侵犯的权利

在这些条款中至少有两条直接定义了住宅权，分别是第 17 条关于住宅不受干涉的权利和第 12 条关于国内选择住所的自由。其中，第 17 条可以看作关于住宅的自由权概念的核心条款。该条规定：

> 一、任何人的私生活、家庭、住宅（home）或通信不得加以任意或非法干涉，他的荣誉和名誉不得加以非法攻击。二、人人有权享受法律保护，以免受这种干涉或攻击。

该条款的文本渊源于《世界人权宣言》第 12 条。其规定的内容包含了住宅不受侵犯等若干权利，隐私权或者说私生活权是对这些权利的一种最为常见的概括。与传统的人权如生命权、自由权等不同，隐私权的内容程度究竟多大尚缺乏一个明确的界定。② 所谓私生活（privacy），在国内法中常被译为隐私，其基本含义是"不受干扰的独处"。作为古典自由主义的一个核心观念，隐私和个人自由之间具有非常重要的联系。在最为原初的意义上，自由一词的意义并不复杂，就是指不受限制或阻碍。③ 人的自由体现在人是自主的主体，个人对自己的行为具有绝对的不受干涉的主权。然而，作为自由主体的人并不是原子式的独立个体，而是存在于社会关系之中。因此，人的行为并不是不受限制的，隐私便是个人自由的疆界。它为个人自由创设了一个不受外部干扰的空间，同时也为他人的行为自由划定了一条不得擅入的界限。在这条界限之内是个人的私生活领域，在其中个人可以相对不受限制地自由发展自己的个性，并免受社会公众的监督。界限之外则进入公共生活的领域，在该领域内个人发展的可能性要更多地受到法律及社会伦理道德规范的

---

① 这个清单中还应当列入财产权，尽管在两个最为重要的人权公约中都没有规定。
② 杨宇冠：《人权法——〈公民权利与政治权利国际公约〉研究》，中国人民公安大学出版社，2003，第 334 页。
③ 顾肃：《自由主义基本理念》，中央编译出版社，2003，第 55 页。

限制。隐私权就是"个人有权按照自己的意愿和要求生活，包括享有与同伴隔离或者退出公共生活以保有自己的私人生活空间的权利"①。

公、私生活空间之间的界限并不是一成不变的。在19世纪私生活的保护领域限于住宅、家庭和通信秘密，到了20世纪，隐私权的保护扩展到电信和个人数据等私人信息。②从隐私权的角度出发，住宅是家庭关系产生、存续和发展的最为重要的场所，住宅封闭的物理形态正好成为私生活的一道天然屏障，它为个人提供了一个自由的空间以符合个人内在需要和期望的方式追求自我人格的充分实现。因此，无论隐私权的概念如何流变，当一个人住宅不受侵犯的权利未能受到应有的尊重和保护时，对私生活的干涉都是存在的。当然，在现代社会，随着对传统公私领域的界定越来越精确，许多与住宅概念无关的干涉形式也不断得到确认，例如个人的性自主权利、公共档案与个人信息等，但住宅作为个人私生活空间的传统保留领地仍然应当受到法律的特别保护。

然而，并不能完全将《公民权利和政治权利国际公约》第17条第1款规定的住宅不受侵犯局限在隐私权的制度化范畴。实际上，早在美国学者沃伦和布伦迪斯提出隐私权的概念之前，住宅不受侵犯就已经成为西方自由主义传统中的一个核心观念。至少早在1345年，英格兰爱德华三世的第28号法令第三章就曾规定："未经法律的正当程序进行答辩，对任何财产和身份的拥有者一律不得剥夺其土地或住所。"1604年英国科克勋爵的经典格言"每个人的住宅（home）就是他的城堡"，时至今日仍然被隐私权的拥护者们不断引用。在1791年美国宪法第4修正案中，住宅不受侵犯就已经被确立为一项基本人权。在这一时期，住宅不可侵犯的概念主要是和人身安全、人身自由以及财产权联系在一起的。它既是人身自由的必然延伸，又是对财产权、居止行动自由的一种保障，特别是对财产权的保障，这对19世纪的资本主义社会至关重要。③因此，第17条"住宅

---

① 陈泽宪主编《〈公民权利与政治权利国际公约〉的批准与实施》，中国社会科学出版社，2008，第353页。

② 〔奥〕曼弗雷德·诺瓦克：《民权公约评注：联合国〈公民权利和政治权利国际公约〉》（上），毕小青、孙世彦等译，生活·读书·新知三联书店，2003，第286~287页。

③ 陈泽宪主编《〈公民权利与政治权利国际公约〉的批准与实施》，中国社会科学出版社，2008，第359页。

不受侵犯”的内涵首先应当包括对住宅财产权和住宅自由权的保护。

　　然而，随着时代的发展，对于住宅的侵犯不仅仅表现为“破门入屋”或“翻箱倒柜”，随着科技的发展，各种不易察觉的干涉不断增加，例如电子监视和监听等。相对传统的住宅财产和住宅自由的概念，隐私为个人排除所有这些无形的干涉提供了更加有力的保障。当住宅同隐私的概念相结合后，对住宅的保护得以突破有形的物理和财产形态，从传统财产权和人身自由权侧重对场所的保护扩张到对人格的直接保护。

　　第 17 条中的“住宅”，在英文本中是“home”、法文本中是“domicile”、俄文本中是“zhiliche”、西班牙文本中是“domicilio”，人权事务委员会在第 16 号一般性意见中指出“住宅”应当被理解为个人居住或从事主要活动的地点。① 它不仅包括严格意义上的居所，还包括其他各种类型的住宅形式，无论其法律权利是所有还是租赁，甚至是非法占有，也不管其使用性质，是长期居住的主要住所，还是偶尔或临时居住的处所。② 根据人权事务委员会的解释，住宅应被解释为个人从事主要活动（carries out his usual occupation）的地点，因此，商业和贸易场所也可能受到第 17 条的保护。第 17 条保护的住宅也不限于特定的建筑形式，露营车、船屋等居住形式也可以被视为住宅。

　　在理解第 17 条关于住宅的内涵时，住宅与家庭的关系是一个十分重要的切入点。第 17 条住宅的英文用词“home”在中文中常被直接翻译为“家”。其法文和西班牙文所用的单词均可以追溯到罗马法中“家屋”的概念。在《公民权利和政治权利国际公约》第 17 条的最初草案中并没有提及“家庭”，起草者认为该条中的“私生活”和“家”（home）的含义足以包含“家庭”（family）的概念，且《世界人权宣言》第 16 条也已经规定了社会和国家保护家庭的责任，单独地再提及家庭似乎没有必要。但在第三委员会对公约草案进行审议时，印度代表提出将“家庭”加列在

---

① General Comment No. 16: The Right to Respect of Privacy, Family, Home and Correspondence, and Protection of Honour and Reputation（Art. 17），para. 5，http：//www. unhchr. ch/tbs/doc. nsf，访问日期 2015 年 6 月 22 日。

② 杨宇冠：《人权法——〈公民权利与政治权利国际公约〉研究》，中国人民公安大学出版社，2003，第 336 页。

"私生活"之后，这个建议最终得到一致的通过。① 的确住宅和家庭是两个不同的概念。根据《柯林斯英文大辞典》中的释义，住宅或家（home）是指个人生活的地方，而家庭则是个人所属的依据婚姻、血缘关系或其他法律关系形成的社会基本单元。析言之，住宅是一个空间性的概念，是指居住生活的场所，而家庭则是一个关系性的概念，所指是个人生活的社会关系网络。因此，第17条将两者分别单独列举是有必要的。在现代社会，住宅已经无法承载所有的家庭关系。即使是在那些最重视家庭传统的文化中，所有家庭成员也不全部共同居住生活在同一住宅中。然而，我们也必须看到两者之间的紧密关联：具有血缘、婚姻关系的家庭成员往往共同居住在同一住所，而共同居住反过来也成为一种独立于血缘和婚姻的判断家庭关系存在的重要标准。② 很明显，第17条对家庭和住宅的保护之间存在相互渗透和重叠的区域。

任何未经受影响的个人同意而发生的对住宅的侵犯，无论出自国家公共部门，还是出自第三人均构成《公民权利和政治权利国际公约》所称的干涉。例如强制性地驱逐或剥夺个人的住宅，剥夺居住的许可，强行或秘密地侵入住宅，在他人住宅中安设监听、监视设备等。在欧洲等地区的法律实践中，超过一定程度的环境侵扰也被认为构成对住宅的干涉。委员会在对"干涉"进行解释时特别强调不能忽视第17条提供的保护既包括"非法"的干涉，也包括"任意"的干涉。③ 一方面，除非有法律规定，否则任何对住宅的干涉都构成对第17条第1款的违反，而授权干预的法律本身应当符合《公民权利和政治权利国际公约》的各个条款及其宗旨和目标。④ 另一方面，即便有符合《公民权利和政治权利国际公约》宗旨和相关条款要求的法律授权，对住宅的干涉也必须具备符合特定情况的合理性，否则

---

① 陈泽宪主编《〈公民权利与政治权利国际公约〉的批准与实施》，中国社会科学出版社，2008，第450页。
② 例如分居在许多文化中往往意味着原有家庭关系的独立，同居则被认为是判定家庭关系存在的重要标准，在一些欧洲国家，同居甚至取代婚姻成为一种准家庭关系。现代社会的核心家庭是由父母和子女构成的，但在个案中，欧洲人权事务委员会曾认定在同一住所生活的祖父母和孙子女可以构成一个家庭，而在异地分别居住生活17年的一对母子，则不能说存在家庭关系。
③ General Comment No. 16, para. 2.
④ General Comment No. 16, para. 3.

将被视为"任意的干涉"，这同样构成对第 17 条的违反。① 换言之，只有合法并且不是任意的干涉才能得到许可。例如根据法定程序对住宅进行刑事搜查。又如，在发生灾难时，为救助而进入个人的住宅。②

对住宅不受干涉的法律保护要求国家承担两种不同形式的义务。缔约国不仅有义务自己不实施违反《公民权利和政治权利国际公约》第 17 条的干涉，而且应当提供立法框架禁止来自自然人或法人的此类行为。③ 后者又被称为对隐私权的积极保护。在第 17 条的立法过程中，人权委员会对于国家是否承担积极保护义务存在争议。来自英美国家的代表否定国家的积极保护义务，认为这会导致私法制度的改变。而当时人们已经普遍认识到对住宅的侵犯并不完全出自国家，也可能来自社会中的其他自然人或法人，因此，在多数国家代表的支持下，人权委员会明确承认国家对住宅的积极保护义务。然而，总体而言，第 17 条规定的住宅不受侵犯的权利在性质上属于消极权利，国家没有义务采取积极措施为个人和家庭提供住宅或创造获取住宅的条件。因此，虽然第 17 条对住宅自由和住宅隐私的保护对于"安全、和平和有尊严地生活在某处"来说是不可或缺的条件，但仍然只是整体性住宅权拼图的一角。

（二）第 12 条与居住自由

《公民权利和政治权利国际公约》第 12 条的规定对于确定住宅权的内涵同样十分重要。该条的规定如下：

> 一、合法处在一国领土内的每一个人在该领土内有权享有迁徙自由和选择住所的自由。二、人人有自由离开任何国家，包括其本国在内。三、上述权利，除法律所规定并为保护国家安全、公共秩序、公共卫生或道德、或他人的权利和自由所必需且与本公约所承认的其他权利不抵触的限制外，应不受任何其他限制。四、任何人进入其本国的权利，不得任意加以剥夺。

---

① General Comment No. 16, para. 4.
② 〔奥〕曼弗雷德·诺瓦克：《民权公约评注：联合国〈公民权利和政治权利国际公约〉》（上），毕小青、孙世彦等译，生活·读书·新知三联书店，2003，第 301~302 页。
③ General Comment No. 16, para. 9.

　　根据第 12 条第 1 款，任何人，包括本国公民和具有合法处在一国领土内的外国人及无国籍人均有权在一国领土范围之内从某一地点迁徙到另一地点，并有权在自己选择的地点居住，对上述权利的任何限制必须符合第 3 款的规定，不仅要有法律规定为依据，还必须符合第 3 款所规定的正当目的且具有必要性，并与《公民权利和政治权利国际公约》所保护的其他权利相一致。

　　该条款并未区分本国公民和外国人，而是概括性地表述为"合法处在一国领土内的每一个人"，从而平等地赋予外国人国内迁徙与居住的自由。但在事实上，由于外国人和本国公民在法律地位上存在差异，在对选择住所的自由的享有方面有所不同。本国公民原则上享有绝对地进入其本国的权利，并当然享有在本国领土上居留的合法地位，从而自然享有国内迁徙和居住的自由。对于外国人是否享有在东道国境内迁徙和居住的自由取决于其是否具有合法的居留地位。通常，这是一个由国内法规定的问题。除非条约另有规定，国家并没有接纳外国人的义务，因此一国可以对外国人的入境、居留进行限制，只要国内法规定不违反该国承担的国际义务，国际法就应予承认。① 就《公民权利和政治权利国际公约》缔约国而言，第 12 条的规定本身构成了东道国处理外国人居留问题的国际义务的一部分。一旦外国人合法处于一国领土之内，即享有第 12 条第 1 款规定的国内迁徙和居住自由以及第 2 款规定的离境自由，根据国际法的一般原则，东道国可以根据人权事务委员会第 15 号一般性意见，对此施加的任何限制、在外国人与本国公民之间以及不同国家的外国人之间的差别待遇都必须符合第 12 条第 3 款的规定。②

　　拥有选择的机会是自由权的一个核心要素。迁徙和居住的自由对于个人的自由发展来说是一项十分必要的条件。就其性质而言，迁徙自由首先与人身自由之间具有不言自明的关系，在许多国家的宪法中都将迁徙与居

---

① 邵津主编《国际法》（第二版），北京大学出版社、高等教育出版社，2005，第 73 页。
② 杨宇冠：《人权法——〈公民权利与政治权利国际公约〉研究》，中国人民公安大学出版社，2003，第 217~220 页。

住自由同住宅不受侵犯的自由作为人身自由的自然延伸加以规定。① 根据第 12 条第 3 款的规定，迁徙和选择住所的自由包括防止各种形式的国内强制迁徙，也包括不得禁止进入和定居于一国领土的特定部分。同时政府也不得为人们指定住所，但根据第 12 条第 3 款和第 27 条的规定，政府可以出于保护和维持原住民文化传统和特性的目的，指定或者为这些群体建立保留区。如果这种限制损害了相关个人的权益，国家就必须提供充分的理由来证明这类限制的合理性。② 对《公民权利和政治权利国际公约》第 9 条所保护的人身自由的剥夺显然构成了对迁徙和居住自由的更为严厉的限制，但迁徙和居住自由的内容并不限于人身自由，两者之间具有明显的区分。在欧洲人权法院看来将某人放逐到一个面积 2.5 平方公里的小岛上构成对人身自由的侵犯，而将某人的居住地限制在某一个社区之内则只涉及迁徙和居住自由，而与人身自由无关。③ 在现代社会，迁徙和居住自由的产生具有特定的经济功能背景，其直接动因是为了适应资本主义社会化大生产对流动劳动力的需要，将农奴从封建的人身依附关系中解放出来使其成为具有人身自由的劳动者。迁徙和居住自由不仅仅是人身自由的自然延伸，和包括工作自由权在内的经济自由也存在密切联系，具有较强的社会经济权利的性质。④

　　除了南极等少数并不适合人类居住的区域外，地球上的住区几乎完全在各国领土的管辖之下。人们几乎总是居住生活在某一国家的领土上。因此，在一国领土内享有选择住所的自由构成了"安全、和平和有尊严地生活在某处"的一个重要的先决条件。离开对居住自由的承认，即使在拥有住宅财产的情况下，个人安全、和平和有尊严地在自己家中生活的权利也无法得到保障。一个典型的例证是 1978 年欧洲人权委员会 Wiggins

① 杜承铭：《论迁徙自由权》，《武汉大学学报》（社会科学版）2001 年第 4 期，第 406~410 页。

② 〔奥〕曼弗雷德·诺瓦克：《民权公约评注：联合国〈公民权利和政治权利国际公约〉》（上），毕小青、孙世彦等译，生活·读书·新知三联书店，2003，第 200~202 页。

③ Guzzardi v. Italy, Application No. 7367/76, A/039.

④ 如果进一步追溯，那么人类的迁徙行为可以看作源自一种原始的人类自然本能，同时也和游牧时代人类迁移居住的传统密切相关，直到今天仍然有一些民族保留着迁徙的生活居住方式，例如罗姆人、贝都因人等民族。但同人身自由和经济自由相比，对于迁徙的文化传统的保护显然并不是第 12 条起草者所关心的主要问题。

诉英国案，由于无法获得英国海外领地根西岛的居住许可，Wiggins 先生被当地政府要求从其所有并长期居住生活的住宅中迁离。① 发生在种族隔离时代的南非的事实还表明，如果迁徙和选择住所的自由受到限制，那么个人无法自由选择能够提供更多经济机会的地点定居，其改善自己和家庭居住生活条件的可能性将受到极大的制约。尤其是当政府把对迁徙和居住自由的限制和获取住宅福利的资格或在市场上取得住宅的机会联系在一起的时候，受到限制的个人不得不面临困难并且往往进行相互冲突的选择：为了获得改善生活条件的经济机会而牺牲自己和家庭的住宅需求，或者由于无法获得必要的居住条件而不得不放弃个人自由发展的可能。因此，从一种更为综合的视角观察，法律对迁徙和居住自由的认可构成了保障个人和家庭住宅需求的前提。而反过来，对住宅需求予以普遍的社会保障将在实质上提高通过迁徙和移居促进个人自由发展的实现程度。

《公民权利和政治权利国际公约》中还有许多条款规定的权利与住宅权有关，它们中有些直接构成了组成住宅权权利束的一部分，例如平等权、人格权、生命权，或者是促进住宅权保障和实现的重要条件，包括表达自由（特别是其中的信息权）、参与权、结社自由等，或者涉及对妇女、儿童和婚姻与家庭生活的特别保护。限于篇幅此处不再罗列，其主要内容将在相关章节的讨论中述及。

四　专门性全球国际人权公约——对少数人住宅权的关注

除了《经济、社会、文化权利国际公约》和《公民权利和政治权利国际公约》之外，众多专门性的全球性国际人权公约中着眼于保护特殊群体的权利方面的必要性，也均有涉及住宅权的规定。这些规定对难民、妇女、儿童、老人、少数种族或民族、工人等特殊群体的住宅权予以了具体和特别的确认。

（一）《关于难民地位的公约》

根据 1951 年《关于难民地位的公约》以及 1967 年《关于难民地位

---

① Paul Henry WIGGINS v. the United Kingdom, Application No. 7456/76, D. R. 13, p. 40.

议定书》的规定，所谓难民是指有正当理由畏惧因种族、宗教、国籍、属于某一特定群体或持有某种政治见解等而受到迫害，留在本国或经常居住国之外，且不能或不愿受到其本国保护或返回其经常居住国的人。根据联合国难民署的统计，2009 年底，全球因冲突和迫害而被迫离乡背井的人数共计 4330 万人，其中包括 1500 万难民，98.3 万寻求庇护者和 2710 万国内流离失所者。① 沦为难民意味着个人的公民政治权利和经济、社会和文化权利受到严重的侵犯。由于难民普遍陷于"流离失所"的处境之中，其住宅权受到侵害的状况尤甚。

1951 年 7 月 28 日联合国大会第 429（V）号决议通过的《关于难民地位的公约》中，有多个条款涉及了难民的住宅权保障。《关于难民地位的公约》第 21 条规定了难民住宅（housing，公约中文本译为"房屋"）待遇的最低标准，规定对于由居留国立法调整或者受公共当局管制的住宅问题，缔约各国应当给予合法居留于其领土内的难民不低于一般外国人在同样情况下所享有的待遇。很明显，该条规定的住宅福利并不限于政府直接提供的社会住房或住房补贴等公共住宅福利，也包括通过立法和公共管制带来的其他利益，例如租金管制等措施。

《关于难民地位的公约》第 13 条规定难民在各缔约国取得动产和不动产及相关权利，以及关于动产和不动产租赁和其他契约方面，可以享受不低于一般外国人的待遇。根据该条，如果缔约国允许外国人在本国境内购买或租赁住宅，那么难民也可以享有同样的权利。为了保障难民享有重新定居所需的财产，《关于难民地位的公约》第 30 条规定了缔约国应当允许难民将位于其领土内的财产移转到其为重新定居目的而被准许入境的国家。但应注意第 13 条本身并未赋予难民在其购买或租赁的住宅内居住的权利。

《关于难民地位的公约》第 26 条要求缔约国给予合法在其领土内的难民选择居所地和在其领土内自由行动的权利，但他们应受对一般外国人在同等情况下适用的规章的限制。根据第 30 条第 2 款，这种限制应以必

① 联合国难民署：《2009 年全球趋势：难民、寻求庇护者、返乡者、国内流离失所者和无国籍人》，日内瓦，2010，第 1 页。

要为限。第 26 条关于难民在所在国境内自由迁徙和居住的权利是难民享有第 21 条所规定的住宅福利以及第 13 条规定的住宅财产的重要条件。

然而，《关于难民地位的公约》第 26 条本身也以难民合法处于一国领土之内为前提。这意味着难民要依据 1951 年《关于难民地位的公约》享有住宅权的保障，其必须先获得所在国的庇护，即享有进入庇护国并居留的权利。然而，时至今日，庇护权在国际法上尚未得到普遍的承认，提供庇护仅仅被认为是保护国的单方行动，是国家在主权内行使的特权。①虽然国际立法没有明确承认个人获得庇护的权利，但联合国人权事务委员会第 15 号一般性意见中指出："在某些情况下，在涉及禁止歧视、禁止非人道待遇及尊重家庭生活等问题时，一个外国人甚至在入境或居住方面也受到［公民权利和政治权利国际］公约的保护。"第 33 条规定的"禁止推回原则"就属于这种情况。根据该原则："任何缔约国不得以任何方式将难民驱逐或送回至其生命或自由因为他的种族、宗教、国籍、参加某一社会团体或具有某种政治见解而受威胁的领土。"该原则还具体地体现在其他相关的国际公约之中。例如联合国《禁止酷刑公约》第 3 条要求缔约国不得将有可能遭受酷刑危险的任何人驱逐、遣返或引渡到可能对其施加酷刑的国家。因此，对于来自邻国并在邻国遭受酷刑的难民，国家就不应拒绝其入境，即使国家不想给予其庇护，也应将其送到无威胁的第三国，在此期间所在国至少应向难民提供暂时的居住许可。②

（二）《消除对妇女一切形式歧视公约》

1979 年 12 月 18 日联合国大会第 34/180 号决议通过了《消除对妇女一切形式歧视公约》的文本，《消除对妇女一切形式歧视公约》于 1981 年 9 月 3 日正式生效。《消除对妇女一切形式歧视公约》规定缔约国应当平等地保障妇女享有包括住宅权在内的基本权利。其中，直接明确承认妇女平等住宅权的是《消除对妇女一切形式歧视公约》第 14 条。该条第 2

---

① 〔瑞典〕格德门德尔·阿尔弗雷德松、〔挪威〕阿斯布佐恩·艾德编《〈世界人权宣言〉：努力实现的共同标准》，中国人权研究会组织翻译，四川人民出版社，1999，第 289～290 页。

② 陈泽宪主编《〈公民权利与政治权利国际公约〉的批准与实施》，中国社会科学出版社，2008，第 251 页。

款（h）项规定："缔约各国应采取一切适当措施，消除对农村妇女的歧视，以保证她们在男女平等的基础上参与并受益于农村发展，尤其是保证她们有权：……（h）享受适当的生活条件，特别是在住房（housing）、卫生、水电供应、交通和通讯方面。"

这一条款体现了《消除对妇女一切形式歧视公约》考虑到农村妇女面对的特殊问题和她们对家庭生计包括她们在不具货币性质的经济部门的工作方面所发挥的重要作用，而对农村妇女享有适当住房等生活条件予以特别保障。然而，生活在非农村地区的广大妇女同样是性别歧视的牺牲品。因此有必要关注《消除对妇女一切形式歧视公约》第1条、第2条、第3条、第5条和第15条第1款中规定的男女权利平等和不歧视原则。这些规定对于妇女在男女平等的基础上享有各项住宅权利具有十分重要的意义。同时，还应特别注意《消除对妇女一切形式歧视公约》第4条对于"加速实现男女事实上的平等而采取的暂行特别措施"的规定。根据该条规定，缔约国可以采取在一些国家被称为"肯定措施"或"逆向歧视"的措施，在住宅权方面给予妇女适当的特殊照顾，以弥补女性基于社会性别的弱势地位。

考虑到住宅权与土体和财产所有权、获得贷款的权利是分不开的，《消除对妇女一切形式歧视公约》中其他一些条款对妇女住宅权的意义也应当受到特别关注。[①]《消除对妇女一切形式歧视公约》第13条第2项要求缔约各国采取一切适当措施，消除在经济和社会生活等方面对妇女的歧视，确保妇女在男女平等的基础上在银行贷款、抵押和其他形式的社会信贷方面享有相同的权利。第15条第2款特别要求缔约国应赋予妇女签订合同和管理财产的平等权利，并在法庭诉讼中给予妇女平等待遇。第15条第4款规定缔约各国应当赋予妇女和男性相同的迁徙和居住自由。第16条第1款（c）项规定，缔约各国应采取一切适当措施，确保妇女在婚姻存续期间以及解除婚姻关系时，有相同的权利和义务。第16条第1款（h）项还确保配偶双方在财产的所有、取得、经营、管理、享有、处置

---

① 〔印度〕米隆·科塔米：《妇女与适足住房问题：适足生活水准权所含适足住房问题特别报告员米隆·科塔米先生根据委员会第 2002/49 号决议提交的研究报告》，UN Doc. E/CN. 4/2003/55，第 12 段。

方面，不论无偿的还是收取价值酬报，都具有相同的权利。

（三）《消除一切形式种族歧视国际公约》

1965 年联合国大会第 2106A 号决议通过了《消除一切形式种族歧视国际公约》，该公约于 1969 年 1 月 4 日正式生效。《消除一切形式种族歧视国际公约》第 5 条第辰款第（3）项规定："缔约国依本公约第二条所规定之基本义务承诺禁止并消除一切形式种族歧视，保证人人不分种族、肤色或原属国或民族本源在法律上一律平等之权，尤得享受下列权利：（卯）其他公民权利，其犹著者为：（1）在国境内自由迁徙及居住之权；（辰）经济、社会及文化权利，其犹著者为：（3）住宅权。"这是全球人权公约中第一次明确使用"住宅权"（英文本作 the right to housing）的概念。就消除住宅方面的种族歧视而言，第 5 条还规定了与住宅权有关的其他各项权利，包括人身安全、参与权、财产权和继承权、工作权、健康权、社会保障权等。

《消除一切形式种族歧视国际公约》第 2 条不仅规定了国家禁止并消除一切形式种族歧视的基本义务，还规定了特别保障的原则。根据第 1 条第 4 款和第 2 条第 2 款之规定，对于"须予必要保护之种族或民族团体或个人"，各缔约国"应于情况需要时在经济、社会、文化及其他方面，采取特别具体措施"，以确保这些种族团体或个人"获得充分发展与保护，以期保证此等团体与个人完全并同等享受人权及基本自由"。这些特别保障措施不被视为种族歧视，但不得产生在不同种族团体间保持不平等或个别行使权利的后果，并且在所定目的达成后不得继续实行。

由于作为种族隔离结果和重要构成因素的住区区隔是各国公民住宅权实现的一个主要障碍，《消除一切形式种族歧视国际公约》第 3 条对于禁止和消除种族隔离原则的规定同样应予以特别的关注。根据该条规定："缔约国特别谴责种族隔离及阿拍特黑特并承诺在其所辖领土内防止、禁止并根除具有此种性质之一切习例。"①

---

① 公约中文文本中的"阿拍特黑特"系英文 apartheid 的音译。apartheid 是指前南非政府推行的种族隔离政策。在存在种族隔离问题的国家，无论南非还是美国，住区区隔都是种族隔离的一个十分重要的表现，也是实施种族隔离政策的一种常用手段。

（四）《儿童权利公约》

1989 年 11 月 20 日联合国大会以第 44/25 号决议通过了《儿童权利公约》，该公约于 1990 年 9 月 2 日正式生效。《儿童权利公约》第 16 条规定："儿童的隐私、家庭、住宅或通信不受任意或非法干涉，其荣誉和名誉不受非法攻击。"第 27 条规定："1. 缔约国确认每个儿童均有权享有足以促进其生理、心理、精神、道德和社会发展的生活水平。2. 父母或其他负责照顾儿童的人负有在其能力和经济条件许可范围内确保儿童发展所需生活条件的首要责任。3. 缔约国按照本国条件并在其能力范围内，应采取适当措施帮助父母或其他负责照顾儿童的人实现此项权利，并在需要时提供物质援助和支助方案，特别是在营养、衣着和住房方面。"

（五） 国际劳工组织诸公约

国际劳工组织颁布的一系列旨在保障工人权益的公约中，许多公约都涉及住宅权保障的内容。主要包括：第 82 号公约（规定了包括住宅在内的最低生活水准权的保障）[1]，第 110 号公约（规定雇主为种植园工人提供的住宅条件不得低于国家标准）[2]，第 117 号公约（将住宅改善列为提升工人生活水准的社会政策重要内容）[3]，第 161 号公约（将住宅列为影

---

[1]   1947 年《国际劳工组织第 82 号公约：关于社会政策》第 4 条规定："通过国际、区域、国家和领土措施采取一切可行步骤促进公共卫生、住宅、营养、教育、儿童福利、妇女地位、劳动条件、雇工或独立手工业者的工作报酬、移徙工人的保护、社会保障、公共服务和产品的水准等方面得到改善。……2. 在确定最低生活标准时，应当考虑工人的基本家庭需要，诸如食物及其营养价值、住宅、衣着、医疗和教育。……7. 当食物、住宅、衣服或其他基本供给和服务构成报酬的一部分时，主管当局应当采取一切可行步骤确保它们是适足的并且其现金价值得到合理评估。"

[2]   1958 年《国际劳工组织第 110 号公约：关于种植园》第 88 条规定："种植园主向工人提供的由后者合法占有的住宅，其条件不得低于国家习惯或立法确立的标准。"

[3]   1962 年《国际劳工组织第 117 号公约：关于社会政策（基本目标和标准）》第 2 条规定："经济发展规划应将生活水平的提高列为主要目标。"第 4 条（d）款规定："有关当局在考虑提升农业生产者的生产能力和改善其生活水平的措施时应当考虑到：……（d）监管租约安排和工作条件，以保障承租人和农业工人在可能范围内获得最高水平的生活水准并从生产率或价格水平提高带来的收益中获取公平的份额。"第 5 条第 2 款规定："在确定最低生活水准时，应当考虑工人的基本家庭需求，包括食物及其营养价值、住宅、衣着、医疗和教育。"

响工人职业健康的重要因素）①，第 169 号公约（要求平等保障原住民和部落居民的住宅权，包括对土地的所有和占有、对规划等社会政策的参与）② 等。

（六）《保护所有移徙工人及其家庭成员权利国际公约》

为了保障移徙工人，即通常所称的外来劳工及其家庭成员的权利，国际社会于 1990 年 9 月通过了《保护所有移徙工人及其家庭成员权利国际公约》。该公约于 2003 年 7 月 1 日生效。《保护所有移徙工人及其家庭成员权利国际公约》第 43 条第 1 款规定："移徙工人在以下方面应享有与就业国国民同等的待遇：……（d）享受住房、包括公共住宅计划，以及在租金方面不受剥削的保障；……"同条第 3 款规定："就业国不应阻止移徙工人的雇主为其提供住房或社会或文化服务设备。依照本公约第 70 条的规定，就业国可要求所提供的设备符合该国一般适用的关于设置此类设备的规定。"此外，该公约第 44 条对于移徙工人家庭权的规定亦直接关系到住宅权："1. 缔约国确认家庭是社会的自然基本单元并有权受到社会和国家的保护，应采取适当措施，确使保护移徙工人的家庭完整。2. 缔约国应采取其认为妥当并符合其权限范围的措施，便利移徙工人同他们的配偶或依照适用法律与移徙工人的关系具有相当于婚姻效力的个人以及同受他们抚养的未成年未婚子女团聚。3. 就业国应根据人道的理由，有力地考虑按照本条第 2 款规定给予移徙工人其他家庭成员同等的待遇。"缺乏适足的住房是造成移徙工人家庭分散的一个重要因素，因此对移徙工人及其家庭成员住宅权的保障是确保他们家庭完整的应有之义和必要措施。

（七）《残疾人权利公约》

2006 年《残疾人权利公约》规定各国应促进、保护和确保所有残疾人充分和平等地享有一切人权和基本自由，包括其住宅权。《残疾人权利

---

① 1985 年《国际劳工组织第 161 号公约：关于职业卫生设施》第 5 条第（b）规定："在不影响雇主对其工人健康与安全所负的责任，并适当考虑工人参与职业安全卫生事务的必要性的情况下，职业卫生设施应具有足以针对该企业职业危害的下列职能：……（b）监测工作环境和工作实践中可能影响工人健康的因素，包括由雇主提供的卫生设备、食堂与住房等。"

② 1989 年《国际劳工组织第 169 号公约：关于原住民和部落居民》第 2 条、第 7 条、第 14 条、第 16 条、第 17 条和第 20 条。

公约》第 28 条确认残疾人有权为自己及其家属获得适足的生活水平，包括适足的住房，并要求缔约国采取适当步骤，保障和促进在不因残疾受到歧视的情况下实现这项权利，例如确保残疾人可以参加公共住房计划。《残疾人权利公约》第 12 条确认残疾人在与其他人平等的基础上享有法律权利能力，并要求缔约国应当采取适当措施，便利残疾人行使其法律权利能力。此外，考虑到残疾人在居住和生活方面的特别需要，《残疾人权利公约》第 2 条还进一步要求各国采取措施查明和消除实现无障碍原则的障碍，特别是实现无障碍的住宅。

五　其他国际法文献对住宅权的发展

此外，国际法文献中对于经济、社会和文化权利还有两个重要的解释性文件。它们分别是 1986 年《执行〈经济、社会、文化权利国际公约〉的林堡原则》（以下简称林堡原则）以及 1997 年《关于侵犯经济、社会和文化权利行为的马斯特里赫特准则》（以下简称马斯特里赫特准则）。

1986 年，一批权威的国际人权法领域的专家、学者在荷兰马斯特里赫特的国立林堡大学（即现在的马斯特里赫特大学）召开研讨会，通过了林堡原则，对《经济、社会、文化权利国际公约》缔约国义务的性质和范围，经济、社会和文化权利委员会对缔约国报告的审议问题，以及《经济、社会、文化权利国际公约》第四部分之下的国际合作问题进行了阐述。林堡原则本身并不具备法律约束力，但其规定的诸项原则多次得到联合国人权理事会（包括其前身人权委员会）以及经济、社会和文化权利委员会等国际人权机构的广泛确认，已经成为国际社会公认的关于公约实施途径的重要原则。根据林堡原则，住宅权作为社会、经济权利具有万全的可实施性，国家对于住宅权的实现负有即刻性的明确的义务。

1997 年的马斯特里赫特准则对林堡原则的内容进行了进一步的阐释和补充，对于判断违反公约规定的行为提供了由各个层面的人权专家提供的明确的意见。准则贯彻了权利不可分割的理念，认为所有人权都是不可分割、相互依赖、相互联系并对人的尊严同等重要，缔约国对于侵犯经济、社会、文化权利的行为应当和对侵犯公民、政治权利的行为一样承担责任。尽管其不具有法律约束力，但在理解对经济、社会权利的侵犯及相关补救措施事项时，特别是对国家、地区和国际各级监督和裁决机构处理这些事项时具有十分重要的作用。① 马斯特里赫特准则对于认识住宅权的重要意义、明确缔约国履行住宅权义务的形式和评估标准、处理住宅权侵犯的责任和救济等问题提供了具有指导意义的理论。

---

① 〔瑞典〕格德门德尔·阿尔弗雷德松、〔挪威〕阿斯布佐恩·艾德编《世界人权宣言：努力实现的共同标准》，中国人权研究会组织翻译，四川人民出版社，1999，第550~551页。

第三章 住宅权的权利属性

我国学者对住宅权名称和概念的争论势必产生对于住宅权的权利属性的不同理解。对住宅权权利属性的不同理解反过来也是导致对住宅权概念的观点产生分歧的原因之一。可能有人会认为对于住宅权权利性质的这些争议似乎只是有关一个纯粹文字上争论的问题，因为其答案会随学者们所使用的住宅权的概念狭窄或宽泛程度而变化。"住宅权""住宅自由""适足住房权""居住权"这些概念所指称的原本就是不同性质的权利。也有人可能会指出学者们对于住宅权权利性质的不同观点和学者们考察住宅权的学科或部门法的立场密切相关。因为在不同学科或部门法中，权利的性质本来就存在差异。国际法学者关注住宅权的人权属性，宪法学者关注住宅权是不是一种公民的基本权利，而民法学者则更倾向于从私法的意义上理解住宅权。这本就是学科分工使然。

然而对住宅权权利性质的探讨，绝不仅仅是一个纯属文字之争或学科视域差异的无关紧要的问题。任何对于住宅权的研究，都必须首先对住宅权的权利性质问题做出回应。对于住宅权权利属性的不同理解，决定了对于住宅权的权利内容、权利主体、义务主体、保障方式等问题的不同认识，并最终会对实践中住宅权法律制度体系的设计及其实施效果产生重大的影响。人类的居住问题是一个复杂的综合性问题，要想使之得到圆满的解决，就必须采取多方位、多层次的综合对策。这也是众多当代国际人权法律文献不断强调人权不可分性并提出住宅权是带有综合性的复数权利束的原因。基于学科分工的部门法视角有助于我们聚焦于构成住宅权权利束的特定权利或权利的特定方面，从而深化我们对于这些部分的认识。但单纯从狭隘的学科视角出发考察住宅权会让我们对住宅权性质的认知陷入"盲人摸象"的陷阱，从而不能从整体上科学、全面地把握住宅权的权利属性。因此，本章将在总结学者们关于住宅权权利性质不同观点的基础上，[①] 尝试从一种整体性的认知路径出发，分析住宅权具有的多重的权利属性。

第一节　住宅权是一种法定化的本源性权利

从有关住宅权的国际公约和国内立法的发展来看，住宅权最早就是作为人权和公民基本权利提出的。在住宅权的支持者看来，1948 年《世界人权宣言》第 25 条第 1 款宣示了住宅权中最具争议的部分，即作为适足生活水准的不可或缺的组成部分的人权属性：

> 人人有权（Every one has the right）享受为维持他本人和家属的健康和幸福所需的生活水准，包括食物、衣着、住房、医疗和必要的社会服务。

虽然在第 25 条第 1 款的表述中并未直接使用人权（human right）或基本权利（the fundamental right）的概念。但结合宣言第 2 条的规定以及住宅权被载入人权宣言的事实，住宅权是一种已经成为国际社会公认的人权。宣言第 2 条阐明了人权的基本特征：

> 人人有资格享受本宣言所载的一切权利和自由，不分种族、肤色、性别、语言、宗教、政治或其他见解、国籍或社会出身、财产、出生或其他身份等任何区别。

---

① 需要指出的是住宅权是一种新兴的权利，关于住宅权性质的学说和观点仍然处在发展过程，不少学者仍然在不断修正自己的观点，很多学者已经开始认识到住宅权权利性质的多重性，他们受到所属学科研究范式的束缚，不得不主动做出管中窥豹的选择。本书对相关观点的批评仅针对学者在特定文献中所表达的观点。而本书的研究也不可避免地会受到研究领域的限制而更多地关注住宅权某一方面的属性。即便如此，强调住宅权的整体性也仍然是本书秉持的一个重要观点。

该条给出了人权的一个权威定义，即人权是人生而具有的不可剥夺的权利。《世界人权宣言》不仅规定了住宅权中最具争议的部分，即后来体现在《经济、社会、文化权利国际公约》第 11 条中的适足住房权，而且也规定了住宅权权利束中的其他自由和权利。这些自由和权利后来被分别规定在《公民权利和政治权利国际公约》和《经济、社会、文化权利国际公约》两个人权公约中。相关国际人权机构和人权学者不断强调应当将这些不同性质的权利视为一个整体来对待。因此，住宅权在整体上具有人权和基本权利的属性几乎已经成为国际人权学界的主流观点。

本书用较大的篇幅非常详细地列举了住宅权在国际人权法律文件的渊源。从中我们不难得出这样的结论，那就是住宅权，或者说组成住宅权权利束中的大多数权利已经成为一种现有权利，即法律意义上的权利或有法律根据的权利，也就是所谓法定权利。即便是住宅权权利束中最具争议的部分——获得适足住宅的权利在一些国家的宪法和法律以及司法实践中也已经逐渐取得了越来越坚实的法律依据。[1] 20 世纪以来，住宅权理论和实践的发展过程，同时也是住宅权不断法定化的过程。虽然住宅权法定化的进展在各国并不完全相同，但是住宅权权利束中的不同权利的法定化程度也存在差异。在包括中国在内的很多国家，住宅权的内容并没有完全得到宪法和法律的确认。例如，基本上所有国家的宪法中都规定了住宅自由权，但其中只有部分国家的宪法中同时规定了获得适足住房的权利。将国际社会和住宅权都作为一个整体考察，我们仍然可以得出住宅权是一种法定权利，或者至少已经是一种法定化程度较高的权利。[2]

然而即便在论证了住宅权已经成为一种法定（化）的权利之后，认识住宅权具有本源性习惯权利的属性仍然是非常有必要的。所谓本源性权利，是指原初状态的权利，又称应有权利，或习惯权利。"权利的最初形态就是'应有权利'或习惯权利，即人们基于一定的社会物质生活条件

---

① 其中最具代表性的立法当属法国 2007 年 1 月 17 日《住宅法》，根据该法所规定的"可抗辩的住宅权"，个人不仅可以要求获得住房，而且在政府未能满足其需求时可以获得司法救济。

② 国内许多学者都认为住宅权属于我国宪法上一项未列举的基本权利，可以通过对宪法文本的解释得到证立。孙凌：《论住宅权在我国宪法规范上的证立——以未列举宪法权利证立的论据、规范与方法为思路》，《法制与社会发展》2009 年第 5 期，第 136~142 页。

而产生的权利要求，或公民作为社会主体在现实条件下和可以预见的范围内应当具有的一切权利。"① "它是特定社会的人们基于一定的社会物质生活条件和文化传统而产生的权利需要和权力要求，是主体认为或被承认应当享有的权利。"② 本源性权利是人的生存和发展的基本价值需要，是人的价值的集中体现或载体，是人作为社会主体的价值确证方式，是主体资格的权能表现，它反映了主体的不可遏止的权利需要和权利本能感。③ 从上述学者们对于习惯权利的定义中，不难看出，所谓的"应有权利"并不是什么其他的东西，它就是生活世界中人的本原的需求，包括生存、生理需要和对于尊严的精神需求，所有这些需要的具体社会形式就是利益。

Scott Leckie 在 1992 年出版了其关于国际人权法中的适足住宅权的研究报告，其标题为"从住宅需要到住宅权"。④ 这一标题以非常简洁的表达说明了住宅权的应有形态（习惯权利）和住宅权的现有形态（法定权利）之间的关系。正如马克思所言："立法者应该把自己看做一个自然科学家。他不是制造法律，不是发明法律，而仅仅是在表述法律，他把精神关系的内在规律表现在有意识的现行法律之中。"⑤ 基于同样的逻辑，也可以说无论研究住宅权的法学家，还是住宅立法和政策的制定者，他们在构建住宅权的法定权利时，不是在创设权利，不是在发明权利，而仅仅是用权利的话语表述他们在生活世界中发现的个人之于住宅的需求和利益。这些利益是客观存在的，但传统的权利理论认为，只有证明这些利益的正当性，住宅权才能成为一种应有的权利。对此，《世界人权宣言》等国际人权法律文件给出了一种非常简洁而又有力的证明。《世界人权宣言》第 22 条规定：

> 每个人，作为社会的一员，有权享受社会保障，并有权享受他的个人尊严和人格的自由发展所必需的经济、社会和文化方面各种权利

---

① 吕世伦、文正邦主编《法哲学论》，中国人民大学出版社，1999，第 550 页。
② 张文显：《法哲学范畴研究》（修订版），中国政法大学出版社，2001，第 311 页。
③ 公丕祥：《合法性问题：权利概念的法哲学思考》，《社会科学战线》1992 年第 3 期。
④ Scott Leckie, From Housing Needs to Housing Rights: An Analysis of the Right to Adequate Housing under International Human Rights Law, 1992 - IIED.
⑤ 马克思：《论离婚法草案》，载《马克思恩格斯全集》第 1 卷，人民出版社，1956，第 183 页。

的实现，这种实现是通过国家努力和国际合作并依照各国的组织和资源情况。

上述文本中的"个人尊严和人格的自由发展"的短语在宣言的序言和其他条款中也不止一次出现，并被此后的国际法律文件一再重述。在这一短语中包含了作为人权的三个必要因素。英国人权学者詹姆斯·格里芬将其概括为自主性（人格）、最低限度供给和自由。[1] 缺乏适当的住宅将削弱或剥夺处于此类困境中的人们的可行能力，不仅危及他们的自由，无疑还将减损他们作为人的尊严。因此，人类对于住宅的权利是个人保有个人尊严和人格的自由发展所必需的应有权利，人的住宅需求和居住利益就是应有形态或者说作为习惯权利的住宅权。这一结论并不因这些权利具有法律依据而发生变化。

虽然为了避免因诉诸渊源于不同文化的政治哲学而引起争议，但《世界人权宣言》没有诉诸西方政治哲学传统中的自然权利理论，而是将普遍权利的判断标准归结为每个人都被赋予自由和平等的尊严，或者说人人充分享有固有的自由的尊严平等。这一标准虽然简单但至关重要。以此为基础"来自不同宗教、道德传统和意识形态背景的代表们据此就人权达成的不仅是一个政治上的妥协协议，而且是一个非排他性的、稳定的道德性协议"[2]。虽然宣言本身并不具有条约的法律约束力，但这一建立在世界各国多元文化和普遍共识基础上的协议为宣言中所列举的各项权利，包括本书所讨论的住宅权提供了道德和习惯力量的支持。

发现住宅权是一种习惯权利的另一个重大的意义在于否定或质疑住宅权的学者不能再以宪法、法律中没有规定为由否定住宅权的权利性质。在

---

[1] 格里芬认为人是具有能动性的主体，为了成为具有能动性的行动者，一个人必须首先自主地选择自己的生活途径，或者说具有独立的人格；其次，个人必须拥有行动的能力，这就要求个人需要在资源和能力方面享有最低限度的供给；最后，个人的选择和行动应当免受他人的干涉。〔英〕詹姆斯·格里芬：《论人权》，徐向东、刘明译，译林出版社，2015，第39～40页。

[2] 〔瑞典〕格德门德尔·阿尔弗雷德松、〔挪威〕阿斯布佐恩·艾德编《〈世界人权宣言〉：努力实现的共同标准》，中国人权研究会组织翻译，四川人民出版社，1999，第64～65页。

习惯权利和法定权利之间的关系中，习惯权利具有优先性。这种优先性表现在以下层面。首先，习惯权利先于法定权利而存在。习惯权利只是一种制度事实，由约定俗成的生活规则支撑。① 它不是由法律授予的，也不能被实在法所剥夺或取消。其次，习惯权利是法定权利的本源。习惯权利是社会主体在一定社会条件下形成的直接权利要求，它直接源于社会经济生活关系，体现了一种客观必然性，是人的需求与现实社会条件的统一。而法定权利体现了立法者的主观意志。不同立场的立法者在设定法定权利时会有意地对不同的利益加以选择，带有主观的偶然性。与现实社会条件完全符合的权利可能由于立法者的偏见而不能成为法定的权利，而不具备现实社会条件的权利，反而会因为立法者的偏好而成为法定的权利。在前一种情况下，法律对权利的保障和实现是不充分的，而在后一种情况下，超出了既定的社会历史条件的限度权利注定只能停留在纸面上，无法成为现实生活中的实有权利。因此，习惯权利对于法定权利具有决定性的本体意义。② 最后，习惯权利是法定权利的批判尺度和发展质料。一方面由于法律相对于社会生活发展的滞后性，法定权利往往形成一个封闭的静态的体系，但生活中的习惯权利本身仍然保持着它随着社会生活发展变化而不断嬗变的原初形态，在不断被系统化和规则化的同时，又不断抵制着法律对它的系统化和规则化。③ 社会生活的发展变化使得习惯权利具有动态性的特征，立法者只有不断将习惯权利上升为法定权利，才能使法律对于权利的保障适应社会生活的发展变化。

第二节 住宅权具有财产和人格权双重属性

由于住宅权的主要载体——住房具有强烈的财产属性，许多学者仍然倾向于将住宅权理解为一种财产权。但传统的财产权显然无法涵盖住宅权所保障的人格利益。一些学者注意到了"财产权的二分法"，认为可以将

---

① 夏勇：《人权概念起源——权利的历史哲学》，中国政法大学出版社，2001，第16页。
② 夏锦文主编《法哲学关键词》，江苏人民出版社，2012，第20页。
③ 包振宇：《直面生活世界中的居住需求——整体性权利视野中的住宅租赁权》，《云南大学学报》（法学版）2011年第3期，第39~44页。

传统财产法中抽象的财产权具体化为不同性质的类型而分别给予不同程度的法律保护。如霍布豪斯将财产分为为使用目的的财产和为权力目的的财产。前者是个人实现自我人格的基础，而后者"通过物形成对人的支配"会导致对人的自由的剥夺和人格的损害。在他看来只有前者才有资格享有财产权神圣不可侵犯的传统地位。[①] 美国拉丹则认为应当根据与人格利益关系的密切程度将财产权分为可替代性财产权和人格财产权，与人格利益关系越密切，权利受到的保护就应当越严格。[②] 在拉丹的理论中，住宅租赁权由于与承租人的人格利益关系紧密属于"作为人格财产权的租赁权"，而出租人的住宅所有权在大多数情况下属于可替代性财产权，因此前者应受到更加严格的保护。

　　我国民法学界也有学者提出具有人格利益财产的概念，但在相关研究中没有明确提及住宅。从人格利益财产的内涵判断，住宅毫无疑问应属于具有人格利益的财产权。[③] 不难发现，提出人格财产权的学者所关注的并不是附着于物或住宅之上的财产权，而是通过住宅所实现的生活及其尊严和人格展现中的人格利益。[④] 在这里更需要关注的并非人之于物的关系，而是承租人本身及其和他人的关系。正是基于此，一些学者着眼于财产上体现的人与人之间的关系，提出了财产的社会关系（property as social relations）本质。[⑤] 在他们

---

① L. T. Hobhouse, "The Nationalism Evolution of Property, in Fact and in Idea," 载〔英〕霍布豪斯《自由主义及其他著作》（英文影印本），〔美〕吉尔德仁编译，中国政法大学出版社，2003。

② Radin, *Property and personhood*, 34 Stan. L. Rev. 957（1982）.

③ 例如易继明、周琼提出财产与人格的相互关系由两个方面形成：一是本身为"身外之物"（外在物）的内化，即象征人格或寄托情感；二是本身为人身的东西的外化，即财产直接源于人的身体或智慧。本书据此提出四类具有人格利益的财产，即具有人格象征意义的财产、寄托特定人情感的财产、源于特定人的身体的财产和源于特定人智慧的知识产权。易继明、周琼：《论具有人格利益的财产》，《法学研究》2008 年第 1 期，第 3~16 页。住宅作为人格的象征和情感的寄托，显然应属于人格财产。而住宅承载的人格利益不仅是象征和寄托，它还为个人和家庭人格的自由提供庇护，并为人格的充分发展提供空间。

④ 〔德〕罗尔夫·克尼佩尔：《法律与历史——论〈德国民法典〉的形成与变迁》，朱岩译，法律出版社，2003，第 275 页。

⑤ 这些学者包括 Flix S Cohen，Robert L. Hale，Duncan Kennedy，Joseph William Singer 等人。有关这一学说的主要观点可参见 Stephen R. Munzer，"Property as Social Relations," New Essays in the Legal and Political Theory of Property（影印本），中国政法大学出版社，2003，第 36 页。

看来所有权或财产权的泛化并没有在根本上改变人们之间现实社会关系的强弱对比，处于优势经济和社会地位的出租人拥有强制性的权力（coercion），这种专断权力的存在使得承租人借助财产权"展现并自我负责地塑造其生活"的努力势必遭受挫折。通过保护个人财产权满足人的生存需要和人格尊严的传统的私法立法模式受到了挑战。法律不得不积极地干预现实中不平等的社会经济关系，以为住宅消费者实现其对住宅的非财产性的人格利益提供直接的保障。

然而，人格财产权究其本质仍然是一种财产权，权利人人格利益的保障与实现仍然以其享有财产权为前提。人格财产权相对于一般财产权的优越地位是源自现代权利理论中人身权相对于财产权的优先价值。在法的秩序价值中，各种权利的位阶存在差异，解决不同性质权利相互冲突的原则也不相同。有学者指出财产权之间的相互冲突的解决应当坚持效益最大化优先的原则，实现建立在效率基础上的社会正义。而在财产权利和人身权利的冲突中则应当优先保护人身权，因为"在世界上，人是万物之灵，人是目的。在人的权利体系中，人身权优于财产权"[1]。在现代法律中，财产权占据绝对优势地位的衰弱十分明显，而人的生存权和尊严的地位在法律价值体系中日渐提升："过去是财产的高价值，人的低价值，现在是财产的低价值，人的高价值。"[2] 随着资本主义社会将住宅等空间要素完全作为资本性质的生产资料进行"空间生产"的弊端日益为人们所警惕，现代人权法中的住宅权已经不再以财产为其权利构造的重心，而是更加强调对于住宅承载的人格利益的平衡保障。住宅权的人格权属性不断彰显，人格而非财产成为表征住宅权社会意义的核心范畴。

当然，在私有制社会中，住宅的财产属性是无法否认的，对于大多数人来说，住宅仍然是个人和家庭最为重要的一项财产，通过取得住宅财产权满足个人和家庭的居住需求仍然是大部分居民的选择。正如金俭所言，从公法意义上理解，住宅权是指住宅人权，即住宅权是每一个公民维持其生存必需的基本权利；从私法意义上理解，住宅权是指公民的住宅所有权以及与住宅

---

[1]　杨春福：《权利法哲学研究导论》，南京大学出版社，2000，第180页。

[2]　〔美〕伯纳德·施瓦茨：《美国法律史》，王军等译，中国政法大学出版社，1990，第306～309页。

所有权有关的其他财产权利。① 住宅权具有财产和人格的双重属性。

第三节　住宅权具有公、私权利的双重属性

住宅权是一种法定化的习惯权利，法定化虽然并非其实现的唯一形式，但在法治社会，法律毫无疑问是权利实现的最为重要的形式。马克思早就发现了这一点，他指出：

> 在普遍法律占统治地位的情况下，合理的习惯权利不过是一种由法律规定为权利的习惯，因为权利并不因为已被确认为法律而不再是习惯。它不再仅仅是习惯。……恰恰相反，习惯成为合理的是因为权利已变成法律，习惯已成为国家的习惯。……因此，习惯权利作为和法定权利同时存在的一个特殊领域，只有在和法律同时并存，而习惯是法定权利的前身的场合才是合理的。②

可见，法律权利是对习惯权利的确认，住宅权只有实现法定化，才能从一种道德上或观念层面的应有权利，转变为一种法律上或制度层面的现有权利，并借助法律的实施，最终成为一种结果上或事实层面的实有权利。因此，住宅权的法定化对于住宅权的实现具有十分重要的意义。《经济、社会、文化权利国际公约》第2条第1款中强调缔约国应当尽最大能力"采取步骤，以便用一切适当方法，尤其包括用立法方法，逐渐达到本公约中所承认的权利的充分实现"。在联合国经社文权利委员会关于缔约国义务的性质的第3号一般性意见中指出虽然立法绝不是缔约国义务的终点，但"在许多情况下，立法是特别需要的，在有些情况下可能甚至是必不可少的"③。住宅权在国际社会最初是作为一种普遍人权和宪法上的基本权利被

① 金俭：《中国住宅法研究》，法律出版社，2004，第54~55页。
② 马克思：《第六届莱茵省议会的辩论（第三篇论文）：关于林木盗窃法的辩论》，载《马克思恩格斯全集》第1卷，人民出版社，1956，第143~144页。
③ CESCR General Comment No. 3: The Nature of States Parties' Obligations (Art. 2, Para. 1, of the Covenant), UN Doc. E/1991/23, para. 3.

提出的，因此许多学者在讨论住宅权的法律保障问题时，会首先关注住宅权的宪法保障。① 但人们很快就会发现，住宅权虽然已经被写入国际人权公约和许多国家的宪法，但这仍不足以实现保障公民住宅权的目标。有些学者虽然承认住宅权是国际人权公约和宪法规定的一项基本人权，但坚持认为住宅权并不是一项具体的权利。如果只把住宅权作为一种国际人权公约和宪法中的背景性、抽象性和纲领性的权利，那么权利人又怎么能通过法律的实施来满足其具体的居住需求和住宅权利呢？ 因此越来越多的研究者开始注意到住房法、物权法、租赁法等具体法律制度的规定和落实对于住宅权实现的重要意义。只有在公、私法律制度中普遍承认住宅权，通过建立保护住宅权利的具体的法律制度体系，赋予住宅权以具体的实体和程序内涵，才能有效推动住宅权从一种应有权利全面转化为法定权利，并真正成为一种实有权利。在传统权利理论的巴别塔前，生活世界中的许多居住需求和利益无法转化为权利话语而不能被法律认可，有限的法定权利的话语也分裂为两个被认为是截然不同的体系——公权利（公法上的基本人权）和私权利（私法上的民事权利）。② 然而，这两套话语对个人及其家庭的居住需求的表达却都出现了不同程度的失语症状。无论哪一种权利话语都无法全面和精确地涵摄承租人的居住需求。传统的人权话语在表达承租人的居住需求时过于抽象，以致在权利的具体落实，特别是司法救济方面屡屡遭遇窘境。这就使得承租人的居住需求更多地要诉诸民事权利，特别是以财产权来得到满足。但以民事法律中的财产权为代表的传统私权对承租人居住需求的表达又失之于狭隘。前者引发了对宪法司法化基本权利的私法

① 在联合国经济、社会和文化权利委员会关于适足住房权的第 4 号一般性意见中指出："在一些国家内，适足住房权已经在宪法中获得了牢固的地位。在这样的情况下，委员会特别感兴趣地了解了这一做法的法律和实际意义。"CESCR, General Comment No. 4: On the Right to Adequate Housing, UN Doc. E/1992/23, para. 16. 在该意见中，联合国经济、社会和文化权利委员会并没有特别指出住宅权入宪的重要性。

② 巴别塔的故事见圣经旧约创世纪第 11 章，大意是当时的人类联合起来兴建一座塔顶通天的高塔。为了阻止人类的计划，耶和华让人类的语言彼此不通，使人类相互之间不能沟通，计划因此失败，人类自此各散东西。这座通天塔就是巴别塔（Tower of Babel），babel 在英语中是混乱、嘈杂的意思。本书认为作为整体的居住利益在法律上被人为地区分为不同性质的权利，因为权利话语区隔导致住宅权不能得到充分的保障和实现的现象称为权利的巴别塔。参见包振宇《直面生活世界中的居住需求——整体性权利视野中的住宅租赁权》，《云南大学学报》（法学版）2011 年第 3 期，第 39~44 页。

适用的理论探讨，而民法等私法部门的社会化趋向则是对后者的理论回应。

　　这种权利话语的区隔现象，其实是法律世界中权利和生活世界中的需求（利益）相互分离的产物。而这种分离是由存在于西方哲学根源中的逻各斯中心主义带来的。事实上，生活世界是一个整体，在生活世界中，利益具有其原初的整体性。这意味着利益是人的全部存在和感觉的反映，包含了人的所有意向、志趣和追求。作为生活世界中人类需求和利益反映的权利也应当是一个整体。特别是作为基本权利的住宅权，更是普遍、不可分割、相互依存和相互联系的。从这种非本质的思维方式出发，并在直面人的居住需求和利益的基础上，将住宅权限定为公权利或私权利的观点都是狭隘的，必须承认住宅权是一种具有公、私权利双重属性的复合权利，它是个人及其家庭享有的公权利，也是一种私权利。在国内最早关注住宅权问题的学者中，有许多从事民商法研究的学者。同研究人权法和公法的学者相比，他们对住宅权的认识从一开始就没有受到传统权利类型理论的桎梏，而部门法的知识背景，又使他们对于财产权、人格权、隐私权等民事权利对于住宅权保障和实现的功能有较为深刻的理解。他们认为住宅权作为一种综合的权利，具有公法权利和私法权利的双重属性。

　　虽然仍然缺少进一步的理论论证，但公私法权利双重性质说揭示了一条认识住宅权的多重权利属性的正确路径。相对于将住宅权权利性质局限在人权甚至是社会权、生存权的范畴，这无疑是一种更加全面和科学的认识。许多国内学者的研究都受到公私法权利双重性质说的影响，但多数只是将其作为具体研究展开的一个框架，缺乏对这一学说的进一步论证和发展。① 本书对于住宅权权利性质的探讨正是在继受公私法权利双重性质说的基础上展开的。

---

①　如杜芳博士认为公民享有的住房权包括民法上的住房权与宪法上的住房权。宪法上的住房权分为积极住房权和消极住房权。前者是指公民在一定条件下所享有的要求政府为其提供符合人格尊严的住房的受益权。后者是指公民享有的对抗政府随意进入的权利，包括住房安宁权、住房隐私权、住房财产权等。杜芳：《我国公民住房权的司法保障研究》，中国出版集团、世界图书出版社，2013，第12~19页。

　　公权利和私权利都是个人享有的权利。前者是指个人可以对抗国家，制约公权力或对公权力提出主张的权利。与此相对应，私权利则是指个人可以对抗其他私主体或向其他私主体提出主张的权利。虽然公权利通常由公法规定，而私权利通常由私法规定，但区分公、私权利的最本质的标准是权利的义务主体的类型。[①] 相对于"公法上的权利"和"私法上的权利"，公、私权利的概念能够更准确地界定住宅权的权利性质。实际上，公法和私法的划分本身就具有相对性和局限性："公法和私法同样是法，在规范人与人间的意思及利益之点是具有共同的性质的。所以若极端地把两者区分，实不免谬误。"[②] 住宅法、社会保障法等法律就无法被简单地划分到公法或私法的范畴，以至于有学者提出了"第三法域"的概念，认为住宅法、住房保障法等住宅方面的法律属于社会法，其中规定的住宅权利属于社会权。"第三法域"和社会法的概念准确地揭示了公法和私法并不是截然分立的两个平行体系，但认为社会法在公法、私法之外另行构成了一个独立的第三法域，则有可能进一步加剧而不是缓和上文提出的权利区隔的现状。日本学者美浓部达吉早就指出社会法不过是"将公法和私法结合于同一的规定中而已，并不是在公法和私法之外另行构成第三区

[①] 我国学者对于区分公、私权利的标准存在不同观点。史尚宽先生认为区分两者的标准是权利的利益内容，以政府生活上之利益为内容者为公权利，以社会生活之利益为内容者为私权利。张文显认为公权利是人民在政治领域和社会公共事务方面的权利，私权利是人们在经济领域和民间的和私人的事务方面的权利。王涌认为区分公、私权利的标准有形式和实质之分。形式上的区分，所谓公权是公法上规定的，对抗国家和政府的权利，而私权是私法上规定的赋予私人的对抗其他私人的权利。实质上区分，所谓公权是保护国家利益和公共利益而设定的权利，而私权是为了保护私人利益而非国家利益或公共利益所设定的权利。参见上官丕亮《论公法与公权利》，《上海政法学院学报》（法治论丛）2007 年第 3 期，第 66~73 页。笔者认为由于私人利益和公共利益的界分本就模糊而困难，以利益保护的利益内容来区分公、私权利，不利于取得明确的认识。实际上就住宅权而言，无论是公权利还是私权利，其所保护的首先都是个人和家庭的居住利益。以涉及事务的性质作为划分标准同样过于模糊。而认为公权利就是公法上规定的权利，私权利就是私法上规定的权利更是一种过于简单化的划分。本书对住宅自由权、住宅财产权展开的分析表明，宪法等公法中设定的权利也会以保障私人利益为内容的私权利，而住宅法、物权法等法律中也会规定以保护公共利益为内容的公权利。相对于其他标准，以权利的义务主体为标准划分公、私权利是较为明确和合理的。

[②] 〔日〕美浓部达吉：《公法与私法》，黄冯明译，中国政法大学出版社，2003，第 72 页。

域"①。而社会法所规定的权利同样具有公权利和私权利的混合属性，且其内涵并未超出公、私权利的范畴。因此本书没有使用公法上的权利和私法上的权利的概念，住宅权的公权利属性表明住宅权的权利主体拥有不受国家干涉的实现其居住需要和利益的人身自由和经济自由，同时有权向国家提出提供保障其居住需求的物质和制度条件的主张和要求。住宅权的私权利属性表明住宅权并不是一种完全依赖国家义务的履行而实现的权利，个人充分享有和实现参与社会生活的私法权利，包括人格权、财产权、缔约自由等，对于其住宅权的实现具有至少是同样重要的意义，住宅权的私权利属性还表明不仅国家和政府，而且公民个人、法人和相关社会组织等私主体同样也负有保障住宅权实现的义务。②

需要强调的是，本书指出住宅权具有公、私权利的双重属性，并不是要将构成住宅权的权利束分为公权利和私权利两个分立的体系，而是指住宅权利作为一个整体同时具有公权利和私权利的属性。正如美浓部达吉所言："某单一的权利亦不是非专属于公法或私法之一方可，专属于公法或私法之一方，并非权利之必然的性质。单一的权利亦可以有两重的性质——一方面为私权而同时又为公权。""就私人所有的权利方面来看，单一的权利亦可一面对抗其他一般私人，同时又可对抗国家；当其为对其他一般私人的权利时，具有私权的性质；而当其为对国家的权利时，却具有公权的性质。"③

以我国宪法为例，住宅不受侵犯，或者说住宅自由权是住宅权权利束中一项重要的法定权利。我国宪法第三十九条规定："中华人民共和国公民的住宅不受侵犯。禁止非法搜查或者非法侵入公民的住宅。"宪法文本中并未限定公民的住宅不受来自哪一方面的侵犯，从逻辑上说该条所保护的公民住宅自由权不受来自任何主体的侵犯，不仅是针对国家公权力的非法搜查和侵入，而且保护公民的住宅不受其他公民或私法主

---

① 〔日〕美浓部达吉：《公法与私法》，黄冯明译，中国政法大学出版社，2003，第39~41页。
② 对于住宅权的义务主体的讨论参见本书的相关章节。
③ 〔日〕美浓部达吉：《公法与私法》，黄冯明译，中国政法大学出版社，2003。

体的非法侵入。① 美浓部达吉认为："此等所谓自由权都被认为人民的重要公权，这种权利不外是所谓人格权。而宪法上所保障的，亦不外是表现于对抗国家权力那方面的人格权而已。私法学者所谓人格权和公法学者所谓自由权，并不是两个各别的权利，那不过是单一的权利在对一般人时、对国家时所表现的差异，即不外同一的权利兼备私权和公权的两方面，而普通惯称其公权方面为自由权而已。"②

许多学者将公民对住宅的所有权和其他财产权利划分为私法上的住宅权。但公民对住房的财产权同样是我国宪法中设定的一项重要权利，我国宪法第十三条明确规定："公民的合法的私有财产不受侵犯。"虽然私有财产权入宪的意义在于强调财产权免受国家权力的侵害和限制，但从宪法文本的字面含义来看，该条所保护的公民的财产权同样并未限定在对抗国家，逻辑上来说该条规定同样也针对个人和其他私法主体。而公民住宅财产权的取得乃是依据《物权法》等民事法律规定，这些规定同样也产生对抗国家的效力。实际上，在法律史的视野中划分公法和私法的一个重要原因就是市民社会的崛起，在政治国家之外产生了一个独立的私的领域，在这一领域贯彻私法自治的原理，本身就有对抗国家，使市民社会免受政治国家干预的意义。因此，无论公法中的住宅财产权，还是私法中的住宅权同样都具有公私权利的二重属性。实际上，正如美浓部达吉所言"所谓公法方面的所有权，并不是在私权的所有权之外另有一权利，不过是单一的所有权并含私权和公权的要素，一面得对抗私人，同时又得对抗国家而已。"③

虽然权利保障的利益是私人利益还是公共利益并非区分公权利和私权利的标准，但可以据此将权利划分为私益权利和公益权利。无论公权利属

---

① 我国刑法第 245 条被认为渊源于宪法第 39 条，是对公民住宅自由权的刑法保障。该条规定："非法搜查他人身体、住宅，或者非法侵入他人住宅的，处三年以下有期徒刑或者拘役。司法工作人员滥用职权，犯前款罪的，从重处罚。"该条规定的非法搜查罪和非法侵入住宅罪的主体均为一般主体，凡达到刑事责任年龄且具备刑事责任能力的自然人均能构成本罪，无论其是不是有搜查权的侦查人员。据此我们也可以得出该条所保护的住宅自由权既是针对国家的公权利，也是针对其他公民的私权利。

② 〔日〕美浓部达吉：《公法与私法》，黄冯明译，中国政法大学出版社，2003。

③ 〔日〕美浓部达吉：《公法与私法》，黄冯明译，中国政法大学出版社，2003。

性的住宅权，还是私权利属性的住宅权均属于个人享有之权利，其设定的目的首先在于保障个人私益。然而，住宅上所承载的个人利益具有很强的外部性特征。个人住宅利益的实现将增进整个社会的福利水平，而个人丧失这些利益所产生的外部性效果势必将由社会承担。因此在住宅关系中还存在广泛的社会公共利益。这就决定了住宅权不仅是一种私益性的权利，还具有明显的公益属性。

公益和私益之间并不具有一种相互对立和冲突的关系，而是相互补充、相互促进的关系。我国台湾学者陈新民在论述公共利益的概念时，引述了德国学者莱斯纳关于公、私益关系的观点。在莱斯纳看来，公益是由多数人的私益形成的，并不绝对地排斥私益。基于民主原则，不确定多数人之利益可经由法律规定构成公益。此外，具有某些性质的私益，就等于公益。这种特别性质的私益就是指个人的生命及健康方面的私人利益，这些涉及生存保障的私益，国家负有危险排除的义务。也就是说，保障私人的生命、财产及健康就是公共利益的需求，对这些私益的保护就符合公益。陈新民赞同莱斯纳的上述见解，认为立法者基于福利国和法治国的原则，对于社会中经济地位上的弱者采取积极的福利政策，依据宪法和法律规定的实体规则和程序所决定的利益，不必基于民主原则认定其为大多数人的私益，即可以将其列入公益的范畴。[①] 住宅权所代表的正是这样一种利益，因为住宅无论对于人的生存、财产还是健康，均具有不可或缺的重要价值。而依据另一位德国公法学者克莱德的观点，公益是追求公益受益者的福利，因此公益的判断标准在量的方面是指受益者的数量，而在质的方面是指受益者生活需要的强度。[②] 根据上述标准，在量的方面，因为每一个人都有居住的需求，所以住宅权的受益者是所有人，最为普遍；在质的方面，住宅作为人类生活基本要素（衣、食、住等）之一，住宅利益在公益中是最重要的，因为生命总须依赖物资，相对非物资要素，生活对于住宅的需要强度更高，特别是在那些已经解决了基本温饱问题的社会。另一位德国学者拉伦茨则将人民的生存权及人类尊严视为公益最高的价值

---

① 陈新民：《德国公法学基础理论》，山东人民出版社，2001，第200~201页。
② 陈新民：《德国公法学基础理论》，山东人民出版社，2001，第202~204页。

标准。住宅作为人类生存不可或缺的基本条件和人类自由和尊严的庇护所，在其之上所承载的公共利益无疑具有较高的价值。

现代社会各国住宅事务的公共性也决定了住宅权是一种具有公益属性的权利。在各国城市和乡村，个人居住需求的实现日益依赖政府专业的规划和建筑方案的决策和实施，依赖于大规模的环境规划和基础设施建设项目。受到这些措施影响的对象并不局限于个人，而这些措施会影响到一定范围内的不特定的多数人。在这种情况下，个人无法通过单独的行为来实现其对住宅权的主张，住宅权必须通过多数人的共同主张才能达到目的。

住宅权的公益属性在一些国际组织和国家基于住宅权的诉权设置上有着较为明显的体现。例如，欧洲社会权利委员会对于住宅权等经济、社会、文化权利设置了集体申诉制度，受理符合条件的国际和国内非政府组织或团体针对受到委员会认可的具有特别能力的事项提出的申诉。而印度类似我国公益诉讼的"社会行动诉讼"，允许与案件无直接利害关系的公众人士参与涉及住宅问题的诉讼。一般的住宅权利侵权诉讼是住宅权益受到他人侵害的个人以自己名义提起的自益性诉讼，其目的是维护原告自身的合法权益。而欧洲社会权利委员会的集体申诉制度和印度的"社会行动诉讼"在性质上属于公益诉讼。公益诉讼的目的不是维护提起诉讼者本人的个人权利或利益，而是以促进公共利益的实现为目标。根据诉讼法原理，自益性诉讼的原告应当与案件有利害关系。但公益诉讼的目的并不局限于个案的救济，而是督促政府或相关责任主体履行促进公共利益的职责或法定义务，判决的效力也不局限于诉讼当事人。

第四节　住宅权是兼具多重权能的整体权利

一种对于住宅权性质的广泛的误解是基于"自由权-社会权"的权利两分法，认为住宅权是一种典型的社会权。在我国，许多学者，特别是从事理论法学和公法学研究的学者从人权视角研究住宅权时，往往将住宅权局限在社会权或生存权的范畴。这表明建立在传统的人权二分法或权利代际划分理论基础上的对住宅权权利性质的界定在我国学界仍然具有相当的影响。持这种观点的学者虽然认识到住宅权是一种人权和基本权利，但不能认识到住宅权作为人权的整体性和不可分性，从而不可避免地在对住宅权的主体、内容和义务人等基本问题的认识上产生了偏差。

在西方政治哲学史上，著名自由主义学者伯林关于消极自由和积极自由两种概念的理论被认为是对自由权-社会权两分法的最为经典的哲学诠释。① 在伯林的理论中，消极自由被认为是一种免受外界干涉的自由，而积极自由则是个人追求生活自主的权利。据此，公民权利和政治权利被认为属于消极权利，这些权利的实现首先要求免受国家和其他主体的干涉。经济、社会和文化权利则被划归积极权利的范畴，因为这些权利的实现需要国家履行积极作为的义务。建立在消极自由和积极自由基础上的"自由权-社会权"两分法对于我们认识住宅权的多重属性似乎仍然具备相当的解释力，在早期的人权体系中，迁徙和居住自由以及住宅不受侵犯一直就是构成自由权的重要内容，国家似乎只需要消极的不作为就已经足以保证这些权利的实现。而获得适足住房的权利则超出了消极自由的范畴，需要国家为了保障人民拥有住宅而提供相应给付的义务，属于典型的积极权利。而"自由权-社会权"的分类方法也反映了住宅权立法当前在国际人权法和比较宪法中的实际状况。在国际人权法中，上述有关住宅的权利被分别规定在《公民权利和政治权利国际公约》和《经济、社会、文化权利国际公约》两个公约中。由于现代人权法中的住宅权（housing rights）的概念首先渊源于《经济、社会、文化权利国际公约》第 11 条第 1 款关于生活水准权的规定，这成为主张住宅权是一种社会权的一个重要论据。在宪法中规定住宅权的国家中，也有许多将住宅权分为住宅自由和社会、

---

① 伯林在其发表于 1958 年的题为"两种自由概念"的著名演说中，区分了消极自由和积极自由。所谓消极自由，是指一个人能够不受他人阻碍的行动的自由，即主体在没有他人或团体干涉其行动的程度之内是自由的。用伯林的话来讲，消极自由的含义蕴含在这样一个问题的答案之中，即"什么是主体的范围？在该范围内，留给或应该留给主体——人或团体——去做或成为他能够做或者能够成为的事或人，而不受其他人的干涉"；所谓积极自由的含义源于个人要成为他自己主人的愿望，我希望依靠我自己而生活，而做出决定，不依靠任何一种外部力量。在伯林看来，积极自由回答了"什么或谁，是控制或干涉的源泉，且能决定某人去做某事或成为某种人而不是他者？"的问题。这两个问题显然是不同的，即使对它们的回答可能有重复之处。参见〔美〕伯林《两种自由概念》，郑永年译，《现代外国哲学社会科学文摘》1987 年第 7 期，第 19~22 页。

经济权利，并分别在不同条款中加以规定。① 住宅权被区分为两种不同性质的权利：消极权利属性的住宅自由权和积极权利属性的住宅社会权（见图3-1）。然而，如前文所述，住宅权是直观地反映个人和家庭居住需要和住宅利益的一种整体性的权利，构成住宅权权利束的任何组成部分均无法脱离其他部分而单独得到充分的实现。而将住宅权划分为住宅自由权和住宅社会权会带来这样一种错误的认识，即似乎住宅权权利束中的某些部分——主要是指"住宅自由权"可以独立于其他部分而先行得到法律的承认，从而单独得以实现，法律对住宅社会权的忽视或保障的不足并不会对住宅自由权的保障产生负面的影响。如果这是真的，那么联合国经济、社会和文化权利委员会所一直主张的关于住宅权的整体性概念在逻辑上非但没有必要，也无从得以证立。因为住宅权完全可以被分为具体的不同性质的权利来分别进行讨论，立法者也可以基于自己的主观偏好对这些权利进行选择性的保障。

图 3-1 住宅权的两分法

因此，虽然自由权-社会权两分法仍然具有一定解释力，但实际上包括住宅权在内的基本权利均呈现综合性的特征，不同权利对应的权利义务也表现出复合化的特征。② 传统的通过概念抽象和内涵区别方法所形成的种属式的权利分类方式已经无法解释不同权利间相互叠加形成一个整体的复合化特征。

一方面，按照传统观点，住宅自由权对应的是国家和其他义务主体的消极义务，也就是说国家等义务主体只需要消极的不作为就足以保证住宅自由权的实现。但实际上，离开了国家和其他义务主体对其积极义务的履

---

① 例如《俄罗斯宪法》第25条规定："住宅不受侵犯。"第40条规定："每一个人皆有获得适当的住房的权利。"

② 张翔：《基本权利的受益权功能与国家的给付义务——从基本权利分析框架的革新开始》，《中国法学》2006年第1期，第21~36页。

行，住宅自由权可能完全无法得到实现。住宅不受侵犯权通常被看作典型的消极权利，正如"风能进、雨能进，国王不能进"，住宅成为个人和家庭对抗公权力的堡垒。然而，要确保住宅自由不被侵犯，公权力不仅要自我克制，消极地避免侵犯住宅划定的私人空间，还需要国家为权利人提供基本的社会治安保障。在一个社会秩序丧失、暴力犯罪频发的国家，公民的住宅不受侵犯不过是一句空话。① 在更为一般的情况下，"无救济则无权利"，所有消极自由的实现都需要在权利受到侵犯时得到有效的救济。而国家作为权利救济的提供者，需要以积极的作为为权利人提供行政或司法救济的渠道。国王与磨坊主的故事是西方关于自由权和财产权的一个经典案例。在这个著名的故事中，据称威廉一世在盛怒下令人拆除了磨坊，但磨坊主诉至法院胜诉，威廉一世如法院所判将磨坊恢复原状。② 在消极自由受到侵害时，权利人需请求国家司法机关提供救济，司法机关应权利人的请求做出裁判，并凭借国家暴力予以强制执行，均属于国家的积极作为。如果权利受到侵害时，国家不承担予以救济的积极义务，消极自由就无法真正得到实现。从以上分析中不难发现，所谓的住宅自由权并非一种"消极"的权利，其实现不仅要求国家消极地不侵犯，还需要国家在多个层面采取积极的措施予以保护和有效救济。美国学者霍尔姆斯和桑斯坦所谓"所有权利都是积极权利"的论断绝非虚言。③ 不仅如此，正如美国学者布坎南所指出的那样，所有被看作积极权利的福利权都可以从消极权利属性的自由权中推导出来。④ 从逻辑关系来看，住宅不受侵犯是以拥有住宅为前提的，而在现代社会单靠公民个人是无法实现自身居住需求的，这

---

① 一个极端的例子是在战乱中的伊拉克、叙利亚等国，处于战区的住宅已经无法为公民提供基本的庇护。在治安相对较好的大马士革，居民在家中也要随时提防从天而降的迫击炮弹。
② 威廉一世与磨坊主的故事的中国版本最早见于杨昌济先生《达化斋日记》甲寅年（1914年）的记载，据当代学者考证此并非威廉一世实事，而是源于18世纪70年代普鲁士阿诺尔德磨坊主与施潘道伯爵的诉讼争端。本书无意考证故事的真实性，引用这个故事仅仅旨在说明并不存在纯粹的消极权利。
③ 〔美〕史蒂芬·霍尔姆斯、凯斯·R.桑斯坦：《权利的成本——为什么自由依赖于税》，毕竞悦译，北京大学出版社，2004，第23~30页。
④ 转引自张翔《基本权利的受益权功能与国家的给付义务——从基本权利分析框架的革新开始》，《中国法学》2006年第1期，第21~36页。

需要国家积极作为，以为公民提供基本的居住条件。① 迁徙和居住自由更需要国家为移居的居民提供基本的居住条件和公共资源，否则迁徙和居住自由将沦为露宿街头或者生活居住在贫民窟中的自由。传统的自由权理论是建立在对自由市场的参与者享有充分自主权的预设逻辑的基础上的，通过消极地划定国家权力干预的界限来确保个人追求自己利益的行动空间。但个人只有具有积极的可行能力，才能真正实现其自由。正如印度学者阿马蒂亚·森所言"一种功能活动是一种成就，而可行能力则是实现成就的能力。在某种意义上，功能活动与生活水准有着更加直接的关系，因为它们是生活状态的各个不同方面。相对而言，可行能力则是关于积极自由的概念：你有那些真正的机会去过你可以过的生活"②。也就是说，个人自主追求自己利益的自由并不是一种纯粹的消极自由。在现代福利国家，公民实现住宅权的可行能力越来越依赖于国家和其他社会主体提供的物质条件和制度基础。哈贝马斯认为传统的自由主义模式向福利国家模式过渡的理由在于，主观权利不仅可能受到国家非法干预的损害，而且也会受到国家拒不提供为实际实现权利所必需的服务的损害。③ 阿列克西认为社会受益权的根据在于"在现代工业社会的条件下，大量基本权利承担者的事实自由的物质基础并不存在于他们所支配的环境之中，而根本上依赖于政府的活动"④。

　　另一方面，住宅社会权传统上被认为是一种典型的积极权利，需要国家积极作为以保证其实现，但住宅社会权的实现同样需要，甚至是首先需要国家消极的不作为。例如，《经济、社会、文化权利国际公约》第 11 条规定的获得适足住宅的权利（right to adequate housing）通常被认为是典型的社会权，但这一权利的内涵中同样蕴藏着明显的消极自由的因素。一直以来，取得土地并自行建筑房屋在许多国家都是公民获得住宅的一种传统的重要方式。而这需要国家对公民自行或集体互助建房

① 张震：《住宅自由权到住宅社会权之流变》，《求是学刊》2015 年第 3 期，第 102~108 页。
② 〔印度〕阿玛蒂亚·森：《生活水准》，徐大建译，上海财经大学出版社，2007，第 45 页。
③ 〔德〕哈贝马斯：《在事实与规范之间——关于法律和民主法治国的商谈理论》，童世俊译，生活·读书·新知三联书店，2014，第 527 页。
④ 转引自〔德〕哈贝马斯《在事实与规范之间——关于法律和民主法治国的商谈理论》，童世俊译，生活·读书·新知三联书店，2014，第 499 页。

采取消极的不干预政策。这种土地所有权人自行建房的权利在德国《建筑法典》中被称为"建筑自由"。① 在西方法学理论中，理论上土地所有权人可以在自己的土地上不受干涉地为一切利用土地的行为，而在土地上建设建筑物是利用土地的重要方式，因此，逻辑上人们享有在自己的土地上进行建筑的自由。② 在一些国家，建造住宅成为公民在宪法上的一项基本权利。③ 在我国农村土地归集体所有，城市土地归国家所有，但国家和集体均不是土地的最终利用者，而是通过在土地上设立宅基地使用权或建设用地使用权等用益物权，将利用土地的权利授予公民个人或家庭。依据用益物权的理论和促进土地利用之法理，建筑自由应当由土地的直接利用者，即土地使用权人享有。虽然在现代社会规划和建筑越来越受到来自国家的法律规制，需要国家积极的制度保障，土地所有权人也被认为应当负担社会义务，但建造住宅的自由仍然主要是一种"消极"的自由。除了自行建造住宅外，通过签订合同购买或租赁房屋居住已经成为现代社会公民获取住宅的主要途径。这同样需要国家对公民的缔约自由予以尊重并采取消极的不干预的态度。近年来，在我国各地实施的住宅限购政策对公民的缔约自由进行限制，阻碍了部分公民通过购买住房实现获得适足住宅的权利。④ 可见，公民住宅权实现的阻碍在很多情况下来自国家的积极作为对公民自由的不当干预。研究住宅问题的学者普遍承认我国当前住宅问题的成因已经不是住宅总量的不足，而是住宅可负担性的问题。在大部分居民通向第一套住房的道路上，高企的房价是最大也是最难逾越的障碍。然而高房价并不完全是市场力量自然作用的结果。在市场的隐形手套之下，政府的各项住宅立法与政策成为房价高涨的幕后推手。在唯 GDP 的政绩导向的推波助澜下，

---

① 金俭：《论不动产财产权自由的公法限制》，《河北法学》2008 年第 9 期，第 13~19 页。
② 林明锵：《建筑管理法制基本问题之研究》，《台大法学论丛》第 30 卷第 2 期，第 31 页。
③ 《越南社会主义共和国》1992 年宪法第 62 条规定："公民有权根据法律和计划建造住宅。"
④ 2010 年 4 月被称为"新国十条"的《国务院关于坚决遏制部分城市房价过快上涨的通知》出台后，一些房价过高的城市相继颁布限制家庭购房套数的规定，被称为"限购令"。许多城市实施的限购令均对非本市户籍居民购买住房做出限制。如北京规定对拥有两套及以上住房的本市户籍家庭暂停售房，连续 5 年（含）以上在本市缴纳社保或个税的非本市户籍家庭限购 1 套住房。

地方政府对城市和经济发展的渴求被推到极致。无法抑制经济动物的趋利本能的地方政府一方面在提供保障性住宅方面严重滞后，另一方面在拆迁的问题上却展现出其他国家政府所不具备的高效率。"低价拆迁征地—高价批租土地—商业开发增值"已经成为我国城市绅士化的一条典型路径。① 而绅士化的一大后果就是城市住宅的高价化。

因此，以住宅权义务主体义务的性质是积极作为还是消极不作为将住宅权划分为住宅社会权和住宅自由权不仅割裂了住宅权的整体性，还往往会让人们对住宅权的性质的认识陷入误区。正如本书所揭示的那样，无论所谓的住宅自由权还是住宅社会权都需要国家等义务主体"有所为，有所不为"。单纯的积极作为或消极不作为都不能保障住宅权的充分实现。图 3-1 中住宅自由权和住宅社会权在单一维度朝不同方向展开的两分结构并不能让我们充分厘清住宅权的权利属性，更无助于建立一个体系化的住宅权的分析框架。

在现代法学方法论中，除了传统的概念抽象的分类方法外，一种建立在功能关系上的类型化方法越来越受到学者们的重视。拉伦茨指出："当抽象——一般概念及其逻辑体系不足以掌握某生活现象或意义脉络时，大家首先想到的补充思考形式就是'类型'。"② 根据拉伦茨对"类型"和"种类"的区分，一些权利，包括人格权、支配权、形成权、参与权和期待权是不能被严格地用抽象的概念来定义的。虽然法律也会对一些权利的类型做概念式的定义，但这种概念式区分终将归于失败。因为随着现代社会权利理论和实践的不断发展，一些具体的权利常常会结合复数权利类型因素，而呈现综合性的特征。住宅权就是这样一种"类型混合"的具体权利：它既是习惯权利，同时也是法定权利；既是公权利，同时也是私权利；既是自由权，同时也是社会权；不同基本类型的要素，以特定方式结合成一种有意义的、彼此关联的规整脉络。

就住宅权的体系化构建而言，传统的概念抽象的分类方法通过建立在

---

① 包振宇、朱喜钢、金俭：《城市绅士化进程中的公民住宅权保障》，《城市问题》2012年第 3 期，第 2~9 页。
② 〔德〕卡尔·拉伦茨：《法学方法论》，陈爱娥译，商务印书馆，2003，第 337、339~348 页。

逻辑分类基础上的种属关系，借助不断地抽象与涵摄，形成了一个以最高概念为顶端的高度形式化的金字塔形的概念体系。在这个体系中，住宅权被分成两个泾渭分明的部分。根据各自的逻辑属性，住宅自由权被认为是消极权利，而住宅社会权则被归为积极权利。这种高度形式化带来了概念体系划分的清晰性和稳定性，但也伴随着功能上的僵化和意义上的空洞。生活世界中主体的具体的居住需要与住宅利益在概念抽象的过程中被忽略了，无法借助住宅权的权利话语得到充分的表达。在这样的体系结构中，住宅自由权的"社会权侧面"和住宅社会权的"自由权侧面"，就像月球的背面一样，一直无法进入权利观察者的视野（见图3-2）。所以，日本学者芦部信喜指出："将权利的性质为固定的认定并予以严格的分类，乃是不适当的。有必要针对个别的问题，就权利的性质作柔软的思考。"①

住宅权 { 消极权利的概念——住宅自由权（其社会权侧面因不属于消极权利被忽略）
积极权利的概念——住宅社会权（其自由权侧面因不属于积极权利被忽略）

图3-2　住宅权的概念分类体系

不同于逻辑分类所形成的涵摄性体系，类型化的住宅权体系则是建立在一种通过可变的权利类型因素所建立起来的功能性联系之上。从保障住宅权充分实现的目的出发可以确定权利应当具备的功能要素。在类型化的住宅权体系中，并不存在泾渭分明的概念区别，因为权利类型因素的可变性，随着不同要素的增减变化，一种类型可以交错地过渡到另一种类型。拉伦茨将这种法的构造类型基础上形成的体系称为类型系列，他认为"在类型系列中，几乎并连但仍应予以区分的类型，其顺序之安排足以彰显其同、异及其过渡现象"②。

实际上，根据拉伦茨对"类型"和"种类"的区分，"自由权"和"社会权"与其说是不同种类的权利，不如说是构成同一权利的不同类型因素。正如有学者所言，"消极自由"和"积极自由"两个概念，在伯林那里并不是代表两种不同性质的自由，或者说自由可以分为两种，而是代

① 〔日〕芦部信喜：《宪法》，李鸿禧译，元照出版公司，2001，第102页。
② 〔德〕卡尔·拉伦茨：《法学方法论》，陈爱娥译，商务印书馆，2003，第345页。

表着政治思想史上对自由的两种不同理解。也就是说"消极自由"和"积极自由"只是一种自由的两个侧面。①

正是在这种背景下，一些学者引入最早出现在德国公法学研究中的"基本权利的功能理论"来改造建立在概念抽象基础上的基本权利的传统分析框架。② 根据这一理论，所有权利都具有综合性，对基本权利的多重性质进行分层可以更加准确地揭示权利的内涵。在基本权利功能理论中，用防御权和受益权取代了传统理论中自由权和社会权的两分法。防御权和受益权并非指称不同的权利种类，而是用以说明带有综合性的基本权利所具有的不同功能。防御权能意指基本权利的作用在于对抗公权力，防止公民的生命、自由与财产受到公权力的侵犯，从而维护个人免受国家恣意干涉的空间。在德国宪法理论中将具有这种属性的基本权利称为防御权，也有学者称之为防卫权。德国联邦宪法法院在1958年"吕特案"的判决中宣称："毫无疑问的，各项基本权利最重要的是要保障个人的自由领域免于公权力的侵害；它们是民众对抗国家的防卫权。"③ 在现代社会，住宅是划分公民个人空间和公共空间的重要界限，是个人尊严的隐私的保留地。英国科克勋爵宣称"每个人的住宅就是他的城堡"，这句法谚形象地表明了住宅权具有防御权能。除了有要求国家消极不干预的防御功能外，住宅权还有要求国家积极作为以促进其实现的受益权功能，所谓受益权是指公民有请求国家作为，从而享受一定利益的功能。④

就住宅权而言，从实现公民居住需要和住宅利益的目的出发，构成

---

① 李小科：《两种"概念"，还是两种"自由"——解读伯林的 Two Concepts of Liberty》，《江苏行政学院学报》2011年第1期，第20～25页。

② 参见本书引用的张翔博士的系列论文；赵宏《主观权利与客观价值——基本权利在德国法中的两种面向》，《浙江社会科学》2011年第3期，第38～46页；张斌峰、马俊《从二分法到三分法：基本权利体系的重构》，《南京社会科学》2010年第10期，第101～105页。在这些论文中，作者都注意到住宅权所具有的不同功能。然而，一些研究住宅权的学者虽然已经注意到住宅权的功能体系，但仍然坚持住宅自由权和住宅社会权的二分法。参见张震《住宅自由权到住宅社会权之流变》，《求是学刊》2015年第3期，第102～108页。

③ BVerfGE 7, 198 (1958)，本书所引该判决的中文文本参见《联邦德国宪法法院"吕特案"判决（1958）》，黄启祯译，中国宪政网，http://www.calaw.cn，发布时间2010年10月20日，访问时间2015年12月1日。

④ 张翔：《论基本权利的防御权功能》，《法学家》2005年第2期，第65～72页。

住宅权整体的各个部分或者说权利束中的各项权利均同时具备上述两项权能。然而在图 3-1 中，住宅权的"消极"和"积极"属性分处这一单一维度权利谱线的两端，接近其中一端，就必然远离另一端，一种消极的权利不可能同时是一种积极的权利，无法找到第三个向度。这种非此即彼的认识掩盖了构成住宅权的类型要素间相互作用的复杂性。我们可以用一个二维坐标轴来展示住宅权的权利属性（见图 3-3）。在图 3-3 中，"消极"的防御权能和"积极"的受益权能并不是向着截然相反的方向展开，住宅权的特定部分或者说构成住宅权权利束的各项权利分布在以受益权能为 x 轴，防御权能为 y 轴的二维坐标轴的右上角的象限内。从原点出发，沿着 y 轴向上延伸，权利的防御权能逐渐递增，沿着 x 轴向右延伸，权利的受益权能不断递增。而随着权利的防御权能的递增，同一权利所具备的受益权能并不一定递减，也可能同时递增。传统上被定性为消极权利的住宅自由权和被认为属于积极权利的住宅社会权的关系不再是"向左走，向右走"的注定分离。原本在权利两分法的一维谱线中"相见殊参商"的两者在朝着保障住宅权实现的目标形成合力，以共同发挥其功能。

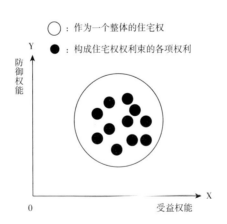

图 3-3　住宅权的防御权能和受益权能

有学者认为住宅自由权在有些情况下具有受益权能，但其对应的主要是防御权能，而住宅社会权在特定情形下具有防御权能，但其对应的主要是受益权能。这种固定的认识似是而非，不仅不全面而且容易走向僵化。防御权和受益权作为构成住宅权的不同形态的类型要素，以特定方式结合成一种有意义的、彼此关联的完整的规整脉络。任何一方都无法脱离另一方独立实现其功能。而它们之间的关系也处于动态的变化中。如上文所述，在不同的场合和具体的情景中，防御权能对于典型的住宅社会权的实现可能更加重要，而典型的住宅自由权则需要依赖受益权能获得保障。

　　有学者提出基本权利的性质在当代宪政理论中经历了从"主观权利"向"客观的法"的转向，在具备"客观法"的性质后，基本权利具有了一些新的功能。这些功能在德国公法学理论中被概括为"客观价值秩序功能"。① 吕特案的判决在提出防御权主要是公民对抗政府的权利的同时，也指出在基本法的各个基本权利规定里体现了一种客观的价值秩序（Wertordnung），这被视为是宪法上的基本决定，有效地适用于各法律领域。在判决中联邦法院指出基本权利通过民事法律对个人产生约束力的观点："基本法并无意成为价值中立的体系（秩序）……这个以人格及人性尊严能在社会共同体中自由发展作中心点的价值体系必须视为宪法上的基本决定，有效适用各法律领域；立法、行政、司法均由此获得了方针与动力。自然地，它也会影响民事法律；没有任何的民事法规可以抵触它，每一规定均须依照它的精神来解释。直接透过私法领域内各项规定的媒介，基本权利的法内涵成了客观规范，在私法中伸展开来。""基本权利价值标准的影响，最主要在于私法中的强行规定及广义的公共秩序的一部分，亦即各项以公共福祉为理由，也对个人间的法律关系的形成有拘束力并禁止私人意志支配的种种原则。"② 因此，虽然联邦宪法法院并未对基本权利的第三人效力的两种极端意见——认为基本权利仅针对国家的论点、认为各个基本权利或某些基本权利以及它们当中最重要的几个基本权利，在私法生活领域内，也对每一个人适用——做出明确的选择，但从该案的结

---

① 张翔：《基本权利的受益权功能与国家的给付义务——从基本权利分析框架的革新开始》，《中国法学》2006 年第 1 期，第 21~36 页。德文中 Recht 同时具有权利和法的含义，为了区分，译者在翻译德国法中基本权利和法的概念时，习惯分别译为主观权利和客观法，以示区别。

② 参见黄启祯译《关于"吕特事件"之判决——联邦宪法法院判决第七辑第一九八页以下》，《西德联邦法院裁判选辑》（一），司法周刊杂志社，1995，第 100~127 页。

论看，联邦宪法法院并未将基本权利的防御功能局限于国家。基本权利作为客观的价值秩序的功能，强调国家有保障和落实基本权利的义务，从这一属性出发，基本权在传统的防御权的功能基础上又衍生出国家在公民基本权利受到第三人侵犯时负有保护义务，同时须为基本权的实现提供机构与程序保障等功能。①

　　无论防御权能、受益权能，还是客观价值秩序，其目的都在于保障公民的自由。然而，自由的两个侧面，积极自由和消极自由本身就具有内在的矛盾和张力。实际上，伯林关于两种自由概念的理论正是建立在对理性主义传统下积极自由概念所具有的内在缺陷进行批判的基础上提出的。通过对关于自由的思想史的考察，伯林认为在之前的理论中，消极自由构成了对积极自由的制约限度。就哈耶克等强调自由的消极属性的自由主义者而言，他们反对保障住宅权的社会性立法的目的不是无视社会弱者的居住需求，而是更多地带着对福利国家借由此类立法攫取不正当权力的警惕。② 这种警惕无疑是明智的，曾几何时，规制国家成为福利国家的同义词。拥有不正当权力的政府的专制对于全体公民自由的威胁要远远大于贫民窟给社会带来的危害。当福利国家以一种相互矛盾的方式通过限制自由来赋予权利时，当个人习惯于依赖福利国家的恩赐和供养时，权利究竟是在事实上得到了更加充分的实现，还是日益成为权力的附庸而名存实亡，这确实是一个应当认真对待的问题。

---

① 赵宏：《主观权利与客观价值——基本权利在德国法中的两种面向》，《浙江社会科学》2011 年第 3 期，第 38~46 页。

② 例如哈耶克认为"坚持某种适用于所有城市住房的最低居住标准，这实际上是行之有效地把他们（城市低收入阶层）从城市中驱逐出去，或者我们必须以一种不足以抵偿成本的价格向他们提供更好的住房……"而"把租金限定于市场价格以下的任何措施都必然把住房短缺现象永久化"。他甚至认为如果贫民窟是穷人所能负担的全部，就让他们待在那儿吧，因为"住房问题不是一个可以孤立解决的问题，只能通过普遍提高收入才能解决问题"，只是"这一解决过程会被推迟"。〔英〕弗雷德里希·奥古斯特·哈耶克：《自由宪章》，杨玉生等译，中国社会科学出版社，1999，第 519、524、525 页。波斯纳指出"〔反驱逐及推定驱逐等措施〕提高了房主的成本，增加了租金，从而减少了住房供应"。〔美〕理查德·A. 波斯纳：《法律的经济分析》（上），蒋兆康、林毅夫译，中国大百科全书出版社，1997，第 616 页。

在当代中国，一个极端的例证是孙志刚事件。① 对孙志刚进行强制收容的法律依据是《城市流浪乞讨人员收容遣送办法》和《广东省收容遣送管理规定》，最终因该事件而被废止的法律、法规的立法目的分别是"为了救济、教育和安置城市流浪乞讨人员"和"救助流浪乞讨、生活无着人员"，其救助对象是无家可归的流浪乞讨人员。这种看似是为了给予被救助者利益的立法，却成为剥夺孙志刚们自由乃至生命的元凶，其原因就是剥夺了被救助者选择接受和不接受救济的自由。给无家可归者提供一个能够遮风避雨的容身之所是有利于保障其住宅权的，但应当建立在充分自愿的前提下。住宅权中的受益权能的实现离不开防御权能。孙志刚事件后新出台的《城市生活无着的流浪乞讨人员救助管理办法》规定救助站应当根据受助人员的需要提供符合基本条件的住处，但不得限制受助人员离开救助站。这体现了住宅权保障中受益权能和自由权能相统一的原则。这一原则的意义在于让住宅权主体在接受国家福利给付的同时，仍然保有防御公权力侵犯的权能，从而避免走上哈耶克在权利实现的地图上标识出来的"通向奴役的道路"。

在哈贝马斯看来，住宅权等带有受益权属性的权利能够明白无疑地加强私人自主地追求生活规划的程度，取决于拥有受益权者在多大程度上不仅仅是享受以家长主义方式所提供的利益，而是本身也参与诠释那些可以用来在事实不平等面前确立法律平等的标准。② 他指出："这种提供照顾、分配生活机会的福利国家，通过有关劳动、安全、健康、住宅、最低收入、教育、闲暇和自然生活基础的法律，确保每一个人都具有符合人类尊

---

① 2003年3月17日晚上，任职于广州某公司的湖北青年孙志刚在前往网吧的路上，因缺少暂住证，被警察送至广州市"三无"人员（即无身份证、无暂住证、无用工证明的外来人员）收容遣送中转站。次日，孙志刚被收容站送往一家收容人员救治站。在这里，孙志刚受到工作人员以及其他收容人员的野蛮殴打，并于3月20日死于这家救治站。这一事件被称为"孙志刚事件"。在学者、公众和社会舆论的共同推动下，"孙志刚事件"最终导致我国实行多年的强制收容制度被废除，但暂住证的制度仍然被保留下来。这一事件同时也暴露出我国在迁徙和居住自由等住宅权问题方面的缺失和不足。

② 〔德〕哈贝马斯：《在事实与规范之间——关于法律和民主法治国的商谈理论》，童世俊译，生活·读书·新知三联书店，2014，第527~528页。从哈贝马斯的上述论述中，我们可以得出这样的结论，那就是参与权对于住宅权利主体平衡地实现住宅权的防御权和受益权的多重功能来说具有十分重要的意义，以至于可以将参与权作为住宅权的一个独立的权能。这也是本书将住宅公共决策的参与问题专门列为一章讨论的原因。

严的生活的物质条件。但它显然也造成了这样的危险：通过提供这种无微不至的关怀而影响个人的自主性，而它——通过机会平等地利用消极自由的物质前提——所要推进的，恰恰就是这种自主性。"① 根据哈贝马斯的商谈理论，公民参与是消解基本权利的受益权能和国家保护义务对公民自由侵蚀的一种有效的保护机制，也是公民参与构建客观价值秩序的有效路径。在公民不能享有直接向国家请求实施特定法律和政策或确定国家给付的具体水平的情况下，对于住宅立法、政策制定和实施过程的有效参与使得公民保有参与和影响决策的能力，不至于完全成为福利国家家父主义权威的附庸。哈贝马斯强调，为了防止福利国家对于个人能力的剥夺，"相关的公民就必须把法律保护体验为一个政治过程。他自己必须能够参与形成抵制力量和表述社会利益。对参与法律程序的这种诠释——诠释为实现权利过程中的合作——把提高到集体高度的积极法律地位与积极公民身份统一起来了"②。据此，本书认为参与权能应当被列为住宅权的一项重要权能。

综上，住宅权的功能大体上可以分为以下四个层面：防御权能、受益权能和受保护权能（客观价值秩序功能）和参与权能（见图 3-4）。

住宅权 {
防御权能：住宅不受侵犯、公民获取和保有住宅的自由不受干预
受益权能：消极的受益权和积极的受益权（给付权和分享权）
受保护权能（客观价值秩序功能）：各项住宅政策和立法赋予权利人的利益和权利
参与权能：参与并影响住宅政策和立法
}

图 3-4　住宅权的功能类型体系

1. 防御权能

住宅权的防御权能是指个人的住宅权受到普遍的承认和尊重，住宅权的实现不受来自国家和其他主体的侵害和阻碍。它不仅是指住宅不受侵

---

① 〔德〕哈贝马斯：《在事实与规范之间——关于法律和民主法治国的商谈理论》，童世俊译，生活·读书·新知三联书店，2014，第 504 页。
② 〔德〕哈贝马斯：《在事实与规范之间——关于法律和民主法治国的商谈理论》，童世俊译，生活·读书·新知三联书店，2014，第 509 页。

犯，而且也指公民通过自己的行为自主地获取和保有住宅的各项自由不受
干预。在传统的基本权利理论中，将住宅权的义务主体限于国家，防御权
能主要针对国家消极不干预或不侵犯的义务。毫无疑问，国家是住宅权的
最为重要的义务主体。但如前所述，住宅权既是一种针对国家的公权利，
也是针对其他社会主体的私权利。因此，住宅权的防御权能同样针对其他
公民或社会主体。

2. 受益权能

住宅权的受益权能是指住宅权主体有权要求国家或其他社会主体提供
帮助，以促进其住宅权的实现。有学者将基本权利的受益权能进一步区分
为消极的受益权能和积极的受益权能。其中消极的受益权能是指基本权利
受到侵害时，公民可以向国家机关寻求公力救济。积极的受益权能则是指
国家或其他义务主体直接向公民提供物质或制度上的利益，以保障公民住
宅权的实现。消极的受益权能主要针对国家，但积极的受益权能不仅是指
公民请求国家为某种行为，从而享有一定利益的功能，而且也针对负有给
付义务的其他社会主体。积极的受益权能又可以称为给付权，即原始给付
请求权和分享权，即衍生给付请求权。前者是指直接向义务主体请求给付
的权利，后者则是指权利主体平等参与已有的给付系统的权利，是基于住
宅公平权和住宅平等权所派生出来的权利，区别于直接源于住宅权的原始
给付请求权。

3. 受保护权能（客观价值秩序功能）

通常认为，权利主体透过基本权利的"客观价值秩序功能"所获得
的并不是权利，而只是单纯的法益或法律上的反射利益。但随着国家对住
宅权负有保护的法律义务的观念日益普及，也有学者将这些功能概括为保
护权，[①] 由于权利主体的地位实际是接受国家保护一方，因此称之为受保
护权能更加准确。例如，为了保障公民住宅不受侵犯，国家在民法、治安
行政法和刑法中分别设定对非法侵入他人住宅的侵权责任、治安处罚责任
和刑事责任，保护公民住宅免受来自第三人的侵害。又如，在住宅短缺的

---

① 张斌峰、马俊：《从二分法到三分法：基本权利体系的重构》，《南京社会科学》2010年
第10期，第101~105页。关于国家对住宅权的保护义务可参见本书关于住宅权义务主
体的相关章节。

情况下，为了防止租金暴涨超出承租人可负担范围，许多国家均出台租金管制立法和政策，限制房东增加租金和驱逐房客。再如，面对房价高企的情况，国家应当采取综合性措施稳定房价。总而言之，除了承担针对住宅防御权功能的"不侵犯义务"和针对受益权能的"给付义务"外，国家应当采取一切可行措施促进住宅权的实现，其义务范围是非常广泛的。

4. 参与权能

所谓参与权能是指住宅权的权利人对于国家住宅给付水平的确定、各项住宅政策和立法享有知情和参与的权利，这是一种程序性权利。充分发挥住宅权的参与权能，可以在一定程度上消弭防御权能、受益权能和客观价值秩序功能之间的内在冲突，使各项权能能够得到更加充分的实现。

第四章 住宅权的主体

第一节 住宅权的权利构造解析

所谓住宅权的权利构造是指住宅权的内部构造和形态，也就是住宅权的构成要素以及这些要素之间的结构关系。对于权利研究的方法论，张文显先生曾指出："为了对权利和义务有一个完整的、而不是残缺不全的认识，需要对权利和义务各个要素进行分析基础上的综合。"① 他所提出的"分析基础上的综合"是指在研究中把整体分解为部分和把部分重新结合为整体的过程和方法。所谓分析是把事物分解为各个部分、侧面、属性，分别加以研究，是认识事物整体的必要阶段。所谓综合是把事物各个部分、侧面、属性按内在联系有机地统一为整体，以掌握事物的本质和规律。然而，对研究对象的分析，首先必须确定分析对象的范围，从整体上把握分析对象，否则对于事物的分析可能会沦为对事物的某一部分的分析。因此，综合固然应当建立在分析的基础上，但分析也应当在整体视野中进行。上一章对于住宅权的权利属性的探讨属于综合性的研究，它让我们得以逐渐揭开遮蔽在住宅权本体之上的概念迷雾，从而在整体上廓清住宅权的全貌，为进一步的分析提供了具有综合性的整体视野。当然，作为整体的住宅权在逻辑上仍然是由不同要素构成的复合体。为了深化人们对住宅权的认识还需要进一步分析住宅权的内部结构，对在逻辑上构成住宅

---

① 张文显：《法哲学范畴研究》（修订版），中国政法大学出版社，2001，第309页。

权的各个要素及其逻辑结构分别加以研究。

住宅权有着怎样的逻辑构成，首先必须诉诸权利构成的一般性理论。学者们对权利的逻辑结构存在不同的观点。① 这些相互分歧的观点表明权利构成理论仍然存在巨大的分歧。理论研究中观点的多样化是正常的，甚至可以被视为理论研究繁荣的标识。但迟迟不能达成基本的共识，不仅会阻碍研究的进一步深化，还说明研究本身可能陷入了误区。德国学者阿列克西认为关于权利的不同理论实际上是在三个不同的层面展开的：（1）支持个人权利的理由；（2）作为法律地位和法律关系的个人权利；（3）个人权利之可实施性。在阿列克西看来，对这三个层次不做区分是造成对个人权利概念持续不断争论的根本原因。②

阿列克西的三阶层模式中的第一层次实际涉及的是规范性问题，也就是权利的证立。在自然法理论中主要是道德或伦理问题。对于住宅权来说，住宅权来源于人类基本居住需要本身的正当性，而居住需要的正当性又可以进一步诉诸人的普遍尊严和自由。在实证法理论中，这是一个法教义学问题。它追问的是住宅权的主张是否有实在法的规范基础予以支持。在国际人权法和各国宪法中，住宅权已经得到不同程度的认可。在国内法律制度中，一些法定权利应当被视为住宅权的具体化，而各国对于住宅权的客观上的保护义务也"折射"出住宅权主体享有的住宅权利。显然，权利的依据和基于特定依据产生的权利是两个不同的范畴。因此，在探讨权利的逻辑构造时，利益、自由、正当性等表征权利依据的要素不应作为权利结构的构成要素，而应当另行加以讨论。同样，法律规范（规则）仅在法教义学的意义上属于住宅权的一项必要的效力性要素。首先，习惯权利形态的住宅权并不以法律规范的存在为其前提。其次，虽然法定权利

① 杨英文博士对国内学者对权利构成的观点进行了总结。她指出国内学者对于权利构成的理论可以分为要素说和结构说两种进路，每种进路又有不同观点。要素说中有三要素说（意志、利益和行为），四要素说（利益、行为、正当性和国家保护），五要素说（利益、主张、资格、权能和自由）。结构说包括显见、隐在结构说和利益、权能、义务三层结构说。参见杨英文《城镇化视域下公民住宅权研究》，知识产权出版社，2014，第18～19页。然而，杨英文博士并未说明为什么权利构成存在如此多样化的理论分歧。
② 〔德〕罗伯特·阿列克西：《法理性商谈——法哲学研究》，朱光、雷磊译，中国法制出版社，2011，第227页。

的住宅权作为一种人造物，必须依赖法律规范，但规范和权利之间存在某种置换关系。法规范在规范意义上是法定权利获得规范效力的要素，但在分析层面，法规范并不是权利内在构造的一部分。在论述住宅权的权利属性时，本书已经指出，立法者将住宅权法定化不是在创设权利，也不是发明权利，而仅仅是用权利的话语表述他们在生活世界中发现的个人之于住宅的需求、利益和自由。换言之，在成为法定权利之前，住宅权在分析层面已经完整地具备了构成要素。法律规范只是赋予住宅权规范效力，并没有改变其内在构造。相反，规定住宅权的法律规范的内容，反而是由住宅权的权利内在构造所规定的。

　　第三阶层涉及个人权利的可实施性问题。权利可实施性的核心是权利的救济，特别是通过诉讼的司法救济问题。但可实施性并不仅限于可司法性。首先，权利的有效性并不完全依赖法律规范，作为习惯权利的住宅权同样可能受到国家和社会公众的自觉的尊重和保护，在公共政策的决策中和个人行动中被充分地考量。其次，对于在不同层级的法律规范中规定的法定化的住宅权来说，其实现也并不都是以国家的暴力制裁为其后盾。在规定住宅权的国际人权诸公约的实施机制中，无论履约报告机制，还是来文申诉机制，都不以制裁作为推动国家履行其对住宅权的责任的主要力量。对于那些在宪法中规定了住宅权，但宪法尚未具备可司法性的国家来说，住宅权的实施也并不主要地依赖推动制裁的司法机制。从哈特关于法律规则的内在观点出发，国家和社会公众一旦改变思考方式，把尊重和保障住宅权作为制定公共政策和行动的指导方针，即便现有规则缺乏有组织性制裁这一后盾，仍然可以产生具有法律约束力的义务。[①] 最后，需要指出，虽然在住宅权的法律体系中，也存在关于规则的内部观点和外部观点，制裁并不是这种权利和与之相对应的义务具有法律约束力的唯一或最

　　① 哈特对于奥斯汀以制裁为核心的关于法律概念的命令说进行了批判，在著名的强盗的例子中，他区分了"如果不遵守，就将遭受制裁或处罚"和"有义务"或"有约束力"两种不同的陈述，前者是关于法律规则的外在观点，而后者则是关于法律规则的内在观点。他认为即便在一个有效率和有组织实施制裁的法律体系中，仍然必须区分两种不同的观点。换言之，就一项有约束力的义务或权利而言，有组织的制裁既不是一个绝对的必要条件，也不是一个充分的条件。参见〔英〕哈特《法律的概念》，许家馨、李冠宜译，法律出版社，2011，第190页。

重要的因素，^① 但必要而有效的制裁对于赋予住宅权规则以强制力无疑是有益的。因此，住宅权的可诉性和司法救济虽然并不是住宅权实施的唯一途径，但仍然是值得争取的目标。也有学者将权利的可实施性，或者说实施权利的法律能力视为权利的一项核心要素，认为只有当法律上的实施能力存在时，才有权利存在的可能。^② 本书赞同这一观点，虽然与制裁紧密相连的诉权并不是住宅权实现的必要因素，但权利的实现必须依赖一定的实施机制。然而，在逻辑上，权利的实施和权利本身同样属于两个不同的范畴。正如权利的依据是权利存在的前提，权利本体的存在也构成了权利实施的前提。阿列克西的三阶层模式的基础正是建立在"权利依据-权利本体-权利实施"三重范畴逐层递进的逻辑关系之上。

因此，对于住宅权的逻辑构成的讨论应当在阿列克西三阶层模式的第二阶层上展开。这一层面所涉及的是分析性问题，主要是对权利的构成要素和要素之间的关系结构进行逻辑研究。如何来解析权利的构成要素及其逻辑结构呢？从现有的研究中，我们可以发现两种不同的分析视角，一是权利主体的个体视角，二是关系意义上的整体视角。前者认为权利是私人化的事情，是人的主体性观念的体现和制度认可，从而将权利解析为权利主体所享有的利益、主张、资格、权能、自由等要素的不同组合。后者则认为权利是一个表征关系的范畴，表达了社会主体之间的社会关系——一种普遍的、正当的利益关系。^③ 在阿列克西看来，"对某事的主观权利是

---

① 哈特对于制裁在国际法和国内法体系中不同作用的论述有助于我们理解制裁在住宅权可实施性中的作用。在哈特看来，制裁在国内法体系中是必要的，也是能够发挥作用的。"在这些构成国内法背景的情况下，制裁很可能可以成功地吓阻为非作歹的人，而不用负担太大风险，同时制裁所具有的威胁性，也在自然障碍之外大大地增加了吓阻的效果。但是，在个人层次上是天经地义的事情，在国家的层次上则未必成立，而且国际法的事实背景与国内法大不相同，所以国际法对于制裁并没有类似的需要（虽然国际法有制裁作为支援也是一件不错的事），我们也无法期待国际社会之制裁的安全性和有效性。"参见〔英〕哈特《法律的概念》，许家馨、李冠宜译，法律出版社，2011，第191~192页。关于住宅权的规则体系中国际人权法规范属于国际法的范围，而在住宅权的国内法规则体系中，其义务主体主要是国家，而国家促进住宅权实现的责任又受到经济、社会发展水平的制约，就国家而言，制裁并不能充分发挥吓阻的作用，缺乏必要性和有效性。
② 雷磊：《法律权利的逻辑分析：结构与类型》，《法制与社会发展》2014年第3期，第54~75页。
③ 夏锦文主编《法哲学关键词》，江苏人民出版社，2012，第14~15页。

一种权利人、义务人与权利对象间的三方关系。当权利人相对于义务人拥有对特定行为的权利时，义务人就相对于权利人负有实施该行为的义务。这种关系性义务与内容相同的主观权利是同一个事物的两个方面。其中一个可以从另一个中逻辑地推出"①。在霍菲尔德对权利概念分析的经典陈述中，我们同样可以发现权利人、义务人和权利内容三要素。霍菲尔德将权利和义务的概念进一步解析为四对相互关联的法律概念：狭义的权利（即要求）和义务；特权与无权利；权力与责任以及豁免和无能力。其中与权利对应的概念是要求、特权、权力和豁免。要求是指权利人有权要求他人对自己予以积极协助或不得干预，属于请求权；特权是指权利人对任何人均不负有为特定作为的义务，属于狭义的自由权；权力是指权利人有资格或能力创设或改变某种法律关系；豁免则是指权利人具有免除某种责任的资格。② 权利的四种含义与义务的四种相对应的含义形成四种不同的法律关系：（1）狭义的权利——义务关系，可以表述为"我主张，你必须"；（2）特权——无权关系，可以表述为"我可以，不能限制我"；（3）权力——责任关系，可表述为"我能够，你必须接受"；（4）豁免——无能力关系，意味着"我可以免除，你不能强加"。③ 有学者认为在霍菲尔德的理论中，"所有的权利陈述（这里的'权利'要么狭义地理解为它们的第一种涵义，即与另一方的义务相关的主张，要么广义地理解为上面提到的四个法律概念中的任何一种）应该可以还原为三种不同的命题：A 对 B 有权要求 X（这里的 A 和 B 是人或机构，X 是一个客体或活动）"④。因此，根据霍菲尔德的理论，权利可以解析为三个要素：权利主体 A，义务主体 B，而 X 则是权利的内容，即权利人向义务人提出的具体权利主张和要求，同时也表现为义务人作为或不作为的活动。据此，本书将住宅权的逻辑构成解析为三个方面的要素：权利主体、义务主体和

---

① 〔德〕罗伯特·阿列克西：《法理性商谈——法哲学研究》，朱光、雷磊译，中国法制出版社，2011，第 227 页。

② 沈宗灵：《对霍菲尔德法律概念学说的比较研究》，《中国社会科学》1990 年第 1 期，第 67~77 页。

③ 张文显：《二十世纪西方方法哲学思潮研究》，法律出版社，1996，第 492~493 页。

④ 〔英〕布莱恩·比克斯：《法理学：理论与语境》，邱昭继译，法律出版社，2008，第 155 页。

权利内容。本章主要讨论住宅权的主体，对于住宅权内容的讨论将在下一章展开。

第二节　住宅权的权利主体：从个人家庭到社区

住宅权的权利主体是指住宅权的拥有者或者享有住宅权的人。无论是对于理论上的住宅权研究，还是实践中住宅权的制度保障，明确住宅权的主体都是一个先决性的条件。因为权利总是为一定主体享有才有意义，不存在无主体的权利。对于不同类型的主体来说，住宅权的具体内容及其实现条件也会存在重大的差别。然而，虽然权利主体理论对于住宅权理论的体系构建来说具有先决性的重大意义，但在现有的研究中，住宅权的权利主体问题没有受到应有的重视。一些作者甚至直接绕过住宅权的权利主体问题，从住宅权的义务角度进行住宅权理论的体系构建。也有少数学者讨论了住宅权的主体问题。如金俭教授提出了住宅权三重主体理论。她认为住宅权的主要主体是个人，同时也包括个人组成的家庭。住宅权的个人主体首先是指一国的公民，对非本国公民各国可根据本国经济状况决定予以保护的程度。她还提出了住房弱势群体的概念，认为住房弱势群体是指由于自身障碍或缺乏社会、政治和经济机会而处于弱势地位，在现实生活中居住水平处于社会平均水平之下，即便通过自身努力也无法在现在或未来一定时间内改变住房状况的群体。[①] 住宅权"个人-家庭-特殊主体"三重主体理论，已经成为我国学界对住宅权主体的主流观点。国内学者的后续研究均未超出这一理论框架。[②] 本书对住宅权主体问题的研究以这一理论框架为基础，进一步提出并尝试回答以下问题：（1）住宅权主体的地位是否存在区别；（2）不同主体之间的关系如何；（3）是否还存在其他住宅权主体。

[①]　金俭：《中国住宅法研究》，法律出版社，2004，第56页。

[②]　如杨英文博士也认为住宅权的主体包括个人和家庭。同时在现实生活中，尤其需要关注那些应该享有住宅权，而实际上缺失这项权利的特殊主体。参见杨英文《城镇化视域下公民住宅权研究》，知识产权出版社，2014，第19~20页。

一　住宅权主体的普遍性及其限度："个人"还是"公民"

在住宅权主体中，个人是最无争议的当然的住宅权主体。住宅权的基础就是自然人基于生理的和社会的居住需求产生的利益与自由。无论如何理解住宅权的主体，对这一权利保障最终也必须落实到个人以其需要满足为基础的自由的人格尊严的充分实现。然而对于作为住宅权主体的个人的范围仍存在不同观点，有加以探讨的必要。作为一种人权，住宅权的权利主体被认为具有最大限度的普遍性。《世界人权宣言》第 25 条第（一）项规定："人人有权享受为维持他本人和家属的健康和福利所需的生活水准，包括食物、衣着、住房、医疗和必要的社会服务。"[1]　其中将住宅权的主体表述为"人人"（everyone）。虽然有学者提出批评，认为由于上述条款文本中使用了表征男性的"他本人"和"他的"（himself and his），不经意间体现了宣言制定者对于社会性别的固有偏见[2]。但宣言本身并没有将包括住宅权在内的人权主体限定为男性的意思，宣言第 2 条明确宣示："人人有资格享受本宣言所载的一切权力和自由，不分种族、肤色、性别、语言、宗教、政治或其他见解、国籍或社会出身、财产、出生或其他身份等任何区别。并且不得因一人所属的国家或领土的政治的、行政的或者国际上的地位之不同而有所区别，无论该领土是独立领土、托管领土、非自治领土或者处于其他任何主权受限制的情况之下。"据此，宣言第 25 条中作为住宅区主体的"人人"，属于逻辑学上的普遍概念，也就是指每一个人。[3]《世界人权宣言》最大限度地确认了人权哲学中关于权

---

[1]　英文文本为 Everyone has the right to a standard of living adequate for the health and well-being of himself and of his family, including food, clothing, housing and medical care and necessary social services, and the right to security in the event of unemployment, sickness, disability, widowhood, old age or other lack of livelihood in circumstances beyond his control。

[2]　实际上这一表述的背后还体现了一种更加传统，但在当代社会更富时代意义的对住宅权权利主体的认识，一种渗透着义务的权利观，个人享有并追求住宅权并不完全为了自己的个体私利，还担负着对其家庭成员的义务和责任。对这一问题的讨论将在下文展开。

[3]　"普遍概念"是"单独概念"的对称，是指反映一类事物的概念。它指的是一类事物中的每一个对象，而不是指一类事物的集合体，后者称为集合概念。人民（people）通常被认为是一个集合概念。使用普遍概念的条款在逻辑上构成一个全称命题。

利主体普遍性的主张。

《经济、社会、文化权利国际公约》第 11 条第 1 款对于适足住房权的主体表述也是"人人"（everyone）。《经济、社会、文化权利国际公约》第 2 条第 2 款几乎完全重述了《世界人权宣言》第 2 条的规定，宣示了包含住宅权在内的经济、社会和文化权利的普遍性。在第 2 条第 2 款中被列为禁止的歧视理由是："种族、肤色、性别、语言、宗教、政治或其他见解、国籍或社会出身、财产、出生或其他身份。"这一清单显然并不全面。经济、社会和文化权利委员会在第 20 号一般性意见中解释该条款时指出："将'其他身份'包括进去，表示这个清单不是详尽的，其他理由，如残疾、年龄健康状况、居住地点和经济社会状况等也可列入这一类。"[1] 虽然和《公民权利和政治权利国际公约》第 2 条第 1 款相比，在该条款中并未明确规定经济权利保障的属地主义原则，但该条款规定本公约所宣布的权利"应予普遍行使"，不得因国籍或其他身份予以区分，可以得出公约对于包括住宅权在内的经济权利的属地保障原则，这些权利适用于缔约国领土和管辖范围内的所有人。经济、社会和文化权利委员会在第 20 号一般性意见中强调："不应以国籍为理由不准享有公约权利。公约权利适用于每个人，包括非国民，如难民、寻求庇护者、移徙工人和国际人口贩卖的受害者，不论其法律地位和证件如何。"[2] 这表明国际人权法对于住宅权等经济、社会权利的保障，已经从传统属人主义转向属地主义。

需要注意的是同一条第 3 款的规定："发展中国家在适当顾及人权及国民经济之情形下，得决定保证非本国国民享受本公约所确认经济权利之程度。"对于该条款是否将发展中国家经济权利主体的范围限定为"本国国民"的质疑，本书认为，这一条款表面上是针对发展中国家义务的限定，属于第 2 条第 2 款不歧视原则例外情形，但并未限缩公约中经济权利的主体的普遍性和经济权利的属地保障原则。住宅权仍然是所有人的权

---

① CESCR, General Comment No. 20 (2009) Non-Discrimination in Economic, Social and Cultural Rights (Art. 2, para. 2), para. 15, pp. 28–35.

② CESCR, General Comment No. 20 (2009) Non-Discrimination in Economic, Social and Cultural Rights (Art. 2, para. 2), para. 30.

利，无论本国国民还是外国国民均不同程度地享有住宅权，但发展中国家可以根据本国的经济发展水平决定对于非本国国民住宅权的保护程度。无论住宅权中的自由权还是受益权，其实现均需要国家投入物质资源。住宅不受侵犯权的实现需要国家建立和维持稳定的社会秩序，提供警察等治安服务。住宅保障权更需要国家进行直接的财政投入。发展中国家有权根据本国经济社会发展状况决定保障水平，没有义务在经济权利方面给予外国人超国民待遇，有权将有限的财政优先分配给本国的公民。同时，由于该款的例外规定只针对发展中国家，这反而确认了发达国家对其属地范围内一切主体经济权利的普遍保障义务。

在关于适足住房权的第 4 号一般性意见中，经济、社会和文化权利委员会没有提及第 2 条第 3 款的规定。在该意见中，委员会明确：适足的住房权利适用于每个人。"他和他的家庭"的提法反映了在 1966 年公约通过时普遍接受的关于性别作用和经济活动模式的设想，而今天这一短语不应理解为对一些个人或户主为女性的家庭或其他类似群体的权利的适用性含有任何限制。因此"家庭"这一概念必须从广泛的意义上去理解。此外，个人同家庭一样，不论其年龄、经济地位、群体或其他属性或地位和其他此类因素如何，都有权享受适足的住房。尤其是，按照公约第 2 条第（2）款，这一权利之享受不应受到任何歧视。① 2004 年消除种族歧视委员会第 30 号一般性建议也呼吁缔约国保证公民和非公民平等享有适足住房权，特别是要避免住房隔离制度，确保住房中介机构不实行歧视性做法。

对于规定在《公民权利和政治权利国际公约》中的住宅权权利束中的诸项权利来说，其主体的普遍性更少面对争议。虽然公民权利（civil rights）一词在汉语中容易引起误解，让人以为这部公约规定的 civil rights 的主体限于公约缔约国的公民，但实际上，早有学者指出 civil rights 并不是指公民的权利（rights of citizens），而是指个人的权利（rights of individuals），或者可以翻译为民权，如美国民权法案（Civil rights Act），它是指相对于政府的权力和职责来说的个人享有的权利，主要包括人身权

---

① CESCR, General Comment No. 4 (1991) on the Right to Adequate Housing, para. 6.

利、诉讼权利和不受歧视的权利。而政治权利则是指参加社会政治生活的权利，包括表达自由、集会与结社自由和选举的权利。① 在现代人权理论中，人身权利、诉讼权利和不受歧视的权利通常被认为属于自然权利，其享有并不以个人具有特定政治社会的成员资格，即以公民身份为条件，具有前国家和超国家的特征。而以选举权为代表的政治权利反而在绝大多数国家宪法中属于公民特有的权利。而根据公约第 2 条第 1 款规定的权利保障的属地主义原则，公约所载权利，不论公民权利还是政治权利都适用于每一缔约国领土和管辖范围内的一切个人（all individuals），包括缔约国的公民，也包含非本国公民。在公约文本中，只有第 25 条中选举权的主体表述为"每个公民"（Every citizen）。而在涉及住宅权相关权利的各条款中对于权利主体的表述均为"任何人"或"人人"。

住宅权的主体比任何时候都具有普遍性。国际人权公约通过大量使用普遍概念并详细列举不得歧视的因素彰显住宅权等人权的普遍性，但这种权利的享有仍然是有限度的。一个并不明显却非常重要的例外是公约第 12 条。该条是关于迁徙自由和选择住所的自由的规定。② 虽然该条第 1 款和第 4 款的文本对于权利主体的表述使用的也是普遍概念"每一个人"和"任何人"，但有所限制。第 1 款的"每一个人"限定为"合法处在一国领土内的每一个人"，而第 4 款虽然形式上没有加任何限定语，但其权利的内容是进入"其本国"的权利。就某一特定缔约国而言，只有"本国公民"才享有自由进入国家的权利。虽然也有学者认为这些限定并未影响权利主体的普遍性，可以将"合法处在一国领土内或取得居留权"视为普遍主体享有权利的条件，而不是对主体范围的限制，也可以将"进入本国"看作对权利内容的限制，因为任何人，无国籍人除外，都有进入其各自所属的"本国"的权利。但无论如何，《公民

① 杨宇冠：《人权法——〈公民权利与政治权利国际公约〉研究》，中国人民公安大学出版社，2003，第 4 页。
② 其中英文文本如下。一、合法处在一国领土内的每一个人在该领土内有权享受迁徙自由和选择住所的自由。（Everyone lawfully within the territory of a State shall, within that territory, have the right to liberty of movement and freedom to choose his residence.）四、任何人进入其本国权利，不得任意加以剥夺。（No one shall be arbitrarily deprived of the right to enter his own country.）

权利和政治权利国际公约》第 12 条对于迁徙和居住自由的限定表明，虽然任何人，无论他/她的国籍状况，都是人权的主体，但在以主权国家为其国民人权的主要义务主体的现代社会，无国籍人、外国侨民或难民享有何种程度的权利，由谁来承担保障其人权的责任在理论和实践上都是一个难题。① 逻辑上，住宅不受侵犯、住宅隐私等人身权利的享有并不以取得合法居留的地位为条件，对于非法居留者非经合法之程序，其居住或临时居留处所仍然享有不受侵犯的地位。但获得适足住宅，特别是享受国民住宅福利的权利显然应当以合法地进入特定国家并取得居留权为其前提。因此，公约对于迁徙和居住自由主体范围的限制事实上也限缩了非法居留者要求所在国保障其获得适足住房的权利。尽管在一些人看来，这种限制损害了住宅权的普遍性，但是一种更加务实和可取的做法。合理的入境限制，保证了在一国境内住宅权权利主体的普遍性程度可以维持在国家资源可承受的范围之内。毕竟，实现住宅权的有限资源当前在世界范围内仍然是以主权国家作为基本单元进行分配的，主权国家仍然是保障住宅权实现的最重要的主体，正如金俭教授所言："一国住宅权享有与实现主要针对本国的公民，对非本国公民可根据各国的经济状况决定保护的程度。尤其对于一国政府的住房社会保障制度更是如此。"② 而即便是最发达的国家，也没有办法完全开放国境为所有自由进入其领土的所有人平等地提供居住保障。③

与国际人权公约中人权主体的普遍性原则不同，宪法中的基本权利包括人权和公民的基本权利两个方面。前者是主体作为人所享有的权利，具有普遍性。而后者的主体则限于国家这个政治共同体成员，也就是具有本国国籍的公民。④ 宪法中的许多基本权利的主体限于公民。但随着人权的宪法化，宪法权利的主体也日益普遍化，"除了授予特权和担当公职

① 曲相霏：《人权主体论》，载徐显明主编《人权研究》（第一卷），山东人民出版社，2001，第 56 页。

② 金俭：《中国住宅法研究》，法律出版社，2004，第 56 页。

③ 在应对因叙利亚内战爆发的难民潮的过程中，德国总理默克尔一度宣布采取开放的政策接纳和安置更多的难民，但不久之后就收紧了难民政策。而欧洲其他发达国家在接纳和安置难民的问题上则更加谨慎。

④ 马岭：《宪法中的人权与公民权》，《金陵法律评论》2006 年第 2 期，第 15~27 页。

外，很少把国籍作为享有权利的一个条件"，"除政治权利方面的小小
例外之外，合法入境者（在很多方面甚至包括非法居留者）也受宪法
保护"①。

在各国宪法中住宅权的主体也越来越普遍。以在宪法中较为全面规定
住宅权的国家为例。早期 1919 年德国魏玛宪法将享有宪法基本权利和义
务的主体限于德国公民。无论迁徙、定居和购买土地的自由（第 111
条），住宅不受侵犯的自由（第 115 条），还是拥有健康住房的社会权
（第 155 条），其主体都仅限于德国人（公民）或德国家庭。1976 年葡萄
牙共和国宪法第 65 条第 1 款规定："任何人有权为本人及其家庭供给面积
充足、卫生与舒适，使个人私生活和家庭生活受到保护的住宅。"第 34
条规定住宅不受侵犯时，其主体同样是"任何人"。这里的任何人不仅仅
指葡萄牙公民。葡萄牙宪法第 12 条规定，任何公民都享有宪法规定的权
利，第 15 条规定，身在葡萄牙或在葡萄牙居住的外国人与无国籍人与葡
萄牙公民享有同等的权利。这两个条文分别规定了宪法权利的属人主义和
属地主义保护。概言之，葡萄牙宪法中规定的住宅权大部分权利的主体同
时包括葡萄牙公民——无论其是否位于本国境内——以及位于葡萄牙境内
的一切人，包括外国人和无国籍人。葡萄牙宪法第 44 条迁徙自由和定居
权利的主体的措辞是"公民"，但结合第 15 条的规定，也应当包括身在
葡萄牙或在葡萄牙居住的外国人与无国籍人。1993 年俄罗斯联邦宪法第
40 条第 1 款规定，"每个人都有住宅权。任何人都不得被任意剥夺住宅"，
但该条第 3 款将国家提供住宅保障的对象限定为生活困难以及法律规定的
其他需要住宅的"公民"。对于住宅财产权的主体，第 35 条第 2 款规定
私有财产权的权利主体是"每个人"，但第 36 条将作为私有财产的土地
的所有权主体限定为"公民及其联合组织"。第 27 条自由迁徙和选择居
留地和居住地的权利的主体是"在俄罗斯联邦境内合法居住的每个人"。
1996 年南非共和国宪法中对于住宅权主体的规定同样区分为"人"和
"公民"。除了迁徙及居住自由的主体规定是"公民"（第 21 条）外，其

① 〔美〕路易斯·亨金、阿尔伯特·J. 罗森塔尔编《宪政与权利》，郑戈等译，生活·读
书·新知三联书店，1996，第 188 页。

他关于住宅权的条款，诸如住宅隐私权（第14条第1项）、获得适当的住房的权利，包括不受任意驱逐的权利（第26条）、社会保险权（第27条）、信息权（第32条）中的权利主体均是"每一个人"。

从1919年魏玛宪法到1996年南非宪法，我们可以发现宪法中住宅权主体经历了不断扩展和日益普遍化的发展过程。总体而言，世界各国宪法大都将住宅不受侵犯权、住宅隐私权的主体规定为所有人，并不以具有公民或居民的特定身份为条件。对于迁徙和居住自由的主体则存在两种立法例。一是将其限定为具有该国国籍的公民。二是将其规定为包括在该国境内居留的外国人和无国籍人。对于获取适足住房权以及享有住房保障的权利，各国宪法的规定则并不一致。有些国家的宪法将这些权利的主体限定为本国公民，另一些国家的宪法则规定这些权利的主体也包括在该国境内合法居留的居民。

综上，在理论上可以将住宅权的个体性主体分为三个层次：任何人、公民和居民。

1. 任何人均为住宅权的主体是由住宅权的人权属性决定的

人权作为人之为人所应享有之权利，应当平等地被所有人享有。这种人权普遍性的理论被国际人权公约所确认并在习惯法层面成为现代国际社会的普遍共识。确认人权主体的普遍性已经成为各国在国际人权法上的承诺和义务。

2. 对于将住宅权主体限定为公民的观点，存在两种具有显著区别的理论

一种理论可以称为法定权利说，认为宪法中的基本权利是法定权利而不是自然权利，哪些主体可以享有宪法权利取决于宪法的规定。然而，虽然随着人权的宪法化，现代各国宪法都在不同程度上接受了人权或自然权利的理论，但许多宪法权利，包括宪法中的住宅权原本就来源于人权理论和国际人权公约，是人权的法律化、国家化、具体化和规范化。其在本质属性上应当为普遍主体所享有。而各国宪法的条文也在实定法层面规定住宅权的主体不仅是公民，而且为更普遍的主体所享有，至少就部分的组成权利而言，其主体是一切人。公民主体的另一种理论则可以追溯到权利的社会契约思想。虽然西方早期的宪政文献，如《独立宣言》《人权和公民

权利宣言》等，往往将权利主体宣示为"人人"或"任何人"①，但根据社会契约的理论，宪法是社会成员之间或成员与政府之间订立的带有政治性的社会契约。这种政治契约思想"所设计的契约中的人人或每个人等带有普遍性的字眼理所当然仅指参与订立契约的人，而不是契约之外的人"②。因此，除了具有政治共同体成员身份的公民之外，外国人和无国籍人不能享有宪法契约中规定的权利。然而，在逻辑上"契约论"并不必然得出宪法中的住宅权主体应限定为公民的结论。首先，不同版本的社会契约论都认可在缔结社会契约之前，就存在自然权利。社会契约并不是自然权利产生的依据，相反缔结社会契约的目的是保障成员的自然权利。③ 因此，即便住宅权在一些国家的宪法中被规定为只限于公民才能享有的权利，也不能否认其人权属性和主体的普遍性，而对于那些在宪法中并未完整规定住宅权的国家，也不能说就不存在住宅权。其次，契约并不是只能为参与缔约的主体设定权利，同样可以对第三人产生效力。国际人权公约的缔约主体是国家，但这并不影响其为个人创设权利的效力。同样，现代宪法已经不再是共同体内成员关于彼此之间权利义务的约定，其内容还包含国家对共同体外部主体的承诺。许多国家的宪法都规定外国人和无国籍人可以和本国公民享有平等的住宅权，这些规定同样产生有效的权利和义务。最后，由于住宅权是一种与居住生活紧密联系的权利，它更多地涉及社会经济生活，与作为政治共同体成员资格的公民身份之间只存在弱的关联。这也是许多国家的宪法中规定位于本国境内的合法居留者，也就是居民是住宅权主体的重要原因。

3. 居民的主体地位同样可以诉诸社会契约理论予以说明

现代国家具有多重功能，社会契约也存在不同类型。政治性的契约所

---

① 1776 年《独立宣言》宣布："人人生而平等，他们都从他们的造物主那里被赋予了某些不可转让的权利，其中包括生命权、自由权和追求幸福的权利。" 1789 年《人权宣言》宣称："人生来时而且始终是自由平等的。""任何政治结合的目的都在于保存人的自然和不可动摇的权利。这些权利就是自由、财产、安全和反抗压迫。"现代住宅权等社会权利的理念可以追溯到这些伟大文献中所表达的自由、平等、财产、安全、追求幸福等权利观。

② 徐显明、曲相霏：《人权主体界说》，《中国法学》2001 年第 2 期，第 53~62 页。

③ 关于自然权利与社会契约理论的论述，可参见〔美〕列奥·施特劳斯《自然权利与历史》，彭刚译，生活·读书·新知三联书店，2003。

产生的政治共同体只体现了现代国家的多重功能中的政治层面。除了政治认同外，国家功能的结构中还存在社会、经济和文化生活等不同层面。国家不仅是政治共同体，还是社会、经济和文化生活的共同体。政治共同体的成员是公民，而其他共同体的成员资格并不必然以政治上联系为条件。随着各国间人员往来的不断频密，越来越多的公民在本国之外短期或长期生活居住。他们虽然在政治上仍然效忠本国，但其居住生活与所在国而不是本国具有更密切的联系。他们以所在国为居住生活和进行经济活动的中心地，更应当被视为所在国而不是国籍国社会、经济共同体的成员。纳税被认为是共同体成员的核心义务。对于采取属地税收管辖原则的国家来说，居住生活在其境内的外国人、无国籍人同样是纳税人。对于采用属人税收管辖原则的国家，除了美国、墨西哥等少数国家以国籍作为行使跨国税收管辖权的依据外，大多数国家均采用以住所、居所为标准的居民税收管辖权。也就是说外国人只要在一国有住所或居所，并满足居住的时间性要求，就被视为一国的居民，在承担纳税义务的同时，也享有相应的权利，特别是享受以税收支持的公共服务的权利，包括各种住宅福利。现代宪法不仅是政治性社会契约，还是经济性质的社会契约。其缔约者不仅是政治共同体的成员，还包括在经济社会层面融入所在国社会共同体的外国人和无国籍人。而政治共同体的成员也并不当然具有社会经济共同体的成员资格。在一些国家的宪法中甚至将定居在国外的本国公民暂时地排除在要求政府提供社会保障的主体范围之外。逻辑上，在国外定居的本国公民没有在本国居住生活的需求，也就不存在要求政府保障其居住的权利。他/她只有回到本国生活居住，重新与本国建立居住生活方面的联系，才能成为这些权利的主体。

我国现行宪法第二章"公民的基本权利和义务"中将大部分权利的主体限定为"中华人民共和国公民"。但这并不意味着住宅权主体的普遍性在我国应受到限制。我国是《世界人权宣言》《公民权利和政治权利国际公约》《经济、社会、文化权利国际公约》等国际人权文件的缔约国。宪法第33条第3款规定："国家尊重和保障人权。"不论依据国际法还是宪法，无论具有中华人民共和国国籍的公民，还是在我国境内合法居留的外国人和无国籍人，都应当被视为住宅权的普遍主体。

二　住宅权权利主体的功能类型：受益与实现、自利与利他

在国际人权公约以及一些国家的宪法文本中，除了个人之外，还明示或默示地规定了享有住宅权的其他类型的主体。《世界人权宣言》第25条第（一）项规定："人人有权享受为维持他本人和家属的健康和福利所需的生活水准，包括食物、衣着、住房、医疗和必要的社会服务。"其中除了人及其本人外，还出现了家属（his family）一词。《经济、社会、文化权利国际公约》第11条第1款的英文文本和作准中文文本《世界人权宣言》第25条的表述几乎一致，但其通用中文文本中则将 his family 翻译成家庭。Family 在英文中兼有家庭和家庭成员，即家属的含义，用作家庭时是可数名词，有复数形式，用作家属时是集合名词，其原形就是复数形态。因此，从语法上分析，在上述文本中翻译为家庭和家属都是可以的。但从文本内容来看，此处的 family 应当译为家庭，这能够体现更丰富的内涵。因为家庭一词在中文中既可以理解为各个家庭成员集合，即家属，也可以理解为《经济、社会、文化权利国际公约》第10条所规定的作为社会的自然和基本的单元的家庭，而家属则仅就家庭成员而言。

无论此处 family 翻译成家属还是家庭，在宣言和公约的文本中我们都可以发现本人和其家庭或家庭的其他成员的住宅权的地位是不同的。个人在上述文本中是毫无争议的权利主体。而家庭的地位则较为模糊。文本中并未明确宣称个人的家属或家庭也享有住宅权，但宣示了包括住宅权在内的生活水准权最终要满足的对象是个人本人和其家庭的健康和福利所需。

如何理解这里的"家庭"或"家属"在住宅权法律关系中的地位呢？首先，我们必须回顾法律中主体人格的背后，被视为前提的人像，即人的形象的发展过程。在近代自由主义的法律观念中，作为权利主体的人的形象是个人主义和理智主义的个体化的理性人，他为且仅为自己的利益行动，拥有理性认识自己的利益并拥有追求其已经认识到的利益。[①] 人权的普遍主体是抽象的平等的无差别的人。然而，这并不是法律中人的唯一形

---

① 〔德〕拉德布鲁赫：《法律上的人》，舒国滢译，载方流芳主编《法大评论》（第1卷第1辑），中国政法大学出版社，2001，第488页。

象。首先，并不是所有主体均有能力实现自己的权利，例如未成年人、严重的精神病人以及植物人等无行为能力或行为能力受到限制的主体，缺乏实现自我权利所必需的能动性。人权主体的普遍性和主体行为能力的受限性构成了一对矛盾。在一些学者看来，规定只有规范的行动者才是人权主体可以让我们更正确地认识和理解人权。[①] 因为这提醒我们，婴儿以及其他无行为能力的主体和研究者与立法者主观设想出来的普遍的人权主体的平均类型存在巨大差异，以至于我们不应当将对住宅权主体的认识局限在想象中的抽象概念或平均类型，而应当对住宅权的主体进行进一步的类型化研究。其次，并不是所有人都具备理性认识自身利益并通过规范行动实现自身利益的能力，但这些主体同样有居住方面的基本的正当需要，也就应当享有住宅权。

据此，享有住宅权的主体可以分为两种不同的类型。第一，受益主体。所有人都是住宅权的受益者，因为每一个人都具有基本的居住需求，住宅权实施的最终目的就是满足人的合理的居住需求。但本书所谓受益主体专指具有权利能力，享有承受权利赋予其自由和利益的资格但不具有行为能力或只具有有限的行为能力，不能通过或完全通过自己的行为去实现权利的主体。虽然不具有或只具有有限的规范的行动能力，但他/她具有人格，也就是权利能力，可以从住宅权的实施中受益。纯受益主体的法律地位类似信托关系中的受益人。第二，实现主体，或者说能动性主体。所谓能动性主体不仅是住宅权的受益者，还是住宅权的实现者。[②] 能动主体不仅具有享有住宅权的资格，还具有运用法律赋予的资格和地位实现自身利益的行为能力。

回到《世界人权宣言》和《经济、社会、文化权利国际公约》的文

---

① 〔英〕詹姆斯·格里芬：《论人权》，徐向东、刘明译，译林出版社，2015，第110~115页。

② 有学者将人权主体区分为承担型个人和实现型个人，认为承担型个人只是人权的载体，不能靠自己的主动行为去实现人权，只具有权利能力，不具有行为能力，而实现型个人不仅是人权的载体还是人权的实现者。参见李莉《人权主体的思考》，《法学评论》1993年第1期，第7、23~26页。李莉所称的承担型个人属于本书所称的受益主体，而实现型个人则属于本书所称的能动主体，而本书的受益主体和能动主体还包括非个人的住宅权主体。

本，我们会发现公约对家庭或家属的地位的规定更接近受益主体的类型，而以男性的"他"所指称的本人相对而言则居于一种更加能动的主体地位。虽然如前文所述这体现了特定时代社会对性别的固有偏见，但其中也不乏合理的因素。在家庭成员中，儿童从一出生就具有权利能力，但其行为能力则受到限制，缺乏自主地实现自身住宅权的规范的行动能力。因此，儿童作为住宅权的主体，显然属于被动承受权利的受益主体，而不是以自己的行为积极实现权利的能动主体，其权利依赖于监护人代为行使和实现。家庭成员中的女性虽然在法律上认为应当具有完全的行为能力，但由于男女两性天然的生理差别和传统的社会性别观念，女性的行为能力往往居于弱势，女性在自主实现权利方面面临着障碍，至少不是完全的能动主体。

对于这些缺乏能动性的规范行动能力、无力自行实现自身住宅权的主体来说，其权利如何得到保障和实现呢？传统的人权法认为这一问题的答案属于住宅权义务范畴，即应当通过义务主体的行为来实现这些权利主体的权利。但宣言第 25 条和公约第 11 条的规定给我们提供了另一种路径。上述条款中的个人与近代自由主义权利理论中的主体的平均类型存在另一个重要的差别。前者享有获得适足住房的权利不仅是为了满足自己的居住需要，还是为了其家属或家庭的利益，而后者则只受自身利益的驱动。申言之，第 11 条第 1 款中的权利主体并不是一个自利的个人主义的人的形象。我们可以在传统的家父形象中找到他的影子。宣言和公约的起草者仍然受到古老的家庭制度残存的影响，正如拉德布鲁赫所指出的："在法律制度的冷僻的一角，渗透着义务、承载着义务的权利这一古老的父权（家长）制思想作为一个有限的此存还在苟延残喘：例如在家庭法中，人们认为，相对于自己的妻子和孩子，还是应把权利一如既往地托付给丈夫和父亲，以满足按照义务要求履行之期待。但在家庭法中也对以前丈夫和家长权利的义务性履行附加了愈来愈多的法律上的限制——人们可能还想到青少年法庭法和青少年福利法。而且，在这里，终结渗透着义务的权利，而化解为自利性权利和利他性义务，也可能是即将出现的事情。"[①]　"权利的义务性

---

① 〔德〕拉德布鲁赫：《法律上的人》，舒国滢译，载方流芳主编《法大评论》（第 1 卷第 1 辑），中国政法大学出版社，2001，第 488 页。

履行"的概念表明，第 11 条第 1 款规定的个人的权利是一种兼具利己性和利他性的权利。第 11 条第 1 款对住宅权主体的授权具有"信托"的内涵，其托付给个人（everyone）的权利，不仅是为了个人自身利益，而且是为了其家庭和家属的利益，不仅是其个人的权利，而且包含了家庭或家属的权利。虽然在拉德布鲁赫看来，这种利他性权利的观念可能来源于古老的家父权的残余，并将走向终结，但它对个人主义的自然权利观的批判是深刻而富有时代意义的。正如黑格尔所言："个人的生活和福利以及他的权利的定在，都同众人的生活、福利和权利交织在一起，它们只能建立在这种制度的基础上。"① 在家父制的余烬中，社会法学派学者提出的社会连带思想赋予利他性权利以新的意义。虽然连带理论的提出者狄骥认为社会连带应当以义务为本位，批判了权利本位的观念，甚至提出以法律义务体系来取代近代法律中的权利体系，但社会连带和权利的观念并不必然存在冲突。日本社会法学派学者牧野英一认为权利化也是法律社会化的表现。他提出了建立在社会连带思想上的权利观：一方面，个体权利应当以保持共同生活为正当性基础；另一方面，对于维持共同生活所必要的权利，也就是利他（群）性权利则不可不行使之。② 这一观点指出了权利上负担利他性义务之限制与他益性权利概念之间经常会被忽略的区别。举例说明，《魏玛宪法》中对于所有权的社会义务的规定构成了对所有权的限制，权利人往往需要克制自己权利的行使或承担额外之负担。但在第 11 条第 1 款对适足住房权的规定中，个人的社会性的居住需求和其家庭的居住需求在本质上是同一的，必须同时得到满足，其对家人住宅权的实现和自身住宅权的实现是同一个过程，只要其家属的住宅权不能实现，个人的住宅权就谈不上得到完全的实现。而个人权利实现的过程也是个人对其家

① 转引自张盾、冷琳琳《论黑格尔逻辑学与其政治哲学的关系》，《教学与研究》2014 年第 4 期。黑格尔从普遍性对特殊性的优越地位出发，指出个人权利（实际是个人性）是社会构成的，而不是先于社会构成。人的自然状态并非平等和稳定独立的，而是一个依赖更强者的状态。这里的普遍性是指个人的目的只能在同他人的关系中以普遍方式来实现。参见〔美〕理查德·A. 波斯纳《法理学问题》，苏力译，中国政法大学出版社，2002，第 431 页。
② 〔日〕牧野英一：《法律上之进化与进步》，朱广文译，中国政法大学出版社，2003，第 114~117 页。

庭或家属履行义务的过程。事实上，他益型权利主体的最重要的义务就是在其权利为维持社会连带生活所必要时努力实现之。

据此，我们可以识别出住宅权主体的另两种功能类型：自益型权利主体和他益型权利主体。前者是指那些为且仅为自身需求和个人利益而享有、主张和行使权利的主体。后者是指不仅是出于自身需求和个人利益，而且也以与他人维持共同生活的需要和共同利益为目的而享有、主张和行使权利的主体。

《经济、社会、文化权利国际公约》第 11 条第 1 款中适足住房权的权利主体属于一种典型的他益型权利主体：享有住宅权的个人并不是只为了自身个体性的居住需求和利益保有，而是同时为了维持其家属或家庭的健康福利之所需。家庭强有力的血缘和情感纽带使得利他性淡薄的个人也会对其家人和家庭产生强烈的归属感和道德性的责任意识，从而形成一种权利共同体的家庭观念。当然，在现代社会，古老的家父权已经被消解，家庭或家庭成员享有的住宅权利不再"一如既往地托付给丈夫和父亲"。公约中的"人人"和"他的家属"不应再限于特定的社会性别。妇女和成年子女也可以作为家庭的户主，而成年男性也可以作为家属。家庭成员具有平等的法律地位，都是住宅权的权利主体。每一个家庭成员既是利己的权利主体，同时也是利他的权利主体，其住宅权的实现互为条件和结果，因此也可以将之称为互利型主体。即便是不具备能动主体地位的纯受益主体，如儿童，因为其权利的内容中包含了其家庭或其他家庭成员的利益，也属于利他型权利主体。1996 年《南非共和国宪法》第 28 条第 1 款第 3 项规定了儿童的家庭权和住宅权："每个儿童都有权获得家庭照顾或父母照顾，或当脱离家庭环境时获得其他适当的照顾；获得基本的营养、住所、基本的医疗保健服务和社会服务。"在著名的格鲁特姆案中，① 南非开普地方法院裁决宪法第 28 条为儿童这一特殊主体提供了相对于第 26 条中的一般主体更加严格的宪法保护：第 26 条的条文直接渊源自《经济、社会、文化权利国际公约》第 11 条，为每个人创设了一个适格条件（对应于国家在资源限度内，采取合理措施，逐步实现的义务），而第 28

---

① 该案案情及相关讨论详见本书关于住宅权可诉性问题的探讨。

条对儿童住宅权的规定则没有提到"可用资源"和"逐步实现"的限制。[①] 虽然开普地方法院的这一观点最终没有得到南非宪法法院的认可，但这一案件表明儿童的住宅权的实现必须以其家庭住宅权的实现为前提。在不能割裂儿童与其家庭联系的情况下，保障儿童的住宅权就必须保障儿童所属家庭其他成员（家属）的住宅权，逻辑上也就能够得出对儿童住宅权的特殊保障同样适用于儿童的家庭及其成员。

三　住宅权权利主体的连带性：家庭、社区和其他连带主体

在传统理论中，人权和权利本身就是一个以个人主义为基础的个体概念。传统的人权理论认为人权是属于个人的权利，只有个人才是人权的主体。正如有学者所言："古典人权主体无论其范围如何，指向的对象无疑都是有生命的人的个体——自然人。"[②] 即便是在现代法律中已经得到普遍认可的团体和集体人权，也被认为是实现个人人权的手段和保障，其主体属于工具和操作意义上的主体，唯有具有生命的个体才是本源意义上的权利主体。然而，组成社会的个人并不是原子式的个体主体，正如马克思所指出的"人的本质不是单个人所固有的抽象物，在其现实性上，它是一切社会关系的总和"。[③] 人权作为人普遍享有和应当享有的权利，其主体"人"不仅是生命个体意义上的生物的人，还是具有社会属性的社会的人。即便在住宅权主要涉及的人的私生活的层面，个人也不能脱离社会而自足地存在，而是相互依赖、相互合作着形成一种连带的社会关系。社会连带的概念最初是由法国学者狄骥提出的，用来指称人与人之间在社会中的不可分离的关系。狄骥认为社会连带关系分为两种，一种以同求为基础——人们的需要只有通过共同努力才能得到满足；另一种以分工为基础——人们的不同才能只有通过相互服务才可以得到发挥。[④] 一方面，如果说在古代世界，个人还可以独居深山密林，做一个遗世独立的高人隐

---

① 〔美〕凯斯·R.桑坦斯：《罗斯福宪法：第二权利法案的历史与未来》，毕竞悦、高瞰译，中国政法大学出版社，2016，第206~208页。

② 徐显明、曲相霏：《人权主体界说》，《中国法学》2001年第2期，第55~56页。

③ 参见《马克思恩格斯选集》第1卷，人民出版社，1995，第56页。

④ 〔法〕莱昂·狄骥：《宪法学教程》，王文利等译，辽海出版社、春风文艺出版社，1999，第10页。

士，那么在现代社会，人的居住需求已经远远超出了简单的容身之所的意义，而是以完善的社会公共服务为基础，个人仅凭一己之力根本无法实现自己的居住需求。另一方面，人的居住需求本身就具有强烈的社会性。人从猿人开始就是一种群居（社会性）动物，[①] 人的居住需求究其本质就是一种具有社会性的共同生活的需求。以人的居住需求为基础的住宅权，从一开始就是以满足个人在共同生活中的居住利益为其目标的具有社会连带性质的权利。这也解释了《经济、社会、文化权利国际公约》第 11 条第 1 款规定的住宅权的主体并不是自利性的原子式个人，而是同时追求自身利益和其他家庭成员（家属）共同利益的他利性主体。单个的个人无法仅基于其自身的居住需求说明其住宅权中包含家属居住需求的合理性，也无法仅凭其自身的资源和行为实现其住宅权利的现实性。这就要求我们必须从人的社会属性和人的居住需求的社会性出发理解住宅权的概念。引入个人主体间相互合作的共同体，也就是连带主体的概念，以这些连带主体的共同利益说明个人权利主张的合理性，并以这些连带主体的共同行动来实现个人的权利也就成为逻辑上的必然结果。

（一）家庭

作为社会连带的最基本的单元，家庭是指"由婚姻、血缘或收养而产生的亲属间的共同生活组织"[②]。孔德曾指出："社会是由家庭组成的，社会本能与个人本能在家庭里得到混合并相互调节。家庭和社会各有其职责，但目的是一致的。每个人都在追求自己的目的并在不知不觉中相互合作着，这种合作是社会得以产生的根源。"[③] 在孔德看来，社会是一种人由"利己"和"利他"倾向结合起来的相互合作的统一整体，其基本单位是家庭，而非个人，在家庭基础上的社会组织使社会整合成一个有机体。[④] 个人及其家庭住宅权的实现不仅依赖于其个人的努力，还需要家庭成员相互合

[①] 群居动物是指以群体为生活方式，无论觅食、休憩、迁移等行为都以集体为单位，彼此相互关照、相互协助的动物。所谓群居，即共同居住是群居动物社会性的一个最为典型的特征。

[②] 夏征农：《辞海》，上海辞书出版社，2000，第 1236 页。

[③] 吕世伦主编《现代西方法学流派》（上卷），中国大百科全书出版社，2000，第 282 页。

[④] 顾肃：《自由主体基本理念》，中央编译出版社，2003，第 378 页。

作，就像马克思所说的"只有同别人一起才能行使"。① 黑格尔将家庭定义为以爱为基础的一个小共同体，将参与其中的个人定位为家庭成员而不是形式的人。婚姻要求每个人放弃单独人格，成就一种爱的关系。这样，家庭的住宅，不应像"抽象权利"部分中的财产那样，被看作各家庭成员个人的私人财产，可以根据个人的专断意志单独地使用或转让。相反，个人的财产与婚姻一起，成为双方的共同资源（Vermoegen），并且如果有了孩子，它就成为作为整体的家庭资源。同时，作为家庭资源，Vermoegen 扩展为包括任何能够提供生存和家庭享受的所有东西，例如，特殊的（可以出卖的）技能和父亲的劳动力。家庭资源成为"共同财产，这样，一方面家庭成员不可以拥有自己的财产（作为家庭成员），另一方面，每个人都对这个共同财产拥有权利"②。现代的婚姻家庭法律制度并不否认每一个家庭成员享有独立的人格，也承认家庭成员在共同财产之外，可以拥有个人财产。但黑格尔认为家庭住宅属于家庭共同资源的认识仍然具有现实的意义。③ 正是在谈到个人与家人需要享有共同使用必要资源的自由时，家庭的权利才显得重要：作为资源和使用资源的合作行动的共同体，家庭应当具有独立的主体地位。

　　家庭是住宅权的主体并不是一个新的观点。住宅权的保障和实现往往发生在作为最小社会、经济单位的家庭的层面。在那些最早规定住宅权的各国法律文献中，住宅权从一开始就是属于甚至专属于家庭的权利。如德国《魏玛宪法》第 155 条对于住宅权的规定，除了声称"使所有德国公民人人拥有健康住房"外，还特别强调"保障所有德国尤其多子女家庭，均拥有符合需求之居住与经济场所"。在美国总统罗斯福提出的第二权利法案中，拥有体面住房的权利的主体被表述为家庭（family），而不是个人。④ 此

---

① 参见《马克思恩格斯全集》第 1 卷，人民出版社，1956，第 436 页。
② 〔美〕P. G. 斯蒂尔曼：《黑格尔在〈权利哲学〉中对财产权的分析》，黄金荣译，http：//www. iolaw. org. cn/showNews. asp? id＝7023，访问日期 2016 年 3 月 22 日。
③ 一些国家的宪法和法律规定了对家庭住宅等家庭财产的特别保护。如 1967 年巴拉圭《宪法》第 82 条规定："国家依法无条件承认家庭财产，包括家庭的住房、家具和其他必不可少的设施，是社会福利的组成部分。"
④ Franklin D. Roosevelt, State of the Union Message to Congress, January 11, 1944. 中译本可参见〔美〕凯斯·R. 桑坦斯《罗斯福宪法：第二权利法案的历史与未来》，毕竞悦、高矓译，中国政法大学出版社，2016，附录一，第 227 页。

后，许多国家的宪法在规定住宅权的时候也将其主体规定为家庭或者家庭和个人。例如，1946 年法国宪法序言第 11 条规定："国家保障家庭和个人发展的必需条件。"1983 年墨西哥宪法第 4 条第 4 款规定："每个家庭有权享受体面和适当的住房。"1979 年秘鲁宪法第 10 条规定："享有体面的住房是家庭的权利。"1967 年巴拉圭宪法第 82 条规定："每个家庭都有在自己土地上建造住房的权利。"① 关于适足住房权的第 4 号一般性意见在对于《经济、社会、文化权利国际公约》第 11 条第 1 款的解释中明确了家庭和个人都是住宅权的主体。

家庭与住宅具有十分紧密的人类学和社会学关联，这种关联强化了家庭作为住宅权主体的社会意义。汉语中的家庭两字，原意均与房屋、居所有关，后来才引申出因婚姻、血缘或收养而形成的共同居住生活的共同体的意义。② 在人类学的家庭概念里，住户和出身这两个概念并没有分离开来，而是一起包含在里面。住户的原理是"居住的共同"（用文化人类学的术语就是"同火"），而出身的原理就是"血缘的共同"。③ 也就是说家庭的联系不仅是血缘关系，而且共同居住也是判断是否存在家庭关系的重要因素。分居在一些国家的婚姻法律制度中意味着原有家庭关系的终止，同居则被认为是判定家庭关系存在的标识。在一些国家，同居甚至取代婚姻成为一种准家庭关系。现代社会的核心家庭是由父母和子女构成的，但在个案中，人权事务委员会曾认定在同一住所生活的祖父母和孙子

---

① 所引各国宪法的中文译本参见姜士林等主编《世界宪法全书》，青岛出版社，1997。

② 家字的甲骨文字形，上面是"宀"，表示与房室有关，下面是"豕"，即野猪，其本义是屋内、住所。《说文解字》：家，居也。《易·家人》："人所居称家，是家仅有居住之意。"后引申为因婚姻而形成的共同居住的人的共同体。《周礼》郑玄注："有夫有妇，然后为家。"家的字形表明其不仅是用于居住的房屋，而且承载着非常丰富的共同生活的社会意义。猪是祭祀中常见的祭品，这表明家是指祭祀祖先的处所，具有祭祀的社会功能。猪又是中国社会中十分重要的家畜，这说明家是养殖家畜的处所，具有经济活动的社会功能。这与前文中提及罗马人以祭祀先人的场所为其住所，其后随着手工业和工商业的发达，改为以生活活动中心为住所可以相互印证。庭字，据《说文》从广（yan），广（yan）字在甲骨文和金文中字形书写法像屋墙屋顶，其含义是依山崖建造的房屋。段玉裁《说文解字注》：庭，宫中也。宫者，室也。室之中曰庭。可见家庭的本义均为居之所，后才引申出因婚姻及血缘关系而形成的生活共同体的含义。

③ 〔日〕上野千鹤子：《近代家庭的形成和终结》，吴咏梅译，商务印书馆，2004，第 6 页。

女可以构成一个家庭，而在异地分别居住生活 17 年的一对母子，则不能说存在家庭关系。作为共同居住所必须具备的条件，住宅可以说是家庭的物质基础。家庭只有享有适足的住所才能促进家庭成员的团聚、融合，有利于家庭的维护、改进和保护。

住宅对于个人来说，绝非仅仅是一个遮风避雨的容身之所，住宅权之所以成为一种枢纽型的社会权利，对于个人尊严、人格的自由和充分的发展具有不可替代的重要价值，就是因为住宅是承载着个人社会关系的家庭的载体，是个人的"家"的所在，为个人在社会关系中完善和发展自己的人格提供了必要的物质载体。对于个人来说住宅权作为有尊严和自由地生活在某处的权利，不仅需要物理上的遮蔽，还需要家庭的庇护，尤其对于儿童等特殊主体更是如此。

德国学者拉德布鲁赫认为对家庭的理解存在两种不同的观点，"它可从个人主义的角度理解为个别家庭成员之间的一种关系，也可从超个人主义的视角理解成为超越于个别家庭成员的一种社会学整体"①。《世界人权宣言》第 25 条和《经济、社会、文化权利国际公约》第 11 条的中文作准文本对于 family 一词的不同翻译，实际上恰恰体现了这两种不同的观点。究竟应当将上述文本中的 family 一词在个体主义的意义上理解为"家属"，即家庭的成员，还是应当将其理解为具有独立于其成员的法律地位的"家庭"。这取决于我们是从自由主义的立场出发将住宅权理解为一种完全个体本位的个人权利，还是从更加社会化的立场出发，将住宅权理解为一种具有社会本位的家庭权利。笔者认为判断的标准应当是利益：住宅权所体现的是否仅仅为一种个体化的需求和利益，还是在住宅权中存在家庭的团体性的共同需求和利益。对于共同利益的概念，笔者赞同阿尔弗莱德·费德洛斯的观点："共同利益既不是单个个人所欲求的利益的总和，也不是人类整体的利益，而是一个社会通过个人的合作而生产出来的事物价值的总和，而这种合作极为必要，其目的就在于使人们通过努力和劳动而能够建构他们自己的生活，进而使之

---

① 〔德〕拉德布鲁赫：《法学导论》，米健、朱林译，中国大百科全书出版社，1997，第 68~69 页。

与人之个性的尊严相一致。"① 从这一定义出发，家庭在居住需求上确实存在独立于其成员个体的团体的共同利益。

对于家庭等由多人结合而成的团体，是否具有独立于其成员的权利，还是像自由主义学者所言，团体权利只是其成员权利的集合，可以完全化约为其成员个体的权利。拉德布鲁赫曾经提出过一种较为实证的验证方法：将所有的团体利益逐项分配给团体成员，当团体成员的个人利益全部得到支付后，如果仍有一些不可分配的利益盈余，其承受者不是任何团体成员，而是团体本身，那么就应当承认团体具有其独立的利益和权利。②

家庭对于人类社会的重要性体现在其所具有的不可替代的重要职能上。这些职能是社会得以存在、延续和发展的前提和基础，又无法完全被个人或其他社会组织所取代。人类社会生存的前提条件是社会的物质再生产和人口再生产。家庭不仅担负着人口再生产的任务，还担负着主要的物质资料再生产的任务。③ 家庭的住宅不仅是人们休息身心，从而恢复、更新和发展体力，完成劳动力再生产的处所，还是夫妻生育繁衍后代，完成人口再生产的处所，同时还是开展经济活动，完成物质资料再生产的重要场域。在现代社会，随着工业化和市场经济的发展，家庭的物质再生产的职能在逐渐衰弱，前店后宅的手工作坊在经济生活中的作用逐渐被社会化大生产的工厂所取代。同时，随着家务劳动的社会化和学校教育的不断完善，家庭担负的劳动力再生产的职能也被削弱。然而无论如何，只要人类社会还要继续繁衍，家庭所承载的人口再生产的职能就无可替代。因为如果没有"人自身的生产，即种的繁衍"，④ 人类社会就无法继续存在。而即便在社会保障最为健全的国家，家庭的扶养、保育职能，特别是对儿童的养育，都是无法取代的。⑤ 而适足的住宅对于家庭承担这些职能来说是

---

① 〔美〕E. 博登海默：《法理学：法律哲学与法律方法》，邓正来译，中国政法大学出版社，1999，第317页。
② 〔德〕拉德布鲁赫：《法学导论》，米健、朱林译，中国大百科全书出版社，1997，第63页。
③ 李东山：《家庭还是社会的细胞吗？——试论家庭的社会地位变迁》，《社会学研究》1990年第3期，第91~98页。
④ 《马克思恩格斯全集》第4卷，人民出版社，1972，第2页。
⑤ 陈一筠：《家庭是社会保障的基点》，《南方论丛》2003年第4期，第79~83页。

不可或缺的。这些职能需要全体家庭成员共同协作才能很好地履行和实现，单个的家庭成员难以独立履行家庭的职能，家庭因此取得了独立于其家庭成员的利益。为了履行这些职能和实现共同利益所必需的权利和义务，也只能且必须由家庭享有和承担。

因此，《经济、社会、文化权利国际公约》第 11 条第 1 款中文作准文本对于《世界人权宣言》第 25 条中家属一词的改译对于我们理解家庭住宅权主体地位具有重要的启示。一方面，住宅权的主体具有连带性，宣言和公约赋予个人的权利，从一开始就不仅仅是以个人自身的名义去享有和主张实现的。另一方面，家庭的居住需求和利益和家庭成员的居住需求和利益并不能完全通约，单纯的个人活动无法充分实现家庭共同生活的所有利益，需要以家庭的名义组成集合体，共同主张和实现这些权利。因此，家庭是住宅权的主体，且并不仅仅是手段性的主体，其本身也是住宅权的受益主体。

在我国，家庭能否成为住宅权的主体首先取决于家庭是否具有法律关系主体的地位。在我国传统法律中，家庭，又称"户"，是"同居共财"的基本社会单位和重要的法律主体。自然人首先必须隶属于某一个家庭才能获得法律地位。然而，现代家庭的法律主体地位已经逐渐被个人的主体地位所取代。1982 年宪法并未明确承认家庭的主体地位，但从宪法文本中可以推论出家庭应当具有法律关系主体的地位。[①]《民法通则》等民事法律同样未明确家庭在民事法律关系中的主体资格，但土地承包经营户和个体工商户作为民事法律关系的主体，其主体地位已经得到法律的部分承认。[②] 在住宅保障的问题上，家庭或者户已经成为我国立法和政策中住宅保障的基本单位。我国《土地管理法》第 62 条规定："农村村民一户只

---

① 1982 年宪法将公民基本权利的主体限定为公民。但宪法文本中有五处提到家庭。其中宪法第 8 条规定的家庭承包经营制度中的家庭应当是承包经营的主体。宪法第 49 条第 1 款规定："婚姻、家庭、母亲和儿童受国家的保护。"但该条中家庭的地位是和母亲、儿童一样作为法律关系的主体受国家保护，还是和婚姻一样作为一种法律制度受国家保护并未明确。但从逻辑上看，家庭既然受到国家的保护，其主体地位也应当得到法律的认可。

② 《民法通则》第二章第四节第二十六条规定，"公民在法律允许的范围内，依法经核准登记，从事工商业经营的，为个体工商户"。《中华人民共和国农村土地承包法》第 15 条明确规定："家庭承包的承包方是本集体经济组织的农户。"参见宁清同《家庭的民事主体地位》，《现代法学》2004 年第 6 期，第 145~153 页。

能拥有一处宅基地，其宅基地的面积不得超过省、自治区、直辖市规定的标准。"这里的户就是家庭。《公共租赁住房管理办法》第 3 条规定的公租房的保障对象中也包括："城镇中等偏下收入住房困难家庭。"在各地出台的住房保障管理办法中，也都将城镇家庭列为享受住房保障的主体。

　　承认家庭是住宅权的实现主体，对于我国住宅权的制度保障具有十分重要的启示。首先，以家庭作为住房保障的基点已经成为普遍的共识，"一户一宅"已经成为各国住房保障立法和政策中的一个重要原则。① 其次，承认家庭对于住宅权保障存在独立于其家庭成员的特殊利益，有利于更加充分地保障个人的住宅权利。反之，则会导致在住宅权的制度保障上发生偏差。以我国城市外来务工人员，即农民工群体的住宅权保障为例，如果将住宅权的主体从个人扩及他/她的家庭，外来务工人员的住宅权并不仅仅是自身的居住需求，同样也应当包含对其家属或家庭的居住需求的保障。然而，当前我国一些省市出台的住房保障法规中，针对本地居民的保障主体是"城镇住房困难家庭"，而对于外来务工人员，保障对象则并未明确地包括其家庭。② 地方政府在保障上的差别做法在户籍制度下是合理的。中国现有的社会保障体系是由本地财政支撑并独立运转的。在财政承担能力有限的情况下，各个城市的住宅保障均以服务本地居民为主。即使有些城市为外来人口提供住宅保障，也只能是在一个较低的水平。特别是对于家庭来说非常重要的教育等公共资源同样是与户籍挂钩的。在义务教育阶段，各地普遍推行"按片划区，就近入学"，但只有拥有住房所有权才能享有就近入学的资格，大量租房居住的外来人口的子女不能享有公平的教育机会。即便能够在本地接受义务教育，他们在高考时仍然要回原籍参加高考，面临更加残酷的竞争。③ 户籍制度的存在以及其他有形和无

---

　　① 关于"一户一宅"的讨论可以参见张清、吴作君《住房权保障如何可能研究纲要》，《北方法学》2010 年第 4 期，第 48~60 页。
　　② 例如《陕西省保障性住房管理办法（试行）》第 31 条规定："公共租赁住房保障对象为城镇中等偏下收入家庭、新就业职工和外来务工人员住房困难者。"《天津市基本住房保障管理办法》第 2 条第 2 款规定："本办法所称基本住房保障，是指通过出租和出售保障性住房、发放住房租赁补贴等方式，向符合条件的家庭及外来到津就业人员提供帮助和扶持，以保障其享有基本的居住条件。"
　　③ 陆铭：《空间的力量：地理、政治与城市发展》，上海人民出版社、格致出版社，2013，第 17 页。

形的门槛，导致大量流动人口选择在流入地工作而仍在流出地买房。国家统计局发布的 2013 年的农民工监测数据显示，2.69 亿农民工中只有 0.9%实现了在所在城市购买住房的愿望，绝大部分农民工选择回老家城镇买房或自建房。这种住房空间失配现象一方面加剧了农民工流出地的住房空置率，导致了资源的严重浪费；另一方面，也无法妥善解决外来务工人员在所在城市的实际住房问题。[①] 根据广西住建厅对农民工住房现状进行的调查，从居住形式看，农民工居住在用工单位集体宿舍的占 39%，居住在工棚、工地的占 7%，居住在生产场所的占 4%，与他人合租的占 20%，单人租房的占 21%，其他形式住房的占 9%。[②] 这些居住形式大部分均不能满足农民工家庭的居住需求。如果将住宅权的主体看作完全自利的原子式个体，那么我们似乎可以分别对这些个体的权利予以保障：农民工本人在城市享有功能设施齐备的单身宿舍，而其家属则在位于农村老家的自有住房居住。每一个独立主体各自的住宅权似乎都得到了实现。然而，在我国由留守儿童、留守老人引发的日趋严重的社会问题表明，这种将住宅权个体化，割裂主体间的社会联系的观点并没有真正满足农民工家庭以及每个家庭成员个人的住宅权，家庭的被迫分裂及其带来的留守现象已经成为我国城市外来务工人员住宅权保障不足的一个重要表现。这表明在住宅权保障的制度设计中充分认可家庭的权利主体地位，无疑将有助于个人住宅权得到更加充分的实现。

（二）社区及其他社会连带组织

社区最初是一个社会学上的概念。最早提出社区概念的德国社会学家滕尼斯认为社区是一种由共同价值观念的同质人口组成的密切、守望相助、存在人情味的社会关系的团体。滕尼斯是在和社会相对应的概念上使用社区这一概念的，他所指的是不同于现代工业社会的，基于传统的血缘、地缘和文化等因素形成的传统的乡村共同体。受到美国城市社会学和英国社会人类学派的影响，滕尼斯所提出的作为传统的社会整体关联方式

---

① 倪鹏飞主编《住房绿皮书：中国住房发展报告（2014~2015）》，社会科学文献出版社，2014，第 102~103 页。

② 广西住房和城乡建设厅住房保障处课题组、邱勇哲：《调查实录：广西农民工住房现状》，《广西城镇建设》2015 年第 7 期，第 45~53 页。

的社区的概念逐渐演化为具体的地域生活共同体。①

人们在使用社区概念时赋予了社区多重含义。但在绝大多数关于社区的定义中，共同居住生活和地域都是其核心的要素。滕尼斯曾将社区分为3 种类型，其中地区社区，亦称地理的或空间的社区，以共同的居住区及对周围或附近财产的共同所有权为基础。邻里、街坊、社区、村庄、城镇都属于这种社区。② 社区组成人员的共同的地域性，使其不同于公司、社团等社会的其他连带结构，后者强调的是组成人员共同的职业性。有学者形象地将社区称为市民社会的"块"的结构。③ 共同居住生活是社区的另一个重要因素。社区是居民为共同居住生活事务而结合形成的社会共同体。如前所述，住宅权不仅是源自自然人的生理性的居住需求，而且源自社会人的共同居住生活的需要。就人类社会的共同居住生活而言，除了群居外，定居也是一个重要特点。特别是进入农业社会后，定居已经成为人类社会主流的居住形态。虽然现代社会，人的流动性增加，但除了少数游牧民族，绝大部分人类居民的居住方式仍以定居为主。定居的方式就决定了人类的居住生活以及在共同生活中形成的社会关系往往是和特定的地域空间紧密联系在一起的。社区的概念就体现了人类居住生活共同体的地域性特征。正如有学者所言：社区既不是形态空间要素的集合体，也不是脱离地域空间特质的社会实体，它是人们居住生活活动所整合而成的社会——空间统一体。④ 据此，可以把社区定义为共同居住生活在特定地域的个人及其家庭组成的共同体。

《经济、社会、文化权利国际公约》第 11 条第 1 款关于住宅权的权利主体只提到了个人和家庭。但在现代社会个人及其家庭住宅权利的实现还有赖于比家庭更大的共同体范围内的个人和家庭间的社会性合作。城市

---

① 肖林：《"'社区'研究"与"社区研究"——近年来我国城市社区研究述评》，《社会学研究》2011 年第 4 期，第 185~208 页。

② 周建军：《"社区"概念辨析》，《住宅科技》1995 年第 10 期，第 12~13 页。

③ 如童星和赵夕荣认为正如政治国家存在纵向的"条"（部门）和横向的"块"（地方）两种相互连接的结构，在市民社会中也存在纵向的条（社团）与横向的"块"（社区）及其相互关系。参见童星、赵夕荣《"社区"及其相关概念辨析》，《南京大学学报》（哲学·人文科学·社会科学）2006 年第 2 期，第 67~74 页。

④ 王彦辉：《国外居住社区理论与实践的发展及其启示》，《华中建筑》2004 年第 4 期，第 101~103 页。

居住空间的生产不仅是居民住房的生产，还包括配套设施的生产，不仅是物质形态的生产，还包括生活方式和社会关系的生产。只有这些方面相辅相成，才能构成一个完整的成熟的居住空间。① 因此，住宅权不仅是满足个人和家庭基本居住需要的权利，还应当满足个人和家庭在就业选择、保健服务、就学、托儿中心、养老服务等各项与居住紧密相关的社会需求。② 这些需求的满足仅仅依靠个人和家庭的努力显然是远远不够的。社区在为个人和家庭提供必要的居住基础设施和公共服务方面具有不可替代的功能。即便有符合个人和家庭居住需要的房屋，如果缺乏功能完备的社区，那么个人及其家庭的住宅权也不能得到充分实现。③ 我国审计署 2010年 11 月 18 日发布的第 22 号审计结果公告显示，由于廉租住房配套设施不完善、地址偏远、交通不便等，南京等 13 个城市的一些地方存在廉租住房配租困难、房源闲置的问题，有的地方甚至出现已入住家庭退房的情况。④ 这提醒我们需要重视社区在住宅权保障中的重要地位，在重视保障住房建设的同时，只有更加注重社区的建设，才能真正满足个人和家庭对

---

① 陈映芳等：《都市大开发：空间生产的政治社会学》，上海古籍出版社，2009，第124 页。

② CESCR, General Comment No. 4 (1991) on the Right to Adequate Housing, para. 8.

③ 香港导演许鞍华执导的根据真实事件改编的电影《天水围的夜与雾》（2009）提供了一个社区贫困化给居民生活带来负面影响的例证。天水围是位于香港新界元朗区的一个大型居住社区。1998 年天水围北部开发时，特区政府刚宣布建立"八万五"房屋计划，北部地区成为供应大量楼房的重要地段。按照当时规划，俊宏轩、天逸邨、天恒邨共 13000 个单位，本来都规划做居屋，但随着 1997 年金融风暴影响扩大，大量居屋停建，原有单位逐改建成接收低收入家庭的公屋。而原本建立夹屋的用地，在夹屋计划取消后，亦用以建立公屋。除此之外，为应付"八万五"房屋计划的指标，房署每年需要提供 50000 个公屋单位，天水围北于是额外增加了 7000 个公屋单位。大量公屋在一区内出现，令人口暴涨。按照香港楼房规定，居屋单位对每户人口限制较为宽松，但公屋必须容纳更多人。结果天水围北人口急增至 10 万人，公屋居民比例高达 85%。由于在开发初期，社区内缺乏足够的基础设施和公共资源，居住环境广为诟病，远离市区使交通不便，令社区居民难以获取工作机会，失业率较高。2004 年 4 月 11 日，天恒邨一名无业汉斩死妻子及两名年幼女儿后，用刀自杀身亡，这宗灭门惨案震惊全港，区内问题再次引起普遍关注。http://baike. baidu.com/link?url=sJa_ WuRpjtu99MXzczYWJvpjWSSe8I6h6cE3_ dSQrOFFoPfG650_ frNkzWmoLlb5，访问日期 2016 年 3 月 20 日。

④ 《19 个省市 2007 年至 2009 年政府投资保障性住房审计调查结果》，载中华人民共和国审计署办公厅《审计结果公告 2010 年第 22 号（总第 69 号）》。

于居住环境的需求和利益。① 同时，住宅权不仅包括防御权能和受益权能，还包括参与和影响住宅公共事务决策的权利。当这些权利处于潜在状态时，其载体是独立的个人和家庭。但当个人及其家庭需要实现这些权利时，就必须以某种形式组成社会连带组织，以集体的共同行动来主张和实现这些权利。

在国际人权法文献中，社区、住房合作社等类似的连带组织往往是以住宅权的义务主体的身份出现的，如《联合国人居议程 II》提出不仅政府要采取行动，而且社会所有各个部门，包括私人部门、非政府组织、社区和地方当局以及伙伴组织和国际社会的实体都要采取行动，为人人提供适当的住房。《关于新千年中的城市和其他人类住区的宣言》提出，应承认、尊重并支持自愿工作和社区组织的工作。自愿做法有助于建设强大而有凝聚力的社区，形成一种社会团结观念，同时产生重要的经济产出，因而可对人类住区的发展做出重要的贡献。《葡萄牙宪法》第 65 条第 2 款规定，国家"鼓励并支持地方社区自行解决住房问题的积极行动，培育自建住房的合作社"。但在个人、家庭和社会要求社区、合作者等连带组织承担实现个人权利的义务和责任的同时，也必须给予其必要的支持，包括承认其权利主体的地位，赋予其实现其义务所必需的权利。

传统的人权理论认为人权本质上是属于个人的权利，只有个人才是人权的主体。自然人可以直接要求来自国家的人权保障，而国家也直接以每个个体作为保障对象。"在国内人权法上，个人和国家之间形成了单一的纯粹的权利义务关系，不需要任何的中间环节。"② 这一理论是建立在自由主义和个人主义的人像的基础上的，它假定每个人都享有独立的完整的人格，并具备独立实现其权利的能动的行动能力。然而，现实中的具体的

① 西欧各国在二战之后进行了大规模的居住区改建和开发，在此过程中，人们发现大规模的改建使得社区发生了两重破坏。一重是破坏了原有的社区，二重是在改建工程的几年中，人们暂住在别处，形成了新的社区，迁回新房时这种社区又遭到破坏。这使很多人认识到比新房更重要的是社区。因此从 20 世纪 70 年代开始，西欧各国逐渐终止了大规模拆迁改造，把住宅政策和城市政策的重点放在对原有住宅的修复和修建上，这些措施有助于维持居住社区的稳定。参见〔日〕早川和男《居住福利论》，李桓译，中国建筑工业出版社，2005，第 73 页。

② 曲相霏：《人权主体论》，载徐显明主编《人权研究》（第一卷），山东人民出版社，2001，第 28 页。

人总是处于各种社会关系之中的，往往从属于特定的社会团体，并不具备独立实现自我权利的行动能力。就住宅权而言，一方面，由于人类的居住本质上是社会性的群居形态，共同生活的个人组成家庭，而不同的家庭又形成社区。作为特定家庭成员和特定社区居民的个人，其住宅权权利具有强烈的连带性，其权利的实现往往和其他个体的权利的实现互为前提和条件。以家庭成员身份居住生活在家庭中的个人，其住宅权无法脱离其家庭而独自得到实现。同样，生活在社区中的个人及其家庭的住宅权的实现也有赖于社区整体居住环境、基础设施和社会关系网络的维持和改善。因此，个人的住宅权中本身就包含了对家庭、社区等团体的权利的要求。另一方面，赋予社区等团体权利主体的地位，可以有效地弥补个体行动能力的有限性。相对于强大的国家和社会力量，单独的个体实现个人权利的行动能力总是有限的，必须借助社区自治组织等团体的协助和保障。只有将分散的个体集合起来，个人才能真正参与影响其自身和家庭居住权利的公共决策的过程，才能对政府主导的立法和政策及其实施乃至结果产生实质性的影响，从而使其住宅权利受到国家的充分尊重和保障。

随着现代人权理论对于集体人权和团体人权的承认，社区等团体组织可以享有人权主体的地位已经不存在理论上的障碍。① 实践中，许多国家的宪法和一些人权公约都赋予法人以人权主体资格。1949 年德国基本法第 19 条第 3 款规定："如基本权利依其性质也可适用于法人，则适用于国内法人。"1976 年葡萄牙宪法第 12 条第 2 款规定："任何法人都享有与其性质相适应的权利，并须履行相应的义务。"1950 年《欧洲人权公约第一补充议定书》第 1 条规定："每个自然人或法人有权和平地享有其财产。"既然现代社会中体现个人经济生活上连带关系的公司等法人可以平等地享

---

① 关于法人的人权主体地位，理论上主要有集合说、手段说和人格平等说等不同学说。集合说认为法人是自然人的集合，法人享有的人权是其成员的人权的集合。手段说认为法人作为自然人实现自身权利的手段而存在，给予法人人权主体地位是为了保障自然人的人权。人格平等说认为无论自然人还是法人，其人格在法律上都是平等的，赋予拟制的人与自然人平等的权利主体地位是自然人高度社会化的后果。参见徐显明、曲相霏《人权主体界说》，《中国法学》2001 年第 2 期，第 53~63 页。笔者认为法人的人权主体地位源于社会或其成员的授权，这种授权可以体现在立法中，也可以体现在成立法人的章程中，可以是明示地列举其享有权利的范围，也可以是默示地根据赋予法人的责任推定同时赋予其相应的权利。

有财产权等人权，那么体现个人居住生活上的连带关系的社区和住宅合作社等团体组织可以享有住宅权也就是理所当然的事情了。当然，限于其性质上的可能，这些组织作为住宅权主体的权利能力是有限的：它不能也无须享有那些以人的生命为前提而只能由自然人享有的权利，同时它所享有的权利应当以协助和保障其团体成员实现个人权利的必要为限度。

在我国，城乡社区的发展现状与西方发达国家的社区相比仍然存在一定的差距。城乡社区依然类似于政府机构，社区居民的主体意识和认同感较低，凝聚力匮乏。但社区及社区组织在法律上已经获得了一定的权利主体地位。首先，社区居民委员会作为基层自治组织，享有社区公共事务的自治权。我国《村民委员会自治法》规定村民委员会是村民自我管理、自我教育、自我服务的基层群众性自治组织，实行民主选举、民主决策、民主管理、民主监督，办理本村的公共事务和公益事业。《城市居民委员会组织法》规定：居民委员会是居民自我管理、自我教育、自我服务的基层群众性自治组织，其任务包括办理本居住地区居民的公共事务和公益事业。住宅事务显然属于城乡居民的公共事务，社区的自治组织作为权利主体享有并行使所辖社区住宅事务的自治权，是社区居民行使和实现社区和国家层面住宅事务参与权的前提和保障。其次，社区作为住宅财产权的共有团体，应当依法享有财产权。我国《宪法》第十条规定农村土地，包括宅基地归"集体"所有。《土地管理法》第43条进一步明确这里的集体是指农村集体经济组织。农村集体经济组织或村委会、村民小组根据《物权法》规定代表集体行使所有权。在城市，绝大多数居民居住生活在区分所有权的建筑物内。业主对建筑物内的住宅、经营性用房等专有部分享有所有权，对专有部分以外的共有部分享有共有和共同管理的权利。个人和家庭对于住宅共有部分及公共附属设施的管理，物业服务企业或者其他管理人的选聘和解聘，住宅及其附属设施的维修资金筹集和使用，住宅及其附属设施的改建、重建以及其他共同事务均无法独自决定，并须通过业主大会或业主委员会共同决定。社区业主大会或业主委员会有效地享有和行使住宅事务管理方面的各项权利，对于社区内个人和家庭住宅权的重要性不言而喻。

仅以区分所有住宅及其附属设施的改建和重建为例，住宅重建是业主持续地满足个人和家庭的居住需求，恢复或提升居住条件的重要手段。经过重建，那些原本使用价值丧失殆尽不堪居住，或已经不能满足个人和家庭日益提升的居住需求的住宅可以重获新生。因此，重建对于住宅权保障具有十分特殊的重要意义。传统上，住宅重建属于住宅不动产权利人享有的建筑自由，是属于所有人的个体性权利。然而，由于当前我国城市住宅的主流形态是区分所有建筑，小区业主即住宅所有人享有的并不是传统的所有权，而是一种包括专有部分所有权、共有部分共有权以及团体成员权的三位一体的复合权利，即建筑物区分所有权。这种权利在性质上不同于传统的所有权，即便是专有部分也无法脱离其他区分所有人的专有部分而单独存在。因此，住宅重建权只有在超越个人和家庭的更广泛的团体层次上才能实现。在重建中，拆除原有建筑物的行为处分的是包括各专有部分在内的全体业主的财产；建筑的基地使用权也是全体业主共同共有。此外，重建所需的庞大资金需要全体业主共同筹集。而重建过程中各项具体事务也需要由全体业主组成的团体共同决定并由特定组织执行。在这一过程中，业主大会和业主委员会形成了独立于单个业主的团体意思，并不能完全化约为每一个业主的个人意志。这意味着只有赋予业主大会或业主委员会以权利主体的地位，住宅重建才能得以实施。[①]

当然，在赋予社区和其他连带组织权利的同时，我们也必须认识到社区的住宅权权利主体地位和个人及其家庭的权利主体地位是不同的。家庭作为住宅权主体和个人一样首先属于自益型主体，而社区则作为个人和家庭实现自身权利的手段性主体享有权利，应属于他益型主体。个人对其住宅权的主张经常是以满足其家庭的居住需要为目的的，但个人认同社区的权利并参与其间则往往是以实现自己和家庭居住需求为目的的。以拉德布鲁赫的"团体利益分配盈余标准"检视，个人及其家庭的利益在绝大部分情况下是同一的，一般不会产生冲突和抵触，但社区的利益则更有可能与一部分个人和家庭的利益不一致。如果社区权利的行使不能得到有效的监督，那么可能会制约甚至侵害其成员的利益。因此当社区的权利与个人和家庭的权利产生冲突时，应当对社区的权利有所限制。最后，个人及其

---

① 参见金俭《中国住宅法研究》，法律出版社，2004，第98~107页。

家庭的住宅权是本源意义上的人权，而社区或其他连带组织的权利是派生的。前者的权利能力是不受限制的，而后者则只能享有依其性质可以享有的权利。

四　住宅权的"类主体"：居住上的弱者

虽然每一个人及其家庭都是住宅权的权利主体，应当平等地享有住宅权利，但在现实生活中的具体的存在的人实现自身住宅权的能力是有差别的。一些主体由于受制于生理的或社会的因素，其自己不能充分地实现自身及其家庭的居住需求，需要来自社会或他人的特殊关照和保护以避免沦为居住上的弱者，即住房弱势群体，即在住宅权的实现上处于弱势的群体。1994 年联合国适足住房权特别报告员萨查尔先生在其提交给联合国预防歧视和保护少数群体专门委员会的报告所附的《住宅权公约草案》第四条中给出了"住房弱势群体"的定义，他认为住房弱势群体是指对住房有着特殊要求的人，或者说难以获得适足住房而应当在住宅立法和政策上得到优先照顾的人，包括残疾人、老年人、低收入群体、少数民族、有健康问题者、难民、年轻人等。[①] 金俭教授是国内较早提出住房弱势群体概念的学者，她指出住房弱势群体和低收入人群紧密联系在一起，但并不完全一致。住房弱势群体具有以下 4 项特征：（1）在现实生活中居住水平处于社会平均水平以下；（2）即便通过自身努力也无法改变现在或在未来的一定时间的住房状况；（3）通常在社会、政治、经济生活中处于弱势地位；（4）只有依靠国家、社会的支持与帮助才能解决其住房问题。[②]

在人权理论中，一些学者将"因共同的'弱特征'而归于一类的弱者主体简称为'类主体'，其人权成为'类人权'"。[③]"类"的概念揭示了居住上的弱者在法学方法论上的意义。作为普遍人权主体的"人"的概念是对生活世界中具体的人的抽象，在概念抽象的过程中，现实生活中具体的人的年龄、性别、国籍、种族、民族、贫富等体现特殊性和多样性

---

① 王宏哲：《住房权研究》，中国法制出版社，2008，第 102 页。
② 金俭：《中国住宅法研究》，法律出版社，2004，第 68~69、80 页。
③ 徐显明、曲相霏：《人权主体界说》，《中国法学》2001 年第 2 期，第 53~63 页。

的具体差异的要素都被摒除，最终"人"这一概念成为抽象的权利主体概念的等同物。而"类主体"的概念则体现了类型化的法学思维方式。所谓类型是一个处于具体的个别直观与"抽象概念"两者之间的范畴。它比概念更具体一些，比具体又相对抽象。为了实现一定的规范意义，类主体在强调具体的人所具有的个别特征的同时摒弃了其他的特征。如儿童作为住宅权的一个类主体，相对于抽象的人的概念，保留了年龄特征，但排除了性别、贫富、种族、国籍以及社会经济地位等其他具体的因素。而妇女作为住宅权的主体，包含了年龄和性别两个因素，而摒弃了人的其他方面的具体特征。承认具有特殊要素的群体是住宅权的类主体，意味着承认这些主体居住需求的特殊性，有助于从制度上更加充分地保障和促进其住宅权的实现。

在国际人权法律文献和各国宪法和法律中，妇女、儿童、老人、残疾人、难民、无国籍人、外国侨民、移民工人、宗教、种族、民族等方面的少数者等被认为属于住房弱势群体。除了上述主体外，在我国由于户籍制度和城乡二元体制，农民工等非本地户籍居民也成为社会中主要的住房弱势群体。正如有研究者所言："要深刻地理解住宅权的主体范围，必须关注那些弱势群体。"① 仔细分析这些类主体在居住上沦为弱者的原因，可以进一步区分为以下三个层面。

1. 易受歧视群体

歧视是指基于种族、宗教、年龄或性别等个人具体特点而做出的任何区别、排斥或限制，其影响或目的是妨碍或拒绝承认具有某一特征的个人享有或者行使基本权利和自由。歧视是特定群体在政治、社会和经济方面沦为弱者的一个重要原因，是社会不平等的根源。由于住宅是人类社会关系的重要载体，政治、社会方面的歧视与住宅权之间存在非常紧密的联系。如在美国，种族歧视成为有色人种住宅权实现的主要障碍，引发美国联邦专门出台《住宅公平法案》以保障少数族裔平等地享有住宅权。而在亚非等发展中国家，源自社会传统的性别歧视导致妇女和儿童的住宅权利在制度和文化上受到歧视，从而使他们成为居住上的弱者。很多时候，

① 杨英文：《城镇化视域下公民住宅权研究》，知识产权出版社，2014，第21页。

甚至居住地点和居住方式本身也成为歧视的一个因素。① 就住宅权而言，歧视的形式主要包括歧视性法律、政策或措施，导致社会区隔的分区规划，排斥外来居民的住房政策，剥夺住房福利，否认住宅权保障，获得信贷不足，限制参与决策或者缺乏保护措施以防止私人行为者所采取的歧视性做法。②

《联合国宪章》序言、第 1 条第 3 款和第 55 条，《世界人权宣言》第 2 条第 1 款、第 7 条以及《经济、社会、文化权利国际公约》第 2 条第 2 款都以明文禁止在享有包括住宅权在内的经济、社会、文化权利方面的歧视。有关种族歧视、对妇女的歧视、难民权利、无国籍人士、儿童、移徙工人及其家庭成员和残疾人的国际条约都包括行使经济、社会、文化权利，而另外一些条约则要求消除就业和教育等具体领域的歧视。其中许多公约中都包含对这些特殊主体的住宅权的规定。经济、社会和文化权利委员会的第 20 号一般性意见将居住地点识别为一个禁止歧视的理由，指出行使《经济、社会、文化权利国际公约》的权利不应以一个人目前或以前的居住地点为条件或取决于居住地点：例如，一个人是居住或登记在城市地区还是乡村地区，是在正式还是非正式居住区，是国内流离失所者还是过着流浪生活。在实际中，应当消除地方和地区之间在社会公共资源分布上的不均衡。③ 除《经济、社会、文化权

---

① 经济、社会和文化权利委员会的第 20 号一般性意见将居住地点识别为一个禁止歧视的理由，指出行使《经济、社会、文化权利国际公约》权利不应以一个人目前或以前的居住地点为条件或取决于居住地点：例如，一个人是居住或登记在城市地区还是乡村地区，是在正式还是非正式居住区，是国内流离失所者还是过着流浪生活。在实际中，应当消除地方和地区之间在社会公共资源分布上的不均衡。参见 CESCR, General Comment No. 20（2009）Non-Discrimination in Economic, Social and Cultural Rights（Art. 2, para. 2），para. 34。

② 联合国人权事务高级专员办事处：《人权概况介绍第 21 号：适足住房权》，日内瓦联合国人权事务高级专员办事处，2010，第 8 页。

③ 例如 1951 年《关于难民地位的公约》第 21 条，国际劳动组织 1962 年《社会政策基本宗旨和准则公约》第 5 条第 2 款，1965 年《消除一切形式种族歧视国际公约》第 5 条（辰）款（3）项，1979 年《消除对妇女一切形式歧视公约》第 14 条第 2 款和第 15 条第 2 款，1989 年《儿童权利公约》第 16 条第 1 款和第 27 条第 3 款，国际劳工组织 1989 年《关于独立国家土著和部落民族的公约》第 14、16 和 17 条，1990 年《保护所有迁徙工人及其家庭成员国际公约》第 43 条第 1 款（d）项，2006 年《残疾人权利公约》第 9 条和第 28 条。具体内容可参见本书关于住宅权国际立法的论述。

利国际公约》和《公民权利和政治权利国际公约》中关于平等和不歧视的共同规定以外，《公民权利和政治权利国际公约》第26条还有一项关于在法律面前人人平等和受有效法律保护的单独保障。① 此外，在联合国等国际组织制定的有关国际准则中也涉及对于一些易受歧视的特殊群体的住宅权的具体条款，这为保障这些类主体的住宅权提供了有益的指导。②

易受歧视者作为住宅权的特殊的类主体，其权利保护的最基本的要求是应当消除对于这些主体在居住方面的歧视，使其在行使住宅权时能够在同等的情况下平等享有和其他主体同等的权利和自由。经济、社会和文化权利委员会在第20号一般性意见中指出不歧视是《经济、社会、文化权利国际公约》规定的一项即时和全面的义务。需要消除的不仅是正式的歧视，还包括实质性的歧视。消除正式歧视要求确保缔约国的宪法、法律和政策文件不基于禁止的理由，例如，法律不应根据妇女的婚姻状况否定她们有权享有平等的社会保障福利。委员会认为一个人能否确实享有《经济、社会、文化权利国际公约》权利往往取决于他（她）是否属于一个以禁止歧视的理由为特点的群体，因此只是解决正式歧视问题还不足以保证第2条第2款所预期和界定的实际平等。消除实际中的歧视，就要对遭受历史或持久偏见的群体给予特别关注，而不是只对个人以前在同样情况下的待遇进行比较。委员会要求缔约国必须立即采取必要措施，削弱和消除造成或延续实质性或事实上的歧视的条件和态度。例如，确保所有人都能平等获得适足住房、水和卫生，这将有助于克服对妇女和女孩以及居住在非正式住区和乡村地区的群体的歧视。③

2. 住房低收入群体

低收入群体和易受歧视者两个群体具有很大的重叠性。文化或制度上

---

① CESCR, General Comment No. 20 （2009） Non-Discrimination in Economic, Social and Cultural Rights（Art. 2, para. 2）, para. 5.

② 如《联合国老年人原则》、《归还难民和流离失所者住房和财产原则》、《关于国内流离失所的指导原则》、国际劳工组织《关于工人住房的第115号建议书》和《联合国土著人民权利宣言》等。其中为工人、难民、境内流离失所者、老年人和土著居民的住宅权的实现提供了指引。

③ CESCR, General Comment No. 20 （2009） Non-Discrimination in Economic, Social and Cultural Rights（Art. 2, para. 2）, paras. 7~9.

的歧视剥夺了机会的平等，从而使易受歧视者不能平等地获得社会经济机会，只能从事一些低收入的工作。反过来一些有利于高收入群体的经济社会政策又对低收入者形成了新的制度性歧视，使其处于更加不利的社会经济地位。例如对于鼓励自有住房的税收减免和金融优惠政策最终只是使那些有能力购买住房的群体受益，许多低收入个人和家庭几乎享受不到这些优惠。但在逻辑上，机会均等并不一定带来结果的平等。即便在完全公平的竞争条件下，也总是会有一部分群体，其经济收入低于社会平均水平。也就是说社会经济地位的低下并不总是受歧视的结果。就低收入群体而言，相对于歧视，低收入带来的住房负担能力的不足是其在居住方面成为弱者的更为直接的原因。

《2013 年中国统计年鉴》按收入登记分城镇居民基本情况统计表显示，2012 年，我国最低收入户占接受调查的城镇居民家庭的比重为9.99%，其家庭人均总收入为 9209.49 元，人均可支配收入为 8215.09元，小于人均总支出 9164.94 元。其中收入最低的困难户占 4.98%，这部分家庭人均全部年收入为 7520.86 元，人均可支配收入为 6520.03 元，人均总支出为 7976.51 元，家庭收支面临入不敷出的困境。在 2012 年按收入等级分城镇家庭平均每人全年现金消费支出调查表中，最低收入户和其中的困难户用于居住的现金消费支出分别为 832.60 元和 759.62 元，占现金消费支出构成 11.40% 和 11.93%，而其他收入水平的群体的居住消费支出占比均在 10% 以下，且随着收入增加，居住消费支出金额呈明显递增趋势，而占比则呈现明显的递减趋势。① 可见低收入群体的住房负担能力严重不足，那些困难群体连最基本的家庭开支都难以维持，根本无法依靠自身力量通过市场满足自身的居住需求。

---

① 城镇家庭总收入是指家庭成员得到的工资性收入、经营净收入、财产性收入、转移性收入之和，不包括出售财物收入和借贷收入。城镇居民家庭可支配收入指家庭成员得到可用于最终消费支出和其他非义务性支出以及储蓄的总和，即居民家庭可以用来自由支配的收入。它是家庭总收入扣除缴纳的个人所得税、个人缴纳的社会保障支出以及记账补贴后的收入。计算公式为：城镇居民家庭可支配收入＝家庭总收入－交纳个人所得税－个人交纳的社会保障支出－记账补贴。城镇家庭总支出指家庭除借贷支出以外的全部实际支出，包括现金消费支出、财产性支出、转移性支出、社会保障支出、购房与建房支出。城镇家庭现金消费支出指家庭用于日常生活的全部现金支出，包括食品、衣着、居住、家庭设备及用品、交通通信、文教娱乐、医疗保健、其他八大类支出。

国际上衡量住宅可负担性的一个常用标准是住房开支占个人或家庭收入的比例。通常认为个人或家庭用于居住的开支占到其收入的 30% 或更高时则其承受过度的住房负担；住房开支占收入比例超过 50%，则属于严重的住房负担。根据美国学者在 21 世纪初进行的一项研究，即便考虑居住需求的分层性，低收入者也比其他收入阶层更可能面临住房压力。2003 年在美国收入最低的 10% 人群中，70% 的租房户和 38% 的自有房户面临严重的住房负担，即住房花费超过其收入的 50% 以上。而收入位于 24%~50% 的中高收入群体中只有 5% 的租房户和 24% 的自有房户面临类似的住房负担。在承受严重的住房负担的住户中，93% 的租房户和 66% 的自有房户来自收入最低的 25% 群体。与此相对的是在收入位于社会前 50% 的中高收入住户中，只有不到 1% 的租房户和 10% 的自有房户面临严重的住房负担。[①]

还有学者指出低收入群体在居住上的弱者地位源于另一个重要的事实，相对于较高收入的群体，即便其居住支出占收入的比例相同，当支付完居住费用后，剩余的收入也往往不足以支付其他生活必需品。由于居住需求的刚性，为了获得必要的栖身处所，低收入家庭往往需要节衣缩食，以牺牲其他重要的基本需求为代价。美国住房联合研究中心 2004 年的一项研究表明，在那些居住支出最低的 20% 家庭中，至少把一半收入用于居住支出的家庭比住房开支占收入比重不到 20% 的家庭，用于住房之外的开支少了 50%，用于食物的支出少了 67%。在收入最低的 20% 住户中，面临严重住房负担的老年住户用于医疗的支出，仅为那些住房负担较轻的老年住户的三分之一。[②]

然而，并非只有那些收入位于绝对贫困线以下的个人和家庭面临无力负担住宅的困境。个人和家庭负担住房开支的能力不仅取决于其收入水平，而且取决于住宅价格水平。在住宅价格居高不下的情况下，中等收入群体同样承受着住房可负担性的压力。住房总价与家庭年收入所得比（Housing Price to Income Ratio，PIR）是分析住宅价格可负担性的另一个

[①]　〔美〕阿列克斯·施瓦兹：《美国住房政策》，黄瑛译，中信出版社，2008，第 26~28 页。

[②]　〔美〕阿列克斯·施瓦兹：《美国住房政策》，黄瑛译，中信出版社，2008，第 30 页。

常用的指标。根据联合国人类住区中心发布的《城市指标指南》，房价收入比是一个地区房价中位数和家庭收入中位数的比值，但在我国通常用平均住房价格与平均家庭收入比值来代替。① 《2015 年中国统计年鉴》的数据显示，2012 年我国商品房住宅的平均销售价格为每平方米 5430 元。而同期社会中等收入户的全部年收入为 68686.8 元，按 2012 年我国城镇居民人均住房建筑面积 32.9 平方米以及中等收入户平均每户家庭人口 2.8 人计算，中等收入户的户均住房建筑面积为 92.12 平方米。房价收入比达到 7.28，超出了国际上公认发展中国家房价比（4~6）的合理区间。但这只是平均数据，上海易居房地产研究院发布的 2015 年度《全国 35 个大中城市房价收入比排行榜》显示，除去可售型保障房之外的房价收入比排名前十位是：深圳 27.7、上海 20.8、北京 18.1、厦门 16.6、福州 14.7、太原 12.2、天津 11.7、杭州 11.3、南京 11.3、广州 11.1。② 这使得我国城市中等收入群体成为住房保障政策的"夹心层"，其住房需求问题也一直被忽视。他们一方面收入有限不具备足够的住房支付能力，游离在住房市场之外；另一方面由于其收入超过保障房供给的收入，不具备保障房的申请资格，又被排斥在保障房的申请范围之外。③ 因此，在以收入识别居住上的弱者时，收入的绝对数量和收入的社会等级固然是首要的标准，但收入能否有效满足合理的居住需求也是一个需要考量的指标。相对于高昂的住宅价格，中等收入甚至中高收入群体也可能沦为"住房低收入群体"。

　　住房低收入群体的住宅权保障有两条可行的路径。一是增加可负担价格的住房的供应。政府除了应为符合条件的低收入家庭提供廉租房等社会性保障住房外，还应当采取市场调控、租金管制等积极措施平抑过高的住宅市场价格，让中等收入的家庭能通过市场购买或租赁适足的住房。二是增加住房低收入群体的支付能力。这包括为中低收入住户提供金融支持或

① 金俭等：《中国住房保障——制度与法律框架》，中国建筑工业出版社，2012，第 163 页。
② 林小昭：《35 个大中城市房价收入比排名：深圳居首压力大　长沙垫底买房相对稍容易》，《第一财经日报》2016 年 4 月 14 日。
③ 倪鹏飞主编《住房绿皮书：中国住房发展报告（2014–2015）》，社会科学文献出版社，2014，第 102~104 页。

税收减免，在必要时直接向低收入个人和家庭提供住房补贴。

3. 特殊居住需求群体

特殊居住需求群体是指其本身具有的特性导致在住宅方面有区别于一般社会主体的特殊需求，无法仅凭自身力量实现其住宅权，是需要政府和社会在住宅保障中予以特别考虑或帮助的个人和家庭。特殊居住需求者与住房低收入群体并不是一个概念。尽管这类主体因其居住需求的特殊性，需要依靠国家和社会的支持和帮助才能实现，但这些主体的社会经济地位并不必然低下，其居住水准也并非一定处于社会平均水平以下。[①]

住房低收入群体可能基于相对收入低这一群体特征而存在不同于其他群体的对低成本居住方式的特殊居住需求。但特殊居住需求者也可能具有较高的经济收入和社会地位。

以残疾人为例，由于行动不便，残疾人需要便于出入通行的无障碍住宅。经济、社会和文化权利委员会在关于残疾人的第 5 号一般性意见中引用了《残疾人机会均等标准规则》第 4 条，指出残疾人在居住方面需要出入方便的住房来帮助他们提高日常生活方面的独立能力和行使他们的权利。[②] 残疾人委员会 2014 年《第 2 号一般性意见：无障碍》强调无障碍是残疾人独立生活以及充分平等参与社会的前提条件，要求社会住房方案应该提供残疾人和老年人能无障碍进出的住房。[③] 不可否认，家境富裕的残疾人相对于低收入者在获取符合其特殊需求的房屋方面具有优势，但前提是存在无障碍住宅的社会供给。如果在社区规划和住宅设计中没有考虑到残疾人居住方面的特别需求，大部分残疾人，无论贫富，在获取满足其日常生活方面的特殊需求的住房方面将面临同样的障碍。问题不是这类住宅的不可负担性，绝大部分社区和住宅都是针对正常人的居住需求规划设计的，残疾人的收入再高，也无法找到满足其需要的住宅。

经济、社会和文化权利委员会在关于老年人经济、社会、文化权利的

---

① 金俭等：《中国住房保障——制度与法律框架》，中国建筑工业出版社，2012，第 158 页。

② CESCR, General Comment No. 5（1994）：Persons with Disabilities, para. 33.

③ 联合国残疾人权利委员会：《第 2 号一般性意见（2014）第九条：无障碍》，UN Doc. CRPD/C/GC/2。

第 6 号一般性意见中指出老年人在住宅权方面的特殊需求。[①] 无论贫穷还是富裕，老年人对于居住稳定性的需求都更高。对于老龄群体身心健康的研究表明，老年人所谓的安土重迁并不是固执和僵化，其有着生理和心理上的基础。把老人从其已经居住习惯的环境中迁离，会给老人的身体和情感带来伤害。在房间里摔倒的家内事故常常是因为搬家使居住环境改变，老年人不熟悉新的住宅。失去了原来社区的社会关系，老年人更容易孤独和自我封闭，甚至会患有阿尔茨海默病。[②] 同时，老年人的生活自理能力下降，相对于其他成年人，其需要得到适当的照料和保护。因此，《联合国老年人原则》关于老年人独立的一节中的原则 1 规定："老年人应能通过提供收入、家庭和社会支助以及自助享有足够的食物、水、住房、衣着和保健。" 原则 5 规定："老年人应能生活在安全且适合个人选择和能力变化的环境。" 原则 6 规定："老年人应尽可能长期在家居住。" 关于老年人照顾的原则 1 指出："老年人应按照每个社会的文化价值体系，享有家庭和社区的照顾和保护。"《维也纳老龄问题国际行动计划》的建议 19~24 强调，老龄人的住房不应当仅仅被视为一个容身之地，除了身体健康外，还应当考虑到住房的心理和社会的重要意义。因此，国家政策应通过修缮、发展和改善住房，并且为便于老龄人出入和使用进行住房改建，以帮助老龄人尽可能久地居住在自己家中（建议 19）。建议 20 强调，必须制定城市重建、发展规划以及法律，具体注重老龄问题，协助保障老龄人的社会融合，而建议 22 则提请注意必须考虑到老龄人的行动能力，以通过提供适当的交通工具，为老龄人提供更好的生活环境并便利于他们的活动和与人交往。

　　特殊居住需求群体和易受歧视群体也具有一定的重叠性。如残疾人既是具有特殊居住需求的群体，也属于易受歧视的群体，但两者之间也存在有意义的区别。对于易受歧视的群体，其住宅权实现的主要障碍是歧视。逻辑上，只要彻底地消除歧视，不考虑这些群体差别性的特征而普遍给予他们平等的权利保障，就足以改变其居住上弱者的地位。但就特殊需求群

---

① CESCR, General Comment No. 6 (1995): on the Economic, Social and Cultural Rights of Older Persons, paras. 32–33.

② 〔日〕早川和男：《居住福利论》，李桓译，中国建筑工业出版社，2005，第 70 页。

体而言，无差别的平等保障不仅是不充分的，还会由于没有充分考虑这些群体差别性的特征而忽略了这类群体在住房需求上的特殊性，加剧特殊需求群体在居住上的不利地位。因此，对于特殊居住需求群体的住宅权保障，需要的不仅是消除歧视，而且是充分承认并尊重这类群体与一般主体之间实际存在的合理的差别，以满足其在居住生活方面的特殊需求。

在我国，有研究者将城镇低收入群体、残疾人群体、妇幼群体、老龄群体、特殊病患群体、灾民、工程或项目移民、在校学生、低收入大学毕业生等识别为特殊需求群体。[①] 对此，笔者均十分赞同。需要强调的是，特殊需求主体虽然基于特殊的需求而形成，但具有普遍的意义。综观每个人的一生，从儿童、青年、中年到老年，每一个阶段都会形成不同的居住需求。可以说，每个个人和家庭在不同阶段的居住需求都具有特殊性，都可能因为特殊的居住需求类型被制度性忽略而成为居住上的弱者。在住宅权法律保障机制的构建中，不仅要贯彻主体普遍保障的原则，还需要明确不同群体特殊的居住需求和面临的问题，并提出有针对性的解决方案。

就许多居住上的弱势个人和家庭而言，易受歧视、住宅负担能力不足和居住需求的特殊性等因素往往同时存在，这些个人和家庭所处的社会境遇更加脆弱，需要予以特别的保护，而他们面临的问题更加复杂，需要综合采取社会、经济和规划等多重措施，才能从根本上改变这些个人和家庭在居住上的弱势地位。虽然物质上的帮扶是最为实际，也是最为重要的措施，但缺乏对消除歧视和对保障对象需求特殊性的充分考量，单纯的物质帮助并不能从根本上改变他们的弱势地位，甚至会因为强化了导致其弱势地位的其他因素而使其处境恶化。在西方住房政策发展的过程中，曾经大规模进行的公共住房的建设，为广大低收入群体提供可负担的住房。然而，集中建设的公共住房，导致了贫困集中和居住的区隔化，加剧而不是消除了对这些群体的歧视，甚至因居住区隔而产生的新的歧视。[②] 而功能

---

① 金俭等：《中国住房保障——制度与法律框架》，中国建筑工业出版社，2012，第158～166页。

② 笔者在和博士生导师讨论居住区隔问题时，导师提到一些贫困社区的未婚女青年在婚姻方面会遇到困难，如果成功从其家庭所在社区嫁出，则会被戏称为"鸡窝里飞出凤凰"。这给笔者留下了深刻的印象：居住的社区会被当作社会分层的标签，成为引发社会歧视的一个因素。

单一的公共住房社区又无法满足部分群体的特殊居住需求，最终导致公共住房政策失败，其被更加多元化的收入融合政策所取代。

第三节　住宅权的义务主体：从国家到个人

住宅权的义务主体是指承担尊重、保护、促进和实现住宅权的义务和责任的主体。正如阿列克西所言，权利是一个关系范畴，是一种权利人、义务人与权利对象间的三方关系。① 无权利主体当然不能成其为权利，无义务人显然也不能成其为权利。根据权利和义务相统一的原理，权利必须以相关义务人的义务范围和履行义务的能力为尺度，否则即便设定了权利其也难以或不可能得到实现。在设定住宅权时必须以显见或隐见的相应义务人的存在为其前提，而住宅权的具体内容也不能超出义务主体的责任和能力范围，否则其将沦为纸上的权利，而无法得到实施。②

对于谁负有与权利相关联的责任这一问题。一种源自康德权利哲学的理论认为存在三种义务，一种义务是普遍和完全的，其中义务的普遍性是指所有行动者对所有其他行动者负有义务，义务的完全性是指负有义务的人和被亏欠义务的人都可以完全指定。另一种义务是完全的，但并不普遍，因为负有义务的人和被亏欠义务的人虽然可以指定，但并不普遍，而是限于特殊主体。还有一种义务既不是完全的，也不是普遍的，因为义务的承担者没有办法明确指定。在这个康德式的义务的三分法中，与普遍和完全的义务相关联的权利就是普遍的人权。③ 因此，人权的主体具有双重普遍性，它被认为是所有人对他人享有的权利，同时也是所有人对他人负有的义务。这个三分法存在逻辑上的缺陷，一些义务可能是普遍的，但不是完全的，也就是说与义务相对的权利主体可以是所有人，但无法将义务指定由哪一个（些）特定主体承担。如果将人权理解为纯粹的消极自由，那么似乎并不存在问题。因为消极自由，究其本质属于对世权，义务主体

---

① 〔德〕罗伯特·阿列克西：《法理性商谈——法哲学研究》，朱光、雷磊译，中国法制出版社，2011，第227页。
② 杨春福：《权利法哲学研究导论》，南京大学出版社，2000，第153页。
③ 〔英〕詹姆斯·格里芬：《论人权》，徐向东、刘明译，译林出版社，2015，第116页。

承担的义务就是消极地不侵犯、不干预。义务主体可以同时具有普遍性和完全性，因为普遍的义务主体中的每一个特定主体都负有相同的消极的不作为的义务。但对于住宅权这样兼具防卫权和受益权的人权来说，问题就复杂了。因为住宅权不仅是消极的住宅自由，同时还是一种积极的权利，需要义务主体的积极作为。当面对个人和家庭的住宅财产或住宅隐私时，我们可以宣称社会上所有人均负有不侵犯他人住宅自由的义务。但当面对无家可归者寻求庇护要求的时候，说所有人都负有义务是没有任何意义的，其必然导致的结果是最后没有人会站出来认领保障其居住需求的义务。因此，有学者提出质疑："似乎没有相应于权利的义务的问题，这一问题至少与没有相应于义务的权利问题同样棘手。要求重大的利益和服务的权利即是此类问题中最明显的例证。所谓重大利益，指诸如房屋、衣着、食物、健康、教育和清洁的居住环境这些在联合国宣言中列举的'人类权利'，然而有谁有相应的义务？"①

比彻姆提出的这一问题中正好包含了本节所要探讨的问题。对此，杨春福教授指出，权利和义务是相对的，权利人和义务人也是相对的。无义务的权利是不存在的，不然，权利人的权利是无法实现的。只不过，义务人可能是明确的（显见的），也可能是不明确的（隐在的）。② 英国学者格里芬也认为不可能存在一项无法确定任何一位责任承担者的权利，尽管在一些情况下责任的承担者的身份可能并不明确，但这并不能否认责任承担者的存在。③ 只要人类社会普遍承认无家可归的现象是不可接受的，认可每个人都应当享有适足的居住条件，那么社会中的某个人或某些人就应当负起相应的责任。责任的内容越具体，隐在或潜在的义务主体的具体轮廓就会变得越清晰。本书对住宅权的义务主体的研究，就是要将那些可能存在但不明确的隐在或潜在的义务主体鉴定出来。而研究的起点则从那些明确的显见的义务主体开始。

比彻姆的问题实际暗含了一种对于住宅权等具有受益功能的社会权的

---

① 〔美〕汤姆·L.比彻姆：《哲学的伦理学》，雷克勤等译，中国社会科学出版社，1990，第300~301页。

② 杨春福：《权利法哲学研究导论》，南京大学出版社，2000，第101页。

③ 〔英〕詹姆斯·格里芬：《论人权》，徐向东、刘明译，译林出版社，2015，第132页。

歧视性的理论。这种建立在权利两分法基础上的理论认为经济、社会、文化权利是一种积极权利，由于缺乏相对应的明确的义务主体，其只能是一种"伪权利"或者至少是一种"不完全的权利"。在本书对于住宅权权利属性的探讨中已经说明，"权利的两分法"如果不是完全错误的话，那么至少也是有很强的误导性的。自由权和社会权并不能简单地分为消极权利和积极权利，无论自由权还是社会权都同时具有"消极"的防御权能和"积极"的受益权能。维护治安的警察和在权利受到侵害时提供救济的法庭对于保障住宅自由来说具有不言而喻的重要性。这表明对于所谓的消极自由来说，同样需要特定的义务主体的积极作为。当住宅自由受到侵害，个人和家庭要求获得保护和救济的时候，仅仅指出义务主体的普遍性是远远不够的。谁有相应的义务？比彻姆的问题不仅适用于经济、社会、文化权利，而且自由权同样需要回答这一问题，需要鉴别出与之相关联的义务主体。

对于比彻姆的问题，杨春福教授给出了一个法教义学的回答。他指出比彻姆所说的房屋、衣着、食物、健康、教育等人类权利是有明确的相对义务人的，因为相关国际公约以及各国宪法和法律中明确规定国家是这些权利的义务承担者。[①] 这一答案虽然十分简洁有力，但在许多人看来是不充分的。对于住宅权的反对者来说，《经济、社会、文化权利国际公约》等法律文献规定的住宅权本身就是错误，法律的规定并不能使住宅权成为一种可以实施的权利。而就住宅权的支持者而言，住宅权是人权，具有习惯权利的属性，仅仅以实在法的规定来鉴别住宅权的义务主体是不充分的。住宅权的实现不仅需要国家承担义务，而且法律没有明确规定的隐在或者潜在义务主体对于住宅权的实现也同样重要。正如金俭教授所指出的那样，对于住宅权的实现，政府、个人和国际社会组织均承担着重要义务和责任。[②] 因此，我们还需要在道德层面回应比

---

① 杨春福：《权利法哲学研究导论》，南京大学出版社，2000，第96~104页。
② 金俭教授列出的住宅权义务主体清单在国内学者住宅权研究中仍然是较为全面的。她指出除了国家和公民个人、家庭外，国际社会也被认为必须对住宅权承担一系列义务。金俭：《中国住宅法研究》，法律出版社，2004，第62~66页。本书重点论述国家和个人两类义务主体。

彻姆等学者对住宅权义务主体的质疑。对此，格里芬提出了一个从伦理学的角度鉴定相关的义务主体的方案。他认为对于大多数具有积极责任的权利来说，并不需要政府、法律等特殊的制度，就可以将义务的内容及其承担者鉴定出来。在伦理学上，每个人都负有一个一般义务：帮助遇难者，但我们中的哪个人或哪些人相对于其他主体应当负有予以救助的特殊义务呢？格里芬指出对于这一问题的慎思至少应当包含以下考虑因素：义务主体与被救助者的特殊关系、救助能力、义务负担的公正性、能够实施救助的速度等。①

本书首先从国际人权法律文献、各国宪法和国内法律关于住宅权的条款中识别明确的显见的义务主体，然后通过道德慎思对其进行检验，从而进一步鉴别出隐在或潜在的住宅权的义务主体。

一　住宅权显见的义务主体：国家

无论从国际人权法还是宪法的视角出发，国家都是保护和增进人权的首要义务主体。在国际层面，人权义务是由国际习惯法和国际人权条约加以定义和保障的。在规定了住宅权的那些国际法律文件中，国家作为住宅权首要义务主体的地位已经毫无争议。但《世界人权宣言》第25条在规定住宅权时，并没有明确其义务主体。美洲法律学会草案第14条曾经建议，明确国家有责任采取必要的措施以确保所有居民有机会得到住房等必需品。但是，由于在宣言制定过程中对国家义务的广泛争议，宣言的起草者最终决定住宅权的条款中不包括国家义务的内容。② 这就导致我们现在看到第25条第1段规定了包括住宅权在内的生活水准权和有权享受生活水准方面的保障，其却没有明确应当由谁来保障这项权利。不过，我们可以从《世界人权宣言》的序言第6段和第8段

① 〔英〕詹姆斯·格里芬：《论人权》，徐向东、刘明译，译林出版社，2015，第123~133页。
② 〔瑞典〕格德门德尔·阿尔弗雷德松、〔挪威〕阿斯布佐恩·艾德编《〈世界人权宣言〉：努力实现的共同标准》，中国人权研究会组织翻译，四川人民出版社，1999，第541~543页。

的一些措辞中，找到国家是行为主体的依据。① 虽然序言并不具有正式条款的地位，且在表述上较为含糊，具有解释的开放性，但我们还是可以从这些抽象的表述中识别出国家（联合国会员国）负有采取"渐进措施"，"努力实现"宣言中各项自由和权利的责任，在宣言的起草者看来，国家之所以负有责任，是因为国家做出了"同联合国合作以促进对人权和基本自由的尊重和遵行"的政治承诺。当然，一个更为明确和直接的证据是《世界人权宣言》第 22 条。② 该条的后半部分明确规定了国家是经济、社会和文化权利实现的义务主体，这一规定从逻辑上应当同样适用于从第23 条到第 27 条所规定的各项经济、社会和文化权利，当然也包括第 25条规定的住宅权。

《经济、社会、文化权利国际公约》第 11 条第 1 款明确规定了缔约国作为住宅权义务主体的地位：

> 本公约缔约各国承认人人有权为他自己和家庭获得相当的生活水准，包括足够的食物、衣着和住房，并能不断改进生活条件。各缔约国将采取适当的步骤保证实现这一权利，并承认为此而实行基于自愿同意的国际合作的重要性。

第 11 条规定了缔约国对于住宅权有"承认"以及"采取适当的步骤保证实现"的义务。其在范围上并未超出《经济、社会、文化权利国际公约》第 2 条第 1 款对于经济、社会和文化权利负有义务的全面阐述，该条同样确认国家是包括住宅权在内的经济、社会和文化权利的义务主体：

---

① 《世界人权宣言》序言第六段："各会员国业已誓愿同联合国合作以促进对人权和基本自由的尊重和遵行。"第八段："大会发布这一世界人权宣言，作为所有人民和所有国家努力实现的共同标准……并通过国家的和国际的渐进措施，使这些权利和自由在各会员国本身人民及其管辖下领土的人民中得到普遍和有效的承认和遵行。"

② 《世界人权宣言》第 22 条规定："每个人，作为社会的一员，有权享受适合社会保障，并有权享受他的个人尊严和人格自由发展所必需的经济、社会和文化权利的实现。这种实现是通过国家努力和国际合作并依照各国的组织和资源情况。"

每一缔约国家承担尽最大能力个别采取步骤或经由国际援助和合作，特别是经济和技术方面的援助和合作，采取步骤，以便用一切适当方法，尤其包括用立法方法，逐渐达到本公约中所承认的权利的充分实现。

相对于国家在传统的公民权利和政治权利中的义务主体地位，国家对于经济、社会和文化权利的义务受到了来自各方面的争议。在《经济、社会、文化权利国际公约》制定过程中，以美国为代表的一些国家甚至否定国家对住宅权等经济、社会权利负有义务。虽然美国至今仍然拒绝批准《经济、社会、文化权利国际公约》，但这种抵制未能强大到阻止绝大多数西方国家同时加入并批准两个人权公约。[1] 而公约的生效表明国家对于住宅权的义务主体的身份已经得到了国际社会的普遍认可。尽管不同于国家对公民权利和政治权利义务的绝对性、直接性和即刻性，国家对经济、社会和文化权利的义务具有受限性（"尽最大能力"）、过程性（"采取步骤""以便用一切适当方法"）和渐进性（"逐渐达到"），但国家住宅权义务主体的地位已经几乎没有任何争议。

联合国经济、社会和文化权利委员会认为，《经济、社会、文化权利国际公约》为缔约国强制设立了三个不同种类或层次的义务：尊重的义务、保护的义务和实现的义务。[2] 其中实现的义务又被认为包含便利或促成（facilitation）的义务和提供（direct provision）的义务。[3] 这种国家义务三分法主要源自一些国际人权学者的研究成果。如美国学者路易斯·亨金将国家对人权的义务分为承认（to recognize）、尊重（to respect）和保证（to

① 〔挪威〕A. 艾德等主编《经济、社会和文化的权利》，黄列译，中国社会科学出版社，2003，第 11 页。
② UN CESCR, General Comment No. 14: The Right to the Highest Attainable Standard of Health, UN Doc. E/C.12/2000/4, para. 33.
③ 经济、社会和文化权利委员会在第 12 号一般性意见——取得足够食物的权利（第十一条）中区分了实现层次中的"便利"和"提供"："实现（便利）的义务意味着，缔约国必须积极切实地展开活动，加强人们取得和利用资源和谋生手段的机会，确保他们的生活，包括粮食安全。最后，如果某人或某个群体由于其无法控制的原因而无法以他们现有的办法享受取得足够粮食的权利，缔约国则有义务直接实现（提供）该权利。"UN CESCR, General Comment No. 12: The Right to Adequate Food (Art. 11), UN Doc. E/C.12/1999/5, para. 15. 经济、社会和文化权利委员会认为这一区分适用于所有人权（不仅是经济、社会、文化权利），自然也适用于住宅权。

ensure）。美国学者亨利·舒认为国家义务可以分为三个层次：（1）避免剥夺的义务；（2）保护个人不受剥夺的义务；（3）帮助被剥夺者的义务。义务的三分法构成了对于传统的积极权利和消极权利两分法的批判。亨利·舒指出，不论积极权利还是消极权利，实际上都对应着三个层次的义务。实际上，尊重、保护和实现三个层次的义务与住宅权的三种基本权能——防御权能、受益权能和秩序功能之间存在相互对应的关系（见图4-1）。

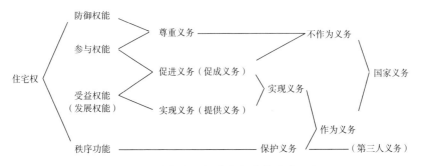

图4-1　住宅权诸项权能与相应的国家义务

也有学者认为国家义务可以进一步细分为更多的层次。例如荷兰学者范·霍夫提出了国家负有四个层次的义务，即尊重（respect）、保护（protect）、保证（ensure）和促进（promote）。挪威学者艾德最初也将国家义务分为尊重（respect）、保护（protect）和实现（fulfill）三个层次，但在后来的研究中他指出实现这一层次中的"促成"或者"便利"和"直接提供"可以被重新区分为两个不同的层次。两者虽然都属于帮助被剥夺者的义务，但促成是通过创造鼓励性的环境，为权利的实现提供外在的便利条件，而提供则是直接供给。对于住宅权来说，前者是指国家为公民获得更多的住宅机会而给予各种制度上的帮助，后者则是指直接向公民提供满足其基本居住需求的适足的住处。艾德引述了西姆斯的观点，认为两者的区别实际是积极的"发展"和消极的"救济"的区别。① 对于大部分需要帮助的被剥夺者，其仍然具备自主实现权利的能力或潜在的能

———————

① 〔挪威〕A. 艾德：《人权对社会和经济发展的要求》，刘俊海、徐海燕译，《外国法译评》1997年第4期，第7~19页。

力，只是受制于社会环境和条件，其能动性受到了制约。国家通过消除制约其可行能力的外在障碍或创造有利的外部环境，就可以促进其自我发展进而实现自身权利。当且仅当权利主体的自身能力在现存条件下确实不足以自主地实现权利的情况下，国家才应当承担主动提供物质条件以满足其最低限度需求的救济义务。现代社会消除贫困的实践表明，授之以鱼不如授之以渔。正如有学者所言："仅仅给予贫困者物质帮助是不够的，必须充分授权于贫困者，使他们改变对自己的看法，不再认为自己是冰凉世界中既无助也无足轻重的人。"① 住宅权等社会权的目的不在于简单地满足个人动物性的生理需求，而是将适足的住宅作为人的固有尊严和自由的基石以及人格的充分发展的必要条件。正如《发展权利宣言》第 2 条规定：人是发展的核心主体，而且应当是发展权的积极参与者与受益者。每当个人有可能通过其努力或者通过利用自身的资源来实现权利时，更好的选择是创造鼓励性的环境，促进个人独立或者能动地与他人合作以满足自身的需要。② 过度强调国家对于住宅权等社会权的提供义务，简单地以提供救济代替促进发展不仅是不必要的，还可能是有害的，因为过度的福利会成为国家财政不可能承受之重，更会滋生懒汉。消极的救助在满足被救济者的基本需求的同时，也在侵蚀被救济者能动的权利主体地位，一旦被救济者习惯于依赖国家提供的救济生活，其自主性和独立的地位会受到威胁，人格尊严和自由更无从谈起。促成义务则会促进权利主体能动性的充分发挥，提升其可行能力，从而增强权利主体的独立地位。虽然同属于给付义务，但促成与提供存在非常重要的差异。因此，有学者将"促成"或者"便利"的义务从实现义务中单独区分出来，认为国家还有另一个层次的义务：促进（promote）权利的义务。③ 将促成义务单列为一个独立的层次凸显了这一义务的不可替代的重要地位，体现了通过"更多的促成"和

① 〔缅〕昂山素季：《自由、发展与人的价值》，1994 年 11 月 21 日在马尼拉召开的世界文化与发展大会上的演讲稿，载刘军宁、王炎主编《直接民主与间接民主》，生活·读书·新知三联书店，1998，第 179 页。

② 〔瑞典〕格德门德尔·阿尔弗雷德松、〔挪威〕阿斯布佐恩·艾德编《〈世界人权宣言〉：努力实现的共同标准》，中国人权研究会组织翻译，四川人民出版社，1999，第 548 页。

③ Graven, *The International Covenant on Economic, Social and Cultural Rights* (Oxford: Clarendon, 1995), p. 109.

"只在必要时救济"来实现住宅权的宗旨。这在一定程度上改变了一种对于住宅权的传统的偏见，即这种社会性的权利会耗尽国家的财政，并使国家机构在不断膨胀中蚕食着公民的权利和自由。恰恰相反，"促进"义务表明，国家在住宅权的实现中扮演的并不是以要求服从为代价提供保障和关爱的家父式的角色，而是个人和家庭的伙伴，是个人和家庭通过住宅充分实现人格自由和自主发展的导师。

联合国人居署和联合国人权事务高级专员办事处在联合发布的《联合国住宅权方案》（United Nation Housing Rights Programme）中采纳了国家义务的四层次说，将国家对于住宅权的义务区分为尊重、保护、促进和实现四个层次，并详细论述了每一个层次的义务在国内法上的可行措施（见表4-1）。

表4-1　充分和逐步实现住宅权的国家责任和国内法上的可行措施

	国家责任			
	尊重 Respect	保护 Protect	促进 Promote	实现 Fulfill
可行措施	防止非法驱逐	防止对住宅权的侵犯	制定国家住宅权战略	防止、减少并消除无家可归现象
	防止各种形式的歧视	国际法在国内的适用和国内救济	制定充分实现住宅权的基准	增加并正确使用住宅的公共支出
	防止任何倒退的举措	确保不同群体享有平等权利	审查并认可住宅权立法	确保所有人享有适足和可居住的住宅
	保障与住宅有关的自由	确保所有人享有可负担的住宅并界定可负担的基准	保障占有（tenure）的安全性	制定住宅最低物理性标准
	对隐私权与家庭的尊重	采取必要特别措施保障特殊群体享有住宅	关注弱势群体的权利	提供所有必要的服务和基础设施
	住宅事务的公众参与	住宅问题决策的民主化	住宅信息的获取	普遍的住宅金融和储蓄计划
	尊重住宅的文化属性	保障居住的稳定性（包括对私有住宅租赁的规制）	确保可负担土地的充分供应	建设社会化住宅

资料来源：UN Doc. HS/C/17/INF/6, Table 2。

1. 尊重义务

第一层次的尊重义务要求国家不得直接或间接干预住宅权的享有。国家必修尊重每个人独立或与他人联合采取必要的行动和使用必要的资源的自由。国家应当防止非法驱逐和对住宅财产权的任意剥夺；防止各种形式的住宅歧视，如拒绝向特定群体提供住房保障以及限制特定群体享有和控制住宅、土地和财产；防止任何剥夺既有权利的举措；保障与住宅有关的自由；尊重隐私权与家庭；承认公众参与住宅事务的权利；尊重住宅的文化属性等。

尊重义务首先对应着住宅权中的防御权能，住宅权意味着公民享有居住自由，住宅不受侵犯和住宅隐私，采取必要行动获取住宅的自由（包括但不限于购买、租赁住宅的缔约自由），拥有并使用必要资源满足自身居住需求的自由（住宅财产权）。国家有义务尊重这些自由，不得禁止公民采取必要的行动，不得剥夺公民享有的资源、不能禁止公民使用这些资源。尊重义务还对应着住宅权中部分的参与权能，主要体现在国家有义务承认和尊重个人与他人联合的自由，包括住宅事务参与权、住宅结社权等，如组成住宅合作社，成立社区自治组织、业主自治组织等。尊重的义务甚至还对应着住宅权中部分的受益权能，主要体现为国家应确保住宅平等权和居住公平，在提供住宅权保障方面不能歧视特定群体。

2. 保护义务

在第二层次上，国家义务的核心内容是国家应当防止第三方干涉住宅权。各国应采取立法或其他措施，确保私人行为方，如出租住房的房东、房地产开发商、土地所有者、金融机构、雇主和公司等遵守与住宅权有关的人权标准。例如，国家应当以促进和保护住宅权的方式规制住宅和租房市场；应当保证银行和金融机构不歧视地给予住宅金融资金；确保由私营部门提供的水、电、燃气、供暖、卫生和其他与居住密切相关的基础设施和基本服务完备、便利、可获取并保证质量；确保第三方不随意非法地撤回这些基本服务；禁止第三方在住宅方面歧视特定群体；保证私人主体尊重他人的财产权、住宅不受侵犯和隐私权，确保私人行为方如房东、房地产开发商不实施强制驱逐。[①] 如果国家没有能够尽到其保护义务，使得公

---

① 联合国人权事务高级专员办事处：《人权概况介绍第 21 号：适足住房权》，日内瓦联合国人权事务高级专员办事处，2010，第 35 页。

民的住宅权受到来自私营主体或第三人的侵害，那么国家应当承担责任。

国家的保护义务主要对应着住宅权客观秩序权能。国家的保护义务和客观秩序功能的概念都源于德国公法学理论。客观价值属性强调的是国家对于基本权利的积极落实义务，从这一客观属性出发，基本权利在传统的防御权能的基础上，又衍生出国家在公民基本权利受到第三方侵犯时负有保护义务。而国家的保护义务又可以延伸出第三人对住宅权的义务问题。①

3. 促进义务

属于第三层次的促进义务在理论上同样渊源于住宅权的客观秩序权能。这一理论认为住宅权等基本权利的规定中体现了一种客观的价值秩序，有效适用于各法律领域，立法、行政和司法中都必须体现住宅权保障的方针和原则，国家有义务在其制定的立法和各项政策中贯彻住宅权保障的理念，主观权利的法内涵由此成为客观规范。从住宅权的受益权能中同样可以推导出国家的促进义务。承担促进住宅权的义务并不要国家为公民提供住房，但要求政府通过提供便利的制度环境，促进公民获取住房的机会。② 国家应当"承认住房权所包含的人权的方方面面，并采取步骤确保杜绝任何意在腐蚀住房权方面的法律和实践地位的措施"。同时，各国在充分实现住宅权方面应"强调法律和政策的重要性，采取一系列积极措施，其中包括国家和地方层面的立法以承认住房权、在住房权和相关政策中纳入住房权责任以及识别可证实的'水准基点'以实现社会各个方面充分享有住房权"③。具体来说，国家应当制定并实施国家住宅权战略；制定充分实现住宅权的基准；审查并认可住宅权立法；保障占有权（tenure）的安全性；关注弱势群体的权利和住宅信息的获取，并确保可负担土地的充分供应。在实施国家住房政策或住宅战略时，应当充分体现

---

① 这一问题源于德国公法学中基本权利的第三人效力问题的探讨，但第三人效力问题并不局限于宪法中的基本权利，国际法上的传统的人权理论也面临着第三人效力理论的冲击。对于第三人住宅权义务主体地位的探讨请参阅下文。

② 国家的促进义务强调促进个人自身的发展，和个人的发展权利具有十分紧密的关联，从中可以推导出住宅权所具有的发展权能。发展权能属于受益权能，是受益权能中能动和积极的那一部分，因为在这一层次上个人要求国家给付的利益是有利于其自身发展和可行能力提升的鼓励性的制度环境。

③ 〔挪威〕A. 艾德等主编《经济、社会和文化的权利》，黄列译，中国社会科学出版社，2003，第176~177页。

住宅权的客观秩序价值，以住宅权，特别是住房弱势群体住宅权的实现作为房地产行业和部门的优先发展目标；应当确定用以满足这些目标的现实和潜在资源；规定使用资源的最有效率的方法；在国家住宅政策或战略应当明确采取必要措施的时限和追责机制；监测这些政策和战略实施的结果，并确保有足够的补救措施。① 促进义务同样也部分地对应着住宅权的参与权能。在住宅国家政策和战略、住宅权基准、住宅权立法中应当注重住宅权主体的充分参与。最后，需要特别指出，促进义务虽然在大多数情况下需要国家采取积极措施，因而属于一种积极的义务。但在一些情况下，促进住宅权利所需的许多措施只要求政府放弃某些侵害或阻碍住宅权实现的已有做法，并致力于促使受影响群体"自助"地实现自身住宅权。② 在这些情况下，国家的义务表面上是采取积极措施，实质上则属于消极不干预的范畴，具有消极义务的属性。

4. 实现义务

住宅权国家义务的第四层次是实现义务。同三层次理论中的实现义务相比其中剥离了促进，即"便利"的内涵，其内容也就是经济、社会和文化权利委员称为"提供"的义务。即便政府已经充分履行了其他三个层次的义务，也会有一部分个人或家庭，由于其自身无法控制的原因而不能享有适足住房权，甚至流离失所，无家可归。实现义务要求国家必须在现实资源允许的范围内逐步防止和解决无家可归现象；平等地提供保证住宅权的适足性所必需的物质基础设施和基本服务；在必要时直接向那些在现实条件下无法凭借自身努力享有住宅权的个人、家庭或团体提供适足的住房。实现义务主要对应着住宅权的受益权能中最为积极的那个部分，即个人可以直接要求国家为其提供赖以满足基本居住需要的住宅。这种义务通常只在以下情况中存在：（1）经济衰退导致广泛失业；（2）低收入和老年、残疾等能动性受到限制丧失谋生能力的群体；（3）在突发性的危机或者灾害下（例如战争难民和灾民）；（4）在经济结构调整等原因导致

① 联合国人权事务高级专员办事处：《人权概况介绍第 21 号：适足住房权》，日内瓦联合国人权事务高级专员办事处，2010，第 36 页。
② CESCR, General Comment No. 4: on the Right to Adequate Housing, UN Doc. E/1992/23, para. 10.

边缘化的群体中。①

国家对住宅权的四层次义务理论有力地反驳了认为住宅权仅仅是一种经济、社会和文化权利的偏见。从图4-1中我们可以发现国家的四个层次的义务对应着住宅权同样层次丰富的多重权能。权利两分法所强调的自由权和社会权的区别在国家义务的四个层次中尽管仍然存在，但没有显著到足以否定住宅权作为整体性人权的权利属性。义务的层次性理论对于人权体系中的所有权利都一体适用。无论公民与政治权利还是经济、社会和文化权利，都同时具有防御权和受益权等多重权能。这些权能的享有者在相应的义务层次都可以向国家提出相应的主张。例如，住宅自由权的实现并不仅仅依赖其防御权能对应着的国家第一层次的义务的履行，同样需要国家予以保护、促进。对于那些露宿街头的无家可归者来说，如果国家不在第四层次上履行实现（提供）的义务，那么其住宅不可侵犯和隐私等自由根本无从谈起。而住宅社会权的实现在大多数情况下并不要求国家在第四层次上直接向个人提供住房。恰恰相反，对于绝大多数社会成员来说，国家对其住宅权的义务主要是充分尊重个人和家庭拥有和使用自身资源的自由，保护这种自由不受来自第三人的侵害，并采取积极措施，促进个人和家庭获得资源的机会，帮助他们自主地运用自身资源实现住宅权。"既保障有生存自救能力的人不断创造适于自己的生存环境，又保障生存弱者不断依据国家确立的生活水平的最低限度提出帮助请求并满足其请求，生存权的界限以其两重性向法律和国家提出了不同的要求。……它们分别与国家的不作为义务和作为义务相对应。"②

四层次义务模型还提供了一个理论框架，可以用来批判对于住宅权的"渐进性（逐渐达到）"的错误理解。需要指出的是《经济、社会、文化权利国际公约》第11条第1款中并没有使用"逐渐达到"的限定性词语。但公约第2条第1款规定了国家的义务是："逐步达到"公约所载明的经济和社会权利的充分实现。这一措辞成为支持权利两分法的一个重要依据。许多人据此认为不同于公民与政治权利，国家对经济、社会权利的

---

① 〔瑞典〕格德门德尔·阿尔弗雷德松、〔挪威〕阿斯布佐恩·艾德编《〈世界人权宣言〉：努力实现的共同标准》，中国人权研究会组织翻译，四川人民出版社，1999，第550页。

② 徐显明：《生存权论》，《中国社会科学》1992年第5期，第39~56页。

义务不具有"即刻性"，由于这些义务的履行依赖于国家可以获得的资源，其只有达到一定的经济社会发展水平才能实现。甚至有观点认为由于逐渐达到的措辞具有模糊、不确定性，国家对于住宅权并不负有任何明确和具体的义务。

在早期发布的关于缔约国义务性质的第3号意见中，经济、社会和文化权利委员会对此做出了澄清："逐步达到"的概念承认，包括住宅权在内的经济、社会和文化权利不可能在一朝一夕之间全部获得充分实现。这一义务与《公民权利和政治权利国际公约》第2条的义务有重大区别，该条中具有立即尊重和确保一切有关权利的义务。然而，不应把本公约中长期实现或逐步实现误解为解除了有其充分含义的义务。一方面，这是一种有必要的灵活性的安排，反映了当今世界的现实和任何国家争取充分实现经济、社会和文化权利面临的困难；另一方面，必须结合公约的总目标，即其存在的理由来理解这句话，这一目标就是为缔约国确立充分实现所涉及各种权利的明确义务。因而它确立了尽可能迅速和有效地争取目标的义务。而且，在这方面的任何后退的措施都需要最为慎重的考虑，必须有充分的理由顾及公约规定权利的完整性，并以充分利用了所有可能的资源为条件。① 在该意见中，委员会尚未采用其在后续意见中广泛援用的国家义务的层次性理论，而是提出了"最低核心义务"的概念来强调国家对社会权利的义务的即刻性：每个缔约国均有责任承担最低限度的核心义务，确保至少使每种权利的实现达到一个最基本的水平。因此，如果在一缔约国内有任一较大数目的个人被剥夺了粮食、基本初级保健、基本住房或最基本的教育形式，那么该缔约国就等于没有履行公约的义务。如果不认为公约确定了此种最起码的核心义务，就等于使其基本上失去了存在的理由。同样，必须指出，关于一缔约国是否履行了最起码的核心义务的任

---

① CESCR, General Comment No. 3: The Nature of States Parties' Obligations (Art. 2, Para. 1, of the Covenant), UN Doc. E/1991/23, para. 9. 在第3号一般性意见发布前的1986年，国际权威人权学者制定了《执行〈经济、社会和文化权利国际公约〉的林堡原则》，其中第16条强调了国家义务的即刻性："所有缔约国都有义务立即着手采取步骤，充分落实《公约》所载各项权利。'逐渐实现'的短语并非指或意味着国家有权无期限推迟确保人们享受《公约》所载权利的努力。这种推迟有悖于国际法。"林堡原则对于第3号一般性意见的理论具有直接的影响。

何评估都必须考虑到该国的资源局限。第 21 条规定每一缔约国的义务是，"尽最大能力"采取必要步骤。一缔约国如果将未履行最低核心义务归因于缺乏资源，它就必须表明已经尽了一切努力利用可得的一切资源作为优先事项以履行最起码的义务。[1]

　　在这里需要对行为义务和结果义务进行区别。[2] 所谓行为义务是指国家应当从事或禁止从事一定行为的义务。前者也可称为作为义务，后者是不作为义务。例如，国家有义务制定国家住宅战略以及充分实现住宅权的基准。如果国家制订了相应的战略和基准，却因为缺乏资源等客观因素最终未能实现住宅战略的目标和基准，那么至少国家履行了其行为义务。结果义务则是指国家应当确保住宅权的最终实现。例如，国家有义务防止、减少并消除无家可归现象。只要出现无家可归的现象，就表明国家未能履行其义务。行为义务和结果义务的区别并不是绝对的，有些情况下国家义务可能既是行为义务，也是结果义务。例如，国家不侵犯公民住宅的义务，既要求国家不作为的行为，同时也要求国家保证不发生侵犯公民住宅自由的结果。与结果无涉的行为义务，可以称为手段义务。《经济、社会、文化权利国际公约》第 2 条第 1 款中的"尽最大能力，采取步骤，以便用一切适当方法"属于手段义务的表述。而"以便逐渐达到权利的充分实现"则属于结果义务的范畴。区分行为义务（手段义务）和结果义务的意义在于，结合公约第 2 条第 1 款的整体表述，其规定的义务同时存在于行为层面和结果层面。即使限于资源等客观因素，国家也无法确保所有公民住宅权充分实现，国家仍然应当负有尊重、保护和促进住宅权实现的行为义务。相对于"充分"的措辞，"最低限度"概念的提出表明，国家对于住宅权实现的结果义务也是具有层次性的，国家在受制于资源稀缺无法在短期内"充分"实现"适足"住宅权的情况下，仍然负有在既有社会经济发展水平的资源限度内保障"最低水平"的居住条件的义务。换言之，最低限度的核心义务理论实际上为国家义务设定了一种阶梯式的

---

[1]　CESCR, General Comment No. 3: The Nature of States Parties' Obligations (Art. 2, Para. 1, of the Covenant), UN Doc. E/1991/23, para. 10.

[2]　〔瑞典〕格德门德尔·阿尔弗雷德松、〔挪威〕阿斯布佐恩·艾德编《〈世界人权宣言〉：努力实现的共同标准》，中国人权研究会组织翻译，四川人民出版社，1999，第 551 页。

归责原则。就最低限度的核心义务而言，国家承担的是一种结果责任。而超出最低限度后，国家承担的义务则属于一种手段义务或行为义务。

相对于最低限度的核心义务理论，四层次义务理论以更加直观的方式表明，资源限度问题并不是将住宅权涉及的诸项人权割裂为公民和政治权利与社会、经济和文化权利两部分的理由，资源限度更多地和国家履行义务的方式有关，而不决定于权利的性质。当国家的义务停留在第一层次时，其需要的资源相对较少，这一层次的义务很少受制于资源的限度。但对于大多数公民和政治权利来说，国家的义务并不局限于尊重的层次，还需要国家在其他三个层次上采取更加积极的措施，投入更多的公共资源，保护、促进和实现这些权利。因此，政治和公民权利在这些层次上相对应的国家义务同样会面对资源的限度问题。虽然住宅权传统上被归于经济、社会权利，但对于社会中的绝大多数人来说，只要国家履行尊重的义务，消极地不干预他们自主获取和使用资源的自由就足以保障其住宅权的实现。经济、社会和文化权利委员会在第 3 号一般性意见中的观点仍然受到了权利两分法的影响，承认"逐步达到"的义务与《公民权利和政治权利国际公约》第 2 条的"尊重和确保（to respect and to ensure）"义务有重大区别。从义务层次理论出发，两种义务的区别可能并没有两个公约不同措辞体现的那样"重大"。首先，就"尊重"（respect）义务而言，国家对于分别规定在两个公约中的权利都有尊重的义务，这一义务究其本身的消极性质来说应当并且完全可以立即实施。其次，就国家的"确保"（ensure）义务来说，无论哪个公约中规定的权利，国家仅仅在第一层次上履行尊重的义务都是不足够的，而其他层次的义务的履行都需要国家有效地利用有限的社会资源。如果资源限度会影响权利的充分实现，那么"大多数经济、社会文化权利的充分实现只能渐进地达成，这一现实也适用于大多数公民和政治权利，但这并不能改变各国承担法律义务的性质"[①]。当住宅权和其他权利的实现都需要政府投入相当多的资源，政府不能仅以一种权利的实现需要花费更多的社会资源作为不履行义务的借

---

① 〔瑞典〕格德门德尔·阿尔弗雷德松、〔挪威〕阿斯布佐恩·艾德编《〈世界人权宣言〉：努力实现的共同标准》，中国人权研究会组织翻译，四川人民出版社，1999，第 552 页。

口。问题的实质是国家需要根据本国的国情决定如何最合理地使用资源以优先满足那些对于国民来说更为重要的权利。按不同的目的配置资源是任何国家政治进程中的一个核心，也是颇有争议的问题。由于国家对住宅权负有法律义务，在涉及住宅事务的公共决策中，优先保障基本居住需要应当成为指导和制约政府公共决策的一个重要原则。

就那些规定住宅权的国际人权公约的缔约国和在宪法及国内其他法律中明确承认住宅权的国家而言，其义务来源于国家的明示的同意。截至2013年2月，在201个联合国成员国中有167个国家批准或加入了《公民权利和政治权利国际公约》，包括中国在内的160个国家加入了《经济、社会、文化权利国际公约》。截至2005年底，包括中国在内的76个国家在宪法中规定了住宅权的内容。然而，这并不意味着只有相关公约的缔约国才是住宅权的主体。住宅权的习惯权利的属性表明其先于国际或国内层面的实定法而产生。基于权利和义务的逻辑关联，国家对于住宅权的义务也是一种习惯义务，并不以实定法上的规定为前提。加入相关公约或在宪法中载入住宅权条款无非对国家义务的确认而已。实践中，大部分没有加入相关公约或在宪法中也没有明确承认住宅权的国家在实践中也都承担起保障公民住宅权的义务。以美国为例，作为抵制住宅权的代表性国家，美国虽然至今拒绝批准加入《经济、社会、文化权利国际公约》，但在其国内的法律实践中，最高法院几乎悄悄地采纳了载有住宅权的"第二权利法案"。[①] 1949年《国家可负担住宅法》将"使每个美国家庭享有舒适的住宅和适宜的居住环境"列为政府住房政策的重要目标。1968年美国《联邦公平住宅法案》，从保障平等权的角度，对于住宅领域的歧视做法进行限制。[②] 更为重要的是，二战后，随着以联合国为核心的国际社会对住宅权的普遍承认，国家对于住宅权的义务已经成为国际人权习惯法的一部分。

---

① 〔美〕凯斯·R.桑坦斯：《罗斯福宪法：第二权利法案的历史与未来》，毕竟悦、高畅译，中国政法大学出版社，2016，第149~161页。

② 关于美国国内法中的住宅权实践，可参见 Chester Hartman， "The Case for a Right to Housing in the United States"，in S. Leckie, ed., *National Perspectives on Housing Rights*（Hague/London/New York：Martinus Nijhoff Publishers, 2003），pp. 141-162。

当然，住宅权的实施需要有明确的义务主体。仅仅说国家是住宅权的义务主体是不充分的，如果不能确定哪一个国家机关来承担义务，那么个人也无从主张自己的权利。不仅行政机关，而且立法机关和司法机关也应当在各自的职能范围内承担义务，除了中央政府外，各国也应当明确地方各级政府的职权和责任。

二　住宅权隐在的义务主体：个人

个人是否有义务促成住宅人权的实现，是一个势必引发争论的问题。[①] 在国家对住宅权的多层次义务中，保护义务意味着国家应该制定颁布普通法律层面上的保护规范，以使行政和司法部门能够依照该规范防止和保护住宅权不受非国家的行为主体的侵犯，促进义务要求国家为公民实现其住宅权提供各种外在的便利条件，而实现这些便利条件所需的资源并不都掌握在国家手中，国家履行提供义务所需要的公共财政资源最终也来自社会成员的纳税。这表明国家义务的实现有赖于向其管辖下的社会成员合理的分配有关住宅权的责任。这就产生了个人是否对他人住宅权的实现负有责任，以及在多大程度上负有责任的问题。虽然在人权法理论中，国家是保障住宅权的首要义务主体，但国家对于住宅权的义务往往最终由个人承担。因此，个人是住宅权的隐在的义务主体。

哈贝马斯指出应当注意主观权利经过个人主义已经面目全非的主体间意义。这些权利所涉及的是彼此合作的法律主体的相互承认。哈贝马斯援引了米歇尔曼的论述："权利毕竟不是一支枪，也不是一台独角戏。它是一种关系、一种社会惯例，而在那两者的根本方面，它是关联性的一种表达。权利是一些公共的主张，既包含针对他人的资格要求，也包括对他人所负的种种义务。从表面看，它们至少是一种形式的社会合作。"哈贝马斯进一步指出主观权利并不是根据其概念就指向以占有者姿态彼此相对的原子主义的、疏远化的个人的。作为法律秩序的成分，毋宁说，主观权利预设了这样一些主体之间的协作，这些主体通过相互关涉的权利和义务彼此承认为自由和平等的法律同伴。对于可用法律手段来捍卫的主观权利中

---

① 金俭：《中国住宅法研究》，法律出版社，2004，第65页。

引绎出来的法律秩序来说，这种相互承认是具有构成性东西的。从这个意义上说，主观权利和客观法是同源产生的。当然，对客观法的国家主义的理解会令人误解，因为客观法首先是从主体们相互承认的权利产生的。①从哈贝马斯这段话中，我们可以得出这样的推论，那就是客观法不仅规定了国家的义务，同时还规定了个人对他人权利的义务，个人也是住宅权的义务主体。

个人对于人权的义务在国际人权文献中已经被普遍确认。《世界人权宣言》第 1 条被认为是普遍性人权的"基础"、"基石"和"信条"，是宣言列举各项权利的"基础"、"出发点"和"构架"。在该条的文本中我们也可以发现对于一种与普遍性权利相伴而生的普遍责任的暗示。第 1 条宣称："人人生而自由，在尊严和权利上一律平等。他们赋有理性和良心，并应以兄弟关系的精神相对待。"在审议宣言草案时，中国代表张彭春指出："由两个句子组成的这一条不应该被割裂。第一句有关权利的宽泛声明和第二句对责任的暗示形成了一个很好的平衡。"在宣言起草过程中，不少国家政府提交的方案曾建议在第 1 条中明确规定"责任"。如法国提出方案，建议将第 1 条第 2 句修改为：

他们互为兄弟。每个人对所有人的生命、自由和尊严都负有责任。

新西兰代表团建议应将第 1 条中权利和责任的基础融合在一起，明确所有人对尊重他人权利和法律管辖的义务：

1. 人人生而自由，……并有责任待彼此为兄弟。2. 人人都是社会的成员，并且有责任如同尊重他们自己拥有的权利一样平等地尊重他们同伴拥有的权利。3. 人人有义务接受国家的管辖，这种管辖在法律和人权保护面前必须毫无偏见地尊重人的自由权利和平等权利。

---

① 〔德〕哈贝马斯：《在事实与规范之间——关于法律和民主法治国的商谈理论》，童世俊译，生活·读书·新知三联书店，2014，第 110~111 页。

对《世界人权宣言》立法历史的简短回顾提醒我们，[①] 人权的概念及其理论基础，同责任的概念之间存在一种不可割裂的关系。虽然，在宣言第1条的最终文本中并未出现"责任"或"义务"的表述，但"理性与良心"，"以兄弟关系的精神相对待"的表述都暗含有尊重他人人权的责任的含义。其中"良心"一词由中国代表张彭春建议加入，来源于儒家哲学的"仁"的概念。"仁"是我国儒家哲学的基础，其含义十分丰富，如"推己及人""己所不欲，勿施于人"，要求在互惠的基础上尊重和关心他人，强调人具有向善的道德良知，即人皆可以为"仁"，恻隐同情之心可以帮助人们接受人的尊严应受到尊重的观点。[②] 每个人在主张自己权利的同时，也负有尊重和监督人权的义务。最终，《世界人权宣言》第29条第1款确认了：

> 人人对社会负有义务，因为只有在社会中他的个性才能得到自由和充分的发展。

在宣言基础上制定的两个人权公约都在序言的第5段提及了个人对人权的普遍性义务：

> 认识到个人对其他个人和对他所属的社会负有义务，应为促进和遵行本公约所承认的权利而努力。

在人权的社会关系中，个人是原点也是归宿。我们谈及的人权的普遍性，是指其权利主体和义务主体具有双重的普遍性：一项人权是所有人类行动者对所有人类行动者提出的一项主张。[③] 国家是人造物。一种基于社

---

① 关于第1条立法史的详细述评，可参阅〔瑞典〕格德门德尔·阿尔弗雷德松、〔挪威〕阿斯布佐恩·艾德编《〈世界人权宣言〉：努力实现的共同标准》，中国人权研究会组织翻译，四川人民出版社，1999，第42~55页。

② 鞠成伟：《儒家思想对世界新人权理论的贡献——从张彭春对〈世界人权宣言〉订立的贡献出发》，《环球法律评论》2011年第1期，第141~149页。

③ 〔英〕詹姆斯·格里芬：《论人权》，徐向东、刘明译，译林出版社，2015，第213页。

会契约论的观点认为国家对于人权的义务产生于个人的委托。① 国家是组成社会的个人订立社会契约的产物。尊重层次的义务是为国家权力自身划定的界限。国家尊重人权的义务具有原初性，直接源于国家自身的性质和地位。但保护、促进和实现层次的国家义务从逻辑上说源自个人对国家的授权，具有派生性。因为，国家履行保护、促进和实现住宅权的义务需要耗费的社会资源最终来源于社会的成员，在履行这些义务的过程中还会限制或重新分配其他社会成员享有的资源。只有得到社会成员的授权，国家人权义务主体的地位在逻辑上才能成立。

这种观点证明了个人作为人权义务的最终委托人和资源提供者的地位。传统理论认为，人权和基本权利主要是针对国家的公权利，区别于私法上的私权利，国家是公权利的关系性义务人，因而不能从直接人权和基本权利中推出个人的义务。从契约论的视角分析，这一理论实际将社会契约的缔约方局限于社会（成员）和国家两方。在逻辑上，社会契约首先是在个人与个人之间达成的。社会契约可以产生政治国家，并委托其履行保护个人权利的责任。同样也可以在参与订立契约的社会成员之间产生权利和相应的义务。每一个社会成员在授权国家保护个人权利的同时，也必须信守"契约承诺"、遵守国家法律，服从国家为了出于保护他人权利的目的而对其权利合理限制。这意味着，国家承担着保护个人权利的主要责任，但当国家试图履行这些义务时，可以通过立法将这些义务施加给受其管辖的个人。

传统理论认为在这里存在两个不同性质的社会契约：作为个人与国家的政治契约的宪法和个人间社会契约的私法。住宅权作为一种人权或基本权利，其效力主要限于宪法层面，并不能直接在私法层面产生约束力。但源自德国公法学中的基本权第三人效力理论提出至少有一些重要的基本权不仅针对国家的自由权，而且是整个社会的秩序原则，它们不需要法律作为解释性中介就可以对个人间的私法关系具有直接效力。从而产生个人对他人基本权的义务。对此，哈贝马斯指出："在很多情况下，原先可以或

---

① 关于社会契约与国家义务的理论可参见赵迅《社会契约视域下的国家责任》，《河北法学》2008 年第 3 期，第 37~46 页。

者归入私法范围、或者归入公法范围的那些原则，现在却合并、混合在一起了。整个私法现在似乎超越了保障个人自决的目标，而要服务于社会正义的实现。"① 实际上，个人间的社会契约和个人与国家的政治契约是紧密联系的，前者赋予后者以合法性。正如艾德所说："〔个人〕尊重他人权利以及为社会共同福利做贡献的义务，使得国家有可能按照能让每个人都享受其经济、社会和文化权利的方式去援助和履行（给付）。"②

虽然人权或基本权利的第三人效力在理论上仍然存在争议，但已经被奥地利、瑞士、荷兰、比利时、葡萄牙、意大利、爱尔兰和西班牙等国家以及欧洲人权法院、欧盟法院等国际组织所接受。③ 更不用说宪法原本就具有可司法性的国家（如美国等）。葡萄牙宪法第 18 条明确规定："宪法中有关权利、自由及保障的规定应直接适用并约束个人和公私组织。"

从人权主体的双重普遍性出发，个人毫无疑问是住宅权的普遍性义务主体。但正如前文所述，人权义务主体不仅应当是普遍的，而且也应当是完全的，即应当是明确的具体的主体。在普遍的层面，每个人对他人住宅权的义务可以表现为不侵犯他人住宅自由，或通过纳税提供国家履行义务需要的资源。但在其他的情况下，住宅权必须经由法律的具体化才能明确承担义务的主体，或者我们必须在具体情境中鉴定出应当履行义务的个人和公私组织，否则所有人都负有义务的结果将是没有人实际承担责任。

那么，究竟哪些个人或个人的集合体对于住宅权负有明确的义务？从义务主体与权利主体的特殊关系、履行义务的能力、义务负担的公正性、义务履行的速度等方面考量，作为家庭成员的个人或家庭、社区、企事业单位、开发商、房东等主体在住宅权保障方面承担不同程度的责任。

1. 作为家庭成员的个人及其家庭

在《世界人权宣言》第 25 条第（一）款和《经济、社会、文化权利

---

① 哈贝马斯在这里引用了海塞（Hesse）的话："这样，对公民生存的确保、对弱者的保护，即使在私法中也获得了与追随个人利益同样的地位。"请参见〔德〕哈贝马斯《在事实与规范之间——关于法律和民主法治国的商谈理论》，童世俊译，生活·读书·新知三联书店，2014，第 493~494 页。

② 〔挪威〕A. 艾德：《人权对社会和经济发展的要求》，刘俊海、徐海燕译，《外国法译评》1997 年第 4 期，第 7~19 页。

③ 关于基本权第三人效力理论的发展请参见张巍《德国基本权第三人效力问题》，《浙江社会科学》2007 年第 1 期，第 107~113 页。

国际公约》第 11 条第 1 款的措辞中，个人既是住宅权的主体，同时也对其家属或家庭（family）住宅权的实现负有责任。家庭成员之间的住宅权的义务，首先来自家庭成员间特殊的伦理关系，这种关系本身就是个人之间相互义务的直接渊源。人类至今经历的基本上所有社会形态都把照料家人视为一个应当承担的重要责任。《世界人权宣言》第 1 条甚至用家庭关系中的兄弟关系来暗示个人对他人负有责任。从履行义务的能力考量，具有行为能力的家庭成员对那些行为能力受到限制的家人，特别是儿童、妇女和老人负有特殊的义务。家庭作为一个独立的社会和经济单元，负有使用家庭资源、保障家庭成员居住需求的责任。个人有义务首先尽其个人与家庭所能，解决自身及其家庭（成员）的居住问题。

2. 社区

作为住宅权权利主体的社区，其享有权利的理由和目的就是保障社区成员的住宅权。社区和各种类型的社区组织在促进社区居民自住房建设、改善居住环境、住宅事务的参与和自治方面是十分重要的行动主体。

3. 企事业单位（雇主）

国际劳动组织关于工人住房问题的第 115 号建议书认为雇主为其工人直接提供住房，这一般是不足取的。但在由雇主提供住宿的特殊情况下，必须承认工人的基本人权，收取的房租不应超过工人收入的合理比例，而且不应包含投机性利润。建议书还强调，雇主提供住房和社区服务以偿付工作的做法应加以禁止，或在保护工人利益的必要范围内加以监管。

在我国 1998 年住房体制改革之前，企事业单位为职工分配福利住房是城镇职工住宅权实现的主要途径。1998 年改革之后，企事业单位仍然是职工住宅权的重要义务主体，除了一些地区职工住房问题仍然依赖单位组织合作自建住房解决外，企事业单位的主要义务不再是直接为职工提供住房，而是依据《住房公积金管理条例》为职工依法缴纳住房公积金。

4. 房地产企业

各国住房总量中的很大一部分由房地产开发商、建筑公司和基础设施提供方参与建设。住宅的维护和管理通常也是由私营企业负责的。市场化的住宅销售和租赁是广大中产阶级满足居住需求的最为基本的方式。理论上，在完全竞争的市场中，房地产企业和个人之间是较为平等的相互依赖的关系，但由于住宅固有的稀缺性和居住需求的刚性，自由市场中的相互依赖关系存在转变为剥削性关系的可能。① 对于那些不断从高涨的房价中攫取了大量利润的房地产企业来说，其处于一个特殊的道德地位，应当对促进住宅权的保障和实现负有特殊义务。

5. 自然人房东（不动产所有人）

在住宅短缺的市场环境中，自然人房东相对于承租人也会处于一种类似垄断的地位。拥有这种地位的房东具有影响租户住宅权实现的权力。房东可以通过经济上逼迫，要求租户接受更加恶劣的居住条件或接近承受极限的高昂租金。这正是许多国家采取控租措施的原因。在住宅权国家义务的四层次体系中，对于房东权利的限制被认为是国家履行保护义务的可行措施，而控租措施的合法性来源于房东对于租户住宅权的义务。

不仅是出租房屋的房东，而且土地等不动产的所有人也被认为对住宅权的实现负有特殊的义务。《魏玛宪法》明确规定，"财产权负有义务，其使用须同时服务于公共福祉"。特别是"若以保障住房、鼓励移民、农田开垦及发展农业为目的，则可以征收地产"。特别是当不动产所有人并不依赖该不动产实现自身的住宅权时，此时出租或经营的不动产不同于自用的住宅，前者属于可替代财产，主要体现的是资本利益，而后者则属于人格财产，承载着实现人的尊严和人格自由发展的利益。法律应当禁止一些因享有可替代财产而剥夺他人实现生存和人格的重要机会，"当房主的可替代财产权阻碍房客建立和维持与住宅的人格关系，而我们的文化又认为这种人格关系是人的个性之基础时，向房主收取适宜居住的成本是正当的"②。

总体而言，随着现代社会经济权力、物质财产和社会状况不平等的与日俱增，个人和家庭住宅权的实现已经无法仅仅凭借针对国家的防卫权得以实现。而国家的保护义务和促进义务表明，对于个人实现住宅权的自主性的威胁不仅来自国家，甚至还更为常见地来自社会中的公司企业、大型组织、社团协会等各种中介结构乃至拥有特定权力的个人，这些主体享有

---

① 〔美〕詹姆斯·布坎南：《财产与自由》，韩旭译，中国社会科学出版社，2002。

② Margaret Jane Radin, "Property and Persanhood," *San. L. Rev.* 34, 1982, p. 996.

的经济权力和社会权力对于个人住宅权实现的影响是压倒性的。在实践中，这些私人主体成为强制性驱逐和高房价的幕后推手。有学者发现："政府对于住房的政策是一种次生现象，不是在政治与政策制订领域，而是在更为广泛的社会力量中才能找到住房领域的推动者和撼动者，这些社会力量包括建筑公司、金融家、土地投机者以及阶级与经济的博弈，它们造就了住房市场，并迫使公共政策按照事先定好的曲调跳舞。"① 因此，法律在赋予人权主体对抗国家权力的防卫权的同时，也需要赋予个人对抗社会权力的防卫权。同时，由于大量住宅权承担主体的可行能力的物质基础，并不存在于其自身可以支配的环境中，也不仅依赖于国家可以获得的资源，而且更为直接地依赖公司企业、大型组织等社会中介结构和那些拥有垄断性资源的个人。这就使得住宅权的受益权能不仅仅是针对国家而言，现代人权理论同样应当回应对个人要求公正地分配社会财富的受益主张。

相对于国家来说，住宅权的个人义务主体更接近权利人，往往和权利人保持着长久和直接的社会关系，如家庭关系、劳动关系、租赁关系等，因此，个人义务主体履行义务的速度更快，对于权利人住宅权的保障也更加直接。这种关系的亲密（接近）性成为主张个人在无法凭自身努力实现住宅权的情况下，应当首先向关系主体而非国家寻求帮助的一个理由。事实上，与通过税赋由政府进行再支付相比，由社会第三方主体承担直接提供（direct provision）的义务可以有效避免政府转移支付中的漏桶效应，同时还可以防止政府承担提供义务导致的权力膨胀。这一观点除了可以论证让个人承担住宅权义务的合理性之外，同时也说明了国家和个人等社会第三方主体作为住宅权义务主体，在履行其各自承担的责任时进行相互合作的可行性。相对于由国家向纳税人征税，利用税收收入建设公共住房，相应地免除那些直接承担保障他人居住需求的义务主体的纳税义务，或者向履行了这些义务的个人、家庭或组织提供补贴可能是一种更有效率的做法。

---

① 〔瑞典〕吉姆·凯梅尼：《从公共住房到社会市场——租赁住房政策的比较研究》，王韬译，中国建筑工业出版社，2010，第147页。

个人对住宅权义务主体地位的确认进一步强化了住宅权是一种强调人格自由和自主性的权利观点。从确保生计的经济活动开始于个人自身努力这一意义上来说，个人毫无疑问是住宅权的实现主体。国家的义务虽然对于住宅权的保障和实现来说可能更为重要，但在性质上具有附属性和派生性。在个人或家庭有可能通过自身努力和利用自身的资源实现住宅权的情况下，他/她总是被希望独立地或与他人一起满足自己的需求。① 个人有自主实现自身住宅权的权利并对自己所属的家庭和社区负有相应的义务自不待言，但问题是，个人是否为其自身住宅权的义务主体。有一种观点认为权利和义务的统一性不仅体现在一个人权利总是对应着他人的义务方面，权利和义务还可以统一于同一主体。我国宪法中的受教育权和劳动权被认为具有权利主体和义务主体的同一性，接受教育和劳动既是公民的权利也是公民的义务。拥有资源的个人应当首先运用自身资源以满足自己的居住需求，但这是否意味着个人是其自身住宅权的义务主体。本书认为，将实现住宅权看作个人对自身的义务是不可取的。在现代文明社会中，迫使个人为了满足自身的居住需求去购买或租赁住宅是不可思议的。因此，个人凭自身努力和利用自身资源实现住宅权应被视为一项权利，而非义务，除非有其他的权利人可以对该个人提出主张。当然，如果个人拥有足够的资源却不利用，则在一定程度上应当可以免除国家或社会主体对其住宅权保障的部分义务。

---

① 〔瑞典〕格德门德尔·阿尔弗雷德松、〔挪威〕阿斯布佐恩·艾德编《世界人权宣言：努力实现的共同标准》，中国人权研究会组织翻译，四川人民出版社，1999，第548页。

第五章　住宅权的内容

第一节　住宅权内容的双层结构

权利是一个抽象的概念，必须具备具体的内容才能具有实际意义。所谓权利的内容就是生活世界中权利主体享有的具体化的利益，是人们自身对物质和精神上的愿望、要求和需要。利益不是法律创造的，而是生活世界中实在的存在。"作为我们制度的根基的社会利益正是个人生活中的利益。可以认为，当代社会的基本目标是，保证每个人在社会中都能过上一种人类应有的生活——即使不能满足个人的所有需要，至少也要在合情合理的可能范围内满足个人最低限度的需要。"[1] 不是所有的利益都可以成为权利，只有经社会普遍认可为权利主体享有的应由义务主体予以满足的利益才能被法律抽象为权利。而法律将特定利益抽象为权利，必须在实现上述社会的基本目标的过程中找到最终的理由。在生活世界中，住宅是满足人的生存、享受以及进一步自我发展需要的一项必要的物质条件。对个人及其家庭来说，住宅在生存、尊严、情感、文化等诸方面存在广泛的利益。这些利益对于"保证每个人在社会中都能过上一种人类应有的生活"是不可或缺的。因此，住宅权的内容就是那些经社会普遍认可由住宅权的义务主体予以尊重、保护、促进或实现的权利主体的具体利益，表现为权利主体向义务主体提出的具体主张和要求。

---

[1] 〔美〕伯纳德·施瓦茨：《美国法律史》，王军等译，中国政法大学出版社，1990，第308页。

虽然住宅权的发展已经远远超出了《经济、社会、文化权利国际公约》第 11 条第 1 款规定的内容，但这一孕育了住宅权的国际人权法仍然可以成为研究住宅权内容的起点：

> 本公约缔约各国承认人人有权为他自己和家庭获得相当（adequate）的生活水准，包括足够（adequate）的食物、衣着和住房，并能不断改进生活条件。各缔约国将采取适当的步骤保证实现这一权利，并承认为此而实行基于自愿同意的国际合作的重要性。

在上述文本中，住宅权的权利构造见表 5-1。

表 5-1　第 11 条第 1 款住宅权的权利构造

权利主体	人人（包含家庭）
义务主体	缔约各国
权利内容	获得包括足够住房在内的相当生活水准，并能不断改进生活条件

经济、社会和文化权利委员会关于适足住房权的第 4 号一般性意见被认为是对住宅权内容的权威表述。在第 4 号一般性意见中，针对公约的表述可能带来的对住宅权内容的一种常见的误解，即认为住宅权的内容就是住房，委员会指出："不应狭隘或限制性地解释住房权利，譬如，把它视为仅是头上有一遮瓦的住处或把住所完全视为一商品而已，而应该把它视为安全、和平和尊严地居住某处的权利。"① 换言之，住宅仅仅是住宅权所包含的利益的物质载体，住宅权的内容是承载在住宅上的归属于权利主体的各种利益和权利，而不限于物理形态的住宅。委员会认为这些丰富的利益蕴含在"适足"（英文为 adequate，在公约中文文本中被分别译为相当、足够）的概念之中，在第 4 号一般性意见中，委员会列举了判断住宅权适足性的七个标准：保有的法律保障，服务、材料、设备和基础设施的提供，住宅的可负担性，住宅的适住性，平等享有获取住宅的机会，适

---

① CESCR, General Comment No. 4: On the Right to Adequate Housing, UN Doc. E/1992/23, para. 7.

宜的居住地点和适当的文化环境。① 委员会还进一步指出不应把适足住房权利与载于此上两部国际公约及其他适用的国际文件内的其他人权分隔开来。除了强调住宅权与人格尊严和平等权之间的特殊联系外，委员会认为要使社会各阶层的适足住房权利得以实现和维持，就应充分享受其他权利——言论自由、结社自由（诸如租户和其他社区基础的群组）、居住自由权，参与公共决策权。同样，个人私生活、家庭、寓所或信件不受到专横或非法的干涉的权利是确定适足住房权利的一个非常重要的方面。② 联合国人权事务高级专员办事处和联合国人类住区规划署在关于适足住房权的人权概况介绍中认为，住宅权包含多项自由和权利，其中包含的自由如下：（1）受到保护，以免遭受强迫驱逐以及任意破坏和拆除个人住宅；（2）个人住宅、隐私和家庭免受任意干涉的权利；（3）选择住所、决定生活地区和自由行动的权利。包含的权利如下：（1）住房（保有）权保障；（2）住房、土地和财产归还；（3）平等和非歧视地获取适足住房；（4）在国家和社区以及参与与住房有关的政策。③

国内研究住宅权的学者对住宅权内容的研究也大都以第 4 号一般性意见为基础。例如金俭教授认为住宅权包含八个方面的标准：（1）可居住的；（2）安全适宜的住宅地点；（3）有获得物资设备和基础服务设施的可能性；（4）在费用上可负担得起；（5）可获得的或可实现的；（6）住宅的建筑方式；（7）保有的法律保障；（8）不受歧视的住宅公平权。具体包括居住权、安全与健康权（舒适权）、住宅公平权、住宅私密权（隐私权）、住宅选择的偏好权、住宅救济权以及住宅不受侵犯与自由处分的权利八项权利。④ 杨英文博士则将住宅权的权利内容概括为两个方面：为了实现基本的居住需要而获得住宅的权利和安全、健康及尊严地居住的权

① CESCR, General Comment No. 4: On the Right to Adequate Housing, UN Doc. E/1992/23, para. 8.
② CESCR, General Comment No. 4: On the Right to Adequate Housing, UN Doc. E/1992/23, para. 9.
③ 联合国人权事务高级专员办事处：《人权概况介绍第 21 号：适足住房权》，日内瓦联合国人权事务高级专员办事处，2010，第 9 页。
④ 金俭：《中国住宅法研究》，法律出版社，2004，第 57~62 页。

利。① 可见，住宅权的内涵十分丰富，其内容包含了属于生存权、自由权、财产权、隐私权等不同权利体现的利益以及其他多种承载于住宅之上的权利和利益。

不过，许多人会把与住宅有关的各种利益全部纳入"住宅权"这样一个整体性权利框架中的做法提出质疑。特别是那些对于传统公法、私法及相关法学部分间的分工持有一种非常严肃的态度的部门法学者，他们可能会坚持认为：压根不存在住宅权这回事，有的只是不同性质的权利、自由、权力以及诸如此类的东西。这些与住宅相关的权利和自由恰好都与住宅相关，但它们在变化的环境中表现出非常大的差异，甚至在许多场合中会发生严重的冲突，以至于将所有这些利益或权利统摄于"住宅权"的单一概念之下是没有任何意义的。②

尽管从权利整体性和不可分性出发，我们必须承认住宅权是一个多变的开放的概念，从而可以将与住宅问题相关的大部分（如果不是全部的话）利益主张，包括权利、自由、权力、豁免权和责任等范畴纳入这一框架中，但我们并不可能也从不期望以一种包罗万象式的方式来考虑所有可能根植在住宅基础上的人们的利益和他们之间的相互关系。实际上，如果我们这样做了，那么很可能会使住宅权的概念失效。人们在生活世界中的利益具有原初的整体性，为了更加精确地甄别人们相互关联又具有差异的利益需求，在判断其合理性的基础上通过权利制度予以满足，我们需要对利益"进行具体的区分已达到对权利进行分类的目的，否则所有的权

---

① 杨英文：《城镇化视域下公民住宅权研究》，知识产权出版社，2014，第22页。
② 一个新近的例子是政府对"群租"的禁止究竟是侵犯了群租群体的住宅权，还是在保障他们的住宅权。在这里"取得廉价住宅的权利"和"得到适足的居住条件的权利"之间似乎发生了直接的冲突。这些学者对住宅权概念的质疑让我想起了一则伊索寓言，一个人与一个森林精灵偶然相识，坐在一起吃东西。正值冬季，天气很冷，那人把手放在嘴边哈气。精灵问道："我的朋友，那是干吗？"这人说："我的手太冷了，这是为了取暖。"过了一会儿，热腾腾的食物端上来了，那人把碟子举到嘴边又吹了起来，精灵问："这又是干吗？"那人说："哦，我的粥太烫了，我把它吹凉些。"精灵说："从现在起，我要与你绝交，因为我不想和一个反复无常的人做朋友。"森林精灵没有认识到两种目的相反的行为都是运用了空气流动可以传导热的原理。这个寓言告诉我们在人类行为"反复无常"的背后，实际上存在自身一致的逻辑。在人类围绕住宅形成的五光十色的利益背后，是否也存在一致的逻辑呢？这正是本书在本章中要解决的问题，这一逻辑也就是住宅权理论的基础。

利都可以称之为利益权"，① 权利也就失去了其表征利益的意义和功能。正如"如果所有的一切都是制度，那么制度可能什么都不是"，② 如果所有利益都是住宅权的内容，那么住宅权也将处于一无是处的境地。

　　本章对于住宅权权利内容的研究旨在说明住宅权设立在何种基础之上，又如何基于这一基础在与其他权利区别开来的同时建立紧密的相互关联。对于权利内容的具体分类首先需要对权利所表征的利益进行具体化的甄别。在生活世界中，人类对于住宅的利益可以被区分为以下层次。（1）生存利益。住宅是人类的基本生存资料，作为生活必需品之一，它最重要的功能就是满足人们的居住需要。所谓衣食住行，人类要生存除了食物和衣服外，必须有栖居的处所。在现代社会，住宅是个人和家庭满足自我居住需求的主要载体。（2）人格利益。住宅是人类自由和尊严的庇护所。住宅使得人们得以拥有完全属于自己的私密空间，得以自由地从事各类活动，这确保了个人自由和人格的展开。（3）发展利益。住宅是人类个人发展的基础。适当的住宅是人们获得教育或工作机会的重要条件。有关学者的研究表明住宅的地点与得到良好教育和工作的机会之间存在明显的联系。③ 这些机会是个人发展的必备条件。而个人发展在物质层面体现为生活条件的不断改善。公约第 11 条第 1 款中"不断改进生活条件"的措辞表明，住宅权中包含了对权利主体发展利益的承认。（4）社会关系。住宅是人们进行社会交往的重要场所。"人是社会关系的总和"，人们的生活离不开融洽和睦的社会性交往。而相当部分的社会交往是围绕住宅展开的。（5）带有文化、审美和情感色彩的其他利益。此外，上述个人利益的实现将增进整个社会的福利水平，而个人丧失这些利益所产生的外部性效果势必由社会承担，因此住宅关系中还存在广泛的社会利益。

　　人们对于住宅权的实现都势必以稳定地占有和使用住宅为前提。对于住宅的占有和使用，即住宅保有（tenure）也因此逐渐发展为一个重要的

---

① 方新军：《权利客体的概念及层次》，《法学研究》2010 年第 2 期，第 36~58 页。
② 〔美〕戴维·L. 韦默：《制度设计》，费方域、朱宝钦译，上海财经大学出版社，2004，第 4 页。
③ 〔美〕阿瑟·奥沙利文：《城市经济学》（第四版），苏晓燕等译，中信出版社，2003，第 318 页。

人权范畴，并被列为联合国有关住宅权焦点议题中的一个重要方面。[①] 从20世纪90年代开始，一系列国际法律文件确立了住宅保有与住宅权，特别是强迫迁离问题之间的密切关联。其中最重要的发展当属经济、社会和文化权利委员会在1992年通过的《关于适足住房权的第4号一般性意见》，该意见明确将"保有的法律保障"列为"在任何特定的情况下为实现公约目的而必须加以考虑的住宅权利的首要方面"。由于该意见是对《经济、社会、文化权利国际公约》第11条规定的权威解释，可以说住宅保有作为住宅权的一个核心范畴，已日益在对适当住房人权的正式法律解释中得到承认，被纳入《经济、社会、文化权利国际公约》产生的法律权利范畴。[②] 在住宅权的内容中，住宅保有居于核心和基础的地位，其他各种有关住宅的权利和利益都建立在保有住宅的基础上，既是对住宅保有内涵的具体展开，同时也对住宅保有起到进一步限定其程度或水平并提供保障的作用。因此，可以将住宅权的内容分为两个层次，即权利客体的核心层和限定层（见图5-1）。

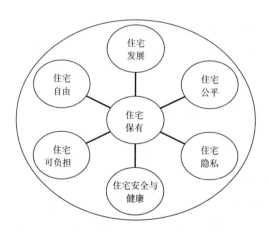

图 5-1　住宅权的权利内容：核心层与限定层

---

① 《联合国与适足住房：焦点议题》，联合国网站，http：//www.un.org/zh/development/housing/forced5.shtml，访问日期2014年8月5日。

② 联合国人权高专办：《人权概况介绍第25号：强迫迁离与人权》，联合国网站，http：//www.un.org/zh/development/housing/docs/25.pdf，访问日期2012年5月5日。

　　处于核心层的住宅保有是住宅权特有的内容，以住宅保有为核心内容是住宅权区别于其他权利的标志。处于限定层的各种利益和权利是权利主体不同层次的需求对住宅保有的限定，它们决定了住宅保有的保障水平。处于限定层的利益并非住宅权特有，在其他权利中也存在对这些利益的主张和要求，其中一些利益本身就是独立的人权，如安全权、健康权、平等权、发展权、隐私权等。至于在住宅权实现过程中，主体在信息获取、参与决策方面的需求和利益，以及在权利受到侵害时寻求救济的权利，虽然也是住宅权保障的重要内容，但并不涉及对住宅权的实体内容，属于程序性问题，本书将单列一章专门讨论。

第二节　住宅权内容的核心层：住宅保有

　　经济、社会和文化权利委员会在定义住宅权时使用了住房研究中常用的"保有"概念。区别于财产所有权的概念，保有的含义强调权利人为了居住而对住处享有的权利，包含了物（住所）和行为（居住、使用）两层内涵。用"保有"的概念来界定住宅权的内容可以全面地说明住宅权的逻辑构造，使我们可以更准确地区分住宅权和其他权利，并确定对住宅权和这些权利保障或限制的平衡程度。①

一　住宅保有概念的提出

　　保有（tenure）的概念可以追溯到英美法系普通法上的封建地产权。②根据《元照英美法词典》的释义，所谓保有是指"对地产、职位等不动产性质的客体或权利的把持，常和一定的时间概念相联系。它可以指这一状态、事实，也可以指其方式等"。③区别于大陆法系国家民法中的所有

---

① 例如，房东的住宅所有权和房客的住宅权，同样以住宅为其客体，但国家为了保护房客的住宅权，可以采取控租政策，对房东的所有权进行限制。这表明法律在权衡所有权客体体现的资本利益在与住宅权体现的生存和人格利益后，更倾向于限制所有权以保障住宅权。
② 有关普通法上的地产保有制度的形成和发展可以参见咸鸿昌《论英国普通法土地保有权的建构及其内涵特征》，《政治与法律》2009年第9期，第131~140页。
③ 薛波主编《元照英美法词典》，法律出版社，2003，第1335页。

权（ownership）概念，作为封建制度的产物，保有的概念区分了直接所有权（dominium directum）和用益所有权（dominium utile）。通过保有制度，保有人无须取得完整的所有权就可以在一定时期内稳定地实现所有权的部分权能，其对不动产的占有、使用和所有权人一样受到普通法的认可和保障。

在现代住宅理论的研究文献中，保有的概念已经脱离了其与封建主义及普通法系财产权制度的历史性关联，成为一个具有普遍性的概念。不仅英美法系的学者，而且许多大陆法系国家的住宅问题研究者也经常使用tenure 一词，其被用来指称"居住者在一定时期内稳定地持有住宅并在其中居住生活的权利或利益"。在这里，住宅保有所指的是个人或家庭的住宅是以何种方式获得和持有（tenir or hold）的。换言之，在现代住宅理论中，保有概念关注的是住宅持有人的权利和义务，而无论住宅是以何种方式取得的。[1] 在现实生活中，购买、租赁（包括私人租赁和公共租赁）、合作、集体拥有、社会福利等都可以成为个人及其家庭满足自身居住需求的方式。[2] 在不同的取得方式下，权利主体持有住宅的具体条件存在差异，但在居住需求得以满足的必要条件——能够稳定地占有和使用住宅这一点上是共同的。以"占有"和"用益"为核心的住宅保有概念也因此很自然地被现代住宅理论借用以统摄"住有所居"政策目标的法律基础。

国际人权法的理论日益承认住宅保有是住宅权的核心范畴，它以一种直面居住需求本身的姿态，涵摄了生活世界中人们实现自身居住需求和利益的必要条件——稳定地占有和使用其居住的住宅。但在绝大多数国家的国内法中，住宅保有并不是一项具体的法定权利。而法律对人的需求和利益的满足似乎必须借由法定权利的话语实现。由于深植在西方哲学根源中的逻各斯中心主义，在生活世界中具有原初的整体性的人类的居住需求和利益，在近代法律的抽象的形而上的系统中被割裂地区隔在不同性质的公私法律部门，透过物权、债权、福利权等截然不同的权利话语表达。这就决定了在各国关于住宅权保障的法律实践中，对于住宅保有的保障仍然需

---

[1] 〔瑞典〕吉姆·凯梅尼：《从公共住房到社会市场——租赁住房政策的比较研究》，王韬译，中国建筑工业出版社，2010，第 21~22 页。

[2] 王韬、邵磊：《保有权≠私有权》，《住区》2009 年第 2 期，第 60~61 页。

要通过分散在宪法、财产法、家庭法、劳动法、社会保障法等多个法律部门中的具体法律制度和政策实现。而保有的概念的引入提供了一个兼具结构主义和功能主义的视角，让我们能够超越"传统权利理论的巴别塔"，重新审视并发现住宅权权利主体的利益和需求。

作为直面生活世界中的人的居住需求的新的利益表达工具，保有的概念绝不是像抽象的传统权利的概念那样——"抽象程度越高就越失去其内涵"。恰恰相反，保有概念在统摄散布于近代权利体系中的各种不同的保有形式的同时，最大限度地保留了生活中居住需求和利益的原初性。[①] 正是这种原初性使得保有能够以一种浓缩但依然清晰的方式表达其与作为其规制基础的决定性原则之间的意义关联。因此，保有概念应当属于拉伦茨所指的"规定功能的概念"的范畴。规定功能的概念的作用在于将相应的法概念体系归属于决定性原则之下，并在特定的规整脉络中，保障法规范的同等适用。[②] 因此，对于此类概念的内涵应当配合其在特定规整脉络中的功能来确定。当我们使用保有的概念时，我们意指其功能是保障人们稳定地持有住宅并有尊严地和自由地在其中居住生活的权益。

在这里，保有概念的意义并不仅仅局限于通过摒除不同保有形式之间的差异指出它们之间的共同之处，而是更充分地体现在满足人的居住需求的特殊内涵及功能之中。析言之，规定功能的保有概念的建构不能单凭抽象涵摄的逻辑方法，更需要将相应的概念体系归属于作为其规制基础的以公民住宅权保障为目标的基本原则之下，以保证概念要素和法律或政策效果要素的统一。

由此，作为"规定功能的概念"，保有概念被引入国家住宅立法和政策的问题意识不再是如何通过现有的财产法律制度保障产权人占有和使用住宅的权能，而是如何借由对住宅保有法律体系的构建和完善，满足"住有所居"的政策目标，保障和促进公民住宅权的实现。正是基于上述问题意识，本书拟提出住宅保有概念的意义脉络及其法律规整的基本原

---

① 无论个人与家庭以何种方式获得其居住生活的住宅，其意义首先在于取得实现自身居住需求和利益的必要条件，而无论住宅的财产属性或其他。显然，保有相对于物权、债权等概念可以更直接地表达出生活世界中人的意向、志趣和追求。

② 〔德〕卡尔·拉伦茨：《法学方法论》，陈爱娥译，商务印书馆，2003，第355~359页。

则，以作为检讨我国现行住宅立法和政策的一个理论框架。

二 住宅保有概念的意义脉络

在德国学者旺克看来，所有在法条中被应用的概念都是规定功能的概念，这些概念最终全都服务于特定的规制和调整目的。[①] 保有概念的历史发展证明了旺克的这一观点。英格兰封建土地保有制度的目标是维护诺曼征服后逐渐形成的封建社会秩序。在封建制度中，对保有的法律规制"既是一种土地利益的分配方式，也是一种体现分配者身份地位的法律关系模式"，其"既不是为了保护所有权，也不是为了将保有制下的权益作为一种抽象的财产权利加以保护，而是在社会变革的基础上，维护诺曼征服以来的保有制秩序，在土地保有制法律关系框架下有序地解决当事人之间的利益冲突"[②]。即便是在高度形式主义的近代法律制度中，对保有的法律规制也不是纯粹地基于财产权的抽象保护，而是有着其维护资本主义私有产权制度和自由市场机制的政策目标。析言之，封建土地保有的依据是保有者的身份，以封建地产权为基础的住宅保有是封建领主才能享有的特权，依附于封建领主的农民、帮工、仆役等其他社会阶层根本谈不上对住宅的保有。[③] 近代法律中的保有则以保有者的财产权和契约自由为前提，对住宅的保有因属于住宅财产权中的占有和使用权能而得到法律的保护，无产者自然也就谈不上享有对住宅的保有。

不容否认，现代财产法中的保有概念相对于封建保有来说体现了人类历史的进步。封建住宅保有的规整脉络可以归纳为"身份地位-封建特权-住宅保有"。经过"从身份到契约"的运动，对住宅的保有不再是少数封建主的特权，不再同特定的身份和地位联系在一起。人们可以凭借合

---

① Wank, die juristische Begriffsbildung, 1985, S. 285. 转引自拉伦茨《法学方法论》，商务印书馆，2003，第 357 页。

② 咸鸿昌：《论英国普通法土地保有权的建构及其内涵特征》，《政治与法律》2009 年第 9 期，第 131~140 页。

③ 在封建地产权体系中，对住宅的保有并不是一种纯粹的财产权，而是与家族的地位和身份紧密联系。学者们发现在欧洲的许多地区直到 18 世纪住宅保有与身份上的联系仍然存在，"房屋象征着家系的持续，更甚于血缘"。参见〔法〕安德烈·比尔基埃等主编《家庭史——现代化的冲击》，袁树仁等译，生活·读书·新知三联书店，1998，第 80~81 页。

同和财产权这两个法律工具自由地获得对住宅的保有，以满足其本人和家庭的居住需求。"劳动收入-财产权利-住宅保有"成为近代财产法体系中住宅保有的意义脉络。资本主义私有产权制度在从居住需求到住宅权利的身份天堑上架起了财产的桥梁。然而，同身份的天堑相比，贫富的鸿沟虽然并非不能逾越，但对于广大中低收入群体来说仍然是横亘在通向"第一所住宅"道路上的巨大障碍。在以洛克为代表的启蒙思想家笔下，财产权是人们生存、自由、尊严等不同层次需求得到满足的理性基础。洛克用劳动论证了保有财产的正当性。近代财产法对财产权保有权能的设定满足了财产权利享有人稳定地占有住宅进行居住生活的需要。然而，"根据人类法派生的一切财产法都是把贫穷排除在外的"[①]，正如封建保有之于非特权阶层的住宅需求，近代财产法中的保有概念对于贫困者的住宅需求同样表现出明显的选择性盲视的症状。

在近代法律体系中，除了财产权以外，住宅保有概念的意义脉络还部分地根植于人身自由权。在近代资本主义宪法中得到普遍确认的住宅自由权，被认为是人身自由保护的自然延伸。它要求国家采取消极不作为，保护公民住宅不受非法侵犯和歧视。住宅的不受侵犯性不仅基于财产权不受侵犯的神圣地位，还因为住宅的作为个人人格自由与私生活得以充分展开的必要空间的属性。对于财产所有权人来说，住宅自由为其对住宅的保有提供了财产权外的另一个支点，使得其住宅保有获得的法律保护更加周延。而对于那些不享有住宅财产权的僭居者来说，住宅自由权不会让他们对住宅的保有合法化，但至少可以使他们对住宅事实上的占有非经法律上的正当程序而不受剥夺，保证他们在占有期间居住空间和隐私不受任何非法的侵犯。同财产法中住宅保有的规整脉络相比，宪法中"人身自由-住宅自由-住宅保有"的意义脉络虽然具有不可替代的重要性，但其作用是有限的。法律对住宅自由的保障可以进一步补强基于财产权的住宅保有，但无法抛开财产权的基础，直接创设出一个新的完整的住宅保有地位。这在一定程度上反映了财产权在近代法律体系中相对于自由权的优势地位。住宅自由权可以为住宅财产的所有人"锦上添花"，却无法为贫困的无房

---

①　徐显明：《生存权论》，《中国社会科学》1992年第5期，第39~56页。

一族"雪中送炭"。

从保障住宅权的现代社会权理念以及"住有所居"的社会保障政策目标出发，现代人权法中的住宅保有概念直接以人的基本生存需求和人格尊严为其基础。它不再是对既有法律体系中的住宅所有权、住宅租赁权等涉及住宅的财产权利的抽象概括，而是对生活世界中人们的居住需求和利益的直观映射。

实际上，早在启蒙运动中，就有许多学者将人的生存需求视为财产保有的道德基础。格劳修斯曾经提出"应当允许人们为自己取得并保有那些对生存有用的东西"，并认为人类对生存必需品的保有是次级自然法中的一项重要原则。① 西方自由权传统的奠基人洛克认为全人类的生存是根本的自然法，"根本的自然法既然是要尽可能地包含一切人类，那么如果没有足够的东西可以充分满足双方面的要求，即赔偿征服者的损失和照顾儿女们的生活所需时，富足有余的人就应该减少其获得充分满足的要求，让那些不是如此就会受到死亡威胁的人取得他们迫切和优先的权利"。② 洛克认为"人一出生即享有生存权利"，对财产的占有是有条件的，他指出"同一自然法，以这种方式给我们的财产权，同时也对这一财产权加以限制""上帝是以什么限度给我们财产的呢？以供我们享用为度"，在洛克看来，生存需求确立了财产权，同时也构成了对财产权的自然限制。"谁能在一件东西败坏之前尽量用它供生活所需，谁就可以在那个限度内以他的劳动在这件东西上确定他的财产权，超过这个限度就不是他的份所应得，就归他人所有。"换言之，洛克认为财产权应当受到理性的限制，人们不能超出生活所需的限度主张无限的占有。当然，洛克等人对人类生存是自然法则的论断并没有突破其自由主义传统。在洛克的理论中，生存需求只是财产权证成的一个必要条件，却并不是产生另一种新的权利的充分条件。生存需求可以成为财产权的理性限度，但其本身不足以成为支撑一种法定权利的基础。因此，虽然早在人类社会发展的初期，为基本居住需求无法得到满足的社会成员提供庇护处所就被认为具有道德上的应当

---

① 转引自朱晓喆《格劳秀斯与自然法传统的近代转型》，《东方法学》2010 年第 4 期。
② 〔英〕洛克：《政府论》（下篇），商务印书馆，2005，第 118~119 页。

性，但直到社会权理论兴起之前，为无家可归者提供庇护一直被认为是一种恩赐和怜悯，是富人对穷人的慷慨，而不是一种具有法律约束力的义务。接受社会福利馈赠的个人及其家庭可以心怀感激地保有他们的住处，但并不能享有任何所谓保有的权利。

直到另一位杰出启蒙思想家托马斯·潘恩在 18 世纪自由主义的思想主流中开启了社会权理论的滥觞，对福利住宅的保有仅仅是社会恩赐而非权利的认识才开始逐渐改变。潘恩明确提出贫困群体不仅拥有生存权，还应享有各种经济、社会和文化权利。潘恩认为国家应当采取措施保障贫困群体能够实际享有这些权利，并且特别强调这"不是施舍而是权利，不是慷慨而是正义"。① 此后，随着社会权理论的兴起，包括住宅权在内的社会、经济和文化权利逐渐成为各国宪法和国际人权条约中规定的一种基本人权。18 世纪的《人权宣言》、19 世纪的《苏俄宪法》和《魏玛宪法》、20 世纪的《世界人权宣言》和《经济、社会、文化权利国际公约》等一系列重要的法律文献先后确认了社会权的法律地位。为社会成员提供基本的住宅保障，满足人民日益增长的住宅需求成为国家不可推卸的积极义务。"居住需求－生存权利（住房保障）－住宅保有"成为现代人权法和住宅保障政策中保障性住房保有的意义脉络。

这一意义脉络的哲学和政治学意义在于将保有的概念扩展到满足居住利益和需求的正当期待的整个领域，以使所有社会成员，而非仅仅使不动产所有权人等处于社会经济金字塔顶层的部分群体获益。通过这样一个较为广泛的保有概念重新生产平衡的社会关系，实现对基本居住需求"应保尽保"，让住宅保有真正成为保障人类生活基本需要，实现人类自由尊严的本质条件。

三 实现住宅保有的基本原则

要实现这种具有普遍性和平等性特征的保有概念，必须满足两个方面的基本要求。首先，国家应当通过立法广泛地承认所有那些建立在对居住利益和需求的正当期待之上的住宅保有，并为之提供适当程度的法律保

① 〔美〕托马斯·潘恩：《潘恩选集》，马清槐等译，商务印书馆，1982，第 308 页。

护，而不仅仅承认那些建立在财产权基础上的住宅保有。其次，国家在实施住宅政策时，应当对所有合法的保有形式采取不偏不倚的态度，不能厚此薄彼，更不能对特定的保有形式采取压制的政策。前者可以被称为保有的法律保障原则，后者即保有的政策中立原则。

1. 住宅保有的法律保障原则

《关于适足住房权的第 4 号一般性意见》确立了住宅保有的法律保障原则，认为住宅保有的法律保障是任何特定的情况下为实现公约目的而必须加以考虑的住宅权利的首要方面。在现代人权法中，保有的形式包罗万象，包括租用（公共和私人）住宿设施、合作住房、租赁房屋、房主自住住房、应急住房和非正规住区，包括占有土地和财产。住宅保有体系不仅包括各种传统财产权利和其他法定权利，还包括以习惯权利或法益形式表达的各种保有利益。意见要求不论保有形式属何种，所有人都应享有一定程度的保有保障，以保证得到法律保护，免遭强迫迁离、骚扰和其他威胁。缔约国因而应立即采取措施，与受影响的个人和群体进行真诚的磋商，以便目前缺少此类保护的个人与家庭得到保有的法律保障。① 联合国环境与发展大会在 1992 年通过的《21 世纪议程》中明确承认保有保障对促进人类住区可持续发展的重要性，建议各国应"建立适当形式的土地保有，以便为所有用地者，尤其是土著人民、妇女、当地社区、低收入城市居民和农村贫民提供保有保障"②。1993 年 3 月 10 日，联合国人权委员会在第 1993/77 号决议第 3 段促请各国政府"基于受影响者和群体的有效参与并与他们进行有效协商和谈判，对目前受到强迫迁离威胁的所有人给予保有的法律保障并采取一切必要措施充分保护他们免遭强迫迁离"。在人权委员会于次年召开的第 50 届会议上，秘书长根据上述决议汇编的"关于强迫迁离问题分析性报告"指出，在政府尊重适当住宅权的承诺中"一项最具深远意义的措施便是规定保有保障"③。此外，人类住区委员会

---

① CESCR, General Comment No. 4: on the Right to Adequate Housing, UN Doc. E/1992/23, para. 8 (a).

② 联合国环境与发展大会：《21 世纪议程》，7. 30 (f) 段。

③ 联合国人权委员会：《强迫驱逐：秘书长根据委员会第 1993/77 号决议汇编的分析性报告》，E/CN. 4/1994/20，第 160 段。

在 1993 年 5 月 5 日第 14/6 号决议中也述及保有保障问题。在决议第 6
段，委员会敦促各国建立适当的监测机制，提供各种指数，说明无家可归
现象和住房条件不足的程度、保有没有保障的人们以及适足住房权产生的
一些其他问题。从上述各项国际法律文献的规定并结合国际法上住宅权理
论的其他方面来看，住宅保有的法律保障原则已日益在住宅权的国际法律
文献中得到承认，通过立法构建和完善具有普遍性的住宅保有体系，为不
同类型的住宅保有人提供一定程度的保有保障已经成为国家促进和实现住
宅权法律义务的重要组成部分。

2. 住宅政策的保有中立原则

所谓住宅政策的保有中立（tenure neutrality）原则指的是一个国家的
住房政策应该鼓励形成一种对于私有、租赁、合作、福利等住宅保有形式
不偏不倚的中立态度。① 从功利主义出发，保有中立原则的一个重要的立
论基础是消费者选择理论。凯梅尼在《住宅所有权的神话》一书中指出：
"住宅政策应当是保有权中立的：这意味着政府在住宅供给中的责任是通
过鼓励发展成本适中的多样化的保有让住宅消费者的选择效率最大化。"②
保有中立对于实现"公民住宅确保"的政策目标的意义在于，公民对于
住宅保有形式的不同需求应当不受歧视地受到国家住宅政策的同等对待，
除非某种特定的住宅保有形式构成对公共利益的严重损害，国家不应在住
宅政策中排斥任何一种住宅保有形式或阻碍其发展。为了充分实现公民的
住宅权，国家应通过中立的住宅政策发展多样化的保有体系，让各种不同
的住宅保有（权）形式都能够得到法律的认可和保障，从而使其得到均
衡发展，以保证属于不同社会阶层、社会群体的公民的异质化的住宅需求
能够通过多样化的住宅保有得到实现。

在不同的社会发展阶段，某一种住宅保有形式可能会在住宅构成中占
据主要的地位。但这并不意味着其他形式的住宅保有相对于主流的保有形
式来说就是次要的，可以被政府的住宅政策轻易地忽略。这首先是因为

① Marietta E. A. Haffner, "Tenure Neutrality: A Financial-Economic Interpretation," *Housing,
Theory and Society*, July 2003, Vol. 20, pp. 72−85.
② Jim Kemeny, *The Myth of Home-ownership: Public versus Private Choices in Housing Tenure*
(London: Routledge, 1981), p. 146.

就满足公民异质化的居住需求而言，不同的保有形式之间并不总是能够相互替代的。对于保有选择的实证研究表明，不同类型的个人或家庭、同一个人或家庭在不同时期对住宅保有的需求会呈现差异。① 个人或家庭对不同类型住宅保有的偏好不仅受到收入水平的制约，还受到家庭发展所处周期、居住流动性等因素的影响。仅仅凭借一种或少数几种保有形式无法满足不同的保有偏好。住宅政策应当正视并尽可能兼顾差异性的居住需求。通过不同的保有形式之间的相互补充，防止出现住宅需求的空白地带。

即便是在不同保有形式可以相互替代的情况下，通过中立政策允许多样性保有的均衡发展对于住宅权的实现也具有特殊的意义。因为从博弈论的观点出发，不同的保有之间不仅是相互补充的关系，在一定条件下还会形成一种互相强化的共生性关系。在理想状态下，住宅保有体系中各种各样的保有作为制度安排的复合体同时发挥作用。从决策的个体参与人的角度出发，各种不同的机制为其提供了多样的选择空间，这些选择对特定个人或家庭来说是可替代品，然而从国家的住宅政策出发，只有不同的保有形式都得到充分的发展，才可以在整体上得到一个均衡的结果。例如，个人可以购买商品住房满足本人及其家庭的居住需求，如果他/她觉得房价过高则也可以选择租赁房居住。但这两种选择都不可能单独达到住宅市场的可持续的均衡结果：如果租赁的保有保障不充分或者租赁市场发育不成熟，那么个人不能通过租赁满足个人和家庭的需求，被迫进入住宅所有权市场，这种被压迫而产生的被动需求会加剧住宅所有权供需的紧张关系，从而进一步推升房价。反之，如果存在一个成熟的租赁市场，相当一部分个人和家庭就可以通过租赁较好的房屋实现其居住需求而不必被迫进入所有权市场，住宅所有权需求的减少又会使房价处于一个较为合理的水平。在这里，住宅保有形式的均衡发展通过提供可能发生的关联博弈而放松了特定保有形式竞争性博弈中的激励约束条件，从而强化了保有体系中其他保有形式的保障功能。② 而保有中立的住宅政策恰恰是各种保有形式自发

---

① 郑思齐、刘洪玉：《从住房自有化率剖析住房消费的两种方式》，《经济与管理研究》2004 年第 4 期，第 30 页。

② 关于关联博弈理论可以参见〔日〕青木昌彦《比较制度分析》，周黎安译，上海远东出版社，2001。

地达到均衡结果的前提。

以上分析表明在国家对多样化的保有保持政策中立的情况下，住宅保有市场中的参与者基于自身需求的分散决策会自发地形成有效率的均衡结果。然而，我们主张住宅政策应当对保有保持中立态度的原因绝不仅仅是出于对市场效率的功利主义的追求。我们还可以从罗尔斯的正义理论中发现保有政策中立原则的伦理基础。归根结底，国家住宅政策是一个将社会资源在不同社会阶层和社会群体中进行分配的过程。住宅政策对特定保有形式的偏爱往往意味着持此种保有形式的群体在住宅资源的分配中可以获得更多的份额。在许多国家的住宅政策实践中，私有住宅的保有形式相对于租赁保有受到更多的重视，这意味着拥有私有住宅的群体比租户群体获得了更多的社会资源。根据罗尔斯关于平等的正义原则的一般观念，"所有的社会基本善——自由和机会、收入和财富、自尊的基础——都应被平等地分配，除非对其中的一种价值或所有社会善的一种不平等分配有利于最不利者"，[1] 换言之，除非住宅政策对某种保有的倾斜能够以一种直接的和显而易见的方式有利于那些在住宅权方面处于最弱势的社会群体，否则，任何对于社会性住宅资源的非中立配置都会有悖于居住公平，而难言正当。[2]

在现代住宅理论和实践中，住宅保有是住宅权权利主体实现住宅利益的起点和基础，是构成与人类居住需求有关的基本上所有权利都不可缺少的核心内涵。保有为公民住宅权的范围树立了一个明确的界碑。在住宅权保障的制度设计中，保有的过与不足都会带来问题。在我国住宅立法和政策的实践中，存在房屋征收与拆迁过程对住宅所有权保障的不足，保障性住房福利权的过度财产化和资本化，住宅政策中对私有住宅的过度倾斜，以及其他不断涌现的形形色色的问题，虽然它们的表现形式存在很大差异，但其形成机理都可以归咎于对于住宅权权利客体认识上的偏差，均可

---

[1] 〔美〕约翰·罗尔斯：《正义论》，何怀宏等译，中国社会科学出版社，1988，第303页。
[2] 一个最近的例子是在我国房产政策进入后限购时代的背景下，一些地方政府出台政策给予商品房的购买者以奖励性补贴。在保障性住房投资存在长期历史积欠以及未来资金压力日益增大的情况下，用有限的社会公共资源补贴有能力购买高档成品商品房的阶层显然违背了罗尔斯关于正义的第二原则。有关背景可参见李思潼《地方楼市政策频耍花招，涉及限购范围购房补贴等》，《中华工商时报》2012年5月18日。

以用保有的理论得到较好的阐释。而通过在住宅法律体系中贯彻保有的法律保障原则和政策中立原则，让通过不同形式获得住宅保有的公民都能够稳定地占有住宅并在其中居住生活，我们距离保障公民住宅需求，实现"住有所居"的目标就会越来越近。

第三节　住宅权内容限定层的诸项权利

住宅权内容限定层的诸项权利和利益是对住宅保有水平和程度的限定。在公约第 11 条第 1 款中对于住宅权内容表述为"获得包括足够住房在内的相当生活水准，并能不断改进生活条件"，因此，仅仅保有住宅对于住宅权的实现来说是远远不够的，为了保障人的尊严和平等，保有的住宅应当是"适足"的。适足的标准不仅仅要满足权利主体之于住宅的生存利益，同时也需要在合理的程度上满足权利主体在人格自由、个人发展、社会关系乃至文化情感等不同层面上的各项利益和权利。[1]

一　住宅安全与健康

住宅安全与健康首先是指居住在符合住房质量标准与居住水准住宅的权利，以确保个人与家庭的安全和健康。[2] 关于适足住房权的第 4 号一般性意见提出的住宅适足性七个方面标准中（b）"服务、材料、设备和基础设施的提供"和（d）"乐舍安居"两方面实际都涉及住宅安全和健康问题。一方面，住宅的最基本的功能就是为人类提供庇护遮蔽之场所，从而使个人免受自然界的恶劣气候的影响。但住宅自身必须是安全可靠的，否则在地震等自然灾害中，不安全的住宅不仅不能为居住者提供生命健康、安全的庇护，反而还会成为剥夺生命和财产的元凶。另一方面，在现

---

[1]　根据马斯洛的需求层次理论，人的需求可以分为生理需求、安全需求、社交需求、尊重需求和自我实现需求五个层次。人类对于住宅或者通过住宅满足的需求也同时包含上述五个层次。但笔者不认同马斯洛认为只有最基本的需求被满足到维持生存所必需的程度后，其他需求才成为新的激励因素的观点。就住宅而言，获得适足住宅意味着各个层次的需求和利益同时在不同程度上得到满足和实现，住宅在满足人们生理需求的同时，也不同程度地满足着安全、社交、尊重和自我实现的需求。

[2]　金俭：《中国住宅法研究》，法律出版社，2004，第 59 页。

代社会，住宅绝不仅仅是独立的建筑。一幢合适的住房必须拥有卫生、安全、舒适和营养必需之设备。所有享有适足住房权的人都应能持久地取得自然和共同资源、安全饮用水、烹调设备、取暖和照明能源、卫生设备、洗涤设备、食物储藏设施、垃圾处理服务、排水设施和应急服务；适足的住房必须是适合于居住的，即向居住者提供足够的空间和保护他们免受严寒、潮湿、炎热、刮风下雨或其他对健康的威胁、建筑危险和传病媒介。住宅不应建在威胁居民健康权利的污染地区，也不应建在直接邻近污染的发源之处。

广义的安全与健康不仅是人类在生理层次的需要，还是社会性的需求。广义的住宅安全还包括住宅应当可以防范来自国家和社会第三方主体的侵扰。广义的健康还包括心理健康和精神上的安宁。这就涉及住宅不受侵犯与隐私利益。

二　住宅自由与隐私

所谓住宅自由是指个人和家庭居住生活的处所不受非法侵入和搜查，以保障人们的人身安全和自由。住宅不受侵犯不仅是个人人身自由的自然延伸，还包含对生命安全和财产安全的保障。陈新民教授曾指出"人民的住居自由，保障人民可以享有一个安宁的居住空间。也就是人民在其所居住的房舍之内可以不受国家公权力违法侵犯，这个保障人民拥有住居自由权利，在其本质上也寓有保障人民生命与财产安全之旨焉，因为家宅往往提供人民生命与财产的保障依据"[1]。住宅不受侵犯还包含对住宅私密的保护。住宅为私空间和公共空间划定了界限。在住宅空间内展开的个人和家庭生活属于个人隐私，住宅自然也就成为隐私权保护范围。[2]

三　住宅可负担

所谓住宅可负担（affordable）是指获得并保有适足住宅的费用应当在权利人可以负担的水平之内，可负担性是保障住房保有的最为关键的问

---

[1]　陈新民：《宪法学释论》，三民书局股份有限公司，2005，第229页。
[2]　金俭：《中国住宅法研究》，法律出版社，2004，第61页。

题。联合国适足住房权第一任特别报告员米隆·科塔里在其报告中指出，在全世界，住房、土地和财产的价格不断上涨，超出了很多人的承付能力，这使得无家可归的人越来越多，他们不得不生活在低于需要和不安全的住房条件下。国家往往无能力或不愿意通过对市场的适当干预制止房地产投机、抑制租金和房产价格的上涨，这是落实适足住房权的一个重要障碍。各种趋势表明，这一承付能力危机不仅影响着穷人，还影响着低收入群体，甚至中产阶级。受到房地产价格上涨影响的人越来越多，特别是在城市地区。这使得拖欠租金或抵押贷款的人也增加了。科塔里认为造成这种情况的因素很多，包括房地产投机。城市改建、城市美化以及创造所谓世界级城市，都助长了城市房地产价格的上涨，使土地的使用偏向高收入群体，使穷人被进一步边缘化。[①]

经济、社会和文化权利委员会要求住宅的可负担性与住房有关的个人或家庭费用应保持在一定水平上，而不至于使其他基本需要的获得与满足受到威胁或损害。各缔约国应采取步骤以确保与住房有关的费用百分比大致与收入水平相称。各缔约国应为那些无力获得便宜住房的人设立住房补助并确定恰当反映住房需要的提供住房资金的形式和水平。按照力所能及的原则，应采取适当的措施保护租户免受不合理的租金水平或提高租金之影响。在以天然材料为建房主要材料来源的社会内，各缔约国应采取步骤，保证供应此材料。

四　住宅公平

所谓住宅公平是指在获得并保有住宅的问题上，法律应禁止人为歧视，保证所有人受到平等而有效的保护，不因种族、肤色、性别、语言、宗教、政治或其他主张、民族或社会出身、财产、出生或其他地位而受到任何歧视。住宅公平不仅要求取得住宅机会的平等，还要求实现结果的公平。除了向一切有资格享有适足住房的人提供适足的住宅，还必须使处境不利的群体充分和持久地得到适足住宅的资源。如老年人、儿童、残疾

---

① 〔印度〕米隆·科塔理：《增进和保护所有人权、公民、政治、经济、社会和文化权利：包括发展权适足生活水准权所含适足住房权利以及在这方面不受歧视的权利问题特别报告员米隆·科塔理的报告》，A/HRC/7/16，2008年2月。

人、晚期患者、艾滋病人，身患痼疾者、精神病患者、自然灾害受害者、易受灾地区人民及其他群体等居住上的弱者在住宅方面应确保被给予一定的优先考虑。住宅立法和政策应充分考虑这些群体的特殊住宅需要，以体现社会公平。

五　住宅发展权利

住宅不仅是居住的空间，还是人们形成社会关系，并实现个人发展的基础。研究表明，居住地点与得到良好教育和工作的机会之间存在明显的联系。这就要求国家应在住宅政策中充分考虑居住功能和居住者社会性需求之间的平衡，在住区规划中应提供均质和适足的教育、医疗、社区服务等社会基础设施以及充足的就业机会。经济、社会和文化权利委员会提出无论在城市还是乡村，适足的住宅都应处于便利就业选择、保健服务、就学、托儿中心和其他社会设施之地点，因为通勤时间和费用对贫穷家庭的预算是一个极大的负担。在许多西方国家，政府和社会公众已经充分认识到大规模的社会保障住宅的集中建设带来的居住区隔问题。这种居住区隔制约了社区居民的住宅发展权利。为了保障居民的发展权利，政府在建设社会保障住房时应当注意阶层融合。

第六章　住宅权实现的程序保障

　　权利的保障是权利实现中的核心问题。广义的权利保障包括权利未受侵犯前的保障和权利受到侵犯后的救济两个方面的内容。前者也被称为事前保障，后者则属于事后保障。正如有学者指出："通常讲权利保障，有两个层面的含义：一是指权利实现时的无阻却性保障；二是指权利实现出现障碍时的司法救济性保障。无阻却性保障又包含双重含义：一方面是保障权利人的权利处于权利人的合乎法律规范的意志支配之下，权利或被行使或被放弃或被转让，都不得受到权利以外的其他任何义务人的阻止或干预；另一方面是权利的实现必须依靠国家的帮助行为，表现在国家不仅为公民权利的实现提供各种物质条件上，还有为公民权利的实现提供社会保障上。司法救济性保障，则不仅包括司法审判保障，还包括行政司法救济保障。"① 就住宅权的保障而言，其也包括事前保障和事后救济两个方面。其中司法救济也被称为程序性保障，即主要通过司法程序来确保当事人的实体性权利和利益的实现，而不是直接为实体权益的实现提供各种物质条件和帮助。但程序性保障并不局限于在权利受到侵害时提供法律救济，也包括在住宅权实现的过程中，同样需要遵循正当程序的要求，通过程序的合理设计来消除全体主体行使权利的制度阻碍，保证、促进住宅权的义务主体，特别是国家充分履行其尊重、保护、促进和实现住宅权的义务，最终确保实体性住宅权利和利益的实现。除了住宅权的法律救济之外，公民

---

① 范进学：《论权利的制度保障》，《法学杂志》1996 年第 6 期，第 18~19 页。

对住宅信息的知情权以及对住宅事务的公共参与都是对于住宅权实现的事前程序性保障的核心机制。

权利保障的目标是促进权利的实现。住宅保有以及以保有为核心的一系列具体权利构成了住宅权的实体内容，或者可以称之为实体性的住宅权，即人们享有承担安全、健康、有尊严地居住生活在某处的权利。每一个人及其家庭都享有获得相当的生活水准所需要的居住环境，并能不断改进生活条件的权利。但住宅权理念的提出面对的事实是：住宅短缺的现象在人类社会仍将长期存在。虽然社会日益富裕，但相对贫困带来的可行能力的绝对剥夺使得中等以上收入的群体也需要依赖国家的给付实现自己和家庭的住宅需求。相对于社会对于"安全、健康和有尊严"的居住生活水准的日益提高的预期，权利主体和义务主体在现实中可以用来满足个人居住需求的资源依旧紧缺。住宅权是针对严重的住宅问题提出的，它应当被解释为已有居住条件受到尊重和不被任意剥夺的权利，以及居住水准得到保护并促进其得到不断改进的权利。住宅权的主体可以请求权利客体立即采取积极的措施促进其居住水准的改善，但我们无法将住宅权解释为要求义务主体立即提供符合居住水准的住宅的权利。首先，这是因为适足的最低居住水准是一个相对模糊的概念。从满足基本生理需求的角度，足以遮风避雨的栖身之所就可以满足人类的生存所需。但人类的匮乏通常涉及相对贫困，而非绝对贫困。个人对于居住环境是否适足的判断严重依赖于与他人的比较。在大多数人普遍较为贫困的社会，最低的居住条件似乎非常容易满足。但随着社会逐渐富裕，原本可以接受的居住标准会被认为不再符合适足的标准。① 这就使得社会很难对住宅权的实体内容达成明确

---

① 经济学家茅于轼曾经提出过一个观点，"廉租房应该是没有厕所的，只有公共厕所，这样的房子有钱人才不喜欢"。这一观点提出后引起了社会的热烈讨论。一些网络评论指责茅于轼的观点侵犯了廉租房住户的尊严。实际上，茅于轼的观点确实指出了政府在甄别住宅权适格保障对象方面的困境和对保障房商品化和资本化的担忧。而其观点之所以引起热议，实际是因为社会对于最低住宅水准的分歧。实际上，就在21世纪初，笔者在大学读书时，大部分宿舍都没有独立的卫生间，高校的许多青年教师甚至举家居住在同样条件的单间宿舍里。仅仅数年之后，具有独立的厕所就被众多网友认为是廉租房应当具备的基本条件。这反映了我国在住宅保障水平方面的迅速进步，也揭示了住宅权实体保障标准的不确定性和相对性。参见刘敬、张志超《茅于轼建议廉租房不设厕所 称可防富人入住》，http://news.sohu.com/20090319/n262878296.shtml，最后访问日期：2016年6月9日。

和稳定的共识。其次，住宅权的实体性保障和其他基本权利一样具有很强的资源依赖性，特别是促进和实现两个层次的义务，需要国家掌握大量的经济资源，并做出资源分配的公共决策。而国家所掌握的资源不仅受到经济社会发展水平的制约，还很容易受到经济波动的影响。[①] 由于住宅权基准和国家资源的双重不确定性，立法机关无法事先制定详细的实体规则来具体规定政府分配住房公共资源的标准。在瞬息万变的社会经济环境中，对于住宅权"适足性"标准的判断已经不单纯是一个涉及法律、政策和道德的规范问题，而是同时涉及社会发展目标、经济发展水平、财政资源水平、环境承受能力等多重的事实判断。为了平衡住宅政策中个人利益和公共利益复杂关系，国家不得不授予行政机关广泛的自由裁量权。

当住宅权的实体保障标准越来越依赖政府的自由裁量，在住宅权实现的过程中，程序性保障的重要性也就不断凸显出来。通过对公民获取住宅信息和参与住宅事务公共决策的程序性保障，可以让公众知晓国家或政府可用于住宅权保障的资源水平，并可以让公民能够实质性地影响自身住宅权的实体内容，或者住宅权保障的实体标准的确定，从而使之更加符合公民的权利需求和主张。在此意义上，住宅权的程序性保障有助于合理确定实体保障标准，甚至成为实体性保障的前提。公开、透明的程序可以保障住宅权的平等实现，防止住宅权保障中出现不公平的现象。通过程序的控权功能能够弥补实体法控制权力的不足，有效制约政府相对扩张的自由裁量权，以制约权力滥用，督促职责履行来保障住宅权的实现。

国家人权法的实践表明，对于那些实体内容模糊而存在争议的权利，首先强调包括获取信息、公众参与决策和诉诸司法救济等程序性保障机制

---

① 最典型的情况是一些发达国家在面临经济危机时，也会出现财政收入水平的剧烈下降，从而影响政府维持既有福利水平的资源负担能力。而冰岛、希腊、意大利、法国等欧洲国家在金融危机中的遭遇表明，超出义务主体（政府）的负担能力维持社会、经济权利的保障水平，其结果不仅是义务主体在履行义务方面难以为继，而且可能让权利主体陷入更加困难的境遇。

的建立和实施，是推进此类权利落实的一条有效路径。① 国际社会推进住
宅权的实践中，一直以来也十分强调对程序性保障的关注。经济、社会和
文化权利委员会在关于住宅权的第 4 号一般性意见中强调："要使社会各
阶层的适足住房权利得以实现和维持，充分享受其他权利——言论自由、
结社自由（诸如租户和其他社区基础的群组）、居住自由权、参与公共决
策权是必不可少的。"② 联合国人居署和联合国人权事务高级专员办事处
发布的住房计划中，也将尊重住宅事务的公众参与、保护居民对住宅事务
的民主管理和促进对住宅信息的获取列为国家对住宅权的重要义务。③ 当
然，就住宅权的程序性保障而言，可以采取的措施还有很多，但获取信
息、参与决策和诉诸司法显然是最为核心和重要的机制。因此，本书的探
讨主要围绕这三个方面的机制展开。

第一节　住宅权实现的信息保障

信息社会（information society），也称知识社会、后工业社会，是指
工业化社会之后，以信息科技的发展和应用为核心的一种新的由信息、知
识扮演主角的社会形态。自从 1964 年日本学者梅棹忠夫首先提出信息社
会的概念以来，人们逐渐开始重新审视信息对于人类社会的重要性。随着
20 世纪后半叶信息技术革命的迅速深入发展，人类社会的信息化程度不
断提高，迅速进步的信息技术重新塑造着人类经济、政治、文化和社会生
活的各个领域。信息社会已经从一个学术上的概念逐渐成为"我们身边
可知可感的现实"。④

在信息社会，瞬息万变的信息不仅是重要的资源，而且成为影响个人

---

① 例如，对于环境权，由于实体环境权的概念模糊而存在较大争议，在 1992 年里约会议
　上，国际环境法开始转向关注环境知情权、参与权。1998 年联合国欧洲经济委员会通过
　奥胡斯公约，即《在环境事务中获得信息、公共参与决策和诉诸司法的公约》明确将信
　息、参与和司法三个方面的程序保障作为推进环境权实现的重要机制。这些实践对于推
　进住宅权的实施值得借鉴。

② CESCR, General Comment No. 4 (1991) on the Right to Adequate Housing [Art. 11 (1) of
　the Covenant], UN Doc. E/1992/23, para. 9.

③ UN Doc. HS/C/17/INF/6, Table 2.

④ 孙伟平：《信息社会及其基本特征》，《哲学动态》2010 年第 9 期，第 12~18 页。

和群体社会可行能力的核心要素。相对于物质和能源来说，信息已经成为一种甚至可以说更为重要的资源。正如德鲁克所言："知识是今天唯一意义深远的资源。传统的生产要素——土地（即自然资源）、劳动和资本没有消失，但是它们已经变成第二位的。假如有知识，能够容易地得到传统的生产要素。在这个新的意义上，知识是作为实用的知识，是作为获得社会和经济成果的工具。"① 而卡斯特更是将信息的重要性上升到重新塑造社会的"信息主义范式"的层面，他认为"信息技术革命引发了信息主义的浮现，并成为新社会的物质基础。在信息主义之下，财富的生产、权力的运作与文化符码的创造变得越来越依赖社会与个人的技术能力，而信息技术正是此能力的核心。信息技术变成为有效执行社会—经济再结构过程的不可或缺的工具。"② 在资本等物质力量继续通过社会结构和市场机制支配着社会—经济过程的同时，信息技术没有像一些学者预想的那样将我们带入"技术乌托邦"。恰恰相反，虽然现代通信和互联网等技术的发展让人类社会逐渐看到实现信息能力平等的可能，但科技进步也会产生各种新形式的信息鸿沟。③ 在业已形成的不平等的社会结构中，信息资源生产和分配与其他社会经济资源一样具有"排他性逻辑"，"无论是发达国家还是发展中国家，数百万的人民与地球上的许多地区都被排除在信息主义利益之外"。④

住宅属于有形的物质性资源，但人们获取住宅的能力越来越离不开信息要素。阿玛蒂亚·森对于饥荒的研究表明，生存资源的匮乏并不仅仅是因为资源的实际稀缺，更多地可以归咎于个人行使权利的可行能力被剥

---

① 〔美〕彼德·F. 德鲁克：《从资本主义到知识社会》，载〔美〕达尔·尼夫主编《知识经济》，樊春良、冷民等译，珠海出版社，1998，第 57 页。
② 〔美〕曼纽尔·卡斯特：《千年终结》，夏铸久、黄慧琦等译，社会科学文献出版社，2003，第 403 页。
③ 例如，随着互联网技术的发展，各国政府信息公开日益通过网络进行，在政府运用微博等新的互联网技术在信息公开方面实现了前所未有的时空零距离的同时，却更加凸显出那些无法掌握互联网资源的群体在信息获取能力方面的滞后。一个明显的事实是，那些在传统社会经济结构中处于底层的群体往往最可能被排除在互联网这条"信息高速公路"之外。
④ 〔美〕曼纽尔·卡斯特：《千年终结》，夏铸久、黄慧琦等译，社会科学文献出版社，2003，第 2~3 页。

夺。而信息自由是构成个人可行能力的重要组成部分。信息要素资源配置会影响住宅等生存资源的获取。目前，我国公民住宅权保障中出现的一些问题都可以在一定程度上归咎于住宅信息要素资源分配的不均衡。

就国内许多城市出现的"开着宝马住保障房"的现象而言，一方面，我国面临着社会保障住房资源稀缺，保障面严重不足，另一方面，深圳、北京、武汉等城市不断爆出保障房被不符合条件的群体占购的丑闻。审计署 2010 年底公布的数据显示，在重点调查的 32 个城市中，有 18 个城市向 2132 户不符合条件的家庭分配了廉租房。① 在许多地方，公务员和事业单位工作人员成为占购经济适用房和保障性住房的主要群体。这些不正常的现象暴露出地方各级政府在社会保障性住房分配准入、公示、管理、退出等各个环节中存在制度缺失。其中，社会不同阶层间信息能力的差距以及政府在保障公民获取住宅信息问题上存在的不足是导致这一结果的重要因素。首先，作为住宅保障重点对象的社会低收入群体在获取社会保障房信息方面存在能力缺陷和现实障碍。公务员和事业机关工作人员具有更强的获取信息的能力，且接近信息源，更易获取有关保障性住房指标和分配等方面的信息。这就导致在许多符合条件的低收入家庭还不知情的情况下，一些不符合条件的高收入者却在保障性住房的申购中捷足先登。其次，各地政府自身有关保障性住房的信息监管机制滞后，对于保障性住房申请人家庭人口变动、收入财产等相关信息不能实现有效的动态监控。信息能力不足导致政府无法准确甄别那些不符合申请条件的骗购者，从而给了这些人以可乘之机。最后，也是最为重要的，一些地方政府漠视公众对保障性住房项目实施状况的知情权，在保障性住房建设、分配、管理等环节采取不公开和不透明的做法，使得普通公众难以获取有关保障性住房的信息，也就根本谈不上对相关环节实行有效的社会监督。而离开了公开透明的社会监督，各类违规、违纪甚至腐败现象的出现几乎成为一种必然。

居高不下的房价已经成为我国公民通过市场实现自身住宅权的巨大障碍。而在房价高涨的背后，也有信息因素在作祟。不少学者从信息经济学

---

① 中华人民共和国审计署：《19 个省市 2007 年至 2009 年政府投资保障性住房审计调查结果》，载《中华人民共和国审计署审议结果公告》2010 年第 22 号（总第 69 号）。

理论出发，注意到房地产商或地产中介利用信息不对称进行投机性涨价是导致我国房地产价格"非正常"上涨的一个重要原因。[①] 房地产市场是一个典型的信息不对称市场。为了获得超额利润，房地产商以及房产中介机构可以利用己方相对于消费者的信息优势，对影响商品房售价或租金的成本、供给和需求等因素进行隐瞒甚至做出误导性披露，从而影响购房者做出判断的信息基础，诱导购者接受房价快速上涨的预期。在楼盘销售时人为造势、捂盘，制造供不应求的假象，对土地价格、建筑成本上涨加以刻意炒作，对住宅品质和成本进行过度宣传已经成为房地产开发商惯用的营销手段。与此同时，我国各地和各级政府没有很好地履行强制要求房产商披露信息或直接提供公共信息从而矫正信息不对称的职责。一些地方的政府出于追求土地财政和地方经济发展的目标，甚至故意释放房价上涨的信息，强化公众对房价上升的预期，这对房地产价格水平的迅速上升起到推波助澜的作用。

由此可见，在涉及住宅的事务中及时、有效地获取准确的信息已经成为现代社会公民实现自身住宅权的一个重要条件。国内也有学者认识到住宅信息的重要性，建议建立住宅信息的调查和发布制度，明确政府提供住宅信息的责任。如金俭教授在其提出的《住宅法草案》建议稿第40条建议"建立住宅资讯调查与发布制度"，规定"为提升住宅资讯品质，促进住宅资讯流通，政府部门应办理住宅普查、抽样调查与追踪调查，并收集住宅市场相关资讯，定期公布，相关机构应依法配合办理，并应鼓励民间团体进行住宅资讯研究调查与发布"[②]。本节的研究旨在抛砖引玉，引发对住宅权实现中信息保障问题的进一步探讨。

一　住宅信息保障的基本构造

在现代信息社会，获取信息本身已经成为公民的一项不可或缺的重要权利。早在1946年，联合国大会就通过第S9（1）号决议公开声明信息

---

① 陈耿、范运：《信息不对称条件下房地产价格上涨：基于不完全信息动态博弈模型的理论分析》，《经济师》2006年第3期，第274~275页。

② 金俭：《中国住宅法研究》，法律出版社，2004，第53页。

自由是一种基本人权，并构成检验联合国为之奋斗的其他基本自由的试金石。① 信息权在国际人权法上的确立可以追溯到《世界人权宣言》第 19 条。该条对传统的表达意见的自由做出了扩大性的界定，认为此项权利包括"持有［主张］而不受干涉的自由，以及通过任何媒介和不论国界寻求、接受和传递消息和思想的自由"。《公民权利和政治权利国际公约》第 19 条同样将"寻求和接受各种消息和思想的自由"作为言论自由的一部分加以确认。这里所说的"寻求和接受信息的自由"实际上属于消极的信息权，即公民不受妨碍地获取信息的权利。随着社会权理论的兴起，信息权的内涵已经突破了传统自由权的范畴，更加强调积极的信息权，即公民有权向国家机关或其他负有特定义务的主体请求公开或提供有关信息的权利。在日本，有学者将消极的信息权称为信息领受权，而将积极的信息权称为信息公开请求权。② 在我国台湾地区，也有学者将两者分别称为"消极知的权利"和"积极知的权利"。③ 20 世纪 90 年代以来，非洲、拉美和中东一些国家在修订宪法时，纷纷将信息权明确规定为一项基本人权。比较典型的代表是南非共和国宪法第 32 条。根据该条规定："（1）每个人有权获得：（a）国家拥有的任何信息；（b）为另外人持有并为行使或保护任何权利所必需的任何信息。（2）必须制定全国性法律以使该项权利生效，法律要提供合理的措施以减轻国家在管理和财政方面的负担。"④ 而一些在宪法中没有明文规定信息权的国家，也通过宪法解释，确认了信息权。例如，日本国宪法中没有关于信息权的条文，但多数日本宪法学者认为宪法第 21 条规定的表达自由是信息权的宪法依据，也有学者认为可以从宪法序言部分的"国民主权理念"、第 25 条"生存权"乃至第 93 条"地方自治的住民政治参加权"等条文中推导出知情权。⑤ 印度最高法院在 1982 年的一个判决中裁定从政府获取信息是印度宪法第 19 条规定的言

---

① 〔瑞典〕格德门德尔·阿尔弗雷德松、〔挪威〕阿斯布佐恩·艾德编《世界人权宣言：努力实现的共同标准》，中国人权研究会组织翻译，四川人民出版社，1999，第 408 页。
② 刘杰：《知情权与信息公开法》，清华大学出版社，2005，第 53~56 页。
③ 李慧宗：《宪法要义》，元照出版有限公司，2004，第 333~335 页。
④ 本书引用非洲国家宪法中文文本均可参见《世界各国宪法》编辑委员会编《世界各国宪法》（非洲卷），中国检察出版社，2012。
⑤ 刘杰：《知情权与信息公开法》，清华大学出版社，2005，第 52 页。

论和表达自由权的一部分。韩国宪法法院也在 1989 年和 1991 年的两起案件的判决中确认信息权暗含在韩国宪法第 21 条对表达自由的规定中。①

有学者将信息权列为当代社会人权保障的十大课题之一。② 信息权或称知情权不仅是一种独立的人权，还是包括住宅权在内的其他基本人权得以实现的基础和条件。因此，获取有关住宅事务的信息也理应成为公民住宅权利束（housing rights）中的一个重要权利。在关于适足住房权的第 4 号一般性意见中，经济、社会和文化权利委员会特别指出要使各阶层的住宅权得以实现和维持，充分享有言论自由是必不可少的。③ 这里的"言论自由"就包含公民不受妨碍地获取信息的权利。获取有效的信息不仅是公民取得适当住宅的必要条件，同时还是对政府住宅政策进行有效监督和实质性参与住宅政策决策的前提。保障公民获取住宅信息的权利或住宅知情权也是政府保障和实现公民住宅权义务的组成部分。联合国住宅权规划中提及有关逐渐实现住宅权的国家责任和国内法上的可行措施时，将促进住宅信息的获取列为国家履行第三层次的促进义务的一项重要内容。④

传统人权法理论从公、私法二元划分出发，又将信息权分为广义信息权和狭义信息权两种。所谓广义信息权涵盖了公法和私法领域，狭义信息权则仅指公法上的信息权。⑤ 基于这样的划分，对于信息权问题的探讨一直被割裂为公法、私法领域中的不同主题，如行政法上的政府信息公开、民法上的告知义务以及经济法上的消费者知情权等。从住宅问题的非本质主义的整体性视角出发，住宅权是兼具公、私权利的双重属性，这些主题对于公民住宅权的实现都是不可缺少的。因此，本书探讨的住宅信息权属

① 冯国基：《面向 WTO 的中国行政：行政资讯公开法律制度研究》，法律出版社，2002，第 82 页。
② 〔日〕杉原泰雄：《宪法的历史——比较宪法学新论》，吕昶等译，社会科学文献出版社，2000，第 190 页。
③ CESCR, General Comment No. 4（1991）on the Right to Adequate Housing［Art. 11（1）of the Covenant］, UN Doc. E/1992/23, para. 9.
④ Guidelines on Practical Aspects in the Realization of the Human Right to Adequate Housing, including the Formulation of the United Nations Housing Rights Programme, UN Doc. HS/C/17/INF/6, para. 68, Table 2.
⑤ 纪建文：《知情权及其保护的比较研究》，载徐显明主编《人权研究》（第二卷），山东人民出版社，2002，第 192 页。

于广义的信息权，包括公民的住宅信息受领自由、对政府的住宅信息公开请求权以及对特定市场主体的信息披露请求权等。其权利构造主要包含以下基本内容。

（一）住宅信息权的权利主体

住宅权和信息权都是具有普遍性的人权。因此，一般而言，公法上的住宅信息权的权利主体是不特定的公众，包括任何自然人、法人和其他组织。为了防止政府设置的资格条件阻碍公民平等地获取住宅信息，要求政府公开住宅信息的公民无须具有特定目的，也不用证明和相关住宅信息之间具有特定的利益关联。虽然实践中政府常常倾向于以效率为借口主张对住宅信息权主体资格加以限定，但这种做法是不能成立的。信息资源具有可分享性，任何公民对信息的享有并不会影响其他公民对信息的享有。也就是说，同物质资源的稀缺性相比，信息资源几乎是无限的。政府不需要设定门槛来限制信息权主体的数量。当然，在现实生活中信息资源虽然在理论上是无限的，但信息公布和提供的载体的确会耗费一定数量的行政资源，因此享有信息权主体的数量会在一定程度上影响政府因保障信息而支出的成本。但这同样不能为限定住宅信息权的主体提供正当理由。因为政府有责任保障公民平等地获取住宅信息。不仅如此，在为住宅信息权主体设定资格后，政府还需要逐一甄别提出请求的主体的资格，这同样要付出巨大的成本。

当然，住宅信息权主体的普遍性也存在例外的情形。首先，虽然任何公民都应当平等地享有住宅信息权，但不同公民获取信息的能力是有差异的，显然会有一些公民需要得到政府的特别关照。例如目前，各地政府都会在网上公布保障住房信息，理论上所有公民都可以平等地通过互联网获取保障住房的政策、申请程序等信息，但政府对于那些不具备互联网技术的公民必须以特殊方式保障。其次，在住宅买卖和租赁等市场交易关系中，住宅信息应当由市场主体自行获取，各方都平等地享有住宅信息的受领权。但由于相关信息在不同市场主体间不对称分布，消费者相对于房地产开发商或房产中介机构在信息上居于劣势，此时，为了体现对消费者信息权的特殊保障，法律特别规定消费者对特定市场经营主体拥有的住宅信息享有知情权。

简言之，一般情况下，住宅信息权的权利主体应当是不特定的公众，特别是公法上的住宅信息权，任何公民都应平等地成为受保障的权利主体。但这并不排斥信息弱势群体在行使住宅信息权时可以享受特殊的待遇。例如采取特定的通知方式，申请费用的减免等。

（二）住宅信息权的义务主体

住宅信息权的义务主体包括拥有住宅信息的政府机关和特定的个人、企事业单位或其他组织。通常，作为住宅信息权的义务主体的国家机关主要是指行政机关，不包括立法机关和司法机关，但不限于专司住宅事务的主管部门，而包括所有在执行职务中享有关乎公民住宅权实现的信息的各级和各类行政机关，也包括受委托行使住宅公共职权或提供住宅公共服务的各类事业单位和其他组织。个人可以并应当为住宅权等社会权的实现承担义务已经逐渐成为国际人权法理论上的一个共识。① 如前文所述，住宅权的首要义务人是国家。但在现实生活中，包括住宅权在内的社会权往往受到"社会专制"或"市场力量"的压迫，其赖以实现的信息资源有相当部分掌握在私人实体的手中。因此，住宅信息权的第三者效力是不可或缺的，那些掌握着攸关其他公民住宅权实现的信息的个人或组织同样应当成为住宅信息权的义务主体。要特别指出的是，在作为公民住宅信息权的义务主体的个人和组织中，除了作为市场交易一方的经营者，独立的社会中介和服务机构也发挥着重要的作用。例如，在德国独立的地产评估师对于保障公民对住宅价格信息的知情权就发挥着不可替代的作用，各类地产出让和交易的价格既不是由政府定价，也不是由开发商定价，而是由独立的地产评估师负责评估认定的。注册评估师对自己的评估结果在长达30年的期间内担负法律责任。②

在住宅信息权的义务主体中，政府机构的角色十分特殊。一方面，政府作为住宅事务公共信息的持有者，负有直接公开或披露相关信息的义务。另一方面，政府作为住宅市场的监管者，负有矫正信息不对称带来的市场失灵的义务，即政府应当通过法律和行政手段，确保对住宅信息权负

① 金俭：《中国住宅法研究》，法律出版社，2004，第65页。
② 余南平：《欧洲社会模式——以欧洲住房政策和住房市场为视角》，华东师范大学出版社，2009，第234页。

有义务的个人履行信息提供义务。对住宅信息权负有义务的个人能否切实承担其应尽的义务，最终仍然取决于政府的监管措施和监管力度。所以，政府是住宅信息权最主要的义务主体。

（三）住宅信息权的客体

住宅信息权的客体是涉及公民住宅权保障和实现的任何和所有的公共或私人信息。主要包括：（1）有关各级政府的住宅立法和政策的信息；（2）反映住宅事务主管机构和相关管理机构的机构设置、职能、办事程序等情况的信息；（3）有关公共住宅或住宅补贴的申请、分配和管理的信息；（4）有关住宅市场宏观状况的统计信息；（5）有关住宅质量、价格、环境等方面的具体信息；（6）其他涉及公民住宅权益或需要公众广泛知晓或参与的信息。这些信息的来源可以将住宅信息权的客体分为政府信息和市场信息。所谓政府信息是指源自国家政府机关的公共信息，是行政机关在履行职责过程中制作或者获取的，以一定形式记录、保存的信息。所谓市场信息是指那些源自特定市场主体的私人信息，主要是市场主体在市场经营活动中形成或获取的信息。

二　保障和促进住宅信息获取的义务体系

在住宅信息保障中，政府或其他行使公共职权的机构是最重要的义务主体，对于保障和促进公民获取充分的住宅信息负有不可推卸的责任。联合国住宅权规划报告中针对政府保障住宅信息获取（Access to Housing Information）的责任提出了下列两方面的可行措施：" （1）确保所有人能够获取与他们的住宅有关的任何和所有的信息，无论该信息属于公共信息或个人信息，包括关于住宅权的法律保障，相关住宅立法的内容，住宅供应、空置住宅或出租住宅的位置，与住宅具有紧密关联的环境危害等方面的信息。（2）确保法律规定所有可能影响任何人住宅条件的任何项目、计划、规划或预期的立法的倡议者必须及时和全面地向受影响的公众提供所有可以获得的信息。"① 具体而言，政府在公民住宅信息权的保障和实

---

① Guidelines on Practical Aspects in the Realization of the Human Right to Adequate Housing, Including the Formulation of the United Nations Housing Rights Programme, UN Doc. HS/C/17/INF/6, para. 68.

现方面，应当履行下列义务。

（一）排除妨碍的义务

针对公民所享有的消极的信息自由权，政府和有关公共机构负有排除妨碍的义务。首先，除非有合理的理由，政府不得对公民获取住宅信息的自由采取任何限制措施。其次，政府还应当采取积极措施，排除任何其他社会主体对公民获取住宅信息的妨碍。这是对政府保障公民住宅信息权的义务最为基本的要求。

（二）公开信息的义务

政府和有关公共机构应当履行信息公开的义务，确保公众及时、有效地获取准确的住宅信息。例如英国《住宅法》规定公共住宅的出租人必须公布公共租赁住宅的分配规则，有义务回答租户的有关住宅管理的咨询，并且应当向租户提供双方租赁协议的最新版本。获取信息的权利是英国 1980 年"租户宪章"的一项核心内容。① 信息的提供又可分为主动公开和依申请公开两种情形。主动公开住宅信息是指政府或有关公共机构依据法律的要求或者根据其履行职权的需要主动向社会公众公开有关住宅事务的信息。依申请公开住宅信息是指政府或有关公共机构依法应公民申请为公众提供信息。除非申请公开的信息涉及公共利益、商业秘密或个人隐私，属于法律规定不应公开的范围，政府机构原则上都应当为公众提供信息。信息公开应当以便于公众知晓的方式实行，政府应当设置信息查阅场所并配备相应的设施和设备，为公民获取政府信息提供便利。对于依申请公开的信息可以收取必要的成本费用，但费用的收取不得对公民获取信息构成实质性阻碍。

（三）监控搜集的义务

监控和搜集有关住宅的信息是政府履行信息公开义务的前提。如果政府不能通过日常性的住宅信息监测机制搜集和掌握相关的住宅信息，那么所谓的信息公开义务也就成为无米之炊，徒具形式上的意义。政府应当通过各种可行的渠道和方式搜集住宅信息，包括：（1）通过政府自身的日常工作采集的信息，例如不动产统一登记机关的房地产产权登记信息，质

---

① ss104-106, Housing Act 1985.

量技术监督部门对住宅质量的验收信息，价格部门对商品房预售价格备案制度获得的信息等；（2）通过中介机构或其他机构获取的信息；（3）依法举行听证会获取的信息；（4）委托研究机构等民间团体所做的调查研究报告；（5）其他渠道和方式获取的信息。许多住宅信息，特别是住宅市场信息，例如住房空置率、租金价格水平、住宅价格构成等，并不产生于行政机关内部的工作程序，而是需要行政机关在履行职责过程中从市场主体处搜集调取并进行综合分析后才能形成。因此，监控搜集相关信息的义务是住宅信息权保障不可或缺的必要环节。政府和有关公共机构应当建立和完善收集住宅信息的机制，确保政府具备及时、全面和准确地监控、搜集和分析与自身职能相关的住宅信息的能力。

经济、社会和文化权利委员会在关于第 4 号一般性意见中指出，就政府承担促进公民住宅权实现的国家责任而言，"对住宅信息的有效监测是具有直接效益的另一项义务。一缔约国履行第 11 条第（1）款所规定的义务，它必须表明其已独自或在国际合作的基础上采取了必要的步骤，查清在其管辖之内无家可归和住房简陋的详细情况。在这方面，关于委员会通过的报告形式和内容的经修正的一般准则（E/C.12/1991/1）强调，需要'提供关于社会中在住房方面最易受害和处境不利群组的详细情况'，它们特别包括：无家可归的个人和家庭、居住简陋和无法得到基本居住环境者、'非法'定居者、属于被强迫驱逐出屋的和低收入群组。"① 《联合国人居议程Ⅱ》第 67 条要求各国政府应"经常监测宏观经济政策对住房供应系统影响"，"加强有关住房的信息系统，以及在制定政策时，利用有关的研究活动，包括按性别分类的数据"。

从国外的经验看，对住宅信息的监测是政府科学制订住宅立法和政策的前提条件。例如，美国纽约市的租金管制政策与出租房屋的空置率挂钩，空置率小于 5%，则意味着租赁供求关系处于紧急状态，应当维持租金管制，而空置率大于 5% 则意味着供求关系不再紧张，租金管制应予解除。德国民法典第 557 条规定的提高租金的形式中也引入了联邦统计局发布的生活价格指数，规定租金可以以此为依据逐年调整。而德国民法典第

---

① CESCR, General Comment No.4, para.13, UN Doc. E/1992/23.

558 条规定作为租金调整参照基准的可比租金有三种方式，一是地区租金指数，由特定地区出租人协会和承租人协会共同或由地区的行政管理部门根据本地区过去两年的租金水平定期测算；二是准租金指数，是在没有建立租金指数制度的地区通过抽查、专家意见等方式形成的对租金水平的分析；三是租金数据库，是指通过对一段时间内的租金统计形成的数据库。① 因此，监控搜集住宅信息的义务对于政府履行保障公民住宅权的责任具有十分重要的意义。

（四）市场监管的义务

在市场经济中，信息不对称的分布，导致不同市场主体对住宅信息的掌握程度出现差异。相对于买房者和租户，房地产开发企业以及住宅中介机构在信息方面拥有优势地位。"权力不受控制会被滥用"的规律不仅存在于公法领域，私人还可能利用自己控制信息的权力在交易中攫取不正当的利益。为了矫正信息偏在导致的市场失灵对公民住宅权实现的不利影响，政府应当加强市场监管，保障住宅消费者的知情权，通过确立市场信息的强制披露制度，要求垄断住宅市场信息的个人或企业向消费者公示住宅质量、住宅价格等重要信息。我国台湾地区为了规范住宅市场，陆续审理通过"不动产经纪业管理条例""平均地权条例""地政士条例""土地征收条例"四项修正案，并新制定"住宅法"，统称"居住正义五法"，其主旨之一就是"透明住宅资讯"，具体内容包括明确房地产权利人、地政士和不动产经纪人在不动产登记中负有以实际交易价格进行登记的义务与责任，以使得交易信息更加透明，保障购房者获取信息的能力。②

（五）宣传教育的义务

公众对于住宅政策及其他住宅信息的认知水平会影响对住宅信息的利用效果。如果公众无法理解政府或企业公布的住宅信息，信息公开和强制披露就无法取得预期的效果，公众参与住宅决策的能力也会大打折扣。在信息社会，海量的各种信息充斥各类媒体。这些信息只有通过教育，内化

---

① 许德风：《住房租赁合同的社会控制》，《中国社会科学》2009 年第 3 期，第 125 ~ 207 页。

② 吕翾：《台湾"居住正义五法"精义解析及其对大陆的启示》，《台湾研究集刊》2012 年第 6 期，第 39~46 页。

为公众的知识，才能被准确和有效的利用。为了便于公众理解住宅信息，政府的信息公开和企业的强制披露应当尽可能用公众便于理解的形式进行。同时，在公众中普及有关住宅政策及住宅市场等有关信息的知识也非常重要。以房地产价格信息为例，政府不仅应当公布具有公信力的数据，还应当对公布的数据的含义进行客观的解释与分析，帮助公众理解政府公布数据的市场意义。宣传教育的义务实际上也是政府向公众提供必要信息的义务，即政府应当向公众提供那些使其正确理解和有效利用住宅信息的知识。

三　中国住宅信息保障的现状及其完善

（一）我国现行法上保障信息获取的一般规定

我国宪法中没有明确规定公民的信息权。我国宪法第 35 条规定："中华人民共和国公民有言论、出版、集会、结社、游行、示威的自由。"由于采取了完全列举的立法技术，没有像日本宪法那样为言论自由设定一个上位概念——表达自由，在司法实践中也没有像美国那样以表达自由来解释宪法第 1 修正案言论自由条款，① 因此，在解释论上从言论自由条款中推导出公民信息权存在一定的障碍。这在一定程度上制约了信息权在我国法律制度中的展开。但这并不是说我国法律中没有保障公民信息权的具体制度。通过公法上的政府信息公开和私法上的消费者知情权等制度，公民信息权在我国现行法上已经得到一定程度的确认。

1. 政府信息公开制度

政府信息公开是保障公民信息权的核心制度。2008 年我国政府颁布了《政府信息公开条例》，规定行政机关应当及时、准确地公开政府信息。对于涉及公民、法人或其他组织切身利益的，需要社会公众广泛知晓或者参与的，反映本行政机关机构设置、职能、办事程序等情况的，以及其他依照法律、法规和国家有关规定应当主动公开的政府信息，行政机关应当主动公开。此外，根据条例第 13 条，公民、法人或者其他组织还可以根据自身生产、生活、科研等特殊需要，向国务院部门、地方各级人民

① 温辉：《言论自由：概念及边界》，《比较法研究》2005 年第 3 期，第 16~24 页。

政府及县级以上地方人民政府部门申请获取相关政府信息。

虽然条例中并没有对住宅信息的公开做出特别规定，但根据上述规定住宅信息显然属于应当公开的政府信息之列。此外，根据条例规定，各级政府对下列住宅信息应当重点公开。（1）县级以上各级人民政府和部门应当重点公开：有关住宅的行政法规、规章和规范性文件；国民经济和社会发展规划、专项规划、区域规划及相关政策；有关住宅的国民经济和社会发展统计信息；财政预算、决算中涉及公共住宅项目的部分；涉及住宅的行政事业性收费的项目、依据和标准；有关住宅事项的行政许可的依据、条件、数量、程序、期限以及申请材料要求和办理情况；重大住宅建设项目的批准和实施情况；住宅保障方面的政策、措施及其实施情况等。（2）设区的市级人民政府、县级人民政府及其部门应当重点公开：与住宅有关的城乡建设和管理的重大事项；与住宅有关的社会公益事业建设情况；征收或征用土地，房屋拆迁及其补偿，补助费用的发放、使用情况；抢险救灾、优抚、救济、社会捐助等款物的管理、使用和分配情况。（3）乡镇政府应当重点公开：贯彻落实国家关于农村工作政策中有关住宅事项的情况；与住宅有关的财政收支、各类专项资金的管理和使用情况；乡（镇）土地利用总体规划、宅基地使用的审核情况；征收或征用土地，房屋拆迁及其补偿，补助费用的发放、使用情况；抢险救灾、优抚、救济、社会捐助等款物的发放情况。①

条例还规定和公民住宅权保障和实现具有紧密关联的教育、医疗卫生、供水、供电、供气、供热、环保、公共交通等公共企事业单位应参照条例实行信息公开。

2. 消费者知情权制度

传统民法理论出于诚实信用原则的要求，对于交易双方对一些重要的交易信息负有通知或告知义务已有规定，但相关规定建立在交易双方地位平等的假设之上，并未要求特定方承担信息披露义务，对信息权的保障并不充分。随着信息社会的到来，市场信息日趋复杂化和专业化，信息主动权日益为生产者与销售者所掌握。消费者处于被动地位，往往遭受财产、

---

① 参见《中华人民共和国政府信息公开条例》第10条至第12条。

人身权益的损害。为了追求消费者与经营者之间的实质上的平等，保障消费者的合法权益，赋予消费者知情权已经成为各国消费者权益保护法中的惯常做法。所谓知情权，是指消费者享有知悉其购买、使用的商品或者接受的服务的真实情况的权利。该项权利最早于 1962 年由时任美国总统肯尼迪提出，其后得到国际社会的广泛承认，成为各国法律规定的消费者权利的核心内容。[1] 消费者知情权对于消费者保护政策的作用，在作用机制上与住宅信息权对公民住宅权保障的作用是一致的。正如哈德费尔德所指出的那样，信息对于整合消费者保护观念举足轻重，信息经济学应该成为发展消费者保护政策新进路的基础，即应该以信息及信息在市场和规制体系中复杂的运作方式为基础反思消费者保护政策的一整套基本原则。[2] 按照阿玛蒂亚·森可行能力的权利观，信息分布的变化改变了交易关系人磋商能力的对比关系，进而改变最终的交易安排中间的效用分配比例。

　　我国《消费者权益保护法》第 8 条明确规定："消费者享有知悉其购买、使用的商品或者接受服务的真实情况的权利。消费者有权根据商品或者服务的不同情况，要求经营者提供商品的价格、产地、生产者、用途、性能、规格、等级、主要成份、生产日期、有效期限、检验合格证明、使用方法说明书、售后服务，或者服务的内容、规格、费用等有关情况。"该条实际赋予我国消费者知悉真情权和商品信息请求权。前者要求经营者必须如实提供商品和服务的信息；后者则要求经营者必须根据消费者的请求披露商品的详细信息。

　　对于《消费者权益保护法》规定的消费者知情权是否可以适用于商品房买卖，我国法学理论和司法实践中曾经有过不同意见。在 2003 年 3 月 24 日《最高人民法院关于审理商品房买卖合同纠纷案件适用法律若干问题的解释》出台以前，购房者被要求适用《消费者权益保护法》的绝大部分请求没有得到法院的支持，学者的意见也存在较大分歧。[3]

---

① 刘蔚文：《论消费者知情权的性质》，《河北法学》2010 年第 3 期，第 107~111 页。

② Gillian K. Hadfied, Robert Howse and Miehael J. Trebilcock, "Information-Based Principles for Rethinking Consumer Protection Policy," *Journal of Consumer Policy*, No. 21, 1998, p. 163.

③ 李文革、黄成：《论商品房买卖的〈消费者权益保护法〉调整——兼评〈最高人民法院关于审理商品房买卖合同纠纷案件适用法律若干问题的解释〉》，《广东财经职业学院学报》2005 年第 2 期，第 85~89 页。

司法解释出台后，尽管仍然存在争议，但商品房买卖应当适用《消费者权益保护法》的观点已经逐渐得到更多法院和学者的认可。从商品房的性质来看，它是一种典型的商品，绝大部分的购房者是为了"生活消费需要"购买使用商品房的。这完全符合《消费者权益保护法》第 2 条对该法保护对象的规定。虽然也有部分人购买商品房的动机是为了投资，但其他商品同样可以基于投资的目的而被购买。① 这并不否认商品房作为生活消费商品的属性。更重要的是，在实际生活中，房地产开发商、销售商和租赁中介等经营者利用购房者或租房者在信息上的弱势操纵房价或租金水平，已经极大地威胁到公众住宅权的实现和房地产市场的稳定、健康发展。北京市在 2014 年对 3 万多名年轻人住房状况进行了调查，其中 43.8% 的人都表示在租房的过程中遇到了中介方面的一些不良行为，对中介的投诉主要有：隐瞒房屋的真实状况，发布虚假的房源信息。社会对购房者知情权有着急迫的现实制度需求，从社会政策层面考量没有任何理由拒绝赋予商品房的购买者或租房人住宅消费知情权。

（二）我国现行住宅立法和政策中保障住宅信息的特别规定

在长期房地产宏观调控和市场监管的实践中，我国政府已经逐渐认识到住宅信息在住宅政策中的重要作用。在当前的房地产调控中，政府信息公开和市场信息的强制披露措施已经成为政府手中新的住宅政策调控和管理手段。以下是两个制度实例。

1. 定期公布市场租金水平——政府的信息公开义务

在 2011 年的房地产宏观调控中，我国北京等城市的住宅租金快速上涨。据媒体报道，许多地方甚至出现了中介催着房东涨租金的情况。中介利用信息优势操控租金水平的黑幕逐渐浮出水面。由于房产中介对于租金价格信息的垄断，租房者依靠自己的努力获取真实的市场租金水平的信息需要花费大量的成本。市场难以形成准确的价格信息。此时的租金价格信息已经成为一种典型的公共产品。为了解决信息不对称和公

---

① 例如在我国出现的"蒜你狠""豆你玩"等现象，表明大蒜、绿豆等商品同样具有投资功能。因此可以并且实际被用于投资并不能成为否认住宅的商品属性的理由。

共产品问题带来的市场失灵，由政府提供租金水平的信息成为解决问题的重要途径。

2011 年 2 月 1 日，住房和城乡建设部颁布的《商品房屋租赁管理办法》正式施行，该办法第 5 条规定："直辖市、市、县人民政府建设（房地产）主管部门应当加强房屋租赁管理规定和房屋使用安全知识的宣传，定期分区域公布不同类型房屋的市场租金水平等信息。"根据该条规定，政府承担了公开市场租金水平等信息的责任。为了保证政府能够取得有关租金价格水平等信息，该办法第 20 条进一步规定："直辖市、市、县建设（房地产）主管部门应当建立房屋租赁登记备案信息系统，逐步实行房屋租赁合同网上登记备案，并纳入房地产市场信息系统。房屋租赁登记备案记载的信息应当包含以下内容：（一）出租人的姓名（名称）、住所；（二）承租人的姓名（名称）、身份证件种类和号码；（三）出租房屋的坐落、租赁用途、租金数额、租赁期限；（四）其他需要记载的内容。"

2. 商品房销售"一房一价"政策——经营者信息强制披露义务

房价不透明是制约我国房地产宏观调控效果的一大痼疾。在政府、公众和开发商三者的博弈中，相对于政府和公众，开发商在商品房数量、价格等方面享有信息优势。面对公众对高房价的抱怨和政府采取的调控措施，不少开发商利用这种信息优势，采取所谓的"饥饿式"营销、捂盘惜售、虚假销售等方式哄抬房价，这导致房价越调控越高，在一些地方甚至出现商品房"一日三价"的现象。虽然从长期看决定房价的是市场供求关系，但开发商垄断价格信息的做法在客观上对于一些城市短期内房价的飞涨起到了推波助澜的作用。

实际上，根据《消费者权益保护法》，商品房的消费者有权要求经营者提供商品的价格等信息。然而，为了牟取暴利，房地产开发行业普遍存在对购房者知情权的漠视。为了进一步明确房地产开发企业对商品房价格等信息的披露义务，2011 年 3 月 16 日国家发改委颁布《商品房销售明码标价规定》，要求从 2011 年 5 月 1 日起全面推行"一房一价政策"，商品房销售必须一次性公开全部销售房源，严格按照申报价格明码标价并公开相关信息。根据规定，开发商需要公示的资料包含预售许可证、土地性质、土地使用起止年限、套内面积、优惠折扣、每套商品房销售状态、楼号、楼层、房号、每平方米单价、每套销售总价、物业服务内容和收费标准等30多项内容。根据北京市颁布的实施细则,二手房交易同样应当标示房源具体区域位置、土地使用起止年限、结构、户型、建筑面积、销售价格、代理服务项目及收费标准等相关信息。经济适用房、限价商品房也参照执行,实施明码标价。

总体而言,虽然我国政府近年来对公民信息权保障的重视程度不断提升,但和发达国家相比,我国现行立法和政策仍然处于起步阶段。对于公民住宅信息权保障的立法层次较低,并且尚未形成系统的立法体系,已有的立法和政策在实施方面也存在诸多问题。[①] 特别是政府信息公开方面,由于深受我国传统政治体制的影响,许多地方政府缺乏及时获取信息的能力,更缺乏全面公开信息的意愿。与此同时,政府对于市场信息的监管也无法达到公众的期待,不仅损害了公民的信息权,还直接影响到政府的公信力。另一个具有共性的问题是无论政府信息公开,还是消费者知情权都缺乏有效的法律救济途径,这也制约了现有制度对信息权的保障和实现。

(三)完善我国公民住宅信息保障的几点建议

1. 提升公民住宅信息保障的立法层次

在国际人权法上,信息权作为兼具自由权和社会权属性的一种新兴的基本人权已经得到广泛承认。20世纪90年代以来,许多国家在宪法中明确规定信息权是公民的一项基本权利,如南非共和国宪法第32条,委内瑞拉宪法第58条,更多的国家则通过立法机关制定信息公

[①] 以"郑州市国土局闲置土地信息公开案"为例,即便《政府信息公开条例》对政府及有关部门的信息公开义务做了明确的规定,郑州市国土局在公众强大舆论的推压下仍然拒不公开2009年郑州市闲置土地的信息。最终,在媒体的连续报道监督和河南国土资源厅的直接督促下,郑州市国土资源局才于2010年向媒体公开了23宗闲置土地的信息。参见裴婷婷《政府信息公开探析——以郑州市国土局闲置土地信息公开为典型案例》,《政法论坛》2011年第1期,第170~175页。该案绝非个例。从该案中我们也可以得出这样的结论,即政府对公民信息权保障的缺失是影响政府房地产调控政策效果进而制约一部分公民住宅权实现的重要原因。换言之,保障公民信息权可以成为促进公民住宅权实现的重要手段。

开法。① 我国宪法中没有关于公民信息权的专门条文，在涉及公民信息权的立法中，《政府信息公开条例》只是行政法规，位阶过低。具体到住宅信息权，目前只是在一些部委颁布的行政规章中有零星规定。② 鉴于公民信息权在现代社会对于公民基本自由实现的重要作用，我们建议通过制订《信息公开法》等基本法律明确公民信息权的法律地位，并明确将与公众利益联系度高的住宅问题列为政府信息公开和信息监管的重点。同时，可以在未来的《住宅法》中专章规定公民的住宅信息权，系统地对住宅信息权的权利义务主体、客体、政府的责任、住宅信息公开的程序以及住宅信息权的法律救济等问题做出具体规定。

2. 进一步完善住宅信息权的法律救济途径

我国现行法对于信息权救济的规定普遍存在不足。对于经营者不提供应当提供的信息以及由此产生的对消费者不利的后果，《消费者权益保护法》没有明确规定消费者获得救济的手段，这使得消费者知情权无从得到。③《政府信息公开条例》第 33 条虽然规定，"公民、法人或者其他组织认为行政机关在政府信息公开工作中的具体行政行为侵犯其合法权益的，可以依法申请行政复议或者提起行政诉讼"，但条例实施后，涌现出

---

① 周汉华主编《政府信息公开条例专家建议稿》，中国法制出版社，2003，第 41~42 页。

② 最近的一个实例是为了确保地方政府按时按量完成年度保障房开工计划，2011 年 5 月 10 日，住建部下发《关于公开城镇保障性安居工程建设信息的通知》（以下简称《通知》）。根据《通知》要求，截至 2011 年 6 月 6 日，各地方政府需要公布保障房的项目进程，包括年度保障房计划、开工项目以及竣工项目的资金、土地落实情况等信息。公开上述信息的目的，一是接受当地群众和舆论的监督，二是便于住建部动态掌握地方政府真实的保障性安居工程开、竣工情况。北大行政透明度观察网报道，6 月 7 日天津市公布了 2011 年开工建设的 10 个保障性住宅的建设项目。参见《天津今年开工 10 个保障房项目建设信息公开》，http://www.ogi.cppss.cn/a/gb2312/shijianfazhan/2011/0607/310.html，最后访问日期：2011 年 6 月 9 日。这是我国住宅信息公开方面的又一个重要进步。然而对于保障性安居工程的重要信息的公布，除了住建部下发的通知外没有其他法律依据，这本身说明我国公民住宅信息权保障的立法层次偏低，影响和制约了公民获取住宅信息的有效性。事实上截至 6 月 9 日，除天津、合肥等少数城市外，北京、上海等大多数一线城市并未如期公布保障房计划。

③ 王雅琴、高萍：《消费者知情权研究》，《山西财经大学学报》2003 年第 4 期，第 104~107 页。

大量公民起诉行政机关信息不公开的案例。[①] 然而无论行政复议程序还是行政诉讼程序在为公民信息权提供救济方面都存在自身的缺陷。[②] 至于国务院各部委颁布的直接规定住宅信息权的行政规章，更是由于自身立法层次较低，相关规定不明确等无法提供有效的救济。因此，应当进一步完善住宅信息权的法律救济途径，这包括改进现行的行政复议制度和行政诉讼制度，也可以依法设立一个独立的信息公开委员会，为住宅信息权提供充分和有效的救济。

3. 加强政府对住宅信息的收集能力

无论政府信息的公开还是对市场信息披露的监管，都以政府具备履行自身职能所需要的相关的住宅信息为前提。然而，由于我国政府对房地产信息缺乏健全的监测体系，信息零散失真，对市场反馈滞后、信息管道不够顺畅在客观上加重了住宅生产和销售的脱节。政府无法及时、有效地掌

---

① 在依据《政府信息公开条例》起诉行政机关不予公开政府信息决定的案件中，北京市东城区人民法院受理的金某诉北京市东城区房屋管理局一案是第一起涉及公民住宅信息权的案件。原告金女士诉称，其父曾经在北京市东城区灯草胡同有房屋五十余间，在东四北大街有房屋三间，1951 年房屋管理局为其父进行了确权。后因发生变化，导致无法占有、使用上述房屋。为查清房屋的变化情况及原因，2008 年 5 月 12 日，金某向东城区房屋管理局提交"政府信息公开申请书"，要求依法查阅并复制上述房屋的产权登记档案。2008 年 5 月 19 日，东城区房屋管理局依据《政府信息公开条例》相关规定，以金女士要查询的"房屋系经租房，产权已经发生了变更，她作为个人也无权查阅房产档案"为由，做出"东房（2008）第 003 号布告"《政府信息不予公开告知书》，对原告申请获取的信息不公开。原告认为，查询并复制私有房屋的档案资料，是房屋产权人及其继承人的合法权利，被告做出不予公开告知的行政决定于法无据，因此要求依法撤销东房（2008）第 003 号布告《政府信息不予公开告知书》，被告履行信息公开的相关义务，协助其查询房屋档案。参见胡柳《北京：公民欲查房屋档案遭拒告东城房管局信息不公开》，中国法院网，http://www.chinacourt.org/html/article/200806/18/307820.shtml，最后访问日期：2011 年 5 月 28 日。

② 对行政复议来说，目前我国行政复议法规定复议申请人有权查阅被复议的行政机关提交的证据材料和有关文件，但是在政府信息公开的行政复议中，存在争议的是申请公开的政府信息是否应当公开，而对于这一问题的复议，一方面，被申请公开的信息本身就是最为重要的证据，如果允许复议申请人查阅该材料，那么等于在复议结论做出前事实上已经对申请人做出公开，如何解决这一矛盾是一个新的问题。另一方面，行政复议属于行政机关的内部救济，在行政机关长期以来存在"保密"传统和倾向的情况下，其公正性受到公众的质疑。就行政诉讼而言，由于信息权和信息公开行为的特殊性，我国行政诉讼法对于受案范围、庭审程序等的规定无法适用于信息权的救济。参见王少辉《论我国政府信息公开救济制度的完善》，《图书情报知识》2009 年第 5 期，第 84~89 页；陈思：《论我国政府信息公开救济制度的完善》，《赣南师范学院学报》2010 年第 2 期，第 113~115 页。

握关键的住宅信息，导致许多住宅政策和市场调控措施难以发挥实效。以住宅空置率信息为例，空置率是反映房地产市场走势和衡量房地产市场是否健康的重要指标。① 在欧美国家，政府采取的促进住宅权的许多政策措施都直接和空置率的变化挂钩。② 我国国家统计局虽然定期公开商品住宅空置面积的数据，但对于空置率的定义以及空置率的指标语焉不详。这导致学者们对房地产市场是否正常各执一词。面对模糊的信息和专家的争论，公众更是莫衷一是。③ 再如，关于房价的涨幅，2010 年国家统计局和国土资源部先后公布了"1.5%"和"25.1%"两种数据，同样是政府部门的权威发布，两者之间相差竟有 17 倍之多。而对于公众最为关切的房价成本的构成，一直以来政府有关部门都未发布权威数据予以说明。严重的信息不对称，不仅会误导消费者的市场预期的合理性，而且会扰乱政府决策的科学性。④ 此外，充分准确的信息也是政府对住宅市场进行规制的

---

① 空置率可以分为存量市场的空置率和增量市场的空置率。存量市场的住房空置率是指某一时刻空置房屋面积占全部房屋总面积的比率，增量市场的空置率是指某一时刻新建房屋的空置面积占一段时期新建房屋总面积的比率。参见台玉红《住房空置率对住宅价格的影响分析》，《经济问题》2009 年第 8 期，第 42～44 页。按照国际通行惯例，空置率为 5% 以下表明供求偏紧，需要增加住宅供给；商品房空置率为 5%～10% 为合理区，商品房供求平衡；空置率为 10%～20% 为空置危险区，需要采取干预措施，加大商品房销售的力度，以保证房地产市场的正常运行；空置率在 20% 以上为商品房严重积压区，表明市场出现供给严重过剩或需求萎缩。

② 例如美国纽约市规定出租房屋空置率达到 5% 是取消租金管制措施的重要指标。

③ 根据同样的空置面积的数据，有学者得出全国空置率达到 26% 的结论，认为住宅价格偏离市场实际，而有学者则主张空置率只有 1%，供求关系紧张将进一步支撑房价上涨。面对迷雾一般的统计数据，一些学者甚至只能通过到小区数亮灯房间的原始方法自行搜集房屋空置率的数据。对此，国家统计局曾经表示要研究建立空置住房调查方法，但对于调查何时能够实质性启动并及时公布结果以及统计结果的可信程度仍然引发社会的质疑。参见叶锋、王蔚《三问住房空置率统计》，新华网，2010 年 9 月 6 日，http://news.xinhuanet.com/fortune/2010-09/06/c_12522124.htm，最后访问日期：2015 年 6 月 8 日。北京联合大学应用文理学院城市科学系张景秋和孟斌带领课题组，对北京 50 多个 2004 年到 2006 年售出后入住的小区用电情况进行了调查，结论是，电表几乎不走的比例高达 27.16%。而电表不走的比例还在陆续上升，2007 年时达到 29%。并且越往外空置率越高，市中心二环至三环空置率水平在 20% 左右，四环至五环就上升到 30% 左右。学者们呼吁国家尽快进行房屋普查，全面掌握住宅空置率情况，以为下一步的住房政策的制定提供信息依据。肖明：《专家称空置房超 6000 万套说法可信现状或更严重》，《21 世纪经济报道》2010 年 7 月 21 日。

④ 王思锋、彭兴庭：《论中国房地产市场的政府规制——兼评"房屋限购令"的合法性》，《西北大学学报》（哲学社会科学版）2011 年第 3 期，第 148～153 页。

有效性的保障。面对公众对房地产开发商牟取暴利的质疑，许多学者建议引入德国的"房价暴利罪"制度，用刑法规制不合理的高房价。然而德国的"房价暴利罪"建立在德国政府准确掌握市场房价信息的基础之上。① 除了设立独立的地产评估师负责评估地产价格外，德国政府还依照《联邦建筑法》成立了各地的"房地产公共评估委员会"，其职责之一就是负责制定当地的住宅"基准价"或"指导价"，这类指导价具有法律效力，所有开发商均有义务参照执行。难以想象，如果政府不能准确地根据成本房价确定具有公信力的"合理房价"标准，那么如何运用刑法对房地产商的定价行为进行规制。因此，我国应当加强政府对住宅信息的市场监测和收集，为自身的住宅政策的制定和实施以及公民的住宅选择提供更为及时、全面和准确的信息。

4. 强化对公共住宅信息的科学利用和公开共享

政府对住宅信息的监测和收集是保障公民住宅信息权的必要条件，却非充分条件。政府掌握的住宅信息只有在合理的范围内向公众公开，让公民共享，才能充分发挥住宅信息对保障和实现公民住宅权的作用。2015年3月1日实施的《不动产登记暂行条例》强化了我国政府全面准确掌握住宅信息的能力。条例规定了登记信息的共享机制，一是建立信息管理基础平台，要求国土资源部会同有关部门建立统一的不动产登记信息管理基础平台，登记信息要纳入该平台，以确保国家、省、市、县四级登记信息的实时共享。二是加强登记部门与管理部门的信息共享，要求登记信息与住房城乡建设、农业、林业、海洋等部门的审批信息、交易信息等实时互通共享。三是加强其他部门之间的信息共享，要求国土资源、公安、民政、财政、税务、工商、金融、审计、统计等部门加强不动产登记有关信息的互通共享。然而，条例规定的公民对于不动产统一登记中的住宅信息的利用途径是十分有限的，其只规定了权利人、利害关系人依法查询、复

① 根据德国《经济犯罪法》，如果开发商所定的房价超出"合理房价"20%就构成违法行为，购房者就可以向法院起诉，而违法者面临最高5万欧元的罚款；如果房价超过合理房价50%就构成"房价暴利"，触犯《刑法》有关暴利罪的规定，那么售房者将面临最高三年有期徒刑的刑罚。参见余南平《欧洲社会模式——以欧洲住房政策和住房市场为视角》，华东师范大学出版社，2009，第234页。

制不动产登记资料的权利。当然，个人住宅信息涉及公民隐私权，对其利用理所应当受到法律的限制。但政府通过对不动产统一登记信息进行科学分析，可以获取关于住宅市场的宏观数据，这些宏观数据并不涉及个人隐私，而掌握准确的住宅市场信息，不仅是政府正确制订和实施房地产宏观调控政策的依据，而且对于公民个人及其家庭准确判断住宅市场，做出正确决策也十分重要。因此，应当进一步依托不动产统一登记制度，建立一个公开、有效和透明的住宅统计信息体系，实现个人住房信息联网。与此同时，要加强政府对信息资源的开发和利用，运用不动产统一登记系统中的存量和增量信息为政府决策服务，并通过加大对社会公众的信息发布力度，向社会定期公布基于不动产统一登记的住宅市场信息，充分地为公众提供实现其住宅权所需的信息资源。

5. 培育住宅信息中介机构健康发展

信息社会的一个重要特点是信息和决策主体的分散化。虽然政府仍然是全社会信息生产和分配的中心，但大量社会中介组织越来越多地承担起信息搜集和分配的职能。例如在德国，有关租金水平的信息主要由特定地区出租人协会和承租人协会共同负责测算。在我国，长期以来社会中介组织不发达，大量在发达国家由独立的社会中介组织承担的社会职能一直由政府包揽。党的十七大报告提出深化行政管理体制改革，进一步转变政府职能的目标，明确提出凡是通过市场机制自身能够解决的问题，应当由市场机制解决；一些更适宜通过规范、公正的中介机构解决的问题，应当通过中介机构去解决；确实必须由政府来解决的问题，才由政府出面解决。对于住宅信息的搜集和公开，社会和市场中介机构可以成为政府履行信息公开职能的重要补充。在我国，一些由社会中介机构发布的房地产指数信息、运行报告[1]已经成为公民获取住宅信息的一个重要途径。随着大数据时代的到来，百度、阿里巴巴等互联网企业拥有海量的住宅信息和进行信息搜集和处理的强大能力。互联网以及网络搜索引擎已经成为公众获取住宅信息的重要途径。网络房产中介机构的发展数量、服务水平和自律能力

---

[1]　例如由国务院研究发展中心、中国房地产协会、中国房地产开发集团发起的中国房地产指数系统（CREIS），由中国社会科学院发布的中国社会科学院年度房地产蓝皮书等。

直接关系到公民住宅信息权的实现程度。我国政府应当大力培育各类住宅信息中介机构，以发挥它们在向公众提供住宅信息方面的优势。同时，政府还应加强对这些信息机构的监管，防止出现一些类似经营性中介机构和企业利用信息优势牟取不正当利益的情况，确保它们成为独立公正的信息来源，真实、全面、及时、准确地为社会公众提供住宅信息。

四 住宅信息保障中有待解决的问题

据一份第二次世界大战后不久的材料的记载，乔治·奥威尔预测，信息的采集、保存、制作和分配的能力会有一个异乎寻常的增长，而且其负面影响也会戏剧性地增长。[①] 伴随着公民住宅信息保障的展开，也出现了一些有待解决的问题。在此列出，作为本节的余论。这些问题的解决需要不同学科的研究者付出智力和心力。

1. 住宅信息的成本和误差问题

住宅信息的搜集、甄别和分配都需要耗费一定的成本。例如，为了保证公共住宅政策的公平和效率，政府需要确保公共住宅福利只提供给那些真正需要它的人。但是，将那些有资格获得住宅补贴的人和那些不值得获得补贴的人区分开，需要掌握充分的信息，而信息的收集是一件耗费相当大的事。在收集申请者的信息上花费的越多，不够条件的人通过不合格申请被错误批准的概率就越少。但是在信息收集和甄别上花费的越多，能够有效支付给住宅保障对象的资源就越少。[②]

此外，信息的搜集和分配体系难免会出现信息偏差，市场信息的搜集本质上是对某些非准确概念的不完全测量，没有一个政府能够保证其公开的信息毫无缺陷。如果政府获得的信息不准确或者获得信息的方式不当，那么不仅会影响政府决策的效率，还将侵犯到公民的合法权利。西米蒂追忆了一个摸底调查，其目的是核查骗取公共补贴住宅的行为。核查结果比

① 〔美〕汤姆·J. 法内尔：《人权与科学技术进步：一个西方观点》，载〔斯里兰卡〕C.G. 威拉曼特里编《人权与科学技术发展》，张新宝等译，知识出版社，1997，第102页。

② 许光建、秦永良：《非对称信息市场理论的贡献及其应用》，《宏观经济研究》2002年第2期，第53~56、61页。

较了两组记录信息，政府怀疑 1000 多人犯有欺诈行为。随后进行了起诉，一些人马上认罪。但是最后政府不得不承认在 1000 人中只有一个是真正的罪犯。①

2. 住宅信息权与隐私权的冲突问题

为了更公平地分配住房等生活必需品，政府是否应当获得全面搜集公民个人和家庭信息的权力？西方研究者在研究现代公共医疗体系带来"透明的患者"的问题，认为医疗保险制度提出的信息要求侵犯了患者的隐私权。②类似的情况在公共住宅保障项目中同样存在：对公共住宅租赁申请人的信息的搜集产生了一个完全的"透明租户"，他/她成了保障对象。住宅申请表记录了关于他的收入和各种活动等所有可得信息，以便适合住宅政策管理者的要求。这位租户被看作和当成不断增加的、严格格式化的和谨慎记录的一组数据。随着计算机批量处理等技术的不断完善，租户的地位正在被住宅管理部门采用的电脑技术所决定。保障住宅权的目的在于人的尊严，而要得到住宅，现代租户们不得不忍受技术官僚对其个人和家庭信息的窥探，而这又不可避免地会损害这部分群体的尊严。这是否意味着对于两手空空、走投无路的公共住宅的住户来说，隐私权等西方人权观点不仅是遥远的，而且可能是无关紧要的。或者这是对我们的一个提醒，即使在信息社会中，政府也应当将住宅保障的对象视为有血有肉的人，给予其应有的尊重，而不是任由他们被淹没在电脑存储器庞大数据库中的数字洪流之中。

3. 政府公开信息的信噪问题

由政府提供的公共信息已经成为住宅市场和保障领域的利益相关者决策的重要依据。然而，一些英美学者指出公共信息具有一些特性，这些特性使之成为一把双刃剑。一方面，公共信息传播关于市场基本状况的信息，但在另一方面，它在总体上成为人们思想的聚焦点。人民对公共信息会产生过度反应，因而当盛行的大众观念和舆论影响人们的决策过程时，

---

① 〔德〕斯皮罗·西米蒂：《在信息社会中观察隐私》，《宾夕法尼亚大学法律评论》1987 年第 135 期，第 718 页。

② 〔德〕斯皮罗·西米蒂：《在信息社会中观察隐私》，《宾夕法尼亚大学法律评论》1987 年第 135 期，第 712 页。

公共信息会带来噪声，干扰个人信息，给个人决策带来冲击。[1] 一个典型的例子就是我国政府不断加大房地产市场调控，在显示政府抑制房价的决心的同时，也给公众留下了房价上涨很难抑制的印象。这种印象通过媒体、网络等公共信息平台得到不断地强化，逐渐就会转化为一种普遍的自我实现的悲观情绪。最终，在多次调控中都出现了调控措施伴随着涨价和抢购同时出现的奇怪现象。"市场日益增强的敏感性可能把公共信息的任何噪声放大到这样一个程度，最终使公共信息弊大于利。"在保障公民住宅信息权的同时，政府和其他负有信息提供义务的公共机构面临着新的挑战，一方面要向公众提供及时有效的信息，另一方面又必须克服信息公开的内在局限性，防止信噪带来的潜在危害。

第二节　住宅事务的公众参与

在组成住宅权（housing rights）的权利束中，和住宅信息权一样，住宅事务参与权，即公民参与住宅立法、住宅政策及有关住宅事务的权利是公民"自主决定自己住宅权实现命运"的重要条件。[2] 在现代人权法的体系中，参与权已经成为一项独立的权利，它是从民主原则中推导发展起来的一项权利。其目标在于透过公众的直接参与，提升公共决策的效率，并实现公民权对行政权的制约和监督。

就住宅权等社会权利而言，参与虽然在逻辑上具有独立性，但其最终的目标和功能在于通过事前的程序性保障促进住宅权等权利的实现。因此，有学者将参与权、信息请求权、救济请求权等并称为"确保人权的基本权"。[3] 世界银行在 2000 年至 2001 年的报告中指出，无发言权和势单力薄是导致贫困的关键因素，因此有组织的公众参与在消除贫困中可以起到重要作用。[4] 但对于公众参与的促进和保障并不仅仅具有工具性的价

---

[1] 〔美〕斯蒂芬·莫里斯、〔英〕H. 桑·欣：《公共信息的社会价值》，文青摘译，《国外社会科学》2003 年第 4 期，第 105~106 页。
[2] 金俭：《中国住宅法研究》，法律出版社，2004，第 59 页。
[3] 许庆雄：《宪法入门》，元照出版有限公司，2000，第 229~232 页。
[4] 世界银行：《2000/2001 世界银行报告——与贫困作斗争》，中国财经经济出版社，2001，第 113 页。

值。这在本书关于住宅权属性的探讨中已经述及，即在福利国家，参与已经成为住宅权独立于防御权、受益权、受保护权之外的又一项重要权能。其独立的价值在于通过参与这样一种彰显人权主体人格独立和自主性的行为，对抗和消解国家在履行保护和实现（提供）义务过程中对个人自主地位的侵蚀。

联合国经济、社会和文化权利委员住宅权的第 4 号一般性意见将充分享受参与公共决策权列为社会各阶层的住宅权利得以实现和维持的必要条件之一。① 该意见指出：在采用充分实现适足住房权利之最适当的措施方面，一缔约国与另一缔约国之间必定会有很大差别，《经济、社会、文化权利国际公约》明确要求各缔约国采取为实现这一目的所必需的任何步骤。这几乎必然要求采取一项如《全球住房战略》第 32 段所述的"确定发展住房条件之目标，确定实现这些目标可利用之资源及利用这些资源最有成本效益之方法和建立实施必要措施的责任制和时间框架"的全国住房战略。为了具有针对性和有效性，并且确保对其他人权的尊重，这样的一项战略应体现包括无家可归者、居住简陋者和他们的代表在内的所有受影响者的广泛真诚的磋商和参与。

《关于执行〈经济、社会、文化权利国际公约〉的林堡原则》提出："全国一致努力动员社会各阶层充分参与，对于在经济、社会、文化权利的落实工作取得进展是必不可少的。在任何阶段，包括国家政策的制定、实施和审评阶段，都需要民众的参与。"②

《联合国住宅权规划》将"住宅事务的公众参与"和"住宅事务民主的居民控制"列为政府保障住宅权的责任的组成部分。③ 规划将"住宅事务的公共参与"列为政府尊重（respect）公民住宅权的一个重要方面，并提出政府可以采取的措施。（1）确保住宅领域的公众参与权，包括公

① CESCR, General Comment No. 4, para. 9, UN Doc. E/1992/23.
② 关于林堡原则的中文译本可参阅联合国人权事务高级专员办事处编《国家人权机构手册：经济、社会和文化权利》，专业培训丛刊第十二辑，联合国出版物 HR/P/PT/12m, 2004，纽约和日内瓦，第 139 页。
③ Guidelines on Practical Aspects in the Realization of the Human Right to Adequate Housing, including the Formulation of the United Nations Housing Rights Programme, UN Doc. HS/C/17/INF/6, paras. 52, 60.

民影响或决定对其利益存在影响的任何住宅立法或政策的权利。（2）确
保以社区为基础的非政府组织在整个住宅程序中的充分参与，特别关注妇
女和妇女组织在这些程序中的充分参与。（3）确保以社区为基础的组织
接近地方政府当局的渠道并扩展地方政府当局尊重住宅权的责任范围。而
"住宅事务民主的居民控制"则被规定在政府保护（protect）住宅权的责
任项下，其可行措施包括：（1）确保所有人，特别是妇女有权充分和民
主地参与对关涉他们住宅的国家或地方政策有影响的任何和所有决定，包
括规划、发展、邻里改造或更新、管理政策和服务等；（2）确保所有人
享有权利，有权对关乎他们切身利益的住宅决策施加影响并且根据个人意
愿加以调整；（3）确保所有人有权组织、加入或参与任何团体的旨在推
进和保护其自身政治、经济、社会和文化等各方面利益的合法活动。从
20 世纪 80 年代开始，联合国人居署在许多城市开展参与式城市决策的实
践。其多年的经验表明，利益相关者，尤其是那些往往被边缘化的群体对
城市发展决策的广泛参与，对于减少贫困和改善市民居住、生活的城市环
境会产生意义深远的结果和影响。因此，联合国人居署将参与式城市决策
列为有效落实《联合国人居议程》的战略性切入点。① 在《联合国人居议
程Ⅱ》第 68 条提出各级政府"在制定政策过程中，采用基础广泛的参与
和协商机制，即让公共、私营、非政府、合作者和社区部门的代表，包括
被认为是生活贫困的人的代表都能参与政策制定"。此外，根据联合国适
足住房问题特别报告员任务范围制定的《出于发展目的的驱逐和迁离问
题的基本原则和准则》第 37 条提出："城市或农村规划和发展进程应由
所有可能受到影响的人的参与。"②

　　由此可见，公民对住宅事务的参与权已经成为住宅权的重要组成部
分。然而在我国的住宅立法中，对于公民住宅事务参与权并没有直接做出
明确的规定，本节所探讨的公民住宅参与权就是指公民通过法律认可并予
以充分保障的程序和途径，参与同住宅政策有关的事项的决策和实施过
程，使其有利于公民住宅权的保障和实现。

---

① UN-Habitat: Tools to Support Participatory Urban Decision Making, New York, 2001.
② 联合国人权事务高级专员办事处：《人权概况介绍第 21 号：适足住房权》，日内瓦联合
　国人权事务高级专员办事处，2010，第 13 页。

一　公众参与住宅事务的理论依据

（一）有关公民参与权的一般理论

1. 自然公正理论

在行政法理论中，公民参与被认为是政府做出影响公民利益的决策所必经的正当法律程序。所谓正当程序（due process）起源于英国普通法上的自然公正原则。自然公正体现了对行政行为"最低限度的公正"标准，违反该原则即构成普通法上的越权。在行政法理论中，自然公正原则提出了两个最为基本的程序公正的要求。一是任何人或组织在行使权力时，如果可能影响到他人的利益，行使权力者就负有听取利益相关方意见的义务，而各方均有为自己辩护和防卫的权利。二是任何人或组织都不能作为自己案件的法官。其中听取对方意见的原则又包含三个方面的内容：（1）行政相对人有在合理时间以前得到通知的权利；（2）了解行政机关的论点和根据的权利；（3）为自己辩护的权利。[①] 在美国《宪法》中，自然公正原则进一步具体体现为正当法律程序的要求。美国《宪法》修正案第5条和第14条都规定"未经正当法律程序任何人不得被剥夺生命、自由和财产"。[②] 我国国务院公布的《国有土地上房屋征收与补偿条例》第3条将程序正当规定为房屋征收与补偿应当遵循的原则之一。

住宅权的内涵覆盖了生存权、自由权和财产权的领域。政府对住宅事务的决策攸关公民住宅权的保障和实现。因此，根据正当程序条款，政府在对有关公民住宅利益的问题进行决策时，必须经过正当的法律程序。例如，美国商务部1924年颁布的《标准分区规划授权法》规定："在制定规划或对其进行任何修改的时候，市民和利益受到影响的当事人拥有一个被听取意见的机会，并且有权在听证开始前获得适当的告知。"[③] 这里的"告知并听取意见"构成了公民参与最为基本的程序性要求。

2. 参与民主理论

在现代民主理论中，公众参与被认为是一种不同于传统的代议制民主

---

① 王名扬：《英国行政法》，中国政法大学出版社，1987，第150~153页。

② 第5修正案系针对联邦政府，第14修正案将正当程序的限制扩及各州政府。

③ Sec. 6 of A Standard Zoning Enabling Act（1924）.

的新型民主实践。以选举和多数决定为原则的代议制民主是现代民主制度的典型。然而，第二次世界大战以后，学术界开始了对现代民主制度的反思，代议制民主被认为带有强烈的精英主义色彩。在代议制民主制度下，公民的意见只有在选举时才会得到充分的重视；而作为行政权在现代社会扩张的结果，公民的个人自由受到技术官僚构成的科层制行政机关的压制；特别是在政治场域以外的社会、经济场域，由精英统治的治理结构带来的社会不公平在现代民主国家引发了大量社会问题。具体到住宅政策的问题，在欧美各国由城市管理当局和规划师主导的社会住宅政策和项目的实施，被证明疏离低收入群体的真实需求，而人为造成的住区隔离进一步削弱低收入群体获取社会资源的可行能力，使得不同阶层社会经济地位的区别日益凸显并不断固化，反而降低了保障对象住宅权的可实现性。[①]

在这样的背景下，20世纪60年代，阿诺德·考夫曼首先提出了"参与民主"的概念。经过卡罗尔·佩特曼等一批学者的推动，"参与民主"逐渐成为西方民主理论中的一个重要流派。其核心观点是真正的民主应当以所有公民对公共事务决策的直接和充分参与为前提，无论政策议程的制定还是政策的实施与执行，在公共事务的各个环节都不能离开公民的有效参与。[②] 此后，受到罗尔斯和哈贝马斯以公共理性为基础的"商谈理论"的影响，在参与民主的基础上又逐渐发展形成了协商民主的理论。协商民主主张通过完善民主程序、扩大公众参与范围，特别是强调以自由平等的对话来消除冲突、保证公共理性和普遍利益的实现。

同正当程序理论相比，参与民主理论对于公民参与的要求不再局限于最低限度的程序正义，而是对参与的程度有了更为实质性的要求。同时，协商民主也丰富了公民参与的形式。现代协商民主的实现方式早已超越了简单的讨论和协商，发展出公民听证会、愿景工作坊、网络参与、民主恳

---

① 参见赵明《历史街区复兴中的社会问题初探——以法国里昂红十字坡地为例》，同济大学硕士学位论文，2007；王旭：《当代美国大都市区社会问题与联邦政府政策》，《世界历史》2001年第3期，第4～13页；孙群郎：《美国城市郊区化研究》，商务印书馆，2005。

② 〔美〕卡罗尔·佩特曼：《参与和民主理论》，陈尧译，上海世纪出版集团，2006，序言部分，第8页。

谈、社区议事会等多种参与形式。①

20 世纪后半期，为了确保住宅社会政策能够真正满足市民的需要，西方国家普遍开始注重在有关住宅项目的规划和执行的过程中确保公众能有一定程度的参与。以美国为例，为了防止此前住宅政策带来的一系列城市问题，美国 1954 年《住宅法》修正案首次提出了公民介入（citizen input）的要求。在 1964 年由约翰逊总统倡导的"向贫困宣战"运动中，美国国会通过了《经济机会法案》，提出更好地为低收入群体提供帮助，应当在公共住宅等反贫困项目中实施"最大可行的参与"。这一条款被视为美国公民参与运动兴起的标志。1966 年美国国会通过了"示范城市计划"和《模范城市和都市发展法》，要求在项目实施中推行"广泛的公民参与"。② 我国《国有土地上房屋征收与补偿条例》也将决策民主列为房屋征收和补偿应当遵循的首要原则。

3. 信息与决策分散理论

信息学的研究成果以现代社会信息与决策的分散化，解释了公民参与的内在推动力。信息是政府决策、运行和管理的基础，也是政府权威的重要来源。在传统的科层制行政运行体制下，信息结构是纵向层级式的，信息在行政隶属关系间形成回路，导致政府各部门间的信息割据和政府相对于社会的信息垄断。在信息社会，社会信息源与传递通道呈现日趋多元化、网络化的趋势，政府对信息的垄断难以为继。传统行政模式中单一的信息传递通道不具备处理多样化的信息源和急剧膨胀的信息量的能力，已经无法为政府决策提供足够的信息。在信息社会，公民自主选择和使用信息的自由得到前所未有的扩展，任何个人都可能既是信息资源的提供者，同时也是信息资源的使用者。信息传递不再完全受制于政府的等级权威，呈现开放性、多层次性和交互性的特征。

公共决策的权威的基础建立在知识和信息之上，而知识和信息的分散性决定了政府进行公共决策的方式需要发生根本性的变革。主要表现如

---

① 杜英歌、娄成武：《协商民主对公民参与的多维审视与局限》，《南京社会科学》2011 年第 1 期，第 83~89 页。
② 关于这一时期美国住宅和城市更新项目实施的具体情况可以参见王旭《美国城市史》，中国社会科学出版社，2000，第 239~247 页。

下。（1）决策权分化。信息社会的决策数量激增，特别是非常规、非程序性决策增多，使得分散决策成为必要。（2）决策者有限理性改善的可能。根据西蒙的信息管理理论，在不能获得足够信息的情况下，人们的决策行为只能是依据有限理性做出的次优决策。在信息社会的技术条件下，决策者获取信息的可能性得到极大提升。多元信息主体的参与可以改善决策者的有限理性，做出科学性和合理性的决策。（3）决策与执行的界限模糊化。在传统的公共政策实施中，决策与执行是分开的。这既是传统的以集权和科层制为本质特征的政府体系的产物，也是决策信息不完全的结果。随着信息技术的发展，任何一个信息单元都会影响到政策的决策和执行，由此产生的自然结果就是"人人参与决策、每一层次都参与决策"。[1]

4. 政府失灵理论

由于"市场失灵"的存在，公众无法单纯依靠市场实现自身的住宅需要，政府对住宅产业的规制、对公共住宅的供给已经成为解决保障公民住宅权的必要措施。然而政府也存在失灵的可能。上面所言及的信息和决策的分散趋势就是政府失灵的一种表现。但信息不对称并不是导致政府失灵的唯一原因。现代经济学中的规制俘虏理论以及公共选择理论都已表明政府的自利动机是导致"政府失灵"的内在因素。规制俘虏理论的代表人物乔治·斯蒂格勒指出：具有特殊影响力的利益集团——被管制企业，针对管制者的自利动机进行寻租活动，使管制者成为被管制对象的俘虏，参与到垄断利润的分享机制。而在公共选择理论看来，和经济主体的市场选择一样，政府做出公共选择的思想基础和出发点也是个人主义的趋利动机。政府的政策制定追求的是最大的政治利益，而不管这些利益是否符合公共利益。当前我国地方政府和房地产开发商形成的"城市增长同盟"（Growth Coalitions）就是规制俘虏理论的一个典型例证。[2] 以追求 GDP 发展为核心政治利益的各级地方政府，在城市商业化拆迁和改造上体现出举世罕见的高效率的同时，却在保障性住房建设和供给方面陷入低效率的怪

---

[1]　吴爱明、董晓宇：《信息社会政府管理方式的六大变化》，《中国行政管理》2003 年第 4 期，第 31~34 页。

[2]　宋伟轩、朱喜钢、吴启焰：《中国中产阶层化过程、特征与评价——以南京为例》，《城市规划》2010 年第 4 期，第 14~20 页。

圈。这种现象可以用公共选择理论加以解释。由于政府的决策本身存在失灵的可能，公民的介入和参与就成为必要。通过公众参与可以对政府的自利动机形成有效的牵制和矫正，从而让政府规制和公共选择回到公共利益的轨道。

5. 公共治理理论

治理是当代公共管理的一种新模式，是现代行政体制改革的产物。好的治理即善治，是使公共事务所覆盖的公共利益最大化的社会管理过程，其本质特征在于它是政府和公民对公共事物的合作管理。① 治理的基本构成要素有五个：（1）合法性，即社会秩序和权威被自觉认可和服从的性质和状态；（2）透明性，即与公民利益相关的政府政策信息的公开性；（3）责任性，即公众尤其是公职人员和管理机构由于其承担的职务而必须履行的相应责任和义务；（4）法治，即法律是公共管理的最高准则，政府官员和公民在法律面前人人平等；（5）回应，即公职人员和管理机构必须对公民的需求做出及时的、负责的反应。②

与传统的科层制行政管理模式相比，治理模式的特点在于：首先，科层理论中政府是唯一合法的社会管理者，而治理的主体可以是政府，也可以是社会主体或私人机构，还可以是公共机构和私人机构的合作；其次，在科层制中强调自上而下的命令——服从模式，而治理则是一个上下互动的过程，强调通过合作、协商、伙伴关系，确立认同和共同目标等方式管理公共事务。可以说，治理的实质在于建立基于市场原则、公共利益和社会认同基础上的合作。③ 公众的参与既是公共治理理论逻辑上的必然要求，也是实现公共治理的基本途径。

6. "尊严价值" 理论

"尊严价值" 理论是美国学者杰里·马修对美国宪法中的正当法律程序进行重新阐释的成果。④ 人的尊严是人权的核心要素。住宅权等一切人

---

① 俞可平主编《全球化：全球治理》，社会科学文献出版社，2003，第1页。
② 金太军等：《政府职能梳理与重构》，广东人民出版社，2002，第2～3页。
③ 俞可平：《治理与善治》，社会科学文献出版社，2000，第6页。
④ 参见陈瑞华《程序正义的理论基础——评马修的"尊严价值理论"》，《中国法学》2000年第3期，第144～152页；〔美〕杰瑞·L. 马肖《行政国的正当程序》，沈岿译，高等教育出版社，2005。

权归根结底都可以化约为对人的尊严的保障。尊严理论通过将公民参与中蕴含着的独立于公共决策结果的程序性价值的基础落实在尊重人的尊严之上，从而成功地论证了公民参与是一项独立的人权。马修将公民参与中借由参与程序本身而不是通过参与结果所体现出来的价值称为"尊严价值"（dignitary values）。需要指出的是，尊严理论更侧重于强调公民参与程序的价值独立性，在马修看来，过多的公众参与并不能使公共决策更加理性，对参与人自己也未必有利，但马修并没有完全否认参与程序对于推动公民实体性权利实现的工具价值。

同其他理论相比，"尊严价值"以一种直观的方式证成了住宅政策参与权作为一种独立人权的价值。在住宅政策的设计和运作中应当让那些利益受到直接影响的人获得基本的公正对待，这是实现其人的尊严的一项必要条件。住宅参与的价值绝不仅仅是为政府决策提供参考，而是首先应当立足于维护参与者作为人的尊严，使他们真正成为积极参与住宅政策的决定和实施过程，主动影响住宅福利结果的主体，而不是消极地等待和接受政府安排的程序客体。相反，如果公民在住宅事务决策和实施的过程中不能享有积极的和充分的参与权，那么即便政府的住宅政策最终为公民提供了在物质条件上堪称适足的保障住房，那些受到影响的公民也会感到自己仅仅是"被"拆迁或者"被"保障的对象，没有得到权利主体应有的公正对待。

"尊严价值"理论还对公民参与的程度提出了特别的要求。在尊严模式下，参与被认为是尊严价值的一种直观表达，只有利益相关的公民真正有意义地参与到政府过程之中，只有公民参与的结果真正能够对政府的决策产生实质性的影响，个人的尊严才能得到充分的实现。[①]

（二）公民住宅参与权的特殊价值

国家保障公民住宅权的责任需要通过立法、司法和行政等活动得到具体的落实。毋庸置疑，立法和司法对于保障公民住宅权具有不可或缺的重要意义。但大部分事务性和技术性的工作更多是在行政的层面展开的。与

---

① 〔美〕杰瑞·L. 马肖：《行政国的正当程序》，沈岿译，高等教育出版社，2005，第190页。

此相对应，公民的住宅参与更多地体现在行政权运作的过程中。① 由于在行政法理论上与住宅政策有关的行政行为具有特殊性质，公众参与对于住宅政策来说，除了具有公共决策的一般性价值外，还有其特殊意义。本书将基于住宅政策的特殊性而产生的公众参与对住宅政策制定和实施的特殊意义称为公民住宅参与权的特殊价值。

1. 住宅政策的特殊属性

同行政法上的绝大多数行政活动相比，住宅政策的制定与实施具有鲜明的计划性，② 因而具有更大的裁量自由。一定程度的自由裁量是几乎所有行政行为都具有的共同属性，可以说没有裁量就没有行政行为。然而，就住宅政策而言，除了行政行为所共有的裁量属性外，其自身所特有的技术性和政策性，使得住宅政策的制定和实施具有众多其他行政行为所不具备的"计划裁量性"。③ 首先，与一般的行政活动不同，住宅政策广泛地涉及建筑，城市规划，社会保障，经济调控以及城市地理、历史、文化和环境等众多学科的专业知识。离开了这些专业领域的技术和知识，住宅政策无从得以制定和实施。可以说住宅政策是一种带有很强专业性和技术性的行政活动。其次，住宅政策属于公共政策的子项目。所谓公共政策，简单地说就是"政府决定做或者不做的事情"④。住宅政策的政策性体现在其制定和实施的过程，其实这就是以实现公共利益为目的对公共资源进行分配的过程。这就决定了住宅政策的制定和实施不可能是一个纯粹的技术性领域，而是更多地需要政策的制定和实施者进行政策性的考量。例如，

---

① 立法活动本身就带有较强的民主性，在现代社会这种立法的民主性不仅通过代议制民主实现，还越来越多地通过公众对立法程序的直接参与得到实现。在与公民住宅权有关的问题上，旧拆迁条例的修订过程就体现了社会公众（法学专家）对于立法过程的参与。至于司法，通常认为司法与民主和公众参与之间存在明显的界限，但在协商民主等理论的影响下，公众参与对现代司法也具有重要的影响。总体而言，公众参与主要针对的仍然是行政行为。

② 金俭教授在其对各国住宅政策的梳理中较早地指出了"住宅政策的计划性"，参见金俭《中国住宅法研究》，法律出版社，2004，第83页。

③ 在行政计划中行政主体享有最大限度的自由裁量权，其基本特征是法律只为负责行政计划的行政机关或其他担负行政任务的主体确定预期目标，至于实现计划目标的具体方法和路径选择则交由负责行政计划的行政机关或其他担负行政任务的主体自行相机决定。参见〔日〕盐野宏《行政法》，杨建顺译，法律出版社，1994，第154页。

④ 〔美〕托马斯·戴伊：《理解公共政策》（影印本），北京大学出版社，2006，第1页。

在决定城市公共住宅的发展规模、居住区的面积、容积率等规划指标以及人均居住面积等具体标准的时候，需要考虑的绝不单纯是经济、技术等专业性问题，而是综合考量人民居住需求、社会经济发展水平、城乡发展和规划统筹、社会稳定等各个方面的问题。这就使得住宅政策具有较强的计划性，各地政府在决定本地住宅政策时有着更大的裁量空间。

除了具有计划裁量的性质外，住宅政策还具有很强的政治性。在传统的行政法理论中，政治与行政被视为两个截然分开的场域。一般认为，政治是"意志的表达"，而行政则是"意志的执行"。① 析言之，政治是各种利益通过表达、竞争、交涉和妥协最终形成合意的过程，而行政则是对作为政治过程结果的公共意志的执行过程。由于住宅政策具有计划裁量性，行政机关在住宅政策的制定，特别是具体实施方案的选择方面拥有巨大的裁量空间，这种裁量在本质上必然会影响到所涉公众的住宅权益的实现，具有显著的政治性。因此，政府制定和实施住宅政策的过程实际上是一个充斥着利益博弈的政治过程，需要协调公众不同的利益诉求形成合意。

2. 住宅参与权的特殊价值

在传统的行政法理论中，对于羁束行政行为乃至于一般性的裁量行政行为，其合法性来源于立法机关的授权。② 由民意代表组成的立法机关进行立法活动，行政机关严格依照立法机关制定的法律行事，执行立法机关的决策。然而，住宅政策属于计划裁量行为，立法机关无法对行政机关发出具体的指令，不得不赋予行政机关较大的自由裁量权。③ 与此同时，虽

---

① 〔美〕弗兰克·J. 古德诺：《政治与行政》，载彭和平等编译《国外公共行政理论精选》，中共中央党校出版社，1997，第30页。

② 本书所指的"合法性"强调的是义理上的合法性（legitimacy），区别于形式上的合法性（legality）。后者也称为合法律规范性，简称"合规性"，是指行政行为具有现行法上法律规范的依据，而前者则强调行为的正当性或者说受到社会普遍认可的程度。两者具有一定的相关性，通常情况下具有明确法律规定依据的行为会受到普遍的认可。但两者之间也存在显著的不同，不排除没有明确合法律性的行为具有较强的合法性，而表面合乎规定的行为无法得到社会的普遍认同。

③ 以现阶段对我国公民住所所有权和自由权影响最为显著的房屋征收与拆迁问题为例，最新颁布的《国有土地上房屋征收与补偿条例》已经对地方政府的自由裁量做了一定限制，但该法规仍然不得不将公共利益的判断以及具体征收决定和补偿方案的决策交由地方政府裁量。

然对于住宅政策制定和实施中的技术性事项，社会保障、城市规划以及经济调控方面的专家相对于普通公众更有可能做出科学和正确决定，但在涉及价值选择和利益分配的事项上，特别是在公共利益与个人利益的判断和权衡的问题上，专家相对于普通公众的技术和专业早已优势荡然无存，完全失去了其用武之地。① 而住宅政策的政治性恰恰决定了其制定与实施的过程离不开利益衡量。没有人会比他自己更了解其个人利益所在，也没有人能声称自己就能够代表公共利益。因此，任何对利益进行衡量的过程都离不开不同利益的充分表达和相互协调。住宅政策想较好地结合专业意见和公众利益，就需要在程序上保障利益相关方的公平参与。基于此，以美国法学家斯图尔特为代表的一些学者提出了有关行政行为合法性的"利益代表模式"。② 其核心主张是要将公共决策的理性基础从实体问题的科学性或经济上的效率转移到利益相关方对决策程序的有效参与。他们认为扩大公众参与能够确保行政机关考虑所有利害关系人的利益，从而形成在总体上能够更好地服务社会的公共决策。③ 具体到住宅政策领域：（1）公众参与为住宅政策的利益相关方提供了表达利益的平台，利于汇聚公众意见、寻求共识并形成决策；（2）公众参与集程序控制和实体控制于一体，将住宅政策的全过程展现在社会公众的视野中，利于对政策制定和实施者的公共监督；④（3）公众参与能够改进住宅政策的实际质量，减少决策成本和迟延，降低住宅政策的执行成本，利于住宅政策的实施。这意味着公

① 当前中国民间流行着一种对专家的不信任的态度。这种态度在很大程度上正是源自许多所谓"专家"超出其专业领域对公共利益和民众的价值倾向发表没有专业依据却有悖公众常识的意见。

② 需要指出的是斯图尔特本人也意识到"利益代表模式"并不是解决行政机关行使委任立法权力问题的普遍可接受的方案。参见〔美〕理查德·B. 斯图尔特《美国行政法的重构》，沈岿译，商务印书馆，2002，第185页。而"利益代表模式"的哲学基础——多元主义的公共利益观，即认为不存在抽象的超越个体的公共利益，公共利益只是个别利益的组合的观点，一直以来也广受批评。参见王名扬《美国行政法》，中国法制出版社，1995，第556~557页。但公众参与有助于增强公共政策合法性的观点已经逐渐成为大部分学者的共识。

③ 〔美〕理查德·B. 斯图尔特：《美国行政法的重构》，沈岿译，商务印书馆，2002，第129页。

④ 江必新、李春燕：《公众参与趋势对行政法和行政法学的挑战》，《中国法学》2005年第6期，第50~56页。

众有效参与下做出的住宅政策能够更加充分地反映公众的切身利益，从而更有利于促进公民住宅权的实现。虽然同"尊严理论"相比，"利益代表"理论没有证明参与本身独立的人权属性，但通过对公众住宅参与的工具理性的阐发，说明了保障公民住宅参与权对于促进公民住宅权实现的特殊价值。

二　中国住宅事务公众参与制度检讨

我国目前尚未制定住宅政策方面的主干法《住宅法》，事关公民住宅权保障的法律和法规数量众多，体系庞杂，广泛涉及城乡规划、环境保护、市政建设、房屋征收与补偿、市场监管、社会保障等多个领域。但其中明确规定公民参与住宅政策事项的法律和法规则寥寥可数。其中，2008年实施的《城乡规划法》为公众参与城乡规划提供了相对完整的法律框架，2011年实施的《国有土地上房屋征收与补偿条例》大大提升了公众对房屋征收与补偿方案制定的参与程度①（具体内容参见表6-1）。

有学者将公民参与法律制度的要素归纳为参与主体、参与事项、参与程度、参与方式、参与程序、参与次数、参与效力七个方面。② 其中参与程序和参与次数完全可以纳入参与方式中一并讨论，而参与程度则关系到对参与有效性的评价问题。因此本书对公民住宅参与法律制度的基本内容的检讨主要从参与事项、参与主体、参与方式、参与效力四个方面展开。在此基础之上，本书将引入阿恩斯坦的公民参与层次的阶梯模型，对公民住宅参与的程度进行评价。

（一）中国公民住宅参与法律制度的基本内容

1. 参与事项

所谓参与事项，是指公民可依法参与其决策和实施的与住宅权益有关的公共政策事项。公共决策具有综合性和双向性。公共决策要求综合权衡

---

① 《行政许可法》《环境影响评价法》等相关法律中有关公民参与的规定也部分适用于公民对住宅事务的参与。此外，正在修订中的《土地管理法》也拟增订公众参与的条款，但该法最终尚未完成修订。

② 江必新、李春燕：《公众参与趋势对行政法和行政法学的挑战》，《中国法学》2005年第6期，第50~56页。

政治、经济和社会方面的各种因素，保障和实现住宅权应当成为经济和社会发展的公共决策考量的一个重要因素，与此同时，在住宅保障的决策中，也应当充分考虑经济和社会发展的现实需要和客观限度。因此，并不存在单纯的住宅事项的公共政策，所有的公共政策事项都需要充分全面地考虑各种因素。《联合国人居议程Ⅱ》中，确认了制定政策时应当采取并实施跨部门的办法，指出"各级政府应协调住房和人类住区政策与其他有关政策，例如人口和人才开发政策，环境、文化、土地和基础设施政策，城乡规划以及私营和（或）公共就业政策间的关系，并使它们能有机地结合起来"。因此，理论上对于公共政策的制定和实施过程中的任何事项，只要关系到公民的切身的居住权益，公民都应有权参与。

表 6-1   我国公民参与涉及住宅政策事务的事项的制度框架

参与事项	参与主体	参与方式	参与效力
对住宅政策制定和实施中出现的违法行为的监督	1. 任何单位 2. 任何组织 3. 任何个人	举报	应当及时受理并组织核查、处理
涉及住宅事务的国民经济和社会发展规划（市县一级包括保障性安居工程建设和旧城区改造计划）、土地利用总体规划、城乡规划和专项规划的制定	1. 专家 2. 公众	1. 科学论证 2. 论证会 3. 听证会 4. 其他征求意见的形式	应当充分考虑专家和公众的意见，在报送审批的材料中附具意见采纳情况及理由
涉及住宅事项的省域城镇体系规划、城市总体规划、镇总体规划实施情况的评估	1. 有关部门 2. 专家 3. 公众	1. 评估 2. 论证会 3. 听证会 4. 其他方式	应当向立法机关和原审批机关提出评估报告并附具征求意见的情况
涉及住宅的控制性和修建性详细规划的修改	1. 规划地段内的（详细规划）利害关系人（控制性） 2. 利害关系人（修建性详细规划）	1. 征求意见 2. 听证会	未明确

续表

参与事项	参与主体	参与方式	参与效力
国有土地上公民住宅征收补偿方案的制定和修正	1. 有关部门 2. 社会公众	1. 方案论证 2. 征求意见	公布征求意见情况和根据意见情况修改
旧城区改造中住宅征收补偿方案的修改	1. 被征收人 2. 公众代表	听证会	根据听证会情况修改方案
有关住宅事务的环境影响评价	1. 有关单位 2. 专家 3. 公众	1. 论证会 2. 听证会 3. 其他方式	应当认真考虑有关意见，并在评价报告中附具对有关单位、专家和公众的意见采纳或者不采纳的说明
影响公民住宅权益的行政许可	1. 行政许可申请人 2. 利害关系人	听证会	依照听证笔录做出许可

资料来源：《环境影响评价法》（2003），《行政许可法》（2004），《城乡规划法》（2008），《国有土地上房屋征收与补偿条例》（2011）；表为笔者自制。

我国现行法律、法规明确规定的涉及住宅事务的参与事项可初步归纳如下。

（1）对住宅政策制定和实施中出现的违法行为的监督。《城乡规划法》第9条第2款规定："任何单位和个人都有权向城乡规划主管部门或者其他有关部门举报或者控告违反城乡规划的行为。城乡规划主管部门或者其他有关部门对举报或者控告，应当及时受理并组织核查、处理。"《国有土地上房屋征收与补偿条例》第7条规定："任何组织和个人对违反本条例规定的行为，都有权向有关人民政府、房屋征收部门和其他有关部门举报。接到举报的有关人民政府、房屋征收部门和其他有关部门对举报应当及时核实、处理。"

（2）涉及住宅事务的国民经济和社会发展规划（市县一级包括保障性安居工程建设和旧城区改造计划）、土地利用总体规划、城乡规划和专项规划的制定。《城乡规划法》第26条规定："城乡规划报送审批前，组织编制机关应当依法将城乡规划草案予以公告，并采取论证会、听证会或者其他方式征求专家和公众的意见。公告的时间不得少于三十日。组织编制机关应当充分考虑专家和公众的意见，并在报送审批的材料中附具意见采纳情况及理由。"《国有土地上房屋征收与补偿条例》第9条第2款规定："制定国民经济和社会发展规划、土地利用总体规划、城乡规划和专项规划，应当广泛征求社会公众意见，经过科学论证。"

（3）涉及住宅事项的省域城镇体系规划、城市总体规划、镇总体规划实施情况的评估。《城乡规划法》第46条规定："省域城镇体系规划、城市总体规划、镇总体规划的组织编制机关，应当组织有关部门和专家定期对规划实施情况进行评估，并采取论证会、听证会或者其他方式征求公众意见。组织编制机关应当向本级人民代表大会常务委员会、镇人民代表大会和原审批机关提出评估报告并附具征求意见的情况。"

（4）涉及住宅的控制性和修建性详细规划的修改。《城乡规划法》第48条规定："修改控制性详细规划的，组织编制机关应当对修改的必要性进行论证，征求规划地段内利害关系人的意见。"第50条第2款规定经依法审定的修建性详细规划确需修改的"城乡规划主管部门应当采取听证会等形式，听取利害关系人的意见"。

（5）国有土地上公民住宅征收补偿方案的制定和修正。《国有土地上房屋征收与补偿条例》第10条规定："市、县级人民政府应当组织有关部门对征收补偿方案进行论证并予以公布，征求公众意见。征求意见期限不得少于30日。"第11条第1款规定："市、县级人民政府应当将征求意见情况和根据公众意见修改的情况及时公布。"

（6）旧城区改造中住宅征收补偿方案的修改。《国有土地上房屋征收与补偿条例》第11条第2款规定："因旧城区改建需要征收房屋，多数被征收人认为征收补偿方案不符合本条例规定的，市、县级人民政府应当组织由被征收人和公众代表参加的听证会，并根据听证会情况修改方案。"

（7）有关住宅事务的环境影响评价。《环境影响评价法》第5条规定："国家鼓励有关单位、专家和公众以适当方式参与环境影响评价。"明确规定必须经公众参与程序的包含两类情形，分别是第11条规定的"可能造成不良环境影响并直接涉及公众环境权益的规划"以及第21条规定的"对环境可能造成重大影响、应当编制环境影响报告书的建设项目"。在上述两种情形中，除国家规定需要保密的情形外，编制机关或建设单位应当在报批建设项目环境影响报告书前，举行论证会、听证会或者采取其他形式，征求有关单位、专家和公众的意见，并认真考虑相关意见。报批的环境影响报告书应当附具对有关单位、专家和公众的意见采纳或者不采纳的说明。

（8）影响公民住宅权益的行政许可。《行政许可法》第46条规定："法律、法规、规章规定实施行政许可应当听证的事项，或者行政机关认为需要听证的其他涉及公共利益的重大行政许可事项，行政机关应当向社会公告，并举行听证。"第47条规定："行政许可直接涉及申请人与他人之间重大利益关系的，行政机关在作出行政许可决定前，应当告知申请人、利害关系人享有要求听证的权利；申请人、利害关系人在被告知听证权利之日起五日内提出听证申请的，行政机关应当在二十日内组织听证。"在听证程序中，申请人、利害关系人可以陈述意见并进行举证、申辩和质证。

我国现行法并未一般性地规定住宅事项中的公民参与，有关公民住宅保障领域的公共参与的规定零星地散布在相关的立法中。对于一些与公民住宅权益紧密关联的公众决策事项，例如保障性住房的分配和管理、住宅的限购政策的实施等，法律尚未明确规定公众参与程序。

2. 参与主体

所谓参与主体是指与公民住宅权益有关的公共政策制定和实施的过程中，参与决策和实施的主体。同样，在理论上，所有住宅利益受到或可能受到影响的公民都应当成为住宅事务的参与主体，但不同的法律规范对不同参与事项的参与主体做了不同的限定性列举，有必要加以归纳并明确其内涵。

（1）公众

公民参与中的所谓公众（public），也有学者称为大众。在《现代汉语大词典》中，公众是指"社会上的大多数人"或"大众"。然而，作为一个法律概念，我们需要对公众的含义进行进一步的界定。有学者提出，从与公共政策的利益关联出发，可以从两个层面定义参与公共决策的公众：一是指与决策具有过程和结果上利害关系的个体或组织，这些个体或组织可能存在不同甚至相互竞争的利益诉求；二是泛指对公共决策和行政正义有心理需求、期待和责任感的一般公众，他们与决策可能没有直接的利害关系，或许属于间接的利益相关方（stakeholders）或者纯粹基于个体的社会责任感、价值偏好和良知等公民素质，希望对公共政策发表意见并对决策施加影响。① 前者实际上是法律、法规中规定的"利害关系人"，后者才是我们通常所说的"公众参与"意义上的公众。由于将公众理解为具有直接利害关系的个人或组织，实际上有限制公众参与范围的效果，本书认为除非法律规范明确使用"利害关系人"的概念，否则应当将公众做广义的理解，即不以具有直接的利益关联作为参与公共决策的条件。

当然，把公众的外延扩大到"社会上的所有人"也会给公共政策参与主体的界定带来混乱。实际上公众是一个相对的范畴，它是相对于"社会上的少数人"来说的。本书认为广义上的公众是指行使公共决策权力的主体以外的其他所有个人或组织。这里所说行使公共决策权力特指公共参与所指向的决策权，一个政府官员在其不行使权力的公共决策中也可以普通公众的身份行使参与权。而狭义上的公众除了排除行使公共权力的主体外，尚需将专家排除在外，即所谓的外行公众（lay public）。但这同样并不排除一些专家在其并未以专家身份参与的公共政策中以普通公众的身份行使参与权。

在法律规范中出现的"公众"概念需要根据具体情况来做广义或狭义的不同理解。一般而言，当法律规范将公众与专家并列时，公众应当解释为狭义的普通的外行公众。当法律规范将公众与特定利害关系人，如被征收人相并列时，公众应当是指与公共决策不存在相同利益关联的一般社会公众。在其他情况下，公众应当是指在该公共政策上行使决策权力的主体以外的所有个人或组织。

（2）专家

根据《现代汉语词典》的释义，专家是指"在学术、技艺等方面有专门研究或特长的人"。在公共决策机构内部也有专家。但在公众参与的过程中，在公共机构任职的专家往往以决策主体的身份出场，不可能也不

---

① 王锡锌：《公共决策中的大众、专家与政府——以中国价格决策听证制度为个案的研究视角》，《中外法学》2006年第4期，第462~483页。

适宜再承担参与主体的角色。因此，作为公共决策参与主体的专家应排除在决策机构内行使公共决策权的官方专家，而是特指"以中立的身份出现在公共决策过程中，以专业性知识和技术为公共决策提供咨询、论证以及其他知识支持的个体"①。专业知识和中立地位是专家在公民参与中成为一类独立主体的重要条件。

专家参与决策往往是通过公共决策机构组织专家论证会或向专家征询意见的方式。但在与住宅有关的公共决策的实践中也出现了由公众自行聘请专家参与决策过程的案例。②

（3）利害关系人

对于专家和公众身份，我们可以通过审查特定参与主体的专业知识背景及其与公共决策机构的关系加以认定。但对于利害关系人的认定则是一个复杂的问题。虽然利害关系人很早就成为一个法律上的概念③，但是，对于何谓法律上的利害关系，理论界一直存在不同的观点。民事领域中则主要从民事权利义务关系，例如相邻权关系、人身权和财产权关系的角度界定利害关系。在行政诉讼中，有学者主张以人身财产权利受到具体行政行为侵害作为判断存在利害关系的标准。也有学者认为利害关系是指公民、法人或其他组织的合法权益与行政行为之间存在的因果关系。④ 还有学者

---

① 王锡锌：《公共决策中的大众、专家与政府——以中国价格决策听证制度为个案的研究视角》，《中外法学》2006 年第 4 期，第 462～483 页。

② 2004 年在北京西上六输电线路工程电磁辐射污染环境影响评价行政许可听证案中，住宅环境受到影响的百旺家苑小区的 1369 户居民组织了"环境维权委员会"，设置了网站，推举出代表人，并聘请了专家，以作为证人申请到场作证。详细案情参见竺效《论环境行政许可听证利害关系人代表的选择机制》，《法商研究》2005 年第 5 期，第 135～140 页。

③ "利害关系人"的法律概念最早出现在民事领域，1987 年《民法通则》规定的"相邻权"可以被看作"利害关系"概念的起源，1988 年的《关于贯彻执行〈民法通则〉若干问题的意见》对"相邻权"的细化规定进一步明确了利害关系的内涵，1991 年的《民事诉讼法》首次直接采用"利害关系人"的法律概念，1992 年《最高院关于〈民事诉讼法〉适用意见》、2007 年的《物权法》中也都出现了利害关系人的概念。在行政法领域，1990 年《行政诉讼法》、1999 年《行政复议法》、2000 年《最高人民法院关于执行〈中华人民共和国行政诉讼法〉若干问题的解释》、2004 年《行政许可法》中都有关于"利害关系人"的规定。然而以上法律或司法解释都没有明确的界定"利害关系人"的概念。

④ 张旭勇：《"法律上利害关系"新表述——利害关系人原告资格生成模式探析》，《华东政法学院学报》2001 年第 6 期，第 41～42 页。

针对上述观点各自的不足，提出应当综合是否存在权利义务关系、有无权益受到影响和是否存在因果关系三个方面的标准来界定利害关系人。①

在立法实践中，有些法律规范通过参与人在公共政策中的地位直接明确利害关系人的身份。例如旧城区改造中的住宅被征收人（见表6-1）。但在更多的情况下，利害关系人并不是仅限于公共决策的直接相对人，而是包括公共决策反射性利益的主体。②

（4）公众或利害关系人的代表

现有法律规范并未对参与公众或利害关系人的数量加以规定，有学者据此认为只要有最低数量的公众参与到决策中，就可以满足法律规范的要求。然而，如果公众参与的数量过低，不具有广泛性，就会严重制约公众参与的有效性，甚至使其沦为形式。实际上，对于公民参与中的告知或征询意见的方式，完全可以采取公告的方式对特定范围内的所有公众或利害关系人进行告知并征集意见，以促进最大多数公众的参与。但论证会、听证会等参与方式，由于场地、时间等因素的限制无法做到保障所有公共或利害关系人都能参与。在立法实践中，针对此类情况，一些法律、法规明确规定参与主体为公众代表，而那些没有明确规定代表制的法律、法规在具体实施时也只能由部分公众或利害关系人作为事实上的代表参与。因此，通过合理的程序安排保证参与主体的代表性就成为问题的关键。公众或利害关系人代表的选择既要符合决策效率的要求，即确定代表的程序应当尽量做到耗时短费用低，同时也要能够确保代表的广泛性和不同利益代表的均衡性，选出有能力并能真正代表公众或利害关系人参与公共决策的人。③ 近年来，一些公共决策机关在实践中采用了听证组织机关指定、利害关系人推举、按报名先后产生等代表产生方式。这些方式在公开性、可操作性上均存在较大缺陷，引起社会对公众参与实际效果的质疑。我们认为较为理想的模式是由公共决策机构合理划分利益群体，确定公众参与代

---

① 郑文武：《论城乡规划利害关系人界定的理论标准和实践方法》，《规划师》2010年第4期，第52~57页。

② 叶金方、陈铭：《行政法上的利害关系人新探》，《河北青年管理干部学院学报》2007年第4期，第87~90页。

③ 竺效：《论环境行政许可听证利害关系人代表的选择机制》，《法商研究》2005年第5期，第135~140页。

表的数量，由公众或利害关系人推举或通过抽签的方式产生公众或利害关系人的代表。

3. 参与方式

所谓参与方式是指公众参与到住宅决策过程中的渠道和表现形式。我国现行法规定的公民住宅参与的方式主要包括举报、公布与告知、征求意见、论证或论证会、听证会以及其他方式。大体上可以分为信息公告、意见征询、公共监督三类。

（1）信息公告

获取住宅信息本身是公民的一项权利，同时也是公众参与得以实现的前提。住宅政策信息公告的目的在决策阶段是使利益关系人获得通知，从而有机会在参与程序中表达自己的看法，特别是有机会发表不同或反对的意见。在实施阶段是使利益关系人了解政策实施的具体细节，从而能够维护自身的权益并对执行机构违反政策的行为进行有效的监督。因此，公告应当遵循正当的程序，以足以引起公众的充分注意为原则。

我国目前立法中对公告程序的规定较为粗略，相关法律规范对于公告的载体、公告的具体内容、告知的对象以及违反公告程序的法律后果等问题尚缺乏明确的规定，有关决策部门在发布公告时具有较大的裁量空间。

（2）意见征询

我国现行法规定的征询意见的形式主要包括：论证会、听证会和其他形式。论证会一般是决策机构向专家征询意见的方式，主要是指在有关住宅事项的决策中，就某些专业或技术性问题邀请相关领域的专家，听取专家的意见和建议。听证会是一种常见的听取公众意见的形式。在西方国家，听证会主要有两种形式。一是正式听证，即审判型的听证会。在听证会中，支持和反对决策的各方在法官的主持下进行对抗性的举证、质证和辩论。二是非正式听证，也叫咨询型听证会。目前我国实践中的听证会大多属于咨询型听证会。这种听证会主要是听取意见，在程序上并没有严格的要求。

除了立法明确规定决策机构必须举行听证会或公众和利害关系人有权申请举行听证的情形外，现有相关法律规范对于意见征询的形式大多没有严格限定，除了召开论证会、听证会外，决策机构也可以采用其他方式听取专家或公众的意见。实践中常用的形式包括座谈会，现场会，问卷调查以及通过信函、电话、传真、互联网等途径收集公众意见，特别是网络已经成为我国政府征询公众意见的重要渠道。这些形式多样的意见征询方式具有适用灵活、成本较低的优点。然而，我们也注意到一些法律规范将其他形式和论证会、听证会并列为可以相互替代的选择，这可能为决策机关绕过论证会、听证会等相对正式的形式提供借口。

（3）公共监督

检举权是我国宪法赋予公民的一项基本权利。公民对在与住宅有关的决策中发生违法行为进行举报，既是对住宅政策实行公共监督的权利，也是公众参与住宅决策的一种方式。而通过对政府履行参与程序的情况进行监督更有助于促进公众参与的充分实现。

4. 参与效力

所谓参与效力是指公众参与对住宅事项决策的影响程度。在我国现行法上，公众参与的效力主要体现在决策机构对参与主体意见的反馈程序的规定上。主要有以下几种情况：（1）规定对单位、组织或个人做出的举报应当及时受理并组织核查、处理（《城乡规划法》第9条第2款、《国有土地上房屋征收与补偿条例》第7条）；（2）规定决策机关应当充分考虑专家和公众的意见（《城乡规划法》第26条、《环境影响评价法》第11条和第21条）；（3）规定应当在提交的报告中附具征求意见的情况（《城乡规划法》第46条）；（4）规定在报批材料中应当附具意见采纳情况和理由（《城乡规划法》第26条、《环境影响评价法》第11条和第21条）；（5）规定应当根据意见修改决策方案（《国有土地上房屋征收与补偿条例》第11条第2款）；（6）规定公布征求意见情况和根据意见修改情况（《国有土地上房屋征收与补偿条例》第11条第1款）；（7）规定决策部门应当依据听证会的笔录做出行政许可（《行政许可法》第48条）（8）未明确规定参与效力（《城乡规划法》第48条和第50条）。

不难看出，现行法律规范主要是通过规定决策机关对公众意见的回应义务来促进最终决策对公众意见的采纳。要求决策机构向上级审批机关说明或向社会公众公布意见收集和采纳的情况，可以在一定程度上对决策机关形成压力，促使其以至少是在表面看来较为认真的态度对待公众的意见。然而是否采纳公众意见的最终决定权仍然掌握在决策机关手中。即使是明确要求决策机关应当根据意见修改方案，采纳意见和做出修改的程度也仍然出于决策机关的裁量。总体而言，现行法上公众参与对公共决策主体并不具备绝对的约束效力。

（二）对我国公民住宅参与法律制度的评价

1. 评价框架：阿恩斯坦关于公民参与的阶梯理论

参与的含义十分丰富，现代民主社会公民参与的方式包括投票、游说、游行示威等政治方式，也包括对立法、行政和司法过程的参与。在最低的意义上，仅仅被告知一项住宅决策的结果也被视为一种参与，尽管这种参与对决策可能没有任何实质性影响。而真正有价值的参与应当意味着参与者至少拥有影响决策具体内容的能力或权利。针对"参与"内涵的不同层次，美国学者阿恩斯坦在其有关城市规划中公民参与程度研究的同名论文中提出了"公民参与的阶梯"的概念。她依据公民参与对决策的影响的有效程度或者说公民决定权的大小，将公众参与的形式划分为由三个层次，八个层级组成的一个阶梯①（见图6-1）。

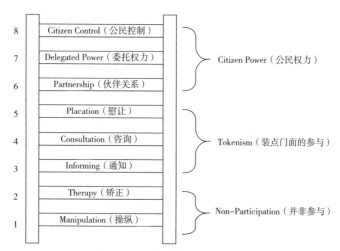

图6-1　公众参与的八级阶梯

资料来源：Sherry R. Arnstein，1969。

---

① Sherry R. Arnstein, "A Ladder of Citizen Participation," *Journal of the American Planning Association*, Vol. 35, Iss. 4, 1969, pp. 216-224.

　　在阿恩斯坦看来，位居阶梯底部的两级属于"并非参与"（Non-Par-ticipation）的层次。在这一层次的所谓"参与"只是要求公众执行，并未真正赋予公众影响决策的权利。公众的意愿没有也不可能在最终决策中得到充分的反映。在最低的一级，公众的全部参与不过是被"操纵"（Manipulation），即接受政府早已做出的决策并配合决策的执行。较高的那一级是"矫正"（Therapy）。在做出决策后，政府摆出尊重公众意愿的姿态，力图通过对公众进行宣传教育，争取公众对决策的理解和支持。然而，此时决策已经做出，政府所期望的仅仅是公众单方面调整自己的态度和行为。公众的不同意见在政府看来只是在执行阶段需要经由宣传教育予以"矫正"的对象。政府本身并没有调整决策采纳公众意见的准备。

　　位于阶梯中段的层次属于"装点门面的参与"（Tokenism）。在这一层次公众能够参与到政府决策的过程中，其意愿也在一定程度上得到听取和采纳。但总体而言，计划和政策的制定仍然出于政府高度集中的决策，公众的参与仍然是消极的和被动的，他们的意见对政府决策不能产生实质性的影响。这一段阶梯由三级构成，由下至上依次是"通知"（Informing）、"咨询"（Consultation）以及"慰让"（Placation）①。在"通知"这一层级，政府向公众提供关于政府决策计划的信息并告知公民的权利和责任，政府承担的责任实际限于上一节讨论的对公众信息权的保障。在"咨询"这一层级，政府在制定计划和政策的过程中，通过听证会等程序听取公众的意见，征询他们对计划和政策的建议，在最终的决策中对其予以一定的考量和采纳。在"慰让"这一层级，为了缓和公众中存在的反对意见，政府在最终的决策中对与公众反映强烈的一些问题和意见较为集中的一些建议予以部分地采纳，相对于原有立场做局部性的退让。在这一层次上，公众的核心权利是获取信息权和发表意见权，后者也可以称为听证权。这两种权利都属于形式上的和程序上的权利。虽然对于公众实体权利的实现来说知情权和听证权同样是不可或缺的基础性

①　也有国内学者将 Placation 译为"退让"，而 placation 本身有抚慰、平息的意思，因此本书译为慰让，即政府为了抚慰持有不同意见的公众，平息公众的反对情绪而做出让步的意思。

权利，但公众参与的最终目标影响住宅决策的形成从而实现住宅方面的自身权益，如果相关的知情权和听证权仅仅停留在程序性层面，不能切实转化为实质影响决策的权利，那么公众参与就有可能沦为徒具形式的"走过场"。这也是本书将这一层次的参与译为"装点门面的参与"的原因。

阿恩斯坦认为公众参与绝不能停留在信息公开或意见咨询的层面，她认为公众参与实际上意味着一种"公民权力"（Citizen Power），即公众对政府决定发挥实质性影响的权利（the right to affect decisions）。在公众参与的"公民权力"层面，公众通过与政府的积极互动，实质性地参与到住宅事务的决策过程中。这一层面同样也可以进一步分为三个层级，分别是"伙伴关系"（Partnership）、"委托权力"（Delegated Power）和"公民控制"（Citizen Control）。所谓"伙伴关系"是指政府和公民之间在决策过程中形成的一种新型的较为平等的沟通和合作关系。在这种伙伴关系中，公民能够和传统的权力享有者进行磋商和达成协定。"委托权力"是指政府在做出决策时有不同的利益代表参与其中，使不同的利益集团各自的利益主张都能得到充分的反映，并在最后的决策中得到实质性的体现。公众参与的最高层级是"公民控制"，即所有政府计划和政策的公共决策均在公民的有效控制之下。此时，公民作为主体的自主性得到充分实现，公众的利益诉求可以在决策中得到最充分的考量并最终得以全面落实。

2. 我国现行法上公民住宅参与的现状与不足

我国现行法上的相关规范为公民参与住宅政策的制定和实施提供了制度上的支撑和保障。但是总体而言，这些法律规范的规定较为简略，普遍存在操作性不足的问题。特别是在公众参与有效性的问题上，对照阿恩斯坦"公众参与的阶梯"模型，不难发现我国现行法对公众参与的规定大都停留在"慰让"及以下的层次。在西方住宅公众参与中愈发常见的"伙伴关系"、"委托权力"和"公民控制"等层次的参与方式在我国现行法上几乎未做规定。换言之，在我国目前的住宅公众参与中，法律并没有授予公民政府决定发挥实质性影响的权利。

实践中，由于缺乏法律对"公民权力"的明确授予，公民参与的有效性无法得到保障。在大多数案例中，公民参与程度十分有限，只是起到陪衬和点缀的作用，恰如阿恩斯坦所说的"装点门面的参与"。而参与的形式化倾向反过来又遏制了公众通过法律途径参与决策的热情，导致当前在拆迁、规划等涉及公民住宅权益的公共决策中，一方面法律规定的参与方式的参与度严重偏低，另一方面公众中的不同意见和反对意见却十分激烈。一些公民被迫选择采取对抗而非参与的方式表达自己的利益诉求。公众参与并没有发挥应有的反映民意、优化决策、体现尊重、化解矛盾、保障权益的功能。除了现有法律规范规定本身存在的不足外，我们认为还需要特别关注以下问题。

（1）公民政治参与的不足。以代议民主制和政治权利为核心的公民政治参与是公众有效参与公共决策的前提。上文对公众参与理论基础的探讨中，曾经提到公众参与是参与民主和协商式民主理念的体现，而参与民主是对传统代议制民主的补充。然而，应当注意的是，参与民主是在代议制民主的基础上对"公民权力"的进一步拓展，而不是一种另起炉灶的代议制民主的替代形式。恰恰相反，如果公民的政治权利没有受到充分的保障，公共决策机构就不可能真正重视公民的意见和建议，并加以实质性的采纳。因此，发展社会主义民主政治，完善人民代表大会制度，保障公民充分享有集会、结社、言论等政治自由是公众参与取得实效的前提和基础。

（2）公民住宅事务经济参与的不足。在住宅公共决策中充分表达意见是实现公众权益的重要途径，但更为有效的方式是公民直接参与住宅项目的开发、建设、运营和管理，从易被边缘化的利益相关方转变为掌握利益分享权的股东。以对公民住宅权益影响巨大的旧城改造为例，现有的开发模式由地方政府主导，以开发商为主体，居民对城市居住空间的生产缺乏有效参与。表面上看政府、企业和居民三者在市场机制中形成了共赢的局面，企业通过开发满足居民居住的需求以获得经营利润，政府通过引入企业资本投资城市空间，促进了城市经济增长和环境改善，居民则可以通过市场获取高品质住宅并享受居住环境的改善。然而，企业追求自身利益最大化的资本本性决定了如果其对城市空间垄断性的开发权利不受监管和限制，就会产生不平等地占用原居民和住宅消费者利益的本能趋向。通过以低价拆迁并以高价出售住宅，房地产开发企业将住宅商品化，攫取了超额的利润，其代价是原居民和住宅消费者的利益受损。地方政府作为社会整体利益的代表，本来应当扮演积极、公正和诱导性的角色，但作为从土地出让金中获取利益的土地所有人，也成为城市空间生产资本化的受益者。① 地方政府和开发商组成的"城市增长联盟"通过"低价拆迁征地——高价批租土地——商业开发增值"的利益链条攫取了旧城改造的大部分收益。被改造社区的居民只是被拆迁、被安置的对象，其住宅权益屡屡被漠视甚至受到侵害。这种由政府和开发商主导的城市更新模式在美国城市发展中也遇到同样的问题，正如美国社会学家简·雅各布斯所言："大规模的城市更新使国家投入大量资金让政客和房地产商获利，让建筑师得意，而平民百姓则成为旧城改造的牺牲品。"②

如果政府进一步改变发展思路，引入以赋权为核心的参与式发展模式，让社区居民成为社区改造和更新的主体，那么由政府帮助社区居民整合土地使用权等资源，与开发商进行合作开发或自主开发，居民的住宅权益将得到充分的保障和实现。作为欧洲大陆国家法团主义社会住房模式的代表，德国每年总数超过30%的新建住宅是合作社建房。政府给予住宅合作社长期低息贷款、信用担保、合理价格的土地供应以及各税收减免和租金补贴等扶持，这使得合作社共同建房成为德国住宅建设最重要的形式之一。德国公众对于住宅开发建设的经济性参与拓宽了多渠道的住宅供应体系，打破了开发商的垄断地位，削弱了其定价权力，这成为德国住宅价格长期维持稳定的重要经验。③

三 促进中国住宅事务公众参与的建议

（一）建立和完善住宅政策制定与实施的参与程序

目前，我国对于公民住宅参与的规定散见于《城乡规划法》等相关法律、法规和众多部门规章之中。为了保障公民对住宅政策的有效参与，

---

① 余琪：《转型期上海城市居住空间的生产及形态演进》，东南大学出版社，2011，第96页。
② 卢卫：《居住城市化：人居科学的视角》，高等教育出版社，2005，第45页。
③ 余南平：《欧洲社会模式——以欧洲住房政策和住房市场为视角》，华东师范大学出版社，2009，第234页。

建议在未来的《住宅法》中对住宅政策制订和实施的参与程序做出明确的框架性规定。第一，在一项住宅政策制订之初，政府应当充分、及时和有效地根据情况采取公告并在有需要时采取个别通知的方式向利益相关的公众告知与住宅政策有关的各类信息。第二，政府在制定住宅政策时应当安排公众及早参与，应当充分考量公共利益和公众的住宅权益，准备多种方案供有关公众进行选择，保证公众参与的有效性。第三，公众参与程序应当能够让公众充分表达自己的意见和建议，确保公众能够以书面形式或根据实际情况安排公开听证会或在其他专门的公正意见征询程序中提出其本人认为与政策的制定和实施相关的任何意见、建议、信息或观点。第四，政府应当确保公众参与的结果在决策中得到应有的考虑。在政府做出住宅政策的决定后，应当及时依适当的程序通知公众，应当允许公众查询有关住宅政策，并以适当的方式向公众说明政策制定所依据的理由和考虑，特别是应当对公众意见的听取和采纳情况及其理由做出具体的说明。第五，在住宅政策实施的过程中，政府同样应当确保公众的参与权。政府应当及时公布政策实施的有关信息，接受公众对政策实施情况的监督，及时听取公众对政策落实情况的意见和建议，在必要时根据公众的意见和建议对政策进行调整和修订。

（二）重视对社区、邻里组织、业主团体等公民住宅事务组织的培育

公众参与中的公众包括个人和组织。在公共决策过程中，个人参与主体相对于开发商、政府部门等其他组织型参与主体来说，在参与能力等方面处于弱势地位。有组织的参与比个人参与对公众决策的影响力更强。国外经验表明，社区、邻里组织、业主团体等社会组织在公众住宅参与中扮演着重要的角色，是实现阿恩斯坦"公民权力"层面参与的基础条件。无论"合作伙伴关系"还是"公民自治"都可以并需要通过社会组织内部和组织间的自组织网络得以实现。[①] 同时，面对政府在制订必要的政策和法规以保障其所有公民都能获得充足住房方面存在的不足，人们一致认可非政府组织（NGOs）和社区性组织在推进住宅权实现特别是建设有生

---

① 陈伟东：《邻里网络：自组织的社会结构——解读城市社区自治的一种分析框架》，《湖湘论坛》2010年第2期，第28~33页。

命力的、共享的、大众的社区方面可以发挥重要的作用。[①] 例如，英国社区重建的一条基本经验就是设立了"社区重建委员会"，构建政府组织、社区组织、社会中介组织、私营企业和居民之间的合作伙伴关系以及政府与社会组织之间的协商对话机制。而德国公众对住宅开发与建设的参与主要通过住宅合作社实现。在我国，公民住宅参与的实践中也已经出现了业主团体等公民组织的身影。例如在 2004 年的电磁辐射污染案中，住宅环境受到影响的百旺家苑小区的 1369 户业主就组织了"环境维权委员会"，实现了对听证程序的有组织的参与。然而，在我国，政府、市场与社会间的功能分化以及社区、邻里和业主团体等社会组织的发育都还处在初始阶段。虽然《物权法》对于业主大会和业主委员会做了规定，但在实践中对于业主团体的法律地位仍然有待明确。[②] 对于社区和邻里组织的法律规定更是尚付阙如。为了提升公众住宅参与的组织程度，从而保障公民住宅参与权的实现，我国应当在未来的《住宅法》中明确界定业主团体和社区、邻里组织、住宅合作社等有关住宅事务的社会组织的地位和功能，以为有关组织的发展及参与决策提供必要的法律制度空间。

（三）拓宽公民参与渠道，特别是促进公众在经济上参与住宅项目的建设和管理

目前，我国公民参与住宅项目的建设和管理的方式主要限于阿恩斯坦公民参与阶梯的第一级到第五级，而处在阶梯最高层的"伙伴关系"、"委托权力"和"公民控制"并没有得到体现。住宅权是一种基本的社会权，其实现有赖于政府履行给付行政的义务。然而，政府给付义务的履行受制于政府在财政、组织、人力、知识等各方面的资源。相对于住宅保障责任，政府拥有的各类资源无论在总量还是结构方面都难免会出现短缺。这种短缺不仅体现在财政资源方面，而且开发、经营和管理的智识与经验也是十分重要的方面。可以肯定的是，政府无力仅仅依靠其自身资源在短

---

① Scott Leckie, "From Housing Needs to Housing Rights: An Analysis of the Right to Adequate Housing under International Human Rights Law," London: IIED, 1992, p. i.

② 吴国平：《论业主团体法律地位的确立》，《北方法学》2008 年第 5 期，第 60~66 页。

期内实现住宅保障的任务。① 利用或结合民间资源参与住宅保障项目的建设和管理就成为政府的一个可行选项。② 这样做不仅可以解决资金的缺口，还可以通过市场化运作，起到优化项目管理、降低运营成本的作用。政府可以同社区、邻里组织，业主团体、居民以及企业结成"合作伙伴关系"，共同进行住宅项目的开发，也可以通过授权和提供补贴将住宅项目委托给住宅合作社等非营利机构运营和管理。

需要强调的是，公民参与的好处不仅包括经济上的实用性，还是公民作为住宅权权利主体地位的本质要求。住房及其附属设施是公民实现住宅权的物质载体，因此"房屋的使用者不应只是被动的接受，而应是创造自己居住空间和环境的主人，是推动这一过程前进的动力。因此，住宅政策的制定、住宅的规划设计、建设资金的筹集、房屋的施工建造、使用管理、维修改造等一切活动，都应让居民参与"③。通过在经济上参与住宅项目，公众和社会组织可以充分表达对自身居住利益的诉求，从而真正成为享有控制权的住宅事务的主体。

当然，住宅保障项目民营化之后并不意味着政府可以推卸其应尽的责任。根据德国行政法上"禁止保护不足"的理论，政府可以选择履行其住宅保障义务的方式，可以亲自履行，也可以通过将保障义务民营化间接

---

① 以近年来，我国社会保障住房建设方面走在全国前列的重庆市为例，根据重庆市的测算，其保障性住房项目总投入包括两大部分：一是直接免除的土地成本，包括土地出让金和城市建设税费，合计 700 亿元，直接由重庆地产集团投入，二是有待资金筹措的建设成本，按 4000 万平方米的规模体量计，建设成本在 1000 亿~1200 亿元，其中政府投入 30%，另需贷款 70%，金额为 700 亿~840 亿元。重庆市期望未来的资金流，将 10% 商业配套房出售取得的 300 亿~400 亿元用于还本，在必要情况下将 30% 房源出售，以筹措 300 亿元还本付息。若房源不出售，则日常租金收入为 40 亿元左右，用以支付管理费及利息。事实上，这一思路并没有考虑空置率、融资成本、出售时机和方式、运作风险等因素，仅仅停留在"构想"，中长期的资金如何平衡并没有明确的说法。参见华佳《公租房"重庆模式"的制度设计与思考》，《上海房地》2011 年第 5 期，第 28~29 页。
② 2011 年 4 月 2 日，国务院国资委发出通知，要求中央企业积极参与保障性住房开发建设，通知指出虽然地方政府是落实和推进保障性住房建设的主体，但中央企业应按照市场化运作方式，通过多种途径参与保障性住房开发建设。国务院国有资产监督管理委员会办公厅：《关于积极参与保障性住房开发建设有关事项的通知》（国资厅发规划〔2011〕28 号）。虽然该通知的对象是国有企业，但这无疑发出了一个明确的信号，即保障性住房的建设离不开市场主体的参与。
③ 唐传恕：《居住学科在形成中》，《住宅科技》1988 年第 5 期，第 9~10 页。

履行，但无论采取何种方式，国家都必须担保有效充分地实现其保障任务。① 换言之，公众对于住宅事务的参与、合作乃至控制，都不能免除国家保障公民住宅权实现的责任。国家只是从直接执行者转换到最后担保人的角色。

第三节　住宅权的可诉性与司法救济

所谓可诉性（Justiciability），也有学者将其译为可审判性、可裁判性或可司法性，② 是指某一事项可以经由带有司法性质的程序通过裁判得以解决的属性。公民住宅权利能否实现，在很大程度上取决于在这些权利受到侵害时是否得到司法救济。而住宅权的可诉性又是启动保障公民住宅权利的司法程序的逻辑前提。住宅权是一种受到普遍承认的基本权利。《世界人权宣言》第 8 条规定："任何人当宪法和法律所赋予他的基本权利遭受侵害时，有权由一个合格的国家法庭对这种侵害行为作有效的补救。"在组成住宅权的权利束中，住宅财产权、住宅自由权等权利的消极方面的可诉性在理论上并不存在障碍，在各国的法律体系中也大都能找到相应的法律基础。作为积极权利的住宅社会权在可诉性方面仍然遭受巨大的质疑，无法得到有效的司法救济。因此，本节对住宅权可诉性理论与实践的梳理和回溯主要针对住宅社会权，其目的正在于深化人们对这一问题的认

---

① 许宗力:《论行政任务的民营化》,《当代公法新论——翁岳生教授七秩诞辰祝寿论文集》(中),元照出版有限公司,2002,第 610 页。

② 有学者认为与"可诉性"相比,"可审判性"的概念更为准确。因为可诉性概念包含了程序上的可"起诉"性和针对实体问题的可"审判"性。问题的关键不是权利人能否提起诉讼,而在于提起诉讼以后司法机关能否对其审理、裁决并有效执行。参见王宏哲《适足住房权研究》,中国政法大学 2007 年博士学位论文,第 99 页。但本书认为无论起诉还是审判都是司法程序的组成部分,不宜将它们割裂开来。因此仍然使用可诉性这一传统概念。也有学者指出"可司法性"的表述可以涵盖那些法庭诉讼之外的司法救济方式,从而表明住宅权等经济、社会、文化权利的救济应该有着更为宽泛的途径。例如,不属于严格诉讼的专门机构对规范性文件的审查或者"宪法诉愿"等形式。参见秦前红、涂云新《经济、社会、文化权利的可司法性研究——从比较宪法的视角介入》,《法学评论》2012 年第 4 期,第 3~14 页。本书赞同住宅权的救济方式不应限于传统的法庭诉讼,但"可诉性"一词相对于可司法性更符合现代汉语的语言习惯,且同样可以包含诉愿、申诉等法庭诉讼外的司法或准司法的救济方式。

识，从而促进对我国公民住宅权的司法保障。

在现代社会中，随着社会权等新的权利理论的兴起，住宅保障已经不再被认为是政府通过政策给予人民的馈赠，而是日益被视作现代社会公民应当享有的法定权利。住宅权的提出及其在国际法和国内法各个层面的展开意味着为公民提供住宅保障已经逐步从政府的道义责任、政治责任发展为一种明确的法律责任。①

然而，尽管住宅权在国际法、宪法以及各项具体法律制度中已经得到广泛的承认，并成为现代住宅保障立法和政策的基石，但住宅权的可诉性（Justiciability）问题一直受到强烈的质疑。许多学者否定住宅权可以通过司法程序得到救济，并因此否认住宅权作为一项实定权利的存在。

虽然现代人权理论一度对"没有救济就没有权利"的古老格言提出了质疑，认为即使没有正式的制度性救济也并不妨碍权利的存在②，但救济，特别是司法救济对权利实现的重要性是不容否认的。对公民住宅的法律保障能否最终实现在根本上取决于住宅权利在受到公私侵害时是否可以得到有效的救济。而通过诉讼实施的司法救济是权利救济的最后关口。③虽然住宅权已经写入国际公约和各国宪法及相关法律，但徒法不足以自行，仅仅规定在法律文本中的权利不可能自动实现，必须通过法律关系的主体，即权利人和义务人的行为来促使其实现。这一过程应当是双向度的，它既包含国家自上而下地推动住宅保障立法和政策的实施，也离不开公民对权利的运用和行使。如果一项权利不能在诉讼或争端解决程序中被援引为抗辩的依据，权利人就无法通过积极地主张权利来充分彻底地实现

---

① 有关住宅权的理论和国际立法实践具体可参见本书第二章住宅权的历史回溯。

② 〔美〕路易斯·亨金：《权利的时代》，信春鹰、吴玉章、李林译，知识出版社，1997，第46~52页。

③ 经济、社会和文化权利委员会在第9号一般性意见中提到了可诉性的重要性。尽管委员会认为权利得到有效救济无须被解释为一定需要司法救济，但在许多情况下行政救济就足够了，"生活在一缔约国司法管辖之内的人们依据诚信的原则理应期待所有行政当局在它们的决策中考虑到《公约》的要求。任何这类行政补救措施都应是人们可以利用的，可负担得起的，及时的，有效的"。但同时委员会也指出"有一些义务，如不歧视的义务（绝不限于这一义务），为了满足《公约》的需要，对其提供某种形式的司法补救似乎是必需的。换言之，每当没有司法机构的作用便不能充分实施《公约》所载权利时，司法救济措施就是必要的"。参见 UN Committee on Economic General Comment 9: The Domestic Application of the Covenant (1998) CESCR, E/C. 12/1998/24, para. 9。

自己的合法利益，那么法律对这一权利的承认就是不完全的。对此，徐显明教授曾有论述："以请求权形态表现的生存权所最终要求的是国家在立法、行政和司法三个方面的积极性，有关生存权的规范如果能够对国家产生这样的制约作用，则生存权就是受法律保障的基本人权，否则，它只是主观意义上、在受到蔑视和侵害的时候无法获得实际保护的权利。"[①] 如果享有权利的公民只能被动地期望和等待国家履行尊重、保护和促进其自身权利的义务，而国家履行义务的意愿和实际履行的程度完全出于政府的自由裁量，那么最终这种所谓的权利将重又沦为政府可以予取予夺的恩赐。正基于此，有学者指出可诉性是法律和其他社会规范最为明显的区别，是现代法治国家的法律应有的重要特征。[②] 在此意义上，可以将可诉性比作一块检验权利成色的试金石，包括住宅权在内的社会、经济、文化权利是否具备可诉性直接影响到它们能否成为具有实定性的权利。

如果住宅权的可诉性无法得到真正落实，那么即便国际公约、各国宪法和法律明文规定了住宅权，住宅权仍将面临无法证成的重大身份危机。相当一部分学者据此否认住宅权作为一种实体性基本人权的存在，而将其仅仅视为是宣示国家住宅政策的理念和目标的纲领性权利。[③] 这种对住宅权可诉性的保守观点会对司法实践产生消极影响。而受此影响的法院拒绝适用住宅权的消极姿态反过来又成为否认住宅权可诉性的理由。在这一循环论证的怪圈中，政府提供住宅保障的法律责任被弱化甚至虚化了，结果造成原本可以预期的公民住宅权利的实现被严重延滞。

住宅权真的不具有可诉性吗？追根溯源，对住宅权等社会权可诉性的质疑最初源自传统人权理论中自由权和社会权的两分法。以美国为首的一些西方国家一直以来试图通过强调社会权与公民政治自由的区别来否认或

---

① 徐显明：《生存权论》，《中国社会科学》1992 年第 5 期，第 39～56 页。
② 王晨光：《法律的可诉性：现代法治国家中法律的特征之一》，《法学》1998 年第 8 期，第 19 页。
③ 关于这一论点，一些日本宪法学者的论述颇具代表性。如阪本昌成认为宪法中的自由权是法院保障型的权利，在其受到侵害的场合，个人可以通过具体收益权的行使，向法院请求救济。而生存权、受教育权、工作权等社会、经济权利则是抽象的受益权，虽然也写入宪法典中，但其意义只在于政治目标的宣示，不一定由法院强制实现，属于宣示保障型的权利。参见〔日〕阿部照哉等《宪法》（下），周宗宪译，元照出版有限公司，2001，第 36～37 页。

者弱化住宅权等经济、社会和文化权利。①然而，这并没有阻止社会权在国际人权法领域被确认下来。在广大发展中国家的努力下，权利同等重要与不可分理论已经成为国际人权法领域的共识。人们日益认识到"一切人权都是普遍的、不可分割的、相互依存的并相互联系。国际社会也必须以同样的地位，用同样的眼光、以公平、平等的态度来全面看待人权"。②既然社会权和自由权是不可分割和平等的，其也同样可以得到司法救济。在国内法领域，美国等发达国家的司法实践也在悄悄地发生变化。在具有里程碑意义的格德伯格诉凯利案③中，美国最高法院基于福利社会中"新财产"的概念，认为社会福利等原本被视作"政府馈赠"的利益，同样是类似财产的个人权利，非经正当程序不得剥夺。这标志着原本属于社会权的福利权在美国法院可以通过对财产权的扩张解释在事实上成为可以司法救济的权利。如果我们将比较法的视野进一步放宽，放眼于以印度、南非为代表的众多发展中国家国内与住宅权有关的司法实践，就会让持保守观点的学者发出"轻舟已过万重山"的感慨。在国际法领域，虽然国际社会对经济、社会权利的实施主要依赖国家自觉履行以及国别报告等机制实现，但也出现了欧洲社会权利委员会、欧洲人权法院等为包括住宅权在内的人权提供司法救济的区域性实践。

可见，住宅权的可诉性问题已经不是简单的是否可诉的问题。可以预见，在大多数国家，公民向法院要求判决政府直接提供一套住房的主张在短期内也许并不会成为现实。但是，当公民的住宅权利受到来自公、私权的不法侵害，当公民在住宅保障问题上受到不公平对待，当公民的基本住宅需求无法得到满足以至于危及其生存乃至生命，作为社会正义的最后守护者，法院的大门应当是敞开的。真正的问题在于国家如何在特定社会经济发展条件的约束下，通过司法程序为公民住宅权的实现提供充分的救济，以弥补立法权和行政权的不足。

---

① 关于美国主导的反对住宅权的论争可以参见 Philip Alston, "The U. S. and the Right to Housing: A Funny Thing Happened on the Way to the Forum," European Human Rights Law Review, Vol. 1, pp. 120-133。
② 《维也纳宣言和行动纲领》，第一部分第 5 条。
③ Goldberg v. Kelly, 397 US 254 (1970).

一　住宅权可诉性的主要障碍

住宅权并不是唯一一种面对可诉性质疑的权利。实际上多数人权在其确立的过程中都曾经面对类似的质疑。在现代人权理论中，包含住宅权在内的大部分经济、社会和文化权利都在经受着是否可诉的疑问。在反对者的阵营中，具有代表性的观点主要有以下几个方面。

（一）国际人权法效力的有限性

对于尚未在宪法规范中明确规定住宅权或者住宅权归属的经济、社会、文化权利的《经济、社会、文化权利国际公约》的缔约国来说，住宅权的可诉性所遇到的第一个障碍就是国际人权法效力的局限。这里存在几个相关的问题。第一，国际人权公约能否直接为个人创设权利。第二，一国国内有关住宅权的争议能否通过国际性的司法程序加以解决。这两个问题实际上都涉及人权与主权的关系。

虽然人权的国际保护和尊重国家主权在本质上是统一的，特别是在争取国家的独立权、平等权、民族自决权与发展权等集体性人权方面，人权和主权几乎是一致的，但在涉及包括住宅权在内的个人的公民政治权利以及经济、社会、文化权利方面两者不可避免会在一定程度上存在冲突。对于这一问题，国际法学界一直存在争议。一些学者坚持认为人权具有特殊性和相对性，个人所实际享有的权利不但受到国内政治、经济、文化状况的制约，还受国内道德和历史传统的影响。因此，人权保护目前主要是一国国内管辖的事项，主要是由国内法加以调整的问题。如美国学者比尔德指出"国际人权法和整个国际法一样主要地和直接地适用于民族国家而非个人"。安切诺蒂也认为国际习惯或条约表面上似乎赋予个人以义务，实际只是命令或授权国家禁止或处罚某项个人的行为，或只是命令或授权国家给予个人某项权利；个人所接受的权利或义务不是从国际法接受而来，而仍是从国内法接受而已。①

基于这种对国际人权法效力局限的认识，《经济、社会、文化权利国际公约》第 11 条对住宅权等适当生活水准权的规定被认为只是为缔约国

---

① 邵津主编《国际法》（第三版），北京大学出版社、高等教育出版社，2008，第 365 页。

规定了尊重、保护、促进和实现相关权利的义务，而没有直接为个人创设权利。与此同时，公约的执行机制也主要依赖缔约国的自愿履行，除了缔约国履约报告制度之外，公约本身没有设立有关的国际司法程序。

（二）经济、社会和文化权利的特殊性

即使是那些已经在宪法中明文规定了住宅权或包含住宅权的社会性权利的国家，由于传统的人权两分法对社会权的偏见，住宅权的可诉性仍然面临着巨大阻碍。抱持传统自由主义理念的学者认为只有自由和财产等政治权利才是普遍的、最高的和绝对的道德权利，而经济、社会权利则属于另一个逻辑范畴，并不具备传统自由权所具有的普遍性和实践性，在逻辑上无法证成，不啻乌托邦式的幻想。[①]

虽然这种传统的自由主义权利观并没有阻止经济、社会、文化权利通过国际、国内立法成为具有法律效力的基本人权。但西方学者仍然极为注意两大类权利之间的区别。一些学者提出了人权代际理论。如联合国教科文组织前法律顾问法国人权学者卡雷尔将公民政治权利划分为第一代人权，认为它们属于重在形式上确认和保障个人自由，免于国家干预的权利，即所谓的消极权利；将经济、社会、文化权利划分为第二代人权，认为社会权侧重于在实质上为个人自由的实现提供必要的经济和社会条件，需要国家积极作为才能实现，因而属于积极权利。在此基础上学者们发现了两类权利在许多方面存在区别。克莱格·斯科特对这种权利的两分法进路做了较为全面的总结，他将两类权利的区别用若干对概念做了简明的阐释：积极权利/消极权利，资源密集型权利/无须资源权利，可即刻实现的权利/逐渐实现的权利，模糊的权利/清晰的权利，复杂难以掌握的权利/简单容易处理的权利，具有意识形态的权利/不具意识形态的权利，具有政治性的权利/不具政治性的权利，不可诉的权利/可诉的权利，理想目标性质的权利/真正的或法律的权利。[②]

---

① 〔美〕杰克·唐纳利：《普遍人权的理论与实践》，王浦劬等译，中国社会科学出版社，2001，第31~32页。

② Craig Scott, "The Interdependence and Permeability of Human Rihgt Norm: Towards A Partial Fusion of the International Covenant on Human Rights," *Osgoode Hall Law Journal*, Vol. 27, No. 4, 1989, p. 833.

　　这种对经济、社会、文化权利特殊性的坚持在两大人权公约不同的措辞中有着鲜明的体现。对公民、政治权利被明确规定为"人人与生俱来的权利";而经济、社会和文化权利则被认为趋向于集体权利并依赖于国家计划和政策,因而采用了国家行为(或义务)的表述方式。对公民、政治权利的规定要求国家采取措施"充分及时地"实现;对经济、社会和文化权利则仅要求国家采取步骤"尽最大能力",目的在于"逐渐"地充分实现这些权利。① 这种表述上的模糊成为社会权规范的典型特征,被认为是社会权纲领性和抽象性的体现。然而,在实践中法律文本的模糊表述又反过来阻碍了住宅权的具体化,成为其可诉性的一大障碍。对于有关权利克减和限制方面,国家对公民权利和政治权利负有不得克减的义务,而国家对经济、社会、文化权利的限制却没有非常严格的条件。《经济、社会、文化权利国际公约》的实施机制也相对薄弱,没有公民权利与政治权利公约所设立的缔约国来文机制以及个人申诉机制等带有司法性质的救济程序。这种对经济、社会、文化权利特殊性的认识也同样影响到国内法层面。以美国为代表的许多国家仍拒绝在宪法中规定经济、社会、文化权利。许多在国内法中规定了经济、社会、文化权利的国家也对两种权利进行了区分。以印度为代表,一些国家在宪法中将经济和社会权利规定为不可诉的"国家政策的指导性方针"。而德国宪法则将经济和社会权利规定为只对基本权利有限制作用的法律原则("社会国"原则)。即使一些国家在宪法中将社会权作为权利规定下来,也因为对社会权认识上的局限以及由此带来的文本本身表述上的模糊而成为不同于公民权利的"边缘性"权利。以日本为例,日本国宪法第25条第1款规定"全体国民都享有维持健康的和具有文化意义的最低限度的生活的权利",第2款规定"国家必须在生活的一切方面为提高和增进社会福利、社会保障以及公共卫生而努力"。学者们普遍认同该条规定,在宪法上确定了生存权。然而,由于何为最低限度的生活以及国家如何付出努力都要受到社会经济发展水平甚至是国家财政收支状况的制约,围绕生存权的性质,纲领说和抽

---

① 〔美〕路易斯·亨金:《权利的时代》,信春鹰、吴玉章、李林译,知识出版社,1997,第41~42页。

象权利说等否定生存权可诉性的观点长期占主导地位。[①]

（三）住宅权具体标准的缺乏

在 20 世纪 70 年代美国关于住宅权的论争中，弗兰克·麦克曼提出了这样的问题：如果获得适当住宅的权利被法律认可，那么"适当"的标准是什么？[②] 显然这一问题击中了事情的要害。适当住宅权标准的明确化和具体化是政府住宅保障法律责任存在的前提，也是判断住宅权实现程度以及权利人是否能够获取法律救济的先决问题。如果不能为住宅权的实现确定一个适当的并为法律所认可的客观标准，司法机构就会因为缺乏审查的依据而无从做出裁判。那么，即使我们能够在理论上证成住宅权的可诉性，住宅权也只能是一种抽象的权利，住宅保障在本质上也仍然只是放任于国家自由裁量的政策性事项。实际上，在针对包括住宅权在内的社会、经济、文化权利遭受的反对声浪中，无法具体确定一个客观的标准一直以来都是最有力的质疑之一。

（四）司法权的局限

那么，法院能否在裁判中自行确定住宅权的标准呢？理论和实务界的主导意见仍倾向于给出否定的回答。保障住宅权等社会权的标准需要结合特定的经济社会条件加以判断。住宅权的实现需要对社会资源进行分配，并确定资源分配在不同社会目标和不同群体间分配的先后顺序。在现代法治社会的立法、行政和司法三权分立的体制下，这种政策性裁量的权力一般由立法及行政机构享有。因此，有学者认为，司法的制度合法性和制度权限限制了法院对经济、社会权利做出裁判的能力。[③] 在日本关于宪法第 25 条生存权的"堀木诉讼"中，法院认为健康和文化意义上的最低限度生活是抽象的、相对的概念，它的具体内容应当结合不同时期文化的发达

[①] 纲领说认为宪法关于生存权的规定是纲领性的，徒具宣示意义。抽象权利说承认宪法规定的生存权是国民普遍享有的权利，但这种权利是抽象的，国民对国家只有要求其履行立法及其他国政方面的义务的抽象权利，但个人并不拥有具体的生活保护请求权。参见韩君玲《日本生活保护基准的法制化及启示》，《环球法律评论》2008 年第 1 期，第 92 页。

[②] Frank I. Michelman, "The Advent of A Right to Housing: A Current Appraisal," *Harvard Civil Right-Civil Liberties Law Review*, 1970, p. 207.

[③] 余南平、凌维慈：《试论住宅权保障——从我国当前的住宅问题出发》，《社会科学战线》2008 年第 3 期，第 207 页。

程度，经济的社会的条件，一般的国民生活状况等相关关系加以判断决定，在通过现实的立法进行具体化时，不能无视国家财政状况，必须进行涉及多方面的复杂多样且具有高度专门技术性的考察，并据此做出政策性判断。在法院看来，这种带有政策性的裁量应当由立法机关做出。[①]　在该案件判决的影响下，日本法院总体上对于立法和行政机关对"健康和文化意义上的最低限度生活基准"的政策考量给予相当的尊重，在进行司法审查的问题上持较为慎重的保守姿态。

（五）住宅保障所需社会资源的稀缺性

一些学者为积极权利和消极权利的两分法找到了经济学基础，那就是资源稀缺性理论。这些学者认为住宅权等社会权作为积极权利的实现需要国家积极采取措施并投入大量的经济资源。而国家在一定时期享有的资源总量是有限的。当国家在社会资源条件约束下能够提供的住房总量不足以满足所有公民的住宅需求的情况下，完全实现要求国家提供保障性住宅的主张几乎是不可能的。在这些主张之间也必然会存在冲突。由于受制于资源的有限性并且存在权利之间的相互冲突，社会权只能作为国家逐渐实现的政策性目标而存在，因而不可能具有可诉性。

二　住宅权可诉性的理论基础

仔细分析上述反对意见，我们可以发现其中的一些观点在逻辑上存在严重的缺陷，并不足以成为否定住宅权可诉性的理由。有些观点在提出的时候确实具有很强的说服力，但随着人权理论和实践的不断深入和展开，其所依据的事实和环境已经发生了很大的变化。至少在理论层面，住宅权可诉的阻碍已经大大降低。

（一）国际人权法效力的扩张

首先，在国际人权领域主张人权公约在国内法上直接适用的观点日渐流行。联合国经济、社会和文化权利委员会就十分重视《经济、社会、文化权利国际公约》在缔约国国内法院的适用问题。在其发布的第 9 号一般性意见中，委员会阐述了希望缔约国法院直接适用《经济、社会、

---

① 最大判昭和五十七年 7 月 7 日民集 36 卷 7 号，第 1235 页。

文化权利国际公约》的立场。委员会认为在国内适用《经济、社会、文化权利国际公约》的问题上，必须考虑两项国际法原则。第一是《维也纳条约法公约》第二十七条所载的原则二，即"当事方不得援引其国内法规定为理由而不履行条约"。换言之，国家应对国内法律秩序进行必要的修订，以履行它们的条约义务。第二项原则反映在《世界人权宣言》第八条中，根据这项原则，"任何人当宪法或法律所赋予他的基本权利遭受侵害时，有权由合格的国家法院对这种侵害行为作有效的补救"。《公民权利和政治权利国际公约》第二条第 3 款（乙）项要求缔约国"发展司法补救的可能性"。虽然《经济、社会、文化权利国际公约》中没有与之直接对应的条款，但委员会认为要证明自己无法采取任何国内法律补救措施纠正侵犯经济、社会和文化权利行为时，缔约国必须表明，这类补救要么不是《经济、社会、文化权利国际公约》第二条第一款意义内的"适当方法"，要么就使用的其他措施而言，它们是没有必要的。做出这样的表明很困难，委员会认为，在多数情况下，其他措施如果不以司法补救措施辅助或补充，则可能没有效果。① 因此，在经济、社会和文化权利受到侵害时，提供司法救济实践就成为缔约国"采取适当方法"义务的一部分。

　　实践中，不少国家对国际人权公约的适用采用一元论的方式，承认公约在国内的效力。例如在荷兰，《经济、社会、文化权利国际公约》被批准后自动成为国内法的一部分，公民可以依据该公约得到司法救济。② 《哥伦比亚宪法》也规定法院可以直接援引国际法进行裁判。③

　　其次，虽然目前普遍国际法的实践表明除非国家特别协定委托给国际机构（就像下文将要谈及的欧盟各国所做的那样），人权的司法保护问题仍然属于国内法管辖的范围，但在理论上，依照西方学者对人权和主权关系的主流观点的逻辑，住宅权在国际层面应当是可诉的。这种观点认为人

---

① CESCR General Comment No. 9: The Domestic Application of the Covenant, UN Doc. E/C. 12/1998/24, para. 3.
② 郑智航：《论适当生活水准权的救济》，《政治与法律》2009 年第 9 期，第 107 页。
③ 龚向和：《通过司法实现宪法社会权——对各国宪法判例的透视》，《法商研究》2005 年第 4 期，第 133 页。

权的国际保护可以限制或改变国内管辖权。如英国国际法学者劳特派特认为"人权现在是否为本质上属于各国国内管辖事项（因而是否受禁止干涉规定的支配）尚不确定，然而即使人权受禁止干涉规定的支配，这一事实并不剥夺联合国各机构的申诉权，也不免除这些机构通过其他有力方式为实施宪章作出贡献之责任"，①"假定人权与主权之间存在着固有的对立，那么，这两者之间的对立不能以取消联合国与其宗旨为核心部分相关的职能为代价"，"只要新生人权和自由是联合国会员国的一项基本法律义务，特别是只要这个问题可能，便不在宪章第二条第七款（禁止干涉内政）的保留之列"②。这种对人权效力普遍性的倡导为在国际和区域层面采取司法或者准司法性质的救济机制提供了理论依据。

（二）权利不可分与国家义务的层次性

随着社会权理论的不断发展，许多学者逐渐认识到在公民、政治权利与经济、社会和文化权利之间做出绝对的区分是不现实的。两者之间并不存在不可逾越的鸿沟。例如，工会权似乎可以归入公民政治权利中的结社权，但同时在产生发展的过程中它确实又作为一种典型的社会权而存在。在传统自由主义者看来，财产权是最为基本的自由之一，但它又和经济、社会权利有着非常紧密的联系。我们无法简单地将它们归入自由权或社会权。有些时候，对特定权利的归类往往是任意的。例如教育权和文化权在广大发展中国家被视为经济、社会权利，但在欧洲被认为与公民政治权利有着更紧密的关联。③ 事实上，一切人权都是普遍、不可分割、相互依存和相互联系的。理解包括住宅权在内的社会权必须具备非本质的整体主义的思维方式。在现有的人权两分体系中，住宅权往往被划分为社会权，但它的内容实际上超出了传统社会权的界限。作为住宅权重要内容的住宅财产权、住宅公平权（不受歧视）、住宅事务公共参与权、住宅私密权（隐

---

① 〔英〕H. 劳特派特：《国家主权与人权》，《H. 劳特派特国际法论文集》（1977 年）第 3 卷第 420 页。转引自邵津主编《国际法》（第三版），北京大学出版社、高等教育出版社，2008，第 365 页。

② 〔英〕劳特派特：《国家主权与人权》，转引自邵津主编《国际法》（第三版），北京大学出版社、高等教育出版社，2008，第 365 页。

③ 〔挪威〕A. 艾德等主编《经济、社会和文化的权利》，黄列译，中国社会科学出版社，2003，第 4 页。

私权）、住宅不受侵犯权与自由处分权都与公民权利和政治权利息息相
关。① 住宅权甚至并不仅仅存在于人权领域，习惯权利、法律权利等不同
的权利形态中都含有住宅权的内容。

传统的权利两分法中积极权利和消极权利的划分同样也受到了质疑。
人们发现公民权利和政治权利的实现同样需要国家采取积极的措施，而经
济、社会、文化权利的实现也需要排除国家的不当干预，没有哪一种权利
非常精确地只对应于积极义务或消极义务。与其说积极权利和消极权利的
概念定义了不同性质的权利，不如说更加准确的认识是积极权利和消极权
利实际上定义了基本权利所具有的不同层面的功能。②

联合国经济、社会和文化权利委员会在第14号一般性意见中将国家
对人权的义务区分为三个层次："健康权，和其他人权一样为成员国强制
设立了三个不同种类或层次的义务：尊重的义务、保护的义务和实现的义
务。"③ 在此基础上，一些学者认为国家还有另一个层次的义务：促进
（promote）权利的义务。④ 事实上，促进义务和实现义务的内容有着较大
的重叠，多数学者将它们统称为履行的义务。在不同层次的义务中，尊重
的义务即被认为是国家的消极义务，它要求国家不去妨碍个人行使权利或
不为侵犯特定权利的行为。保护的义务是指国家应采取积极作为保护个人
权利不受其他私人的侵害。国家承担的义务是积极的，但对第三人来说则
需要承担消极的义务。履行的义务通常被认为属于积极的义务。国家作为
最后的资源提供者，有义务实现所有人对满足基本需要的权利的要求。一
是国家有义务为人们提供他们所没有的机会，即积极地采取措施增加公民
获取社会资源，享有并行使权利的能力；二是在没有其他可能性存在时，
国家有义务直接向公民提供满足基本生存所需的资源。⑤ 一些国家的宪法

① 参见金俭《中国住宅法研究》，法律出版社，2004，第57~59页。
② 参见本书关于住宅权性质的论述。
③ General Comment 14, E/C. 12/2000/4, para. 33.
④ 联合国人类住区委员会在第17次会议报告中就采纳了国家义务四层次的划分，列举了
   国家尊重、保护、促进和实现住宅权的各类义务。参见 UN Doc. HS/C/17/INF. 6，南非
   宪法第7条第2款有关国家对人权义务的规定也采用了四层次划分。
⑤ 〔瑞典〕格德门德尔·阿尔弗雷德松、〔挪威〕阿斯布佐恩·艾德编《〈世界人权宣言〉：
   努力实现的共同标准》，中国人权研究会组织翻译，四川人民出版社，1999，第549~
   550页。

采纳了这种对国家义务的细分。如 1996 年南非共和国宪法第 7 条第 2 款规定："国家必须尊重、保护、促进和实现权利法案中所规定的权利。"

权利平等和不可分理论以及对国家义务的细分澄清了对经济、社会和文化权利可诉性认识上的一大误区。既然经济、社会、文化权利和公民、政治权利之间并没有分明的界限，既然经济、社会、文化权利同样也对应着国家的消极义务，那么反对者们也就无法继续在承认自由传统权或者消极权利可诉的同时，否认社会权的可诉性。正如有学者指出：有充分的理由认为尊重的义务是可审判的，在一定情况下保护的义务也是可以审判的，只是实现义务的可审判性的确立还存在较大的障碍。①

（三）最低限度的核心义务（权利）的可诉性

最低限度核心义务的概念最初是由联合国经济、社会和文化权利委员会主席菲利普·阿尔斯顿提出的，他认为"每一项权利产生一项绝对的最低的要求，否则可视为缔约国违反了其义务"②。这一概念得到了多数国际人权学者的赞同并被国际社会所广泛接受。一些学者很快就利用这一概念回击了认为社会权是渐进的因而不可诉的观点，提出既然这些最低限度的核心义务是实现最基本水平的社会权所必需的，就应该受到有最终效力的司法的保障。③ 同时，最低限度的核心义务的概念也回应了社会权因资源限制而不可诉的观点，就像国际法学家们在马斯特里赫特纲领中所指出的那样，对于最低限度的核心义务，无论相关国家对资源如何利用或其他因素一律适用。④

1988 年通过的《关于侵犯经济社会文化权利国际公约的性质和范围及相关对策和补救措施的林堡原则》明确提出了核心社会权的可诉性。

---

① 〔挪威〕A. 艾德等主编《经济、社会和文化的权利》，黄列译，中国社会科学出版社，2003，第 204~205 页。

② Phillip Alston, "Out of the Abyss: The Challenges Confronting the New U. N. Committee on Economic, Social and Cultural Rights," *Human Rights Quarterly*, Vol. 9, 1987, p. 353.

③ 例如 Kitty Arambulo 博士的观点。她批评了反对社会权的可诉性及反对给社会权公约设立个人申诉程序的观点，并证明了社会核心权利和核心义务的可诉性。参见龚向和《论社会、经济权利的可诉性——国际法与宪法视角透析》，《环球法律评论》2008 年第 3 期，第 89 页。

④ 〔瑞典〕格德门德尔·阿尔弗雷德松、〔挪威〕阿斯布佐恩·艾德编《〈世界人权宣言〉：努力实现的共同标准》，中国人权研究会组织翻译，四川人民出版社，1999，第 551 页。

该原则指出虽然社会权的实现是一个渐进的过程，但这并不是说国家可无限地拖延促进社会权充分实现的义务，一些权利可以即刻通过司法审判适用，而其他权利则可以逐步成为可诉的权利。

在 1990 年通过的《第 3 号一般性意见：关于成员国义务的特点》中经济、社会和文化权利委员会明确指出《经济、社会、文化权利国际公约》的部分条款可以由司法机关立即适用。其中第 2 条第 2 款（禁止歧视）、第 3 条（男女平权）以及第 10 条第 3 款（儿童的特别保障）完全可以适用于住宅保障。

在 1991 年通过的《第 4 号一般性意见：适足住房权》中委员会又给出了具有可诉性的住宅权的范围。意见指出："适足住宅权的许多组成部分应被视为符合适用国内法律救济的条件。在不同的法律体系，这些领域可以包括但不限于：（1）为了防止有计划的驱逐或拆除而向法院提出签发司法禁令的诉请；（2）被非法驱逐后寻求赔偿的法律程序；（3）针对房东（包括公共房东和私人房东）实施或支持的与租金水平、居住条件维护以及种族或其他形式的歧视相关的非法行为提出的控诉；（4）针对住宅分配或取得过程中所存在的任何形式的歧视的权利主张；（5）由于住宅条件不健康或不适住而对房东提起的诉讼。在一些法律体系中，在面临严重恶化的无家可归现象时，探讨集团诉讼的可能性同样是可行的。"①

1999 年联合国人类住区委员会（UNCHS）第 17 届大会报告重申了类似的观点：在住宅权被侵犯或无法实现时，提供司法救济对于国家履行对住宅权的义务是十分重要的，住宅权的许多组成部分具有联合国住宅权特别报告员所说的"固有的可诉性"。报告提出了一个内容更加丰富的清单，强调清单所列内容的可诉性"十分清楚"并应当"在所有国家得到承认"。其内容包括："（1）不受任意的、不合理的、惩罚性的和非法的强行驱逐和（或）拆除的权利，针对司法批准的有计划的驱逐提出上诉的权利以及被驱逐后主张赔偿和（或）恢复原状；（2）占有的法律保障；（3）不受歧视和平等地获取或分配住宅；（4）住宅承租人的权利，包括

---

① CESCR, General Comment No. 4（1991）: On the Right to Adequate Housing, para. 17.

针对房东非法提高租金水平，怠于维护，强迫承租人接受不健康的居住条件等非法行为要求司法保护的权利；（5）平等权、法律平等保护权和公平受益权；（6）平等地获取土地和建筑材料，享受城市基础设施和便利设施；（7）要求国家采取特别措施保障有特别需求或者缺乏必要资源的家庭享有适当住宅的权利；（8）要求国家为社会中最贫困的群体提供合适的应急住宅；（9）在住宅领域所有方面的参与权；（10）对清洁环境以及安全、稳定、适住的住宅的权利。"① 特别报告员还强调"国家应当确保为所有这些住宅权的基本方面和核心内容提供国内救济"。

（四）住宅权的间接可诉性

权利在司法程序中具有双重作用。一方面，权利是司法程序保障的对象，另一方面，权利是司法程序中当事人提出主张的请求权基础。因此，权利的可诉性实际上具有两重含义。一是权利能否通过司法程序得到保障和实现；二是权利能否在司法程序中成为被法院认可的当事人请求权的法律基础。这二者在多数情形下是一致的，特别是对于传统性权利来说。例如，当事人对物主张所有权，所有权既是司法保障的对象，同时也是当事人提出请求权的基础。然而，就住宅权这样带有整体性的权利而言，事情并非如此简单。在很多情况下，一些基于权利人财产权、人格权等相关权利提出的主张，以及社会政策和公共利益对住宅权义务人相关权利的限制最终也会间接地起到保障和促进住宅权实现的效果。例如权利人以私有财产权对抗对其住宅的侵犯，又如法院通过限制房东的财产权保障承租人的利益。我们把这种权利在司法机制中通过援引其他权利作为请求权基础或者通过社会政策和公共利益对义务人权利的限制而得到保障的情形称为间接可诉性。②

---

① Guidelines on Practical Aspects in the Realization of the Human Right to Adequate Housing, including the Formulation of the United Nations Housing Rights Programme, UN Doc. HS/C/17/INF/6, para. 35.

② 有学者将通过公民权利与政治权利实现对经济、社会和文化权利的司法保护的模式称为人权可诉性的一体化方法。参见黄金荣《司法保障人权的限度——经济和社会权利可诉性问题研究》，社会科学文献出版社，2009，第153页。这种模式的基础是两类权利之间相互依存、不可分割的关系，但在实践层面社会权对政治权利的单向依赖不仅没有实现真正意义上的权利一体化，而且更多地体现出经济、社会文化权利尚不能得到直接救济的尴尬，因此我们将之称为社会权的间接司法救济模式。

缺乏关于住宅权的司法审判实践被许多学者认为是住宅权缺乏可诉性的证据。的确，无论在国际层面还是在各国国内的司法实践中，直接援引住宅权提起的司法案例屈指可数。但这并不是说住宅权在实践中没有得到司法保护。相反，无论在国际司法程序还是在国内司法程序中，住宅权可以通过援引其他人权或法律权利受到间接的司法保障。例如欧洲人权法院经常援引《欧洲人权公约》第8条关于维护隐私和家庭生活的权利间接保障住宅权。在宪法没有规定经济、社会和文化权利的美国，法院通过对财产权、平等权等基本自由的扩大解释使福利权成为可以受到司法保障的权利。

（五）司法能动主义

《经济、社会、文化权利国际公约》第2条第1项规定："本公约缔约国承允尽其最大资源能力所及……采取种种步骤，以便用一切适当方法，尤其包括通过立法措施，逐渐使本盟约确认之各种权利完全实现。"该条确实特别强调了立法措施，然而"一切适当方法"绝不仅限于立法，而是包括立法、行政、司法、经济、社会和教育等制定国政府在国家层面上可以使用的各种方法。根据公约第2条和《林堡原则》第18条的规定，仅仅通过立法措施尚不足以实现公约设定的义务。为实现住宅权，还应采取行政、司法等其他手段。[1] 那些认为经济、社会和文化权利的实施属于立法或行政部门而不是司法管辖事项的观点不仅限制了国家实现自身责任的义务，而且是出于对三权分立原则教条式的错误理解。如果固守权力间绝对的严格分立，那么包括公民权利在内的大多数权利都不能受到司法审查。因为它们都会涉及司法对立法和行政事项的审查。[2] 现代法治社会中国家权力之间的消极的静止的分工关系早已被更为灵活和积极的动态制衡所取代。在选举的结果都可以成为司法审判的对象的现代法治中，三权分立已经不能成为否认社会权可诉性的理由。特别是很多国家已经加入《经济、社会、文化权利国际公约》并且/或者在国内宪法及法律中规定了住宅权等社会权，在这种情况下，法院对

---

① 金俭：《中国住宅法研究》，法律出版社，2004，第63页。
② 龚向和：《论社会、经济权利的可诉性——国际法与宪法视角透析》，《环球法律评论》2008年第3期，第91页。

社会权案件的审判并没有僭越立法和行政部门的职能，只是法院自身采取了一种保守的态度。

　　因此，对于司法机关来说，是否承认住宅权的可诉性，在很大程度上取决于法院所采纳的司法哲学是着眼于追求实质正义的"司法能动主义"，还是固守传统司法权边界的"司法克制主义"。在三权相互制衡的动态关系中，司法权应当采取更积极的姿态保障社会经济权利的实现。作为社会正义的最后防线，对于立法、行政机关未能积极履行职责予以保护的权利，司法可以通过个案裁判实现社会正义。在具体的个案中如果权利受侵害的事实十分明确，并且有充足的证据，法院就可以对社会、经济权利做出裁判。[①] 特别是在行政权力不断膨胀的情况下，如果司法权不能适时介入，那么公民住宅权在面临来自公权的侵害时将陷于束手无策的境地。

　　美国学者克里斯托弗·沃尔夫指出司法能动主义具有下列特征。（1）法官在宪法解释的过程中，不应该受制宪者立法意图的限制，不管这种意图被理解为历史性期望或者某种确定的语言含义。（2）能动主义者倾向于更少强调必须绝对遵循先例，尤其在宪法实践方面。（3）能动主义者为获得重要而且必要的司法判决倾向于减少程序上障碍。（4）能动主义者并不那么顺从其他政治决策者，因为他们对法官自身的民主性质和能力有更深的感受，而对政府其他部门则表现出更多的怀疑。（5）能动主义者喜欢做出更为广泛的裁定，给出更为广泛的意见。（6）能动主义者主张一种广泛的司法救济权。[②] 正是在这种司法能动主义哲学的影响下，以南非、印度为代表的一些国家的司法机构在住宅权的可诉性方面做出了开创性的尝试。

（六）住宅保障基准的法制化和定量化

　　一些学者对于社会权保障基准属于政府裁量的政策性事项的观点提出了质疑。如日本学者大须贺明认为国家财政预算并不是放任政府自由裁量的政策性事项，而是受宪法拘束的。因此，不是国家财政预算水平决定适

---

① 余南平、凌维慈：《试论住宅权保障——从我国当前的住宅问题出发》，《社会科学战线》2008年第3期，第207页。

② 〔美〕克里斯托弗·沃尔夫：《司法能动主义——自由的保障还是安全的威胁?》，黄金荣译，中国政法大学出版社，2004，第3~6页。

当生活水准，而是国家应当按照适当生活水准确定财政预算的水平。[①] 在预算法定的基础上，国家完全可以也应当将一定时期内住宅保障的目标通过计划性立法的形式确定下来，从而实现住宅保障基准的法制化。法院就可以以法定基准为依据，对政府责任进行司法审查。

但在很多情况下，即使完成了住宅保障基准的法制化，如果法定标准仍然停留在定性表述的层面，那么住宅权的可诉性也会遇到障碍。国际社会普遍承认适宜住宅应满足以下八个标准：可居住性、居住地点的适宜性、基本生活设施的可享有性、费用可负担性、可获得性、文化上的充足、对占有的法律保障以及不受歧视的公平享有。[②] 其中有些标准完全可以由司法机构通过定性分析进行审查，例如，对占有的法律保障，不受歧视，文化上的充足等。但也有一些标准必须加以量化，否则司法机构无法加以判断，例如可居住性和费用的可负担性。究竟何为可居住性，多高的房价或租金是可负担的，如果没有一个可靠的，以经验为基础的指标体系作为分析框架，那么社会将无法形成共识，自然也不能将这些判断完全诉诸法官的自由心证。

因此，在一些学者看来，能否通过科学的方法对特定国家特定时期住宅权保障基准进行定量的计算、测定就成为这种权利可诉性的关键。近年来，统计经济学、社会学等学科的研究成果以及各国调查统计资料和数据的不断积累和完善使得人们在住宅保障标准的定量化方面已经取得了长足的进步。1976 年，联合国统计委员会提出的"住房条件"的社会指标包含三项内容：（1）室内居住面积（供若干个人用的房间比重）；（2）可使用的室外面积（享有这种条件的城市人口百分数）；（3）基本设施（独户享有抽水马桶、自来水、固定盆浴或淋浴和室内厨房等条件的住房人口百分数）。1990 年联合国人类住区中心和世界银行联合制定了《住房指标调研项目》，该项目的住房指标体系包括关键指标 25 个，可替代指标 10 个，法治与审计指标 20 个。其中涉及住房质量的指标包括人均居住面积、人均住房房间数、每住房单元的住户数、永久性结构、自来水供应率和通勤时间等。这些指标为发展中国家制定住房政策提供了一个可靠的指标分

---

① 〔日〕大须贺明：《生存权论》，林浩译，法律出版社，2001，第 96~97 页。
② 参见金俭《中国住宅法研究》，法律出版社，2004，第 57~58 页。

析框架。① 而发达国家则大都已经基于国内经验研究的结果制定了较为详细的住宅标准。以英国为例，法令明确规定，所有住宅必须符合空间标准和房间标准。房间数目、房间面积、可居住人数、每间房屋居住人数都有十分细致的规定。如果无法达到标准要求就属于住房拥挤，地方政府有义务进行调查并提供解决方案。②

　　同样对于住宅的可负担性的测算也已经有了一系列科学的方法。常见的测算方法如下。（1）房价收入比（Housing Price-to-Income Ratio），采用住宅价格与家庭收入的比值作为衡量的指标，目前国际公认比值在 3~6 是合理的，超过 6 住宅的可负担性就会存在问题。（2）低收入切割法，以包括住宅费用在内的低收入家庭维持衣食住行基本生活所需的开支占家庭收入的比值作为测算指标，大体上以 70% 为基准，家庭基本生活支出超过收入 70% 的，则认为住宅负担能力存在问题。（3）居住成本与收入比，即租金或房屋贷款等住宅花费占家庭收入的比值。Weicher（1977）认为家庭支付中新建住宅价格所需偿还的贷款金额占家庭收入的比例低于 25% 表示能够负担，若大于 25% 则表示负担能力不足。Lerman 和 Reeder（1987）提出以居住花费占家庭收入超过 30% 则表明住宅可负担性不足。实际上，在发展水平不同的经济体，这一比例应当根据情况加以调整。有观点指出在恩格尔系数较高的发展中国家，居民收入用于食物等基本开支的比例较高。受此影响，在发展中国家居住成本与收入比为 10%~15% 就会导致住宅负担能力不足，而在西欧这一比例通常为 15%~20%，北美则以 20%~30% 为标准。居住成本与收入比更为直接地表明了居民的住宅负担能力，成为衡量住宅可负担性最广泛使用的指标。③ 美国的许多住宅保障项目都以居住成本与收入比达到 30% 作为发放补贴的标准。

三　住宅权可诉性的国际法和国内法实践

　　不可否认，包括住宅权在内的社会权在司法实施方面与公民权利相比

---

① 周运清主编《中国城镇居民住房居住质量》，社会科学文献出版社，2008，第 4 页。
② 周运清主编《中国城镇居民住房居住质量》，社会科学文献出版社，2008，第 28~29 页。
③ 〔美〕阿列克斯·施瓦茨：《美国住房政策》，黄瑛译，中信出版社，2008，第 27 页。

一直处于滞后状态，就像有学者所言处于"初期发育阶段"。① 随着社会权可诉性理论逐渐被国际社会接受，近二十年来，无论在国际法层面还是在国内法层面，住宅权的可诉性均取得了较大的突破，"不仅世界各地的法庭每天都在审理住宅权的案件，一种'住宅权国际性司法机制'也已经浮出水面并受到国际社会的承认。这些来自各个层面的有关住宅权的法院或其他司法性的判决，从不同角度影响着住宅和家庭领域的人权理论和实践"②。

（一）国际法实践

1. 住宅权在《经济、社会、文化权利国际公约》实施机制中的司法化

在最初起草《经济、社会、文化权利国际公约》的时候，起草者只是想提出一种互相帮助和逐步促进社会权的制度，而不是执行公约的方法。因此公约并没有建立《公民权利和政治权利国际公约》那种个人以及国家间的申诉程序，也没有设立一个有约束力的监督机构，而是只建立了公约第16条规定的缔约国履约报告程序。随着社会权日益受到重视，为了强化公约的执行和监督，1985年联合国经社理事会通过决议成立了经济、社会和文化权利委员会，并委托该委员会承担条约执行机构的任务。1987年委员会开始履行职责负责审议缔约国提交的履约报告。报告须以书面形式提交，并在委员会和报告国之间举行的公开听证会上进行审查，最终由委员会做出有关报告审查的结论性意见。③ 在缺乏正式的申诉程序的情况下，委员会将权利申诉人的视角楔入法理之中，将报告审议发展成一个带有准司法性质的程序。虽然委员会的意见并无法律上的约束力，但委员会成功地利用了它与经社理事会以及联合国各专门机构的关

---

① 〔挪威〕A. 艾德等：《经济、社会和文化的权利》，黄列译，中国社会科学出版社，2003，第477页。

② Scott Leckie, "Housing Rights at the National Level," in Scott Leckie ed., National Perspectives on Housing Rights (The Hague: Martinus Nijhoff Publishers, 2003), p. 26.

③ 我国2001年正式批准《经济、社会、文化权利国际公约》后，分别于2005年和2010年提交了两份关于履约情况的报告。2014年针对委员会在审查报告后提出的问题清单，中国提交了6万余字的书面文件，对于委员会提出的问题和建议逐一进行了回复，展现了在履行《经济、社会、文化权利国际公约》方面负责任的大国形象。关于委员会提出的问题和我国的回复可参见经济、社会和文化权利委员会《中华人民共和国关于经济、社会及文化权利委员会就第二次履约报告所提问题单的答复材料》，E/C.12/CHN/Q/2/Add.1。

系，在事实上扮演着准司法的角色。①

　　一个具有代表性的案例是该委员会对多米尼加共和国国内侵犯住宅权问题的审查，这也是一个成效显著的案例。② 1990 年委员会在审查多米尼加共和国提交的定期报告时，采纳了非政府组织住区国际联盟（HIC）以及多米尼加国内民间组织提供的信息，发现多米尼加政府在为庆祝哥伦布登陆 500 周年举办庆典而实施城市住房改造的过程中存在强制驱逐的侵害住宅权的行为。此后的 7 年中，委员会通过与多米尼加政府的多次对话，要求多米尼加政府对侵犯住宅权的情况提交补充报告，对报告进行审议并做出结论，给出意见，且在多次提出要求后在 1997 年 9 月派出两位委员组成的技术代表团到多米尼加国内进行调查，在最后全文发表的报告中对多米尼加国内住宅问题进行了全面的陈述，还列入了委员会通过的意见和建议。该案的意义在于：（1）委员会在国别报告定期审议工作中启用听取国际、国内非政府组织提交的意见的程序，从而在实际上起到了接受个人或集体申诉的效果，有学者将这种做法称为"非正式的申诉程序"③；（2）委员会启动了调查程序，④ 通过调查掌握充分的信息有助于树立委员会意见和建议的权威性；（3）委员会多次向经社理事会提出建议，通过理事会的决议使委员会做出的决定和建议得到认可和支持，这一做法同样提升了委员会意见和建议的效力。

　　与此同时，经济、社会和文化权利的正式申诉机制也在构建之中。2008 年 6 月联合国人权理事会通过了旨在设立个人申诉程序的《〈经济、社会和文化权利国际公约〉任择议定书》，并送交联大审议。⑤ 2013 年 5 月，该任择议定书正式生效。虽然任择议定书并不能强制缔约国签署和批

---

①　〔瑞典〕格德门德尔·阿尔弗雷德松、〔挪威〕阿斯布佐恩·艾德编《〈世界人权宣言〉：努力实现的共同标准》，中国人权研究会组织翻译，四川人民出版社，1999，第 492～494 页。

②　有关该案的报告请参见 UN Doc. E/C. 12/1997/9。

③　〔加拿大〕布鲁斯·波特：《经济、社会和文化权利的可诉性与有效救济权利：历史性的挑战与新机遇》，余秀燕译，载柳华文主编《经济、社会和文化权利可诉性研究》，中国社会科学出版社，2008，第 2 页。

④　在此之前，委员会还曾对巴拿马国使用了调查程序，所涉问题同样是住宅权。

⑤　柳华文：《经济、社会和文化权利保护的国际新趋势》，载柳华文主编《经济、社会和文化权利的可诉性研究》，中国社会科学出版社，2008，第 48 页。

准，因此其效力范围受到局限，但该任择议定书的生效无疑将标志着社会权在国际层面可诉性的确立，大大强化了社会权的实施和监督。

2. 来自欧洲的经验——有关住宅权的区域性司法实践

包括欧洲社会权利委员会、欧洲人权法院、欧洲联盟、非洲人权委员会、美洲人权委员会、美洲人权法院在内的众多区域性国际组织已经正式规定了有关经济、社会和文化权利的申诉机制。其中欧洲地区的实践具有一定的典型性。

（1）《欧洲社会权利宪章》中的集体申诉制度

欧洲社会权利委员会是对住宅权的司法审查享有直接管辖权的机构。《欧洲社会权利宪章》于1961年在意大利都灵通过，并于1965年2月26日正式生效。1996年宪章修订增设的第31条规定了住宅权。① 同样是在1996年的这次修订中还设立了社会权利的集体申诉程序，符合条件的国际和国内非政府组织或团体在受到委员会认可的具有特别能力的事项上对国家侵犯宪章规定的社会权提出申诉。从1998年生效到2010年，二十三年间欧洲社会权利委员会一共受理了61宗关于社会权利的集体申诉案件，其中涉及住宅权的案件就达到12宗。除了直接援引宪章修订本第31条规定的住宅权，主要还涉及第16条（家庭获得社会、法律和经济保障的权利，包含了家庭住宅权），第30条（受保障免于贫穷与受社会排斥的权利）以及E条款（禁止歧视条款）（见表6-2）。

表6-2 欧洲社会权利委员会有关住宅权集体申诉案件一览（1998~2010年）②

序号	时间	申诉方	被申诉国	基本案情
Complaint No. 15	2003年4月	欧洲罗姆人权利中心（ERRC）	希腊	申诉方主张希腊国内在住宅领域存在广泛地针对罗姆人的歧视，这违反了宪章第16条以及序言中的不歧视原则

① 《欧洲社会权利宪章》（1996年修订）第31条规定："为了确保住宅权的有效行使，缔约国承诺采取有效措施：（1）增加获得满足适宜标准的住宅的机会；（2）防止出现无家可归者或减少无家可归者数量；（3）使没有适足资源的人能够负担住宅的价格。"
② 具体案情请参见 http://www.coe.int/t/dghl/monitoring/socialcharter/Complaints/Complaints_en.asp。

续表

序号	时间	申诉方	被申诉国	基本案情
Complaint No. 27	2004 年 6 月	欧洲罗姆人权利中心（ERRC）	意大利	申诉方主张意大利境内罗姆人的住宅权受到侵犯，此外意国内住宅机构的政策与实践还违反了 E 条款
Complaint No. 31	2005 年 4 月	欧洲罗姆人权利中心（ERRC）	保加利亚	申诉方主张保加利亚罗姆人的住宅权受到侵害，以违反宪章第 16 条以及 E 条款提出申诉
Complaint No. 33	2006 年 2 月	第四世界扶贫国际运动	法国	申诉方主张法国境内极端贫困人口的住宅权受到侵犯，依据宪章第 16 条、第 30 条以及 E 条款提出申诉
Complaint No. 39	2006 年 11 月	欧洲国家无家可归工作组织联盟（FEANTSA）	法国	申诉方主张法国在住宅立法上的态度导致其未能符合宪章第 31 条的要求
Complaint No. 47	2008 年 2 月	儿童保护国际	荷兰	申诉方主张荷兰的立法剥夺了非法居留在荷兰的儿童的住宅权（宪章第 31 条）并因此侵害到一系列相关权利，包括健康权（第 11 条），获得社会和医疗帮助权（第 13 条），家庭获得社会、法律和经济保障的权利（第 16 条），免于贫穷与受社会排斥的权利（第 30 条）以及不受歧视
Complaint No. 49	2008 年 3 月	人权法律保护国际中心（INTERRIGHTS）	希腊	申诉者主张希腊政府在没有提供合适的替代居所的情况下持续强制驱逐罗姆人，同时还主张在希腊的罗姆人在获取住宅方面受到歧视，这违反了宪章第 16 条以及序言中的不歧视原则
Complaint No. 51	2008 年 4 月	欧洲罗姆人权利中心（ERRC）	法国	申诉方主张在法国的移民在住宅获得方面受到不公平待遇，遭受社会排斥、强制性驱逐及住宅区隔，居住条件不达标并缺乏安全保障。此外法国没有能够采取措施解决来自其他欧洲理事会成员国的罗姆人糟糕的居住条件，因而违反了宪章第 16 条，第 19 条（外来劳工及其家庭获得保护和帮助的权利），第 30 条和第 31 条以及 E 条款

序号	时间	申诉方	被申诉国	基本案情
Complaint No. 52	2008 年 8 月	住宅权与反驱逐中心（COHRE）	克罗地亚	申诉方提出在南斯拉夫战争中流离失所的塞尔维亚族居民遭受了歧视待遇，有关家庭被禁止重新重返他们在冲突前的住宅也没有获得住宅损失的经济赔偿，这违反宪章第 16 条以及 E 条款
Complaint No. 53	2008 年 8 月	欧洲国家无家可归工作组织联盟（FEANTSA）	斯洛文尼亚	申诉方提出一些社会弱势群体占据了位于斯洛文尼亚共和国的一块被解除国有化的平地。国家剥夺了他们占有的权利并对其加以驱逐，政府拒绝向这些个人提供长期的替代居所，导致这些人无家可归。这些措施还导致被驱逐者的家庭同样面临住宅问题，因而违反了宪章第 31 条、第 16 条以及 E 条款
Complaint No. 58	2009 年 5 月	住宅权与反驱逐中心（COHRE）	意大利	申诉方认为意大利国内采取的紧急安全措施以及种族主义和排外的言论引发了一场针对罗姆人和辛迪人的非法的运动，许多人因被驱逐而无家可归并受到排斥，因此对意大利进行了违反第 16 条、第 19 条、第 30 条、第 31 条以及 E 条款的指控
Complaint No. 61	2010 年 4 月	欧洲罗姆人权利中心（ERRC）	葡萄牙	申诉方指控葡萄牙违反宪章第 16 条、第 30 条、第 31 条和 E 条款。ERRC 主张在葡萄牙发生的与住宅有关的种种不公平现象违反了上述条款，具体包括社会住宅的获得、住宅质量的维护、基本设施的缺乏、罗姆人社区的住宅区隔以及其他对住宅权的系统性违法

注：罗姆人（Roma）和辛迪人（Sinti）是指欧洲的少数民族吉普赛人，他们大都选择流浪的生活方式。

其中，欧洲罗姆人权利中心（ERRC）诉意大利案[1]是最早直接引用宪章第 31 条（住宅权）的案例。在该案中欧洲社会权利委员会对《欧洲社会权利宪章》第 31 条住宅权规定进行了充分的阐释，确立了对住宅权进行司法审查的具体标准。ERRC 声称意大利为其境内的罗姆人提供的宿营地没有达到最低的生活标准；与此同时，对于僭居在非法占用土地上的罗姆人，意大利政府采取了威胁、系统毁坏财产以及强行侵入的方式加以驱逐，并且没有采取合理措施为被强行驱逐的罗姆人提供替代性住处，意大利国内申请社会保障住房的政策十分严格，罗姆人几乎不可能具备申请资格。ERRC 认为意大利政府的行为违反了宪章第 31 条以及 E 条款。意大利政府则辩称国家已经采取了合理的立法和行政措施保障罗姆人的权利，住宅缺乏是罗姆人自身原因所致。意大利政府还认为 ERRC 没有为所提出的主张提供充足的证据。

欧洲社会权利委员会在裁定中确认了举证责任分配采取倒置的原则。委员会认为因为搜集住宅权实现情况的信息和数据是政府履行住宅保障义务的前提，政府理应掌握相关的信息。因此对申诉者提出的住宅权保障不足的主张，缔约国政府负有举证责任。

在裁决的其他部分，委员会对宪章第 31 条的三款规定逐一做出了详尽的阐述。首先针对 ERRC 提出的政府未能提供符合最低标准的集中宿营地的申诉，委员会指出根据宪章第 31 条第 1 款规定住宅必须满足适足的标准，即在结构、卫生、舒适度、法律保障等方面都应满足一定的要求。委员会认为意大利政府不仅要证明自己已经采取了合理措施确保罗姆人能够获得足够数量的有质量保证并可以满足特别需要的住宅，还必须证明它已经确保各地方政府履行这方面的责任。据此，委员会判定意大利政府的行为违反了第 31 条第 1 款和禁止歧视条款。其次，针对申诉人提出的强行驱逐的指控，委员会认为，根据宪章第 31 条第 2 款，缔约国必须保证驱逐存在充足的正当理由，且在驱逐时必须尊重公民的人格尊严并提供替代性住所。同时法律必须规定驱逐的程序，明确在某些不适宜的时间，例

---

[1] European Roma Rights Center v. Italy, ECSR Complaint No. 27/2004；也可以参见黄金荣《司法保障人权的限度——经济和社会权利可诉性问题研究》，社会科学文献出版社，2009，第 262~265 页。

如在夜间和冬季不得实施驱逐。对驱逐必须提供法律上的救济程序，包括
为寻求法律救济的人提供法律援助。对被非法驱逐的受害人国家应当提供
赔偿。委员会认为意大利政府没有证明有关的驱逐行为满足上述条件，并
且也没有有效反驳在驱逐中使用了威胁、系统毁坏财产以及强行侵入等不
合理的暴力手段。因此，委员会判定意大利政府的行为违反了第 31 条第
2 款和禁止歧视条款。最后，针对申诉人提出的没有提供永久性替代住所
的问题，委员会认为根据宪章第 31 条第 3 款，政府有责任采取合理措施
建造住宅，特别是建设社会保障性住房。政府还有义务保证社会弱势群体
获得保障性住房的机会，这种机会同样应为其他缔约国的国民、所有在其
领土上生活的合法居民和外来劳工平等享有。委员会认为意大利政府没有
能够证明它的立法和政策有效保障获得保障性住房的机会，也未能证明申
请保障性住房的标准不具歧视性。因此，委员会判定意大利违反了宪章第
31 条第 1 款和第 3 款，同时也违法了禁止歧视条款。从判决内容中我们
可以发现，联合国经济、社会和文化权利委员会在第 4 号和第 7 号一般性
意见中对于住宅权核心内容的阐述已经在欧洲的区域性司法实践中得到了
非常充分的体现。

　　（2）《欧洲人权公约》中的个人申诉程序

　　《欧洲人权公约》规定了两种申诉程序：国家间指控程序和个人申诉
程序。该公约中并未规定住宅权，因此并不能直接为住宅权提供司法救
济。欧洲人权委员会和欧洲人权法院①通过援引一些相关的公民权利和政
治权利，在一系列案件中间接地为公民的住宅权利提供了司法救济。② 经
常被援用的权利包括该公约第 8 条规定的尊重个人隐私、家庭生活和居所

---

①　在 1990 年《欧洲人权公约》第九议定书生效前，个人、非政府组织或个别团体只有权
　　向欧洲人权委员会提出申诉而无权将案件直接提交给欧洲人权法院，第九议定书赋予上
　　述主体直接向法院提出诉讼的权利。1998 年生效的第十一议定书将原来的欧洲人权委员
　　会和人权法院合并成单一的欧洲人权法院，原有机构的职能由新的欧洲人权法院统一行
　　使。〔英〕克莱尔·奥维、罗宾·怀特：《欧洲人权法：原则与判例》（第三版），何志
　　鹏、孙璐译，北京大学出版社，2006，第 8~12 页。
②　有关案例详情均可参见 http://www.echr.coe.int/ECHR/EN/header/Case-law/HUDOC/
　　HUDOC+database/。

的权利，以及公约第一议定书第 1 条确认的个人和平享有财产的权利。①
第 8 条要求各国保障对住宅的尊重，但并不能明确地推出一项要求得到一
处住宅的权利。根据该条要求，国家应当保护人们的实际住宅及该处附属
财产的物质安全。② 例如，在塞浦路斯诉土耳其案中，欧洲人权委员会认
为土耳其政府将希腊塞浦路斯人驱逐出住宅的行为构成对《欧洲人权公
约》第 8 条第 1 款家庭隐私权的侵犯。③ 在洛佩兹·奥斯特拉诉西班牙案
中，西班牙的地方政府先是批准在住宅区内建立处理制革排放废液和废渣
的工厂，在产生了严重危及居民健康的环境问题后又未能及时关闭该工
厂，欧洲人权法院认为政府的不作为违反了《欧洲人权公约》第 8 条所
规定的积极义务。在阿克迪瓦尔等人诉土耳其案中，欧洲人权法院认定土
耳其安全部队烧毁库尔德人房屋及财产的行为严重干预了公民的家庭生
活、住宅以及和平占有财产的权利，这种政府实施的强迫驱逐行为违反了
《欧洲人权公约》第 8 条和第一议定书第 1 条。④ 而詹姆斯等诉英国案则
是法院通过限制财产权维护住宅权利的一个例子。面对房东对英国政府进
行的有利于承租人的立法改革提出的财产权诉讼，欧洲人权法院认为公众
的住房需要在现代社会中是首要的社会需要，因此不能完全将其置于市场
力量的支配之下，政府有充分的自由制定法律，在住宅领域实现社会正
义，据此法院判决英国的租期改革立法是合法的。⑤ 还有其他的公民权利

---

① 《欧洲人权公约》第 8 条规定："1、人人有权享有使自己的私人和家庭生活、家庭和通
信得到尊重的权利。2、公共机构不得干预上述权利的行使，但是，依照法律规定的干
预以及基于在民主社会中为了国家安全、公共安全或者国家的经济福利的利益考虑，为
了防止混乱或者犯罪，为了保护健康或者道德，为了保护他人的权利与自由而有必要进
行干预的，不受此限。"公约第一议定书第 1 条规定了财产权："每一个自然人或法人均
有权和平地享受其财产。非为公共的利益及依据法律的国际法一般原则所规定的条件，
任何人均不得剥夺其财产所有权。但是，上述规定不得以任何形式损害国家根据普遍利
益执行它认为必要的控制财产使用，或者保证缴纳税收或其他捐款或者罚款的法律的权
利。"
② 〔英〕克莱尔·奥维、罗宾·怀特：《欧洲人权法：原则与判例》（第三版），何志鹏、
孙璐译，北京大学出版社，2006，第 307~308 页。
③ Cyprus v. Turkey, Report of the Commission, 10 July 1976.
④ Akdivar and others v. Turkey, Judgment of Sept. 1996, ECHR, Reports of Judgment and
Decisions 1996.
⑤ Case of James and Others, Judgement of 21 February 1986, Publications of the European Court
of Human Rights, Series A, No. 98.

和政治权利条款也会在涉及住宅问题的案件中被援用。例如，在塞尔柱和阿斯克诉土耳其案中，[①] 土耳其安全部队毁掉了一位寡妇和一位老人的房屋。欧洲人权法院认为考虑到"受害者房屋被毁时手段的残酷以及他们的个人处境，很显然，由于安全部队严重违背了第 3 条的规定，采取了极不人道的手段，受害者一定遭受了极大的创伤和损失"，因此，法院判定这种强制驱逐和毁坏房屋的行为是一种有预谋的"无视当事人感情"的侮辱行为，违反了《欧洲人权公约》第 3 条防止酷刑与非人道待遇或惩罚的规定。[②]

　　总体而言，欧洲对于住宅权的区域司法实践相对于联合国经济、社会和文化权利委员会倡导的权利不可分理论的要求仍然显得相对保守，仍然受到了"权利二分法"理论的影响。《欧洲社会权利宪章》中的集体申诉制度对住宅权的司法救济并不等同于《欧洲人权公约》对自由权的救济模式，集体申诉的救济模式并没有赋予个人向司法机关起诉的权利。欧洲社会权利委员会只受理符合条件的国际和国内非政府组织或团体针对受到委员会认可的具有特别能力的事项，并不受理个人的申诉。尽管如此，相对于其他有关社会、经济和文化权利的国际公约设立的保护机制来说，集体申诉机制至少实现了正式申诉机制从无到有的突破，对于住宅权司法救济的国际实践具有重要的价值。[③]

（二）国内法实践

　　相对于公民住宅权的国际司法救济，联合国经济、社会和文化权利委员会更看重国内法上对权利的救济，在关于公约在国内适用的第 9 号一般性意见中，委员会指出"要求用尽国内补救措施的规则强调国内补救措施在这方面的首要地位。存在和进一步发展处理个人申诉的国际程序是重

---

① Selçuk and Asker v. Turkey, Judgment of 24 April 1998, ECHR, Reports of Judgment and Decisions 1998.

② 《欧洲人权公约》第 3 条："不得对任何人施以酷刑或者是使其受到非人道的或者侮辱的待遇或者惩罚。"

③ 有学者甚至将其称之为"石破天惊的创举"。参见张清、梁军《适足住房权的司法救济研究》，《学习与探索》2012 年第 12 期，第 71~76 页。

要的，但这些程序只能是有效的国家程序的补充"①。在世界各地，越来越多的法院开始审理涉及住宅权的案件，例如孟加拉国、哥伦比亚、芬兰、苏格兰、法国、肯尼亚、匈牙利、拉脱维亚、菲律宾、瑞士、委内瑞拉、南非、爱尔兰、印度、阿根廷和美国等。

在多数国家住宅权仍然只能通过其他基本权利或者法律权利受到间接的司法保障。通过法院判例对法律的阐发，住宅权等社会性权利在很多国家已经成为可审判的权利。如日本学者大须贺明通过对宪法条文的解释学研讨以及对相关判例的观察，论证了即使没有收到明文保障，经由具体的立法和司法实践生存权在日本宪法中也已经成为一种具体性的权利。② 虽然他的论证主要集中在国家作为义务主体的情形，属于生存权的纵向适用，但随着人权的第三者效力日渐得到认可，包括住宅权在内的经济、社会性权利的横向适用的可能性也日趋显现出来，其通常通过影响私法的一般性规范或判例法的实施而在私人之间间接适用。

也有一些国家在住宅权的直接可诉性方面取得了突破。在促进住宅权实现方面走的最远的是英国苏格兰地区和法国。苏格兰议会于 2003 年通过了《无家可归者法》，明确规定所有无家可归者从 2012 年底均开始享有住宅权，凡是无家可归者均可起诉至法庭，要求各级地方政府履行提供住房的义务。法国 2007 年 1 月 17 日《住宅法》也规定从 2008 年 12 月 1 日起，有住房困难的公民，包括无家可归者、被驱逐出现房且无法得到安置者、仅拥有临时住房者、居住在恶劣或危险环境中的人、与未成年子女同住且住房面积不达标的人，在要求政府解决住房问题未果后，可直接向行政法院提起诉讼。从 2012 年 1 月 1 日起，等候期超过合理时间的社会住房的申请人也可以享有这一权利。这种直接起诉政府要求获得住宅保障的权利被称为"可抗辩的住宅权"。③

不同于拥有社会权传统的欧洲大陆国家，美国宪法很少承认经济和社会权利，但美国法院依据宪法第十四修正案中的"平等保护"条款为社

---

① UN Committee on Economic General Comment 9: The Domestic Application of the Covenant (1998) CESCR, E/C. 12/1998/24, para. 4.

② 〔日〕大须贺明：《生存法论》，林浩译，法律出版社，2001，第 5 页以下。

③ 参见杨英文《城镇化视域下公民住宅权研究》，知识产权出版社，2014，第 111 页。

会权利提供间接的司法救济。① 该修正案规定："无任何州，都不得拒绝给予其管辖下的任何人以同等的法律保护。" 在美国联邦最高法院看来，只要州通过立法赋予公民住宅权利，就必须给予所有公民以同等的保护，如果公民在住宅权等社会权方面受到不公平的待遇，就可以获得法院的司法救济。从 1966 年在马丁·路德·金博士开启的芝加哥公平住宅运动中提起的 Gautreaux 诉芝加哥住宅管理部门和联邦住宅和城市发展局（HUD）的案件开始，② 美国联邦法院受理了一系列诉诸宪法第十四修正案"平等保护"条款的住宅权案件。③ 2005 年巴尔的摩的 Thompson 诉美国联邦住宅和城市发展局一案是其中较新的一个案例。④ 在该案中，美国联邦法院判决联邦政府有法律上的义务——"比消极的不歧视做得更多"，"通过分区规划，联邦住宅和城市发展局拥有现实的能力和工具消除居住方面的社会区隔"。

在一些学者看来，由于经济社会发展水平的不同，欧美发达国家的司法实践对发展中国家的借鉴意义往往受到限制。不可否认，这一观点是具有一定的合理性的，但只是部分地具有合理性。对于发展中国家和不发达国家来说，在缺少短期内为所有国民提供适足的住房的资源的情况下，规定"可抗辩的住宅权"似乎并不现实。事实的确如此，但这并不意味着司法救济不在发展中国家保障和促进其国民住宅权的措施清单上。正如联合国经济、社会和文化权利委员会《第 3 号一般性意见：缔约国义务的性质》中所述："采取步骤"的义务本身并不受资源、经济社会发展水平等其他因素的限定或限制。许多发展中国家也通过立法或者司法实践赋予了住宅权可诉性。这里选择印度和南非两个国家简要介绍其国内住宅权司法救济的立法和司法实践。之所以选择这两个国家，首先，是因为它们分别是住宅权司法保障的间接和直接两种模式的典型代表。印度法院通过对

---

① 张清、梁军：《适足住房权的司法救济研究》，《学习与探索》2012 年第 12 期，第 71～76 页。

② 该案最终由美国最高法院在 Hills v. Gautreaux 一案中做出最终判决。参见 425 U. S. 284（1976）。

③ Philip Tegeler, Race and Housing Rights in the United States: The View from Baltimore, Human Rights, Summer, 2005, pp. 4-5.

④ Thompson v. HUD, 348 F. Supp. 2d 398（D. MD. 2005）.

宪法规定的"基本权"进行扩张性的解释实现了对住宅权的间接司法救济。而南非法院则进行了富有成效的住宅权直接可诉的实践。其次，是因为这两个国家都属于发展中国家，其国内司法实践表明只要国家有充分保障公民住宅权的意愿，就完全可以在较低的经济社会发展水平上实现住宅权的可诉性，而这对于我国更具借鉴意义。

1. 印度

印度宪法中对人权做了较为全面的规定，基本涵盖了两大人权公约中规定的基本人权。宪法第32条还特别将获得有效的法律救济作为一项基本权利而加以规定。公民为实现任何基本权利，都有权直接向联邦最高法院提起诉讼。联邦最高法院对于公民获得法律救济的基本权利采取了司法能动主义的态度，通过放宽向法院请求救济的形式与技术要求对该项权利做了扩大解释和采取积极的实施。[①] 然而由于制宪会议受到人权两分法的影响，将基本人权区分为基本权（FRs）以及国家政策之指导性原则（DPs）两大部分分别规定在宪法不同章节，[②] 其区分基础恰恰在于是否可诉。经济、社会权利在印度宪法中是不具可诉性的指导原则。

在宪法否定社会权的可诉性的情况下，印度最高法院从20世纪70年代开始，通过对宪法基本权条款，特别是第21条有关生命权规定的扩张性解释，成功地为包括住宅权在内的社会权案件提供了司法救济。

印度宪法第21条规定："非依法定程序不得剥夺任何人的生命和个人自由。"这一条款的规定属于典型的消极自由的形式，但印度最高法院以司法能动主义的姿态做出了一系列意义深远的判决，将该条规定扩展到涵盖

---

① 〔印度〕Mahendra P. Singh、Surya Deva：《印度宪法：于多样性中统一的典范》，柳建龙译，《河南省政法管理干部学院学报》2009年第5期，第8页。

② 作为基本生活水准权的住宅权主要体现在印度宪法第四编"国家政策的基本指导原则"第39条国家应遵循的政策原则第1款——"国家应使其政策致力于保证：（一）一切男女公民平等享有适当生存手段权利"，第41条工作权、受教育权和一定条件的享有公共补助的权利："国家应在经济能力与经济发展之限度内，制定有效规定确保工作权、受教育权及在失业、年老、疾病、残疾及其他过分困难情形下享受公共补助之权利。"以及该编的其他一些相关条款中。

有尊严的生存及其他相关权利。① 1978 年印度最高法院在马尼卡·甘地诉印度案②中第一次提出生命权内涵中包含了"有尊严的活着"的意义。

在此基础上，在 1981 年弗朗西斯·科拉利诉德里邦一案③中，印度最高法院进一步指出对基本住宅需求的保障属于生命权的应有内涵。大法官巴格瓦蒂和穆尔塔扎·法扎尔·阿里在判决中声称：

> 对生命的基本权利是最为珍贵的人权，它构成了所有其他权利之弧（the arc of all other rights）。因此在对这一权利进行解释时，我们应秉持广阔和开放的立场以赋予它应有的重要性和持久的活力，去增进个人的尊严和人类的价值。我们认为生命权包括保持人类尊严地生存的权利以及与此有关的其他所有权利，包括维持充足的营养、衣服和遮风避雨的庇护所等必要生存条件。

1985 年的奥尔伽·泰利斯诉孟买市政公司案④是一起典型的涉及强制驱逐的住宅权案件，在该案中印度最高法院运用权力不可分理论和国家义务的层次性理论论证了通过生命权为公民住宅权利提供司法保障的合法性。一群孟买贫民僭居在他们自行在人行道上搭建的简易屋棚内，孟买市政公司在实施市政改造建设时试图将这些人强行驱逐。被驱逐的贫民向法院主张政府在没有提供适当安置居所的情况下强制驱逐的行为侵犯了宪法第 21 条规定的生命权。法院指出：

> 把申诉人从他们的住处驱逐将剥夺他们的生存条件。第 21 条包括了生存条件，因此，如果对生存条件的剥夺没有经过法律规定的合理程序，就同样构成对第 21 条的违反。

---

① 〔印度〕Mahendra P. Singh、Surya Deva：《印度宪法：于多样性中统一的典范》，柳建龙译，《河南省政法管理干部学院学报》2009 年第 5 期，第 6~7 页。
② Maneka Gandhi v. Union of India, 1978, 1SCC 248.
③ Francis Coralie v. the Union Territory of Delhi, AIR 1981 SC, 746.
④ Olga Tellis v. Bombay Municipal Corporation, 1985, 3 SCC 545.

　　法院进一步论证了生命权与获取包括住宅在内的基本生存条件的权利之间的不可分割性：

　　　　第 21 条项下的权利就是生存权，因为离开了生活或生存的手段没有人能够延续其生命。如果我们不把生存的权利看作宪法中生命权的组成部分，那么剥夺一个人生命权最简单的方法莫过于彻底地剥夺他的生存手段……在生命和生存的手段之间因而存在紧密的关联。因此，暂且抛开那些赋予生活价值的要素不谈，上述使生存成为可能的要素必须被视为生命权整体不可或缺的一部分。

　　在对生命权进行创造性的扩大解释时，法院也表明了重视被规定为指导原则的社会权的态度：

　　　　在理解基本权的内涵和范围时，我们必须将宪法第 39 条第 1 款和第 41 条所包含的原则也同样看作基本原则。如果政府负有确保公民拥有适当的生存手段和工作权的义务，将生存权排除在生命权内容之外就是十足的虚伪。

　　法院还对国家保障社会权的义务进行了层次的区分，并指出对于国家的消极义务可以通过司法予以审查：

　　　　国家可能不一定必须通过补偿性行动直接为公民提供足够的生存手段或者工作，但未经公正和公平的法律程序就剥夺公民的生存权利构成了对宪法第 21 条所赋予的生命权的侵犯，任何受到这种行为侵犯的人都有权对此类行为提出挑战。

　　最终，法院判决孟买市政公司应该为被驱逐者提供适当的安置土地，并给他们足够的时间进行重新安置。虽然法院并没有确认国家对住宅权的积极义务，但在本案及类似的案件中，法院要求政府为原本不享有法律权利的僭居者提供住宅用地或安置住房，这已经不是纯粹的消极义务。

在 1986 年的一起类似的住宅权案件中，德里地方政府强行拆除了位于 Jagamata 麻风病人收容所的 8 所棚屋。印度最高法院在对德里发展管理局的判决中明确指出，即使个人非法占据土地并在土地上建筑房屋，未经法律授权也不得驱逐这些僭居者。法院判决德里发展管理局在两周的期限内为被驱逐的病人提供替代住处。① 在 1989 年拉姆·普拉萨德诉孟买港口托拉斯及其主席一案中，② 最高法院判令有关公共管理部门不得驱逐 50 位贫民窟居民，除非为他们提供安置地点。

1990 年最高法院在另一起住宅权案件的判决中对住宅权与生命权的关系做了明确的界定：

> 人类的基本需求，包括食物、衣服和住宅，在传统上被认为是免费的。在任何一个文明社会，生命权都受到保障。生命权广阔的范围应当涵盖食物权利、被服权、在体面的环境和适当的住所居住的权利……对于人类来说，住宅权是指具备足以满足个人在生理、心理和智力等各方面发展所需的适合的住所……合理的居住条件对于充分实现个人发展的宪法目标是不可获取的必要前提，因此应当被包含在第 21 条所规定的"生命"的概念中。③

该案是一起民事上诉案件，这表明印度最高法院不仅承认人权的纵向可诉性，而且在民事领域中也承认包含住宅权的宪法权利在平等民事主体之间的横向可诉性。

需要指出的是，在上述各案中提起申诉的许多人并不是住宅权利受到侵害的当事人。上述奥尔伽·泰利斯诉孟买市政公司案中，提起诉讼的是一位新闻记者。根据印度法院规定，如果处于弱势的个人或群体缺乏寻求司法救济的能力和资源，社会公众就可以基于公共利益代为提起诉讼，这

---

① Scott Leckie, "Housing Rights at the National Level," in Scott Leckie ed., *National Perspectives on Housing Rights* (The Hague：Martinus Nijhoff Publishers, 2003), p. 27.

② Ram Prasad v. Chairman, Bombay Port Trust, 1989, AIR 89 SC, 1360.

③ Shanti v. Star Builder v. Naryan Khimalal Totame & Ors, JT 1990（1）S. C. 106, Civil Apeal No. 2598 of 1989. 转引自 Scott Leckie ed., *National Perspectives on Housing Rights* (The Hague：Martinus Nijhoff Publishers, 2003), p. 27。

种类似公益诉讼的制度在印度被称为"社会行动诉讼"。①

　　印度对住宅权的司法保障属于典型的间接救济模式。这种模式对于宪法中没有规定住宅权，或者虽然规定了住宅权但不承认这一权利具有直接可诉性的国家具有很强的借鉴意义。然而，也有学者指出这种模式的局限性。由于要借助其他权利或者通过对其他权利的扩张性解释来保护住宅权，法院无法为住宅权提供一种全面的全景式的保障，在具体的案件中住宅权人可能只有部分利益获得保障，难免会有被割裂的危险，也可能出现一些住宅利益无法通过现有权利或对其解释得到体现因而无法得到保障的情况。尤其是在相关权利与住宅权存在冲突的情况下，法院不免会陷入解释上的困境。因此，实现对公民住宅权充分的司法保障，仅仅通过间接模式是不够的，需要在住宅权的直接可诉性上寻求突破，而南非的司法实践在这一方面做出了有益的尝试。

　　2. 南非

　　1996 年南非宪法对社会权的规定十分广泛。其中第 26 条直接规定了住宅权。该条共分 3 款："（1）任何人都享有获取适足住宅的权利。（2）国家必须在其可利用的资源限度内采取合理的立法及其他措施争取住宅权的逐步实现。（3）未经法院全面考量相关情况后发布命令，任何人不得被驱逐出其住宅，其住宅亦不得被拆除。立法不得许可任意性的驱逐。"此外第 28 条规定了儿童的住宅权。根据该条第 1 款第 3 项："每个儿童都有权获得基本的营养、住所、基本的医疗保健服务和社会服务。"与此同时，对于国家对包括住宅权在内的人权的义务，南非宪法第 7 条第 2 款规定："国家必须尊重、保护、促进和实现人权法案中规定的各项权利。"对于权利的执行，南非宪法第 38 条规定了宪法列举权利的可诉性，"任何在本条文所列之人皆有权向有管辖权的法院宣称本权利法案中的权利受到了侵害或威胁，法院得授予适当的救济，其中包括权利宣示"。有权提起诉讼的主体不仅是依自身利益行事的人，还包括不能以自身名义行事的人的代理人，以一团体或一阶层的一员的名义或利益行事的人，依公

---

① 张清、梁军：《适足住房权的司法救济研究》，《学习与探索》2012 年第 12 期，第 71~76 页。

共利益行事的人以及依其成员利益行事的社团。

南非在住宅权领域的典型案件是南非共和国政府和他人诉格鲁特布姆及他人案（Grootboom case，以下简称格鲁特布姆案）。[①] 该案的判决不仅在住宅权领域，而且在南非乃至世界范围内有关经济、社会和文化权利可诉性的确立和发展具有里程碑式的意义。[②] 该案的判决表明在国内有关住宅权的具体法律制度尚不完备的情况下，法院完全可直接依据宪法对住宅权的规定为公民提供司法救济。

一个由 900 名公民（包括约 390 名成人和约 510 名儿童）组成的社区一直居住在西开普敦附件一个叫沃伦斯戴恩的非正式的非法定居点。他们中的绝大多数人非常贫穷，居住的棚屋缺乏生活用水、排水和垃圾处理设施，只有二十分之一的人可以用电。原告艾琳·格鲁特布姆女士一家和她姐姐一家一起，蜗居在一个大约 20 平方米的棚屋内。1998 年底，由于无法忍受恶劣的居住条件，他们决定搬迁到道路另一侧的一块为正式的低成本住宅预留的空地上搭建棚屋和住所。该空地为私人所有。土地所有人从治安法庭申请了驱逐令。但格鲁特布姆女士和其他人拒绝离开，他们抗辩说由于先前的栖身之所已经被占，他们已经无处可去。但最终他们被强制驱逐，搭建的居所也被推倒或烧毁。他们又占据了附近的一个体育场，用塑料片等材料搭建了临时住处。然而该体育场同样是由私人所有的。政府应土地所有人的要求再次命令他们迁离，在期限届满前一天就采取了强制驱逐措施并拆除了他们的房屋。这些公民陷入了无家可归的困境。他们无法回到原居住地，因为已经有其他人占据了那块土地。他们也无法找到一块能够合法占据的土地搭建新的住处。虽然国家有一个大规模的住宅保障项目，但等待时间很长，他们获得适当的房屋可能需要等待最长超过 20 年的时间。政府声称无法采取措施为他们提供帮助。这些公民向法院诉请要求政府向他们提供住房或居所以及基本的服务。开普敦地区高级法院根

---

①　Government of the Republic of South Afica and Others v. Grootboom and Others，2001（4）SA 46（CC）.

②　Genoff Budlender，"Justiciablity of the Right to Housing：The South African Experience，" in Scott Leckie ed.，*National Perspectives on Housing Rights*（The Hague：Martinus Nijhoff Publishers，2003），p. 207.

据南非宪法第 28 条第 1 款第 3 项儿童住房权的规定，判决政府应当为该案中的儿童提供家庭临时住房或居所。南非政府（包括国家、省级和地方政府）对该判决不服而向南非宪法法院提出上诉。

在上诉中，南非人权委员会和社会法中心两个机构以"法庭之友"的身份参与诉讼。它们主张社会所有成员，包括儿童和成人都享有住宅权，他们援用了联合国经济、社会和文化权利委员会关于核心社会权的观点，主张宪法第 26 条为国家施加了最低限度的核心义务，并据此将被上诉人的请求权基础从第 28 条第 1 款第 3 项儿童的住房权扩展到第 26 条规定的一般住房权。

在南非宪法法院审理本案的过程中，政府的代理律师提出了一个和解方案，由国家提供一块土地、一些建筑材料为被上诉人提供基本的服务以缓解他们的困境。被上诉人接受了政府提出的和解建议。然而政府没有履行其承诺。在案件等待判决期间，被上诉人提出紧急的诉讼中申请，要求命令政府履行其承诺。法庭以一致同意做出了裁定。[①]

两周后，法院做出了正式的判决。在判决中，宪法法院肯定了包括住宅权在内的经济社会权利的可诉性：

> 无论如何我要强调的是，尽管存在诸多的限制条件，但权利终究是权利，宪法规定的国家义务赋予了这些权利以效力。对〔国家的义务〕法院可以执行，在合理的条件也应当予以执行[②]……因此，问题不在于根据我国宪法经济社会权利是否可诉，而在于在特定案件中如何实施。这是一个非常困难的问题，必须在个案的基础上加以谨慎探究。[③]

法院在判决中对宪法文本中"适足住宅"的概念进行了解释，住房

---

① 这一插曲在很大程度上减缓了法院在做出判决时面对被上诉人无家可归的悲惨境地的压力。由于政府的承诺缓解了被上诉人的困境，法院在考虑如何回应被上诉人直接获得住宅的请求时就不必再承受良心的煎熬，而可以相对轻松的超然的姿态进行判决。

② Grootboom Case, 2001 (4) SA 46 (CC), para. 94.

③ Grootboom Case, 2001 (4) SA 46 (CC), para. 20.

"不仅是砖头和灰泥"，应涵括可以获得可利用的土地和基本的服务设施，如清洁的供水、污水处理等，此外还应包括对基本服务和房屋建造的财政补贴。住宅权的实现"必须有土地，必须有基本的服务设施，还必须有一个住所"。①

在承认住宅权具有一般性的可诉的基础上，法院区分了宪法住宅权条款对国家义务的规定，法院认为宪法第 26 条第 1 款勾勒了住宅权的普遍范围：所有人都有获得适足住宅的权利，对此国家至少和其他主体一样存在消极义务，也负有一定的积极义务。第 26 条第 2 款为国家设定了积极义务，而对第 3 款禁止任意驱逐的规定，国家负有消极义务。② 虽然本案中的驱逐是在法院许可下进行的，但宪法法院仍然认为国家的行为违反了对住宅权的消极义务：

> 尽管该款［第 26 条第 1 款］没有明说，但无论如何政府以及其他所有实体和个人至少负有不得阻碍或损害获取住宅权利的消极义务。

法院指出国家有义务确保驱逐以符合人道主义的方式进行，由于政府的强行驱逐比事先通知的早了一天，并且在行动中毁坏了被上诉人拥有的财产，包括建筑材料，法院判决政府违反了对第 26 条第 1 款适足住宅取得权的消极义务。

对于国家对住宅权的积极义务，法院的态度可以用审慎的积极来概括。一方面，面对"法庭之友"提出的"最低核心义务"理论，宪法法院采取了十分慎重的态度。法院指出南非国内的住宅需求存在地区和城乡间的巨大差距，在具体的情况下判断最低核心义务的范围需要法院获取并处理大量的相关信息，这是十分困难的。因此宪法法院认为第 26 条第 1 款并不意味着国家有直接为权利人提供适足住宅的积极义务，第 26 条的前两款应当结合在一起理解，国家只担负在其可利用的资源限度内采取合

---

① Grootboom Case, 2001 (4) SA 46 (CC), para. 33.
② Grootboom Case, 2001 (4) SA 46 (CC), paras. 34, 38.

理的立法及其他措施争取住宅权的逐步实现的义务。[①] 另一方面，宪法法院并没有保守地将国家在资源限度内采取合理措施的义务完全置于政府的自由裁量之下，而是采取了比较积极的态度，将国家业已制定和实施的住房立法和政策纳入法院的司法审查范围之中，并确立了"合理性审查标准"：

> 法院在审查合理性时不会考量政府是否还应当采取其他更有效的措施，也不会过问公共财政的分配和使用是否还有优化的空间。问题是已经采取的措施是否合理。必须承认国家为了履行其义务能够采取广泛的可行措施。其中许多都是合理的。一旦国家表明其采取的措施是合理的，就满足了要求。[②]

法院认为政府采取的政策能够促进住宅权的实现并不足以说明政策是合理的：

> 住宅政策必须是平衡和富有弹性的，从而能够应对住宅危机以及短期、中期和长期的住宅需求。将社会的某一重要部分排除在外的计划不能说是合理的。[③]

在南非宪法法院看来，认为住宅立法和其他措施必须对那些处于最大困境下的群体的紧急住宅需要做出切实的回应才符合"合理性审查标准"：

> 对于一个建立在人类尊严、自由和平等之上的社会来说，它必须努力确保提供基本的生存必需品。在判断［住宅立法和其他］措施是否合理时，不能忽略那些它们努力实现的权利被拒绝的程度和范围。那些需求最为急迫因而在享有所有权利的能力方面处于最危急状态的人们不应被旨在实现权利的措施无视。这表明措施能够取得统计

① Grootboom Case, 2001 (4) SA 46 (CC), paras. 32, 33.
② Grootboom Case, 2001 (4) SA 46 (CC), para. 41.
③ Grootboom Case, 2001 (4) SA 46 (CC), para. 43.

学意义上的进步并不足以通过合理性测试……即使从数据上看是成功的，但是如果未能对那些最危急状态中的人们的需求做出回应，它们就没有通过测试。①

虽然宪法法院承认涉及预算分配的政治性裁量主要应由政府做出，但法院认为，在这一过程中中长期的住宅规划与短期的住宅紧急救济应当受到同等的重视，法院指出：

> 全国性的住宅计划没有到达中央政府应履行义务的要求，它没有承认国家必须为那些有紧急需求的群体提供救济。不能以一个全面计划关注中长期目标为名忽视这些人的利益。国家住宅预算中应当划出合理的份额，但具体的分配首先应由政府决定。

因此，法院认定政府违反了宪法第 26 条，它只关注中长期住宅计划，但没有为处于住宅危机中的群体提供及时的救济，因而违反了第 26 条第 2 款规定的采取"合理"的立法和其他措施的义务。

审理中，法庭对于应当判决采取何种救济方法进行了激烈的争论。② 一方面，社会上存在庞大的无家可归或处于住房困境之中的人们，格鲁特布姆案中的居民只是其中的一个小群体。如果法院判令政府直接为他们提供住宅则无异于使他们获得了超越其他人的特权。如果法院判令为所有处于类似处境中的人直接提供住宅，则显然又会超出国家财政可以承受的范围，并且直接干预了政府对预算分配等政治性事项的裁量权。另一方面，格鲁特布姆案中的居民却是宪法法院面对的唯一群体。他们的生存需求正处于威胁之中，他们的权利受到了侵犯，如果宪法法院不做出救济就等于见人溺于水而袖手旁观。

对于宪法法院来说，幸运的是政府在审判中做出的和解承诺使得法院

---

① Grootboom Case, 2001 (4) SA 46 (CC), para. 44.
② Genoff Budlender, "Justiciablity of the Right to Housing: The South African Experience," in Scott Leckie ed., *National Perspectives on Housing Rights* (The Hague: Martinus Nijhoff Publishers, 2003), p. 216.

从做出选择的道德困境中解脱出来。在最终的判决中，法院做出了宣告性的判决：

（a）宪法第 26 条第 2 款要求国家在其可获取资源的限度内设计并实施全面且协调的计划以逐渐实现取得适足住宅的权利。（b）该计划必须包含合理的措施……以为那些脚无尺地，头无寸瓦或者居住条件极为恶劣处于危机条件下的人们提供救济。①

在一些学者看来，格鲁特布姆案判决的效力是有限的。它没有能够像一些激进的住宅权的拥护者所希望的那样赋予公民住宅请求权，直接判决政府立即为公民提供住宅。判决的结果也没有立刻改变南非社会中广泛存在的住宅危机。甚至在判决后的数年内，格鲁特布姆案中的居民的居住条件仍然远未达到令人满意的标准。然而绝大多数人对该案还是持肯定意见。格鲁特布姆案确认了住宅政策的可诉性，并明确了司法审查住宅政策的合理标准。在判决公布后，南非政府在其住宅计划中开始关注处于恶劣条件下或被驱逐的威胁中的群体的需求。这一进程随着媒体对土地侵占问题的广泛宣传而呈现加快的趋势。地方政府在试图驱逐无家可归者时不再能够轻易地获得法院的许可，法院开始审查地方政府的行为及采取的措施是否符合格鲁特布姆案确立的标准。② 该案的判决影响不仅限于南非，还限于住宅权领域，对世界范围内经济、社会和文化权利直接可诉性的确立和发展都有着里程碑式的意义。它表明在司法直接判决政府为特定居民提供住宅和法院根本不发挥任何作用两种极端的选择之外，还存在第三条道路：不是通过司法裁判确保每个人获得住宅，而是审查政府是否已经投入合理的资源来帮助那些居住困难的个人和家庭。在保障住宅权的问题上，政府可以也应当享有自由裁量权，但裁量的合理性则应当受到司法审查的约束。

① Grootboom Case, 2001 (4) SA 46 (CC), para. 99.
② Genoff Budlender, "Justiciablity of the Right to Housing: The South African Experience," in Scott Leckie ed., *National Perspectives on Housing Rights* (The Hague: Martinus Nijhoff Publishers, 2003), p. 217.

四 中国住宅权可诉性现状及其完善

除了本书所举国际人权法和国内宪法层面的例证，还有大量的有关住宅权的案件存在于各国国内的行政诉讼和民事诉讼之中。① 发生在全球各地法院的司法实践，让反对者无法再断言住宅权不具有可诉性。然而，在我国目前的司法体制中，住宅权的可诉性却仍然是一个陌生的概念，这也使得我国公民住宅司法保障机制迟迟不能实现。

（一）中国住宅权可诉的现实障碍

1.《经济、社会、文化权利国际公约》在国内法院不能直接适用

对于国际法在国内法的效力问题，我国法律并没有统一的规定。一些学者从法理上出发认为，既然我国缔结或加入的国际条约需要全国人大常委会决定批准或经国务院核准，这就与《立法法》规定的法律和法规的制定程序一致，因此我国缔结或加入的国际条约一般应具备与国内法律法规同等的效力，可以直接适用，而无须再经特别程序。在国际人权法领域，中国代表也曾经做出过类似的承认人权公约直接适用效力的表态。② 然而，在民商事领域的一些立法，例如在《民法通则》和《专利法》等法律明确规定国际公约可以直接适用甚至是优先适用的同时，③ 与国际人权公约具有密切联系的一些涉及公民基本权利的法律中却几乎见不到类似

---

① 例如在很多国家国内的住宅租赁案件中，对承租人住宅权利的保障就作为重要的社会政策或公共利益成为法院判决的重要基础。参见包振宇《美国住宅租赁法律制度研究——以承租人住宅权保障为中例》，《美国研究》2010 年第 2 期；包振宇《日本住宅租赁判例与调停制度研究》，《日本研究》2011 年第 1 期。

② 在 1990 年 4 月 27 日中国代表在发言中论及禁止酷刑公约在我国的效力的问题："根据中国的法律制度，中国缔结或者参加国际公约，要经过立法机关批准或国务院核准程序，该条约一经对中国生效，即对中国发生法律效力，我国即依公约承担相应的义务。""关于禁止酷刑公约在中国的适用也是基于上述原则。一方面，该公约在我国直接生效，其所规定的犯罪在我国亦被视为国内法所规定的犯罪。该公约在我国可以得到直接适用。"参见邵津主编《国际法》（第三版），北京大学出版社、高等教育出版社，2008，第 26 页；《人民日报》（海外版）1991 年 11 月 16 日第 4 版。

③ 《中华人民共和国民法通则》第 142 条规定："中华人民共和国缔结或者参加的国际条约同中华人民共和国的民事法律有不同规定的，适用国际条约的规定，但中华人民共和国声明保留的条款除外。"《中华人民共和国专利法》第 20 条规定："国务院专利行政部门依照中华人民共和国参加的有关国际条约、本法和国务院有关规定处理专利国际申请。"

的规定。这不由得让一些学者产生了立法者不是忽视了人权公约的适用问题，就是故意对这一问题不置可否的推测。① 无论立法者究竟出于何种意图，在实践中法律规定的模糊都不可避免地会影响到法院适用国际公约的态度。我国法院在民商事领域已经有了直接适用国际公约的先例，但至今尚未见适用国际人权公约审判的案件。在中国政府代表就这一问题向经济、社会和文化权利委员会所做出的答辩中，我国代表认为我国基本法律和法规已经对公约的内容进行了规定，我国人民法院完全可以通过援引国内法来保障公民的经济、社会和文化权利。按照国际条约在中国适用的惯例，国际条约、国际人权条约也不例外，不直接作为中国法院审理案件的法律依据，而是在通过立法程序转化为国内法律后予以适用。② 这反映了我国政府倾向于通过国内立法措施来履行公约义务而排斥公约权利的直接司法适用的立场。

2. 中国宪法缺乏对住宅权的明确规定

中国宪法第 33 条第 3 款概括地宣示了国家尊重和保障人权。具体的条文中直接规定公民住宅权的只有第 39 条，该条规定了公民的住宅自由权。此外，宪法第 13 条规定私有财产权也应包括住宅财产。第 45 条规定，公民在年老、疾病或者丧失劳动能力的情况下，有从国家和社会获得物质帮助的权利，其中同样也应包括在获取住宅方面获得物质帮助的权利。一些学者提出了"未列举基本权利"的概念，认为虽然宪法中并未明文将住宅权列举为一项公民基本权利，但从已经列举的住宅自由权、财产权、社会保障权、家庭保护等基本权利的实质范围内，可以借由解释之推衍将住宅权包含在内。③ 然而我国宪法并没有明确规定住宅权的事实使得住宅权是不是我国宪法所承认的公民基本权利必然存在很大争议。在这种

---

① 黄金荣:《实现经济和社会权利可诉性——一种中国的视角》，载柳华文主编《经济、社会和文化权利可诉性研究》，中国社会科学出版社，2008，第 112 页。

② 经济、社会和文化权利国际委员会:《〈经济、社会、文化权利国际公约〉的执行情况缔约国根据〈公约〉第十六条和第十七条提交的第二次定期报告（中国）》，UN Doc. E/C. 12/CHN/2，第 7 页。

③ 王广辉:《论宪法未列举权利》，《法商研究》2007 年第 5 期，第 60~67 页。孙凌:《论住宅权在我国宪法规范上的证立——以未列举宪法权利证立的论据、规范与方法为思路》，《法制与社会发展》2009 年第 5 期，第 136~142 页。

情况下人民法院当然很难为住宅权提供司法救济。

3. 中国宪法可诉性本身存在巨大障碍

中国宪法是否具有可诉性仍然是在理论上亟待证明，在实践中寻求突破的问题。我国宪法的功能被长期定位于国家的政治宣言和纲领，其司法性未被重视。在国家权力机关的职能分工上也并未赋予司法机构解释宪法和监督宪法实施的职能。我国法院在新中国成立后的相当长的时间内几乎没有在司法实践中适用过宪法。近年来，司法机关在宪法基本权利的可诉性方面进行了一些大胆的尝试，取得了一些突破。[①] 例如，被称为中国宪法司法化第一案的齐玉苓案，山东省高级人民法院直接援引宪法第 46 条（公民受教育权）的规定为权利受到侵害的当事人提供救济。最高人民法院也针对此案公布了司法解释，确认基本权利受到侵害可以获得司法救济。[②] 然而，该案和类似案例的出现并没有像人们期望的那样打开宪法司法化的大门。当年被法院视为宪法司法化"尚方宝剑"的有关司法解释也在 2008 年被废止。这充分表明在现有体制中实现宪法权利可诉性的困难。在那些宪法已经明确规定的公民基本权利的可诉性还无法实现的情况下，学者们对住宅权在宪法上可诉的期盼只能是"望断归期未可期"。

4. 落实公民住宅权利的立法体系尚不健全

改革开放以来，我国制定了一些涉及住宅问题的法律、法规和规章，对落实公民住宅权利起到了重要作用。例如，《民法通则》第 75 条规定："公民的个人财产，包括公民的合法收入、房屋、储蓄、生活用品、文物、图书资料、林木、牲畜和法律允许公民所有的生产资料以及其他合法财产。公民的合法财产受法律保护，禁止任何组织或者个人侵占、哄抢、破坏或者非法查封、扣押、冻结、没收。"《城市房地产管理法》第 4 条规定："国家根据社会、经济发展水平，扶持发展居民住宅建设，逐步改

---

① 代表性的案件，例如：吴粉女诉上海市长宁区市政工程管理所侵犯社会收益权案（1996年）；薛淑琴诉吕梁地区行政公署招生考试委员会办公室侵犯其受教育权案（1997 年）；齐玉苓诉陈晓琪等侵犯姓名权、受教育权案（2001 年）等。

② 最高人民法院：《关于以侵犯姓名权的手段侵犯宪法保护的公民受教育的基本权利是否应承担民事责任的批复》，法释〔2001〕25 号。

善居民的居住条件。"《物权法》第 66 条规定:"私人的合法财产受法律保护,禁止任何单位和个人侵占、哄抢、破坏。"第 42 条第 3 款规定:"征收单位、个人的房屋及其他不动产,应当依法给予拆迁补偿,维护被征收人的合法权益;征收个人住宅的,还应当保障被征收人的居住条件。"然而,与其他发达国家,甚至是一些发展中国家相比,我国在住宅保障立法方面还存在诸多问题,不仅没有住宅法,相关立法的层次偏低,而且国家的住宅政策变化随意,甚至相互矛盾与冲突。① 这些都影响到住宅权在普通法律层面的可诉性。除《城市居民最低生活保障条例》等个别法律法规明确规定权利人可以提起诉讼外,大部分立法没有明确规定可以向法院主张司法救济。这无疑更大地制约了住宅权在我国的可诉性。

5. 司法权的弱势地位和保守姿态

前文所述各国住宅权的司法实践表明,一国法院在国家架构的地位以及其所持的态度对于住宅权是否可诉有着十分重要的关联。虽然我国民事和行政诉讼中法院受理的案件限于人身权、财产权或者必须有法律、法规的明文规定,但是,如果法院采取司法能动主义的立场,那么完全可以对人身权或财产权进行扩张解释,将住宅权的内容包含在内,据此受理住宅权案件。然而,出于对人民主权的片面理解,我国宪法理论一直存在立法至上的倾向,而实践中行政权又有独大的趋势。其结果是司法在立法和行政的双重挤压下处于较为弱势的地位,法院在司法实践中也倾向于采取司法克制主义的保守姿态。在法律本身并未限制公民诉权的情况下,最高人民法院在很多时候反而以司法解释主动限缩自己的案件受理范围。例如 2005 年最高人民法院《关于当事人达不成拆迁补偿安置协议就补偿安置争议提起民事诉讼法院应否受理问题的批复》规定:"拆迁人与被拆迁人或者拆迁人、被拆迁人与房屋承租人达不成拆迁补偿安置协议,就补偿安置争议向人民法院提起民事诉讼的,人民法院不予受理,并告知当事人可以按照《城市房屋拆迁管理条例》第

---

① 参见金俭《中国住宅法研究》,法律出版社,2004,第 46~48 页。

十六条的规定向有关部门申请裁决。”[①] 由于拆迁本身往往就是由各地地方政府主导的，当事人向隶属于政府的行政部门申请裁决往往无法得到有效回应，法院又以批复为由拒绝受理，实际上导致被拆迁人陷入投告无门的境遇，这客观上纵容了拆迁人强行与被拆迁人签订拆迁协议的行为，使得被拆迁人的住宅权处于更加不利的状态。这成为在现有体制下实现住宅权可诉性的又一障碍。

（二）构建和完善中国住宅权司法保障机制

司法并不是保障公民住宅权的唯一途径，也肯定不是最主要的途径。事实上，公民的住宅保障在很大程度上更多地要依赖立法和行政机关采取积极的措施。而即便实现了可诉性，有了司法救济的途径，对于住宅权的司法判决的执行也同样受制于国家可以获得的资源范围。[②] 在美国总统罗斯福在20世纪中叶提出包含住宅权的第二权利法案时，他提出应该通过民主程序实施，而不是通过法院，因此并未谋求将第二权利法案列入宪法。因为美国宪法的条文是具有可诉性的，法院可以审查法案的合宪性。然而在罗斯福的年代，联邦最高法院主要是变革中的保守力量，如果第二权利法案进入宪法，那么反而不利于落实，在实践中会受到来自法院的挑战。同时，相对于拥有专业资源的政府，法院并不具有分配资源和管理项目的知识与能力，执行第二权利法案是把法院置于其并不擅长的管理地位，这会损伤司法地位。[③] 罗斯福的观点给我们的启发是，在追求住宅权司法保障的时候应当更加理智，切忌过于急切，应当综合考虑住宅权保障的实际需要和司法能够承担的范围来构建和完善住宅权的司法保障机制。无论如何，就住宅权的实现而言，司法保障是一个不可或缺的环节。它也是住宅权利受到侵害，特别是来自国家的侵害时公民最后的依靠。我们应

---

① 最高人民法院：《关于当事人达不成拆迁补偿安置协议就补偿安置争议提起民事诉讼人民法院应否受理问题的批复》，法释〔2005〕9号。

② 在我国判决执行难已经成为影响公民权利实现的一个重要障碍，一些可诉性在理论和实践上不存在任何障碍的权利，权利主体也会因为判决无法执行而不能得到及时、有效和充分的救济。这提醒我们解决可诉性问题并不是住宅权得以实现的终点，住宅权的司法救济之路任重而道远。

③ 〔美〕凯斯·桑坦斯：《罗斯福宪法：第二权利法案的历史与未来》，毕竟悦、高瞰译，中国政法大学出版社，2016，第134~138页。

当在借鉴国际和国外经验的基础上，从我国国情出发，逐步构建和完善具有中国特色的住宅司法保障机制。在继续摸索实现住宅权直接可诉性路径的同时，通过促进我国住宅政策的法制化和健全住宅保障立法体系，通过具体法律赋予公民住宅保障的请求权，强化住宅权的间接可诉性，以期为公民住宅权的实现提供充分的保障。具体而言，可行的措施如下。

（1）承认《经济、社会、文化权利国际公约》等国际条约在国内的效力。联合国经济、社会和文化权利委员会在其第 9 号一般性意见中指出，尽管《经济、社会、文化权利国际公约》在规定缔约国实施公约确认的各项权利时采取了宽泛和灵活的做法，但"灵活性与每一缔约国的义务是共存的，缔约国必须使用一切可以使用的手段实施公约确认的权利。在这方面，必须铭记国际人权法的基本要求。也就是说，必须在国内法律秩序中以适当方式承认国际规范，必须向受到伤害的个人或群体提供适当的纠正或补偿，必须建立追究政府责任的适当手段"[1]。总体而言，我国现行法律、行政法规对中国公民应当享有的经济、社会和文化权利做出了具体规定，并对侵犯公民上述权利的行为规定了严格的法律责任，形成了符合公约的完备的国内法律体系。人民法院在审理涉及公民的经济、社会和文化权利的案件时适用中国法律，已经能够使公民的相关权利得到有效保护，确保公约的精神和规定得以实施。但立法总是具有一定的滞后性和不完善性，我国现行立法仍然存在一些不利于甚至阻碍公民住宅权实现的因素。在立法存在缺失的情况下，应当承认我国已经加入的相关国际公约在国内的直接并即刻适用，从而使住宅权主体能够借助法院和其他有权机关的司法或准司法程序实现其权利。我国最高人民法院曾经在其向全国人大常委会所做的工作报告中也承诺，各级人民法院审判案件按照法律和我国缔结或参加的国际公约，履行我国承担的国际义务。[2]

（2）将住宅权列入宪法，同时承认住宅权利在一定程度上有差异的可诉性。虽然人权是不可分的，但社会权利和传统权利之间的差异也是现

---

[1]　UN Committee on Economic General Comment 9: The Domestic Application of the Covenant (1998) CESCR, E/C. 12/1998/24, para 2.

[2]　参见国际人权法教程项目组编《国际人权法教程》第一卷，中国政法大学出版社，2002，第 544~548、555~557 页。

实存在的。完全无视这种差异的存在而要求住宅权立即获得与传统权利完全等同的司法救济，听上去很美，却缺乏可实现的基础。重要的是迈出第一步，可以在一定限度和范围内首先实现对住宅权权利束中部分权利的可诉性。实际上，住宅权国家义务的层次性理论表明，国家对于住宅权的义务在特定层次上完全是具体和现实的，因此应当是可救济的。在救济的方式上也可以采取正式的法庭诉讼程序以外其他司法或准司法的救济方式，例如在对于廉租房、公共租赁住房等社会保障住房的分配和推出机制中，可以在行政机关内部设立准司法性质的仲裁机构，以对公民提出的异议和主张进行审理。

（3）建立健全住宅保障法律制度体系，特别是推进《住宅法》等具体法律尽快出台，将国家在特定经济社会发展水平足以承载的住宅保障目标和具体义务法定化，赋予公民在国家未履行法定保障义务或未实现法定保障目标的情况下诉诸司法审查的权利。

（4）扩大法院受理涉及公民住宅权案件的受案范围，通过能动的司法解释在国内法律中承认住宅权并予以司法保障。鼓励法院采取积极的司法能动主义的立场，通过扩大解释的法律解释方法将住宅权等社会权纳入与住宅权内涵紧密关联的法律权利中，通过对相关权利的保障，推进公民住宅权的实现。即使法院不能直接适用国际人权公约，在解释和适用本国法律时，也应当将国际人权公约和国家在宪法中做出的保护人权的承诺作为法律适用和司法解释的工具，以确保符合国家保障住宅权义务的方式，解释和适用本国法律。

（5）在赋予住宅权主体司法诉权的同时，设立住宅问题的集体诉讼、公益诉讼和法律援助制度，帮助处于弱势的权利人实现其诉权。不能实现住宅权的主体往往在社会经济地位上居于弱势，缺乏进行诉讼所需要的资源。欧洲人权宪章设立集体申诉制度，鼓励非政府组织参与住宅权的诉讼；印度类似我国公益诉讼的"社会行动诉讼"，允许与案件无直接利害关系的公众人士参与诉讼；南非宪法法院社会机构和公益组织以法庭之友身份出庭为原告提供帮助的制度均值得借鉴。

最后，需要强调的是，住宅权司法救济关注的对象不仅是解决个案的争议，而且是"诊断"社会中存在的住宅问题，以及面对住宅问题政府如何更好地履行自己的责任。美国社会法学派学者诺内特和塞尔兹尼克针对传统法律的弊端提出了回应型法的概念。① 权利是法律的基本要素，回应型法需要一种新的回应型的权利观。在回应型法律秩序下，权利要求被理解为暴露社会制度的无序和障碍的机遇，住宅权司法救济的意义不仅在于补偿那些权利受到侵害的个体，还应当关注那些阻碍居住正义的社会制度。个体的居住正义的实现有赖于运转完善的制度体系，在回应型法中，权利和司法都应当成为诊断现实中制度存在问题并促使法律做出回应、自我矫正，以推动问题的解决，从而回应并满足社会对法律需求的工具。在这个意义上，住宅权就是一种典型的回应型权利。

---

① 〔美〕P. 诺内特、P. 塞尔兹尼克：《转变中的法律与社会：迈向回应型法》，季卫东、张志铭译，中国政法大学出版社，2004。

致　谢

　　本书是在我的博士学位论文的基础上完成的。选择住宅权（Housing Rights）问题作为博士学位论文研究的主题，对我来说似乎是非常自然的事情。2001 年我进入南京大学法学院硕士生班，师从金俭老师，研究房地产法。就是在这一年，我国正式批准了《经济、社会、文化权利国际公约》。这意味着住宅权在我国成为一种至少在理论上已经具有实定性的权利。也是从这一年起，国内学界逐渐开始关注住宅权问题。金俭老师对住宅权理论的译介和研究无疑起到了开创性的作用。我也有幸参与了其中的一部分工作，因此接触到住宅权问题，并对这一命题产生了浓厚的学术兴趣。我的硕士学位论文就是从住宅权保障的视角出发对住宅租赁法律制度进行比较研究的。工作以后，由于专业领域调整的客观原因，当然更多应归咎于个人疏懒的天性，我在学术方面没有对住宅权问题做深入的研究，但对住宅权问题的兴趣和关注从未有丝毫消减。2008 年又有机会回到母校跟随金老师做博士阶段的研究，此时我就立志将住宅权作为自己博士学位论文的选题方向。

　　然而，论文写作的过程出乎意料的艰辛和漫长。由于住宅权的整体性特征，其内容涉及国际法、宪法、行政法、民商法、经济法、诉讼法等各个法律部门，而住宅问题本身的整体性又决定了不能将住宅权割裂开来进行研究，否则住宅权的概念将丧失其具有的规整功能。特别是在当代中国，转型和快速发展给住宅权带来了不断变化和更新的丰富内涵。在八年漫长的研究过程中，我也围绕住宅问题和住宅权撰写并发表了三十余篇专题论文，但愈加发现住宅权问题的整体性和复杂性是需要穷尽一生去研究的命题。以现阶段我有限的学养，要想总体上把握住宅权问题几乎是一项不可能完成的任务。如果不是导师的悉心指导，师友的亲切关怀和家人的关心、帮助，那么我根本无法在一次次挫折中，鼓足勇气，克服困难，最终完成本书的写作。

首先要感谢我的恩师——南京大学法学院金俭教授，是她慈母般的谆谆教诲和如沐春风般的悉心关怀，宽容我在学术上的固执和任性。从论文选题、资料搜集到论文撰写和修改，论文的每个标题、每一节文字都凝聚着恩师的汗水和心血。无论在学习、工作还是生活上，恩师和她的先生朱喜钢教授都给予我无微不至的关心和帮助，指引着我前进的方向。感谢张仁善教授，从本科开始，他就是我最喜欢的老师之一，在硕士生阶段和博士生阶段的学习中，我都得到了他的悉心指导，他的酒量、球技和他的学识一样让人折服。感谢王太高教授、周安平教授、赵娟教授和母校的其他各位老师，在论文写作中，他们给我提出了宝贵的意见和建议。感谢咸鸿昌老师，他关于保有权的研究在学术上给了我有益的启发，并在申请答辩的程序上给了我耐心和详细的帮助。

感谢我执教的扬州大学法学院的各位领导和同人。从焦富民院长、蔡宝刚院长到钱玉林院长，从顾瑞强书记、卢彪书记到孙鹏书记，法学院的历任领导对于青年教师的全力支持和关爱，让我有机会得以在职顺利完成学业。感谢国际法教研室的各位同事——苏喆教授、周立胜博士和朱媛博士，还有已经退休的张毅辉老师，他们为我分担了许多教学任务。还要感谢扬州大学法学院2009级二班的各位同学，我有幸在读博期间担任他们的班主任，他们以优秀的成绩减少了我精力不能全部投入班级工作的愧疚。

我有机会在结束学生时代后重回校园，读博期间我与南京大学法学院2008级博士生班的各位同学结下了深厚的同窗情谊。曾忆：同窗几相知，结伴徒步行，高歌挥意气，行人皆动情。转眼同学都已毕业，少小老大，伤悲徒叹，幸有师友，不弃狭岸，胸怀如海，接纳百川，我如涓流，欲涉涂滩，要学师友，斑鬓伏案。这些情谊值得我一生珍藏。

感谢我的父亲包兴章先生和母亲钱金华女士，他们给了我生命和所有的一切！感谢岳父方锦海先生、岳母周爱萍女士对我的关怀和照顾。感谢我的妻子方芳女士，正是她默默无私的付出和从不间断的鼓励让我有信心和毅力完成学业。我的女儿包佳容出生在我博士生入学考试面试的那一天：2008年3月16日。这成为我一生铭记的日子。小小年纪的她已经知道在爸爸读书、写作的时候不能打扰。我的小姨钱小玲女士从小就对我格外关爱，在重病中仍垂问我的学业，由于我的拖延，她没有看到我博士学位论文的完成，这成了我心中无法弥补的遗憾。

最后，感谢扬州大学江苏省优势学科二期工程项目（PAPD）"文化传承与社会发展"以及江苏高校区域法治发展协同创新中心对本书出版提供的资助和支持。本书的出版还得到扬州大学高层次人才科研启动基金的支持。

感谢社会科学文献出版社的黄金平先生、王春梅女士，他们在本书的出版中细心地校阅了文稿，并提出了许多宝贵的意见。是他们努力的工作，让我能够在出版前改正原稿中存在的诸多错漏。

谨将此书献给所有关心、鼓励、帮助过我的良师、益友和家人！

包振宇

2016 年 12 月 1 日

于春江故道紫园

图书在版编目（CIP）数据

宅兹中国：住宅权理论的历史发展和当代实践／包
振宇著. -- 北京：社会科学文献出版社，2017.12
　（优势丛书）
　ISBN 978-7-5201-1713-5

　Ⅰ.①宅… 　Ⅱ.①包… 　Ⅲ.①公民-住宅-所有权-
研究-中国 　Ⅳ.①D922.344

中国版本图书馆 CIP 数据核字（2017）第 267644 号

·优势丛书·

宅兹中国：住宅权理论的历史发展和当代实践

著　　者／包振宇

出 版 人／谢寿光
项目统筹／王　绯
责任编辑／黄金平　王春梅

出　　版／社会科学文献出版社·社会政法分社（010）59367156
　　　　　地址：北京市北三环中路甲 29 号院华龙大厦　邮编：100029
　　　　　网址：www. ssap. com. cn
发　　行／市场营销中心（010）59367081　59367018
印　　装／三河市尚艺印装有限公司

规　　格／开　本：787mm×1092mm　1/16
　　　　　印　张：20.5　字　数：321 千字
版　　次／2017 年 12 月第 1 版　2017 年 12 月第 1 次印刷
书　　号／ISBN 978-7-5201-1713-5
定　　价／88.00 元